肖邦传

（法）贝尔纳·加沃蒂 著　张雪 译

上海人民出版社

献给两个亲爱的亡灵

——我母亲和姊妹——

我在她们的呵护下成为音乐家

目录

第二部分　法国

沧海月明珠有泪

读加沃蒂著《肖邦传》——代译序

赵越胜

贝里的春天来得迟，已近3月，寒意仍浓。驱车在贝里湿地的乡间公路上，道边浅塘中芦荻瑟瑟，三两只水鸟振翅掠过，又没入池塘。田间苗儿刚出土，薄雾如轻纱，在茸茸淡绿上游荡。快到诺昂时，急雨突至，天幕铅灰，四野含愁，行人亦不免添几许凄凉。进诺昂村口，雨渐渐稀了。车就停在乔治·桑故居身后。沿沙石铺就的小路前往故居，寂静中听脚下细沙簌簌作响。1839年，自马略卡岛回到诺昂的桑与肖邦，走的是这同一条路吧？

路到尽头，右拐是道淡绿色大门。19世纪中叶，领欧洲文化艺术风骚的那群人：李斯特、德拉克罗瓦、巴尔扎克、福楼拜、小仲马、屠格涅夫……都曾出入此门。临跨进这个传奇庭院，心仿佛都跳得急。突然，薄雨中传来肖邦《G大调夜曲》，凄美的乐声似出自当院的那棵老菩提树，细雨洗得枝叶幽绿逼人，旋律也染着绿色飘飘而来。琴声入耳，让人想起济慈听到夜莺的歌声：

今晚，我偶闻的歌声
也曾打动过远古的农夫与君王
这歌声令路德悲伤
她站在异国的麦田里
思念家乡，泪滴千行

乔治·桑记述过一个诺昂的夜晚："这天晚上，弗朗兹演奏舒伯特最富幻想的乐曲。……月亮躲在高大的菩提树后，把一动不动的冷杉的黑色幽影勾画在浅蓝色的天空中。……高贵的乐器开始奏响和弦，夜莺还在与琴声争鸣，声音羞怯又痴狂。"

在热爱肖邦的人，这儿是一方圣地，肖邦在此度过了后半生最重要的八个夏天，创作了钢琴艺术最辉煌的篇章。但亦是伤心之所，一段极特殊的情感故事，肖邦与乔治·桑之恋，成熟于此，毁灭于此。在这片宁静的田园中，曾有过许多爱恨情仇，像夜间皓月透过纷披的枝杈，光影迷离，明暗相交。这段姻缘中的是是非非，至今聚讼纷纭，但两位主角却以其辉煌的创作彪炳史册。

平日欣赏研习肖邦的作品，不免关注他生活的轨迹与他创作的关系。为此，常希望手边有部有分量的肖邦传。以前读过三五种，都不甚满意，大多编排史料，就事论事，对深入理解肖邦的作品无甚裨益。桑的自传，洋洋十大册，关涉肖邦，自是提供了不少有趣的资料。而事关决裂仅一味指责肖邦，只能当作一面之辞。莫洛阿的名著《乔治·桑传》则对桑多有维护。他是让桑的纵横才气镇住了。我隐约感觉，要想理解肖邦，需要跳出巴黎——诺昂一线，而换以更广阔的 19 世纪欧洲历史、文化、社会视角。这样才可能使论述别开生面。加沃蒂所著《肖邦传》就是这样一部著作。

加沃蒂是法兰西学院艺术院院士，音乐科班出身，曾听过丹第的课，后出任荣军院的管风琴师，有过一段演奏家的经历。他的兴趣在音乐学，干脆作了乐评家，任《费加罗》报音乐专栏的主笔。他是科尔托的好友，极信服并推崇科尔托对肖邦作品的诠释，甚至为科氏作了一部传记。他的肖邦传不仅材料翔实，细节清晰，而且文采斐扬。他极爱肖邦，所以走笔情感充沛，笔下人物血肉丰满，更能结合音乐分析，来观察人性，读起来引人入胜。

加沃蒂写肖邦，却从波兰历史下笔，把我们径直带到肖邦音乐所由以生的根基处。波兰是个多灾多难的国家，几百年来，它不断被周围列强蹂躏、瓜分，今天你挖走一块，明天我吞食一角。不夸张地说，波兰的历史是血与泪写就的，被奴役的耻辱，世世代代烙在波兰人心头。据说，波兰人的眼神中总透着忧郁，甚至他们的微笑都带着伤感。但波兰人做过奴隶，却从不是奴才。这两者有本质上的区别。表面上看，他们都受屈辱、被压迫，但奴隶的屈辱是由暴力强加的，而奴才的屈辱是自愿寻来，并欣欣然乐在其中的。所以奴隶不下跪，像米开朗基罗“被缚的奴隶”，绳索加身仍挣扎挺立，因为他们记得住自己的耻辱，一有机会，这耻辱的记忆便化作抗争的行动。波兰人一次次起义，屡仆屡起，只为要成为一个自由的、有尊严的民族。这种忧伤其表、勇毅其里的精神，就是那个独特的波兰字 zal 所指称的东西，它是发自波兰民族历史深处的独特心理感受，也萦绕肖邦心头。加沃蒂对肖邦生平的描述和音乐分析，始终不忘这个视角。

加沃蒂花了相当篇幅论述了肖邦早年所受的音乐教育，充分肯定肖邦某些早期作品的成熟。他有意识地纠正人们的习惯看法，肖邦的音乐成熟于巴黎。他强调肖邦的启蒙老师齐夫尼对他的决定性影响。这位巴洛克式的老人极有洞见地认定小肖邦是个罕见的天才，他用来护持这个天才顺利成长的法宝是借助巴赫和莫扎特的神灵。齐夫尼禁止肖邦“去练那些时髦却糟糕透顶的东西”，只让他弹“莫扎特小奏鸣曲和令人生畏的巴赫平均律中那些容易弹的前奏曲和赋格”。让肖邦“感觉像在自己家里那样自如”，让他知道他是巴赫和莫扎特这个艺术家庭的一分子。后来，肖邦在巴黎，在一位学生面前背奏《平均律钢琴曲集》中的前奏曲与赋格，对吃惊的学生说“这是忘不了的”。加沃蒂总结道：“是啊，人在幼时所学，那些滋养了最初萌发的想象力，让人在童年时就一见钟情的东西，会留在记忆里，直到生命终结。”他断言，肖邦的艺术风格来源于此，“即使在最富激情的时刻，他也从未忘记过这两个古典大师教给他的写作和思考原则”。

身处浪漫主义风起云涌的时代，肖邦通常被当作浪漫主义音乐的代表，但这种分类对肖邦本人毫无意义。据肖尔茨考证，肖邦本人甚至从来没提起过这个词。所以，加沃蒂以为，相比较而言，肖邦的精神气质更是古典主义的。他指出“他对同时代音乐家毫不感兴趣，门德尔松、舒曼、柏辽兹，甚至对李斯特本人，他都不予任何关注。在他看来有价值的，只有过去的杰作和他个人的作品，这位伟大的浪漫派人物，是一个根深蒂固的古典主义者”。肖邦的沉默，表明他内心遗世而独立，他对同行的吝于夸赞，说明他心中另有标准。因为我们知道上述的几位浪漫派大师在一逞快意时，常常流为抒情无节制，耽迷于作品外表的华丽炫目，堆砌出怪诞夸张的音乐造型。

涅高兹以为，对天生富有创造性想象力的人来说，任何音乐都是标题性的。同理，对他们，一切真正好的音乐都是抒情的。抒情不是浪漫主义的特权。巴赫《意大利协奏曲》之行板，《长笛与羽管键琴奏鸣曲》之西西里舞曲，《哥德堡变奏曲》之二十一变奏，《管风琴三重协奏曲》(BWV530)之慢板，《管弦乐第二组曲》之G弦上的咏叹，更不要提莫扎特那些美不胜收的乐章。岂止是抒情，其婉转低回、一唱三叹真摧人心肝。只是那个“度”拿捏适宜。由理智主导激情，悲哀也带着高贵。作为一个音乐行家，加沃蒂始终在这个传统上考究肖邦的音乐。他举肖邦《前奏曲》op.28为例，认为这组作品表现出肖邦“接续巴赫”的雄心。第一首C大调同巴赫《平均律钢琴曲集》第一集第一首C大调，不仅在调性与音型上明显相关，甚至两首曲子的庄严与宁静也如此相像。我们知道，肖邦后期创作的玛祖卡更是巧妙使用对位技术的典范。可以说，肖邦一生的创作皆托庇于古典主义大师。

但谁能否认肖邦作品的梦幻性呢？冷月下摇荡波心的《船歌》，寒星里徘徊碧空的《夜曲》，逆旅中怀恋故土的《玛祖卡》……，对听者而言，它是多么不同于巴赫的作品。在巴赫吟诵的地方，肖邦歌唱，在巴赫把路德教的祷文写入音乐时，肖邦把音乐谱入诗行。肖邦的作品精致却不矫饰，抒情却不滥情，忧伤却不嚎哭，旖旎却不风骚。听懂了肖邦的人都能感到他的音乐织体丰厚繁复又晶莹剔透。深灰色的悲哀衬着宝蓝的底色。即使泪水盈眶，泪珠也不落下。极合我们先人"哀而不伤"的审美要求。加沃蒂说得好，"没有哪一种音乐以如此纯净的手段来解说无尽梦幻，正在这点上，本性属于浪漫派的肖邦，从不对某种说不清的歇斯底里般的幻觉让步，即使他处于精神崩溃的边缘，也持守一种古典的严谨"。

1830 年 9 月，肖邦给好友提图斯写信说"乐谱已放入行李，琴弦已在背包里，背包已扛在肩上，就等着上驿车了"。就在几天前，他告诉提图斯，他要离开波兰，并神奇地预感到，此一去便是与波兰永别。他说"我是去死，但不得不死在异地他乡，而不是死在自己生活过的地方，那该多惨"。11 月 2 日，一个悼念亡者的日子，肖邦离开了家乡，带着他的才华和一抔波兰的泥土。20 天后，华沙爆发了反抗俄国占领者的起义，十个月后，俄国人再次占领了华沙，华沙战败投降。加沃蒂指出"这是一次完全的耻辱，丢掉一切独立的前景，永无复仇的希望"。肖邦在斯图加特知道这一消息，他极度痛苦、愤怒，几乎陷入疯狂。他质问上帝："哦，上帝，你存在吗？是的，你存在，你不为我们复仇！难道俄罗斯人的罪恶还不够吗？或者你自己也是俄罗斯人？"他记述了这段时间内他绝望的幻象，父母忍饥挨饿，姐妹和心爱的人遭俄国人蹂躏，朋友的坟墓……这一切化作狂风暴雨般的音符，不朽的作品 op.10 之十二诞生了，人们常用一个不太恰当的词称呼它《革命练习曲》。

加沃蒂敏锐地注意到斯图加特悲剧对肖邦的影响，指出"斯图加特的创伤从未愈合，并永远不会痊愈。远离加剧了创痛，他怀念处于征服者铁蹄下的那个城市和一个不得不屈服的民族。这一切活在他心里，直接启发他的音乐。某晚一个学生在他面前演奏《c 大调第三练习曲》时，那一声伴随着哭泣脱口而出的呼喊，比什么都更好地描绘出这个高雅的流亡者的真情：哦，我的祖国！”是俄国人的占领使他把自己看作一个流亡者。他再也不会回到他深深挚爱的地方。肖邦的朋友埃利诺拉·齐尔米卡曾在马里昂巴德与肖邦相遇，她在日记中记道：“出于爱国的原因，肖邦决定不回国，而是继续他自愿的流亡生涯。”这条记载极重要，肖邦是因为爱国才决定流亡的。他弃绝了那个“国家”，却把祖国放在心头。

肖邦极爱波兰，真称得上魂牵梦萦，但他又确实再未踏上波兰的土地。以至我们在谈及肖邦的爱国情怀时，必得辨析此国何谓，而他所爱为何。在古典时代“爱国”的含义相对单纯。希罗多德、修昔底德、西塞罗诸先贤多把爱国当作公民的义务，甚至当作道德要求。伯里克利在阵亡将士葬礼上的演说道出了他们心中的国家观：因为祖先的勇敢和美德，“他们把这块土地当作一个自由的国家传给我们”。那时，人们期望其所爱之国是个人自由和幸福的依归之所。在那里有祖先荫庇，血脉绵延，有我们能剪烛西窗、共话巴山夜雨的记忆。人们称此为 motherland，母亲的应许之地。肖邦爱波兰，爱的就是它。

这种爱与忠诚相联。深思流亡问题的斯科拉说：“一旦忠诚是选择的结果，它就是一种承诺。这种承诺发自情感，依托人格，而不出于利益计较和伦理信条。”肖邦忠于对波兰的爱，他化此忠诚为音乐，使被俄国灭亡了的波兰永生于美的天国。由俄国人操控傀儡政府，沙皇兼任波兰国王的那个波兰，不过是耗竭波兰精血的异质的、外在的存在。肖邦并不理会这个波兰，他的波兰在他的玛祖卡里。他深知由俄国人扶植的那个国家不是他的祖国，而只是个占领形式，一套规章，一群官僚，个把君主，可能煊赫于今日，亦可能一朝灰飞烟灭。因而，当有人试图让他作沙皇宫廷第一钢琴家时，肖邦骄傲地回答：“即使我没有参加 1830 年的革命，我的心和那些参与者是相通的，因此我把自己看作一个流亡者，鉴于此，我不能允许自己接受任何一个别的称号。”这种自觉的流亡，使一个异乡陌客百世流芳。

另一方面，正像普鲁塔克所说，“缪斯似乎让流放帮助先人完成绝世杰作”。当肖邦自觉流亡到巴黎时，巴黎真正是个“文化首都”，甚至在音乐上，也取代维也纳，成了音乐家聚集的中心。此时，李斯特、门德尔松、柏辽兹、贝利尼、梅耶贝尔、帕格尼尼都在巴黎活动，亦都有名作传世。肖尔茨说“有这么多天才同时出现在一个时代，是史无前例的”。这个群英荟萃的盛景大约只有伯里克利时代的雅典堪可一比。这些天才从欧洲各地汇集巴黎，几乎每日见面、讨论、切磋、争吵，彼此赞赏或厌恶，在砥砺中成就一番文化伟业。

加沃蒂分析了巴黎的沙龙对音乐生活的影响，实际上，岂止音乐生活，19世纪的巴黎沙龙聚会对整个社会的文化艺术活动，甚至政治活动都是“性命攸关”的。19世纪初，斯达尔夫人和她的情人本雅明·贡斯当的沙龙，一时引领政治思想、文学创造的走向。随后，更有雷加米埃夫人主持的沙龙，夏多布里昂是这个沙龙的主角，甚至他之被任命为驻柏林大使，都有赖于这个沙龙的影响。年轻的乔治·桑曾在通信中兴奋地记下拉杜什将带她去雷加米埃夫人沙龙的事儿。诺迪耶被任命为兵器库图书馆管理员之后，他的家成了古典主义者和浪漫主义者汇集之所。马丁-菲吉耶记述了周日在兵器库诺迪耶家中的聚会“在场的诗人中会有人起来朗诵诗歌，可能是雨果、拉马丁或者维尼，也可能是一位怀着出版诗歌希望来到巴黎的年轻的外省人。在那个时代，没有被介绍到这个沙龙，几乎不可能在艺术界成功”。我们知道夏多布里昂曾在居斯廷伯爵的沙龙里听过肖邦演奏，圣伯夫是田园圣母街雨果文学沙龙的常客，而正是他断言“文学中的夏多布里昂和音乐中的肖邦是古典主义和浪漫主义之间的桥梁”。

肖邦和乔治·桑在奥尔良广场的沙龙则被称作“小雅典”。肖尔茨认为，肖邦和乔治·桑在这里“把最不可能组合到一起的客人联系到了一起，他们跨越了通常的政治、社会、金融、艺术的界限”。进出这个沙龙的既有左翼政治家皮埃尔·勒鲁瓦、路易·布朗，又有文学巨擘雨果、巴尔扎克、拉马丁、圣伯夫，还有金融巨头罗斯柴尔德，甚至基佐这类保守主义的政治人物也会光顾。此外，来自欧洲其他国家的文人、艺术家，也聚集到肖邦和桑的沙龙里，例如海涅、密兹凯维奇和许多波兰流亡者。海涅后来成了肖邦的知己，对肖邦的音乐有极精辟的评论。而正是海涅把马克思介绍给乔治·桑。那时马克思正在巴黎流亡，又初识恩格斯，两人正商量着弄《共产党宣言》。我们没有马克思去过奥尔良广场的记录，但肖尔茨断定"无论肖邦是否真的见过马克思，他肯定，而且非常直接地见证了现代历史的创造"。

了解当时巴黎的沙龙生活，有助于我们理解肖邦的音乐，因为肖邦的许多作品是在三两密友的娓娓对谈中触发灵感，谱写下来的，又在朋友圈中演奏。肖邦不喜欢公开正式演出，除非不得已，他拒绝公开演奏。因为他生性疑虑公众，他常问：这些掌声是真听懂了音乐的赞赏，还是出于礼貌？而在朋友中，他放松，坦然，他知道这些人真心爱他，为他的音乐陶醉。在朋友中，他的演奏是交谈、倾诉，是宣泄、梦想，是以音乐构建的晶莹的纯净之邦。甚至那些充满 zal 的大波洛乃兹也是光焰明亮，唤起勇毅与高贵的情感。

加沃蒂在书中引用了一段乔治·桑的记载：

> 肖邦走近钢琴，未在意别人在听。他即兴弹奏，漫无目标。他停下来。
>
> 可是还没弹完呢！德拉克罗瓦喊道。
>
> 我并未开始。我什么都抓不到……只有倒影、阴影、起伏部分，无法以固定成形的乐思体现。我找颜色，可连线条都勾描不出来。
>
> 一个不来，您就找不到另一个。德拉克罗瓦接着说，而您会同时找到它们！
>
> 可是如果我只找到了月光呢？
>
> 您会找到一个倒影的倒影，莫里斯接口。

这个说法让像神一样的艺术家感到高兴。他接着又弹，不像重新开始，因为他的线条很模糊，不确定。渐渐地，我们眼里充满了柔和的色调，与听觉捕捉到的甘美悦耳的抑扬声相吻合。然后蓝色音符出现了，把我们带入透明的蔚蓝夜色之中。

……

一曲美妙的歌。

就这样，在与朋友们的交流中，肖邦捕捉住稍纵即逝的灵感，赋予它以完整的作品形式。

肖邦在他的朋友中创造他的音乐奇迹，但这个朋友圈子的核心是乔治·桑。肖邦创作最丰的时刻是在诺昂度过的八个夏天，一生创作的编号作品68件，有30件创作或完成于诺昂。这一段时间，他与乔治·桑相爱，桑照料、鼓励、呵护着他，他也向桑奉献了一生中绝无仅有的实实在在的爱，这爱却以悲剧收场。加沃蒂在书中花了大量篇幅讨论这场爱情悲剧，不过我仍以为话犹未尽。加沃蒂是百分之百的肖邦派，尽管这是他力图避免的。无奈他太爱肖邦，下笔难免苛责乔治·桑。所举事实固然不错，但问题在于视角。

在肖邦与桑的恋爱中，桑是主动者，并始终主导着这场恋爱。因为事实上，若没有桑这么一位波兰勇士——萨克森元帅的直系后裔，这么一位宣称“当女人沉默之时，我让女人的声音振聋发聩”的女权先驱，以肖邦的性格，这段姻缘根本不可能存在。1836年深秋，李斯特在他的住所法兰西旅馆邀请桑和肖邦做客，这是两人首次见面。见面之后各自对对方的印象极有趣，肖邦问希勒：“这个桑，她真是个女人吗？”而桑却对马里亚尼夫人说：“这个肖邦先生，像个年轻的姑娘。”别放过这初次的印象，可以说这段姻缘一开始就是角色倒置。

初次见面，肖邦的反应相当冷漠，桑对他没有一点吸引力。因为在爱情问题上，肖邦与常人有着绝大的区别。用加沃蒂的话来说，“如果以爱这个词的完整含义及其后果来衡量，肖邦不爱并不会去爱任何人。这是一个爱情的爱恋者，他培植情感，就像要刻意与其保持距离，并将其置于音乐之中，……他的爱情体验却化作协奏曲、叙事曲和梦幻般的圆舞曲”。事实如此，他的初恋情人康斯坦斯化作了 f 小调钢琴协奏曲的柔板，他唯一一次谈论婚姻的对象玛丽亚·沃德辛斯卡，也变作了降 A 大调圆舞曲。从音乐中我们知道，他心中的爱太美，绝非人间所能觅求。所以加沃蒂断言：“除了梦中所想，唯一一个让他有过性经历的女人是乔治·桑，他丝毫不觉得受她吸引，彼此的天性是如此对立，但他无力抗衡对方的愿望。”桑也很快明白了这点，她向朋友倾诉道：“他不能屈服于肉体的粗糙，他要寻找的，并非情妇，而是充满爱的陪伴。”

显然，异性的吸引力绝非桑堕入爱河的主要原因。桑是被肖邦的音乐慑服了。她听了肖邦的演奏，以她敏锐的音乐感觉和深厚的艺术修养，一下子明白这个文弱的异国青年是块真正的瑰宝。李斯特记录道：“她将肖邦比作自然的低语，自然凭借他的音乐来引导那些才智之士进入某种神秘仪式。”她要把肖邦拉到身边来，不是为了性，而是为了某种她曾在自己的小说中幻想过、描述过的东西：“在潺潺的流水声中，在和风的瑟瑟声中，汇合一个纯粹、甜润、迷人的嗓音，一个像双簧管似的年轻、颤抖的男子的歌声。”（《瓦朗蒂娜》）只有肖邦最具歌唱性的琴声能达于这种境界。为了这个合于自然的纯美之境，她要爱肖邦，这爱有着男女相爱的外表，但骨子里不是。这其中所深涵的东西至少有三个层次的交叠。

首先，它是两人的艺术感在冥冥中的契合。这种契合是波德莱尔在《契合》一诗中所描绘的那种感觉：

有如远方的漫长的回声
混成幽暗和深沉的一片
渺茫如黑夜，浩荡如白天
颜色、芳香与声音相呼应（梁宗岱译文）

正是这种艺术上的契合唤醒了肖邦："我弹琴时，她深深地凝视着我的眼睛。那音乐悲哀，是多瑙河的传奇，我的心和她在一起舞蹈……而她的眼睛，那忧郁的眼睛，独一无二的眼睛，它们在说些什么？她靠在钢琴旁，她热烈的目光淹没我……奥罗尔，多么迷人的名字。"这种艺术上的两心相知，使桑与肖邦的关系成为创造伟大作品的契机。

加沃蒂描述了这样一个情景：

> 在诺昂的一个晚上，她在他面前大谈乡村的宁静和自然的奇迹。
>
> "您说的这些多美啊。"
>
> "您觉得吗？那么把它变成音乐吧。"
>
> 于是肖邦即兴演奏，乔治·桑站在他身边，一只手放在他肩上，低语道：
>
> "加油，多么柔美的、天鹅绒般的手指。"

乔治·桑自信地坦言："他的钢琴向我揭示了他的思想，他的忧虑、困窘、胜利或痛苦，于是我理解他就像他理解自己一样。"这话大致可信。以至莫洛阿问："谁知道，如果没有乔治·桑这只手抚在他的肩上，没有诺昂神奇的影响，肖邦在他短促的一生中，能否写出那么多杰作？"我们无法回答，只有神知道。

其次，桑与肖邦的关系还有一个特殊之处，自从桑与肖邦相恋，她就有意识地让自己处于保护者的地位，强调她对肖邦的"母爱"。她一直称肖邦为她的第三个孩子，甚至在给肖邦母亲的信中，她也以母亲对母亲的方式谈论肖邦。桑对肖邦的爱充满牺牲与奉献的冲动。这种情感特征来自乔治·桑少女时代在修道院的信仰经历。她最爱读《使徒行传》，"殉道者的勇气和坚忍精神，适应了她的某种隐秘的感情"（莫洛阿）。深受圣·特蕾莎影响的桑，发誓要做个"累得要死的仆人，陵墓的清扫女工，搬运垃圾的女人"。在桑与肖邦共同生活的九年间，她确实无微不至地照顾肖邦，在日常生活中，像个保姆，在肖邦生病时，像个护士。爱情在相当程度上表现为母爱的呵护。连苛责桑的加沃蒂也承认“在诺昂，一切都根据这种高级劳动所必需的便利妥帖安排。肖邦一定在那里处于最适宜于他的创作活动和静心冥思的境地”。

但是情人之间不会有真正的母爱。因为真正的母爱是无条件的，不掺杂任何其他欲念的纯粹之爱。一个照顾病孩子的母亲绝少会抱怨病孩子不顺从她的意志，更不会因病孩子的行为不合自己的心意而弃绝孩子。这种无条件的奉献不要回报，一旦以母爱之名的奉献要求回报，这种母爱就是一种错觉，一种违背自然的情感关系。桑在她一生的诸多爱情冒险中，经常以奉献性的母爱开始，以移情别恋告终。与儒勒·桑多，与缪塞的恋爱就是例子。我们可以说，桑在爱情生活中的母爱角色，是精神分析学中所指出的“升华”(sublimation)现象。尽管升华有时会表现为“伪饰”，但这种心理机制在本能由潜意识进入意识的过程中，却有不可估量的积极作用，特别是在艺术家那里，它甚至会成为创造的原动力。这种升华给桑以创作的冲动，同时，“升华”夸大和固化了她的“自居”(identification)，使她以圣女/母亲的形象出现在与肖邦的情爱关系中。但这只是一种心理学上的转化，并非现实中的自然关系。因而当肖邦公正仁慈地对待她的女儿索朗日时，她便觉得受到莫大的伤害，认为肖邦“背叛”，甚至不由自主地猜疑肖邦和索朗日的关系，产生疯狂的嫉妒心而与肖邦决裂。在这件事上，肖邦没有丝毫过错，只是他的磊落和善良遇到了混浊纷乱的心理纠缠。我宁愿从心理学而非道德的角度看待此一令人心痛的决裂。加沃蒂指责桑“虚伪”，却忽视了“升华”的积极作用。这是我与加沃蒂的分析稍有不同之处。

最后，我们回到情爱关系的本质。即加沃蒂所说的“爱这个词的完整含义和后果”。桑一生追求完整意义上的爱，即相爱的人在精神与肉体上的完美契合。她的这个理想在她的杰作《莱丽雅》中作了尽情表述。只是莫洛阿告诉我们，不要读后来桑自己修订的本子，而要读 1833 年的最初版本。桑在书里借莱丽雅之口说出了她对爱的要求。

我的身体被神秘主义的刻苦静修弄得衰弱……在我的精神和肉体之间，不知不觉出现了全面的分歧。

我觉得感受到了肉体的爱情带来的心绪不宁和肉体的欲望越来越大的骚动。我极想一下子把他唤醒，抱在怀里，要求他亲抚。这种亲抚我尚不善于受用。

我在一种说不出的感官快乐的波涛里游泳。

我感到焦虑不安和模糊无力的欲望在刺激我，我觉得我还能爱。

这些自白表达了女性主义先驱乔治·桑，勇敢地提出了女性肉体解放的问题。只是在现实中，在与肖邦的爱情中，她的这个愿望注定要受挫折。

在肖邦那里，爱情与一个实实在在的女人关系不大。加沃蒂对肖邦的这个特点作了很好的分析："肖邦以什么方式爱康斯坦斯呢？不是把她当作一个女人，而是当作一个形象，或者干脆就是一种理念，一个唤起音乐和忧愁的由头。""敬重妇人如偶像的诗人们，其内心深处并不真的渴望这些妇人，而是在想象中令她们栖身于无欲无望的涅槃之境。他们忘了这些有血有肉的尤物会嘲笑那些暧昧、摇摆的态度。"这种态度贯穿肖邦一生，这是潜隐在桑与肖邦关系中的病灶。桑终于明白，肖邦这个人"不能屈服于肉体的粗糙"，他甚至以为情人之间的性关系会"破坏那些美好的记忆"。这场看似因家庭矛盾引发的冲突与决裂，其深层原因可以从桑给朋友的信中发现蛛丝马迹：

八年来，我像一个圣女般生活。

我敢担保，他病得太重了，以至他的爱只能是柏拉图式的。

九年来[①]，感觉着生命的充盈，我却被系于一具尸体上。

---

① 书中，桑致友人的书信被作者多次引用，她本人曾在不同场合，分别提到8年和9年，不甚统一。——译注

这压抑不住的抱怨，终于以索朗日的婚姻为导火索爆发出来。它很可以通过精神分析学加以解读。聪慧的乔治·桑也是一个病人，病得不比肖邦轻。

读加沃蒂所提供的肖邦身体状况的细节，我们可以断定，由于严重的肺病折磨，他的肉体不足以承担肉体的所有职责。他的生命，如一支蜡烛，点燃并照亮家园的命运和美幻的王国，他的肉体便是这融化、滴落的烛泪，流淌、耗竭。他深知生命短促，甚至在他少年时就不断被死亡的念头所追逐。他仿佛下意识地知道他的天职何在，从而冷静而高贵地接受命运的挑战，奉献自己微薄的肉体于艺术的祭坛，在耗竭中创造永恒。桑以她特有的睿智看出了这点，她说“这是个太纤细、太美好、太完美的造物，难以长久存在于我们这个粗笨而沉重的人间”。桑曾爱过这个不属于人间的造物，却不能呵护他到生命的尽头，而肖邦却鲛人泣珠般地把自己的天才化作珍珠，留给自己的家园，亦留给他流寓的异乡。正如诗人希普雷·诺维德斯说：“多亏他，散落在野地里的波兰人民的眼泪，才得以清澈晶莹地聚集在人性的冠冕上。”

本文所用资料参考了《肖邦在巴黎》，塔德·肖尔茨著，马永波译，新星出版社；《乔治·桑传》，安德烈·莫洛阿著，郎维忠等译，湖南人民出版社；《十九世纪浪漫主义者的生活》，安娜·马丁-菲吉耶著，杭零译，山东画报出版社。

前奏曲

贝尔纳·普里瓦和罗伯特·德·圣让，曾在几年前要我写本大部头的书，对这位音乐家“作个综述”。很多人写过他的故事，不过常常笔法随意，像写小说。我们今天应当用最新的研究成果来讲述他的故事。因为，实际情况往往如此，随着一个杰出的人物在时间中渐渐隐没，新的披露会带给我们新的素材，它们在事过很久之后才为人所知。于是事情变得清晰、明朗起来，接近扑朔迷离的真相。

最近三十多年来，人们着力研究弗里德里克·肖邦，著述甚丰，作者出自法国、波兰、俄国、英国、意大利和西班牙等国。但有些著述基于不可靠的推测，我们在引用时会作必要的保留。另外一些在陈述肖邦在波兰度过的青年时代时，列举了经过认真核实的新事实，对法国传记作家处理得过于简略的部分往往有新的细节披露。

因为有两个肖邦。

一个是纯粹的波兰人，生来就患肺病，是拘谨的恋爱者，永远的思乡者。这样一位作曲家的传奇形象，让年轻女郎充满幻想，让音乐学家癫狂。

一个是法国人，在巴黎找回了父系的氛围，是快乐、健康、结实又充满朝气的情人，尽管在生命临终的时候，身体欠佳。这正是他过世的原因，但他并无怨言。

我曾广泛阅读有关这两个方面的书籍。这些传记中，没有一本能说服我。

因为，简单说来，真相在别处——远非人们所说的“介于两者之间”。

肖邦的遗传来自两个国家，即他的双亲出生之地：波兰和法国。存在那么一个想把肖邦完全划归为波兰人的阵营，他们居然声称弗里德里克的父亲尼古拉是斯拉夫人的后裔，真实的名字应该称作“佐普”。其中一个狂热者特地到巴黎来找到我，告诉我在肖邦父亲诞生的年代(1771)，因为斯坦尼斯拉斯·列什钦斯基[1]的缘故，

---

① 法国国王路易十五的岳父、波兰逊王。路易十五收留了他，并把洛林地区作为他的封地，封号洛林大公。

洛林省浮日山区的马兰维尔村，当年是波兰领地。另一个向我表示，肖邦是波兰女人朱斯蒂娜和列什钦斯基国王一个军官的儿子，却无任何证据。最让我高兴的事情，就是戳穿这些骗子的把戏。

肖邦可以说是一个“混血”，因而他身上具有两个种族的特性。在华沙度过的最初 19 年，在他的教育天平上分量显然很重。他的音乐无疑具有波兰特色，但这并不妨碍巴黎的文化和气氛在成就他的天才上也起了显著的作用。在《肖邦面面观》一书中，阿尔弗莱德·科尔托(Alfred Cortot, 1877—1962)用“肖邦受益于法国之处”这样一个章节，对这个问题进行了深入的考察。他从这个角度对肖邦华沙时期和巴黎时期的创作进行详细探讨，结论是令人信服的。

对一个具有如此特色的天才的成长过程进行详细描述，显然很有必要。这个年轻人的秉性，也需要深入讨论，因为自他离开华沙直到他在巴黎离世，这种秉性没有丝毫改变。通过强调他的波兰时期(1810—1830)，我们相信做到了忠于事实，因此可能会带来新意。

如其所是地描绘肖邦，这个愿望让我们谨慎从事，避开那些虽然能满足虚荣心却并不真实的立场。

肖邦在摇篮里就已经是肺病患者？不，肯定不是！但他生来单薄，易受令人担忧的感染，用今日医学的眼光看，确是易染的预兆，即使 19 世纪医学对此所知甚少，也能猜到几分。他脸色苍白，体格羸弱，无法进行长时间的体力活动。经过数年的间歇，在巴黎生活期间，肺病征兆就出现了。到底是谁的错？假如给他看病的大夫都一致认为是慢性喉炎，这喉炎真是奇怪，能引起咯血，气闷，头痛，呼吸困难，淋巴炎症等。

虽然忍受着痛苦，肖邦却常常快乐又可爱，这是事实。正如所有杰出的灵魂一样，他秉性充沛，时而奔放时而忧郁，风趣也绝望。别忘了他的座右铭：“从来不笑的人是靠不住的。”这正体现了人的两面性。

这个举手投足颇有贵族气的精灵的化身，有时话语尖刻，揶揄过度，此亦属无疑。

人实在是多样的，伟大的人物并不超出常规。

我不想只用简单的几行字来描写一个复杂的“实例”，因而在书中多次涉及我们的主人公在爱情上相当令人失望的举措。这些行为在许多场合令人困惑，并最终仍旧游移不定。他跟乔治·桑长久的情爱关系，也属微妙。我既不想作“肖邦派”也不偏向“桑派”，只想寻求公正，对这样一场看来争论不休的官司提供全部材料，让这两个天性如此对立又互补的人物，彼此面对。如果用乔治·桑所习惯的篇幅来写一本小说——不过要写得坦诚且真实——可能并不嫌冗长，可以把属于乔治·桑的还给她，让肖邦有权得到还原的真相。

不管波兰的不幸在他生命中起了多么重要的作用，我们确信他在谱子上写下的每个音符并不都与此相关。肖邦面对故国的苦难，忍住了啜泣。所有的圆舞曲、练习曲和船歌、摇篮曲、塔兰泰拉舞曲、包列罗舞曲、苏格兰舞曲等，并不皆在暗示俄国铁蹄下被碾碎的华沙。但把肖邦说成一个穿着讲究的巴黎人，把自己的舒适看得比受外族压迫的故国的苦难更重要，则错得更多。一个放逐者，在遥远的国度为一个苦难的民族咏唱的歌手形象，用在这里非但不显得可笑，反而跟事实相符，符合肖邦向亲密的人所吐露的隐情。

文学性吗？毫不沾边。他的作品只追求音乐性，不要借助形容词或暴烈冲动的形象来找寻真相。诗歌丝毫没有俘获这个诗人中的诗人——尽管舒曼对这位同行和同时代人的作品倍加关注，肖邦却反感舒曼音乐中的某些东西，原因很可能是舒曼赋予了文学某种激发灵感的价值，而肖邦除了偶有例外，拒绝认同这点。肖邦并不对他的激情作注解，他活在其中，在钢琴里或在书桌前。不论对一个事件、一次感情投入还是一种失意，他从不谈论。他的秘密日记并不用词语来写，而是用音符。德拉克罗瓦、巴尔扎克，尤其是乔治·桑，他们只是作为艺术家才让他感兴趣。“音乐家，只是音乐家”，《莱丽雅》[①]的作者判断正确。而肖邦对他那些最出色的同行——

① 即乔治·桑。——译注

像舒曼、李斯特、柏辽兹和门德尔松——讥评多于亲近。跟他的作品、家庭和波兰“同胞”无关的一切，他概不关心。非关自私，而是自我中心。

难道我在此开头几页中正描画一幅令人失望的肖像吗？并非如此。我知道，很少有人能像肖邦这么讨人喜欢，没有人，可能除了莫扎特和舒伯特，能像肖邦那样引起人们的偏爱。别的人，人们敬仰，这个人，我们爱他，用心去爱他。那么，让我们试把一种明澈的爱奉献给他。

为什么要写这本大部头的书呢？我会说，在我眼里，这还算简略，太简略了。我尽量保存那些最重要的事实，竟至在与他朝夕相处之间，依恋于他，幻觉上是他的朋友，而不是他的传记作者。相信这种叙述者和传主之间的亲密关系会有成效，希望读者也同我一样，对肖邦产生由衷的喜爱。我们很少经验如此感人的历险，也很少有人如此复杂。有必要让他的生命过程变得清晰，这需要深入到一个不安的灵魂中去。这一切花时间也占篇幅。

在某种程度上，前言即便写得再好，再无私心，也总是一篇给自己的辩护词。向读者解释了本书篇幅长的理由之后，我希望故事在他们眼里是简短的。为此，我没有在叙述中加入音乐分析，某些作者常会把它们夹在里面，结果多半是让读者习惯于在阅读过程中跳开这些段落。冗长的描述也会遭到同样的命运。这就是我何以要在本书最后专用一些篇幅，从技术上更深入地介绍肖邦的音乐作品。有兴趣的读者可以阅读，却不会妨碍其他读者。

现在，让我们来面对事实，众多的事实！

贝尔纳·加沃蒂

第一部分　波兰

“你转身离去，当你知道永不会再返回之时，一切都那么美好”

——巴尔贝·多尔维利[1]

① Barbey d'Aurevilly，1808—1889，法国作家和批评家，被称作“文学界的海陆大元帅”，曾是法国19世纪后半叶文学界的领军人物。他作品中最著名的是短篇小说集《恶魔》。——译注

第一章　我是彻底的马佐夫舍人

一封信

我亲爱的父亲母亲，

由于不能确定你们是否收到了我那些信，在这里我只给你们写几行字，询问你们身体状况和表达我对你们的尊敬和依赖。过去两年里，我没有你们的任何消息，不知应怪罪于谁。但是，亲爱的父母辛大人（原文如此[①]*），我的远离只能加深我对你们的尊敬，也因为这么长时间见不到你们和没有你们的任何消息，明白了我是多么不幸。韦德里希太太也给你们写过几封信，托你们打听他们在斯特拉斯堡的事务，你们没有复信。我想告诉你们，我们知道马拉尔先生收到了他的报酬，但不知道他是否也收到了应该支付给债权人的钱。由于和帕克伯爵之间的事务还没有结束，他催问马兰维尔土地抵押总账，我为此将去斯特拉斯堡代表韦德里希先生料理上述（*）事务。但我们得知法国还没有从大革命中平静下来，我的旅行因而推迟。可我相信很短*就会启程，因为韦德里希先生已经跟一个银行家谈妥，托他先去法国。在我动身之前，请你们告诉我，民兵是否已不再像从前那样不

① *信中出现的拼写错误，用减笔字，或同音字，或意思相近的字替代。——译注

通融，听别人说，所有的年轻小伙子到了 18 岁上都得去当兵。这正是我们特别想知道的。因为目前我在外国，在这里能走自己想走的路，如果只是为了成为士兵而离开它，即使在自己的祖国，我也会感到很遗憾。韦德里希先生对我实在是太好了，我在这里能看到美好的前景。因此我请求你们，亲爱的父母辛（*）大人，尽快给我回信让我能安全出发并享受见到你们的幸福，还有我亲艾（*）的辛（*）戚们。怀着最高的敬意，我很荣幸作为，

亲爱的父亲和亲爱的母亲

儿女中，你们

非常谦卑和听话的儿子

尼古拉·肖邦

写于华沙，在此 1790 年 9 乐（*）15 日

附言：韦德里希先生和太太向你们致敬，也向神甫大人表达他们的敬意。我请你们也向他表达我的敬意。我真诚地拥抱我的姐姐们，也向我的辛（*）戚和朋友们致以问候。把地址给你们，很怕此信丢失，因为我对过去两年内没有收到任何一封信感到难以置信。这里是地址：

请转

肖邦先生

经德雷斯顿

转波兰华沙

（留局待领）

从洛林到波兰

这封信，是尼古拉·肖邦在移居波兰两年后，写给他留在洛林的父母

亲的。这个血统纯正的法国人用母语写信，比他那位出生在华沙、有一半波兰血统的儿子日后用法语写的信，文字表达上更欠准确。洛林的肖邦这家人出身寒微，的确没受过什么正规教育。音乐家肖邦的祖父弗朗索瓦·肖邦，在南锡附近西翁丘陵下的一个叫马兰维尔的村子里种植葡萄，兼做大车修理工。1949 年，肖邦逝世 100 周年之际，举办肖邦年活动的执行委员会在马兰维尔村那栋非常简朴的农民房的墙上，钉了一个石质纪念牌，上面刻着“波兰天才作曲家之父，尼古拉·肖邦于 1771 年 4 月 15 日在这里出生”，石板产自作曲家的出生地、波兰的热拉佐瓦-沃拉村。肖邦族人数代居住在洛林，浮日山区很多村庄，像昂巴库尔、布拉尔维尔、马兰维尔这些村落里，都能找到他们的踪迹。某些波兰人想把肖邦完全占为己有，声称他的波兰先辈叫“佐普”，当年是作为斯坦尼斯拉斯·列什钦斯基的随员到洛林来的。这个假想曾得到过旺达·兰多芙斯卡[①]的支持，现在已经被否定了。在马兰维尔村，葡萄园并不需要全年照料，也养不活一家人，淡季中田里活计闲下来时，弗朗索瓦·肖邦就修大车，调犁柄和轮毂，也造独轮车。

他娶了玛格丽特·杜伏兰，生了两个女儿之后，儿子尼古拉生于 1771 年 4 月 15 日。弗里德里克的这两个姑母终老于马兰维尔村，他在巴黎生活期间她们还活着。可他从来没有表示过有心拜访她们或跟她们通过信，看来尼古拉·肖邦并没有培养儿子对其法国家庭的依恋感。弗里德里克从未对此归属有所表示，只有法国传记作家在那里津津乐道。“我是彻底的马佐夫舍人”，年轻的音乐家在华沙音乐学院毕业时曾如此声明。在他生命快结束的时候，倒也有过一次坦白：“……法国人，我终于爱他们如同我的族人……”在此，让我们先回到他的父亲，我们对尼古拉的了解实在太少了。

① 1879—1959，波兰羽管键琴家、钢琴家。20 世纪最重要的羽管键琴演奏家，著有《古代音乐》、《兰多芙斯卡论音乐》。——译注

尼古拉这个17岁的年轻洛林人，在取得了初中毕业证书之后(上述信中的拼写错误[①]显示出书写者的文化水平并不令人满意)，为什么会决定离开他的家人和成长的地方，奔向一个遥远的、动荡的国度？人们大概永远不会知道实情，除非出现其他信件[②]来澄清这个历史疑点。我们只知道马兰维尔当时是波兰领主米哈伊尔·帕克的采邑，他是跟随斯坦尼斯拉斯·列什钦斯基国王一起来到洛林的。他的洛林产业由某个阿达姆·韦德里希管理。尼古拉从小就跟韦德里希相熟，习惯于波兰人的生活圈子，对继承父业不感兴趣，学业初成又让他产生了追求功名的欲望。或许因为这些原因，他离开了家乡，跟着回国的韦德里希走了，在法国大革命即将爆发之时到了波兰？那个年代，旅行困难，职业前景不定，家里的幼子会自愿远走他乡，到别处去发财，尽管目标相当虚无缥缈。看来，尼古拉对波兰的选择是诸多偶然事件促成的。

波兰的命运

波兰这个不幸的国家，在长达几个世纪的时间里，从来没有获得过持久的统一。它是自身所处的地理位置的牺牲品，夹在普鲁士、奥地利和俄国之间，与瑞典也只隔着波罗的海海峡。波兰之所以每隔一段时间还能独立存在，靠的是和德国联盟，把蒙古侵略者赶走，或者与奥地利人联手，将土耳其人打跑。在蛮族的两次入侵中间，波兰则需面对这几个可怕的强邻的觊觎，它们用其利齿不断撕裂抢夺波兰国土，今天一个城市，明天一个省份。

波兰那时就扮演一个斗牛士坐骑的角色，被斗得性起的公牛对着它发泄自己的狂躁。10世纪末基督教信仰输入之后，它或曾受到过教皇的支持，可依然是作为筹码，而不是盟友。只有在政治上能用它抗衡神圣日耳

---

① 我们有意保留了原信中的拼写错误。

② 上述所引的信件只是在1949年才被发现，在此之前人们还以为尼古拉·肖邦由于跟家庭失和而离开家人。历史事实往往慢慢地从历史这口深井里凸显出来。

曼帝国势力的扩张时，教廷才来保护波兰。作为罗马的附庸，克拉科夫[①]受教廷反复无常的摆布。平静的岁月只是被吝啬地施予，波兰想把命运掌握在自己手里，则要等教皇和皇帝在别的地方脱不开身的时候。彼亚斯特王朝[②]统治下，到14世纪的后半叶，波兰作为一个民族已经形成。西斯拉夫人的一个部落先后兼并了马佐夫舍和西里西亚，把波西米亚让给了德意志。作为一个具有天主教教省性质的古王国，波兰历来教士众多，贵族阶层野心勃勃。在彼亚斯特朝历代国王——鲍莱斯瓦斯、卡齐米日、梅什科——的治理下，国家相对繁荣和平，为亚盖洛王朝[③]创造了条件，后者实现了波兰和立陶宛的合并。在亚盖洛王朝治下，波兰和立陶宛是统治者，或者作为宗主，辖治西普鲁士和普鲁士公国、利沃尼亚、库尔兰和大部分乌克兰国土，这种局面一直持续到1648年的哥萨克叛乱。不久之后，卡尔十世统治下的瑞典侵占了波兰，路易十四还曾设法斡旋。后来杨·索别斯基[④]在维也纳城墙下击退土耳其人，从此奥斯曼强权开始衰败，它长久以来一直是基督世界的祸患。索别斯基之后，这个国家进入衰退期，17世纪末，波兰不再是一个独立的国家。普鲁士、奥地利和俄国联合起来对之野蛮相向，以基督教为幌子的强权竟如此霸道，以至于这些列强“以至高神圣的三位一体的名义”发出通谕，实施对波兰的瓜分方案。可他们并未明确告示天下，这个神圣的三位一体是由他们尘世的联盟组成的，还是天庭里神明的组合。

此次瓜分的结果，是弗里德里希大帝收回了西普鲁士和大波兰的整个北方地区，奥地利控制了卡利什，而俄国则占领了从多瑙河到第聂伯河的大片土地。1793年和1795年列强的两次瓜分，更加剧了对波兰的肢解。

---

① 中世纪古都，当时波兰首都。从“复兴者”卡齐米日国王(1034—1058年)开始，克拉科夫成为波兰首都。自1320年起克拉科夫为国王的加冕地。1794年科希秋什科起义以克拉科夫为中心。波兰被完全瓜分后，克拉科夫隶属奥国。——译注

② 波兰历史上第一个封建王朝。——译注

③ 4—16世纪的中欧王朝，也称为波兰立陶宛联邦。——译注

④ 波兰统帅，后当选为波兰国王，史称杨三世(1674—1696)。——译注

1795年底，最后一个波兰国王在格罗德诺逊位后去了俄国，后来死在那里。八百年的波兰历史虽不乏光荣的时刻，但彼亚斯特和亚盖洛王朝的波兰不复存在，三个参加瓜分的列强互相承诺，永不使用一个能让人回想起波兰王国的称号。王国虽说覆灭了，但以科希秋什科[①]为首的起义，至少为这个国家赢得了尊严。很多英雄主义的行为固然屡遭惨败，波兰却一直活在它的历史中。

1788年的波兰

尼古拉·肖邦于1788年到达华沙时，正赶上这些事件的尾声，他参加了科希秋什科的起义。一个偶然的机会让他死里逃生，他所在的分队首领是鞋匠吉林斯基，因为被派到市中心的哨位执勤，没有参加普拉加攻城战，也因此幸免于城关屠杀。可以说，在进退维谷之间，即应征到法国军队服役，或是作为志愿者在外国部队作战，他在两难之中选择了后者。这种受本能驱使的选择，作为法国人，看似奇怪，但他内心早已波兰化，以至于把故国丢在了脑后！

说到底，尼古拉·肖邦渴望冒险，他在波兰找到了梦寐以求的东西。他逃脱了一辈子当农民的宿命，到达这样一个国度，那里的人们由于民族的不幸而生出了自然的勇气。当时波兰正在俄国占领下，但也恰好是知识和艺术空前兴盛的繁荣期。虽然压迫者当前，自由的气息却遍布全国。尽管劳役制庄园经济形态尚存，后来才被拿破仑彻底废除，但是摆脱了领主恣意专制的庄园依附农，他们的权益已经受到政府的保护。贵族阶层的地位在逐渐下降，他们的特权要追溯到13世纪，源起于当年正义的卡齐米日[②]的特许。这些佩剑贵族积敛了相当丰厚的产业，拉吉维尔家族拥有六百个村庄，卢博米尔斯基家族的财富无以计数。传说中一个非常年老的克拉

---

① 波兰民族英雄，1794年领导波兰人民在克拉科夫举行民族起义。——译注

② 指卡齐米日二世(1138—1194)，“正义王”的称呼来自教会史学家，他们授予卡齐米日这个名称来感谢他赠与教堂的众多特权。——译注

科夫公主，她拥有以百万计的劳役日①。奢华的城堡点缀着波兰平原。波兰民族像众多其他民族一样，虽也由金钱掌控，却保持着理想价值的信念。

一个信仰基督的民族

8个世纪之后，波兰对其基督教使命仍记忆犹新，它拥有一个活跃的、甚至专横的僧侣阶层。琴斯托霍瓦的黑圣母②在中世纪曾保护过波兰，被视作国家的女保护神。波兰本地圣徒甚多，有圣雅辛特、圣阿达尔伯特、圣切斯拉夫、圣菊奈贡德、圣斯坦尼斯拉斯·科兹卡、圣布洛尼斯拉娃、圣雅蒂维佳等。公元1000年，当时的德意志帝国皇帝奥托三世③曾和波兰国王、世称勇敢的鲍莱斯瓦夫·克罗布利一起去朝拜圣阿达尔伯特的遗骨，后者是数年前在波罗的海地区普鲁士人那里殉道的。两位君王，一个来自罗马，另一个是未来的波兰国王，赤足走向那个圣徒在格涅兹诺的埋骨之地。整个国家被深深地打上基督教信仰的烙印，全民在信仰和民族意识中觉醒。基督教义—教会—国家三位一体的确立由来已久，此刻比任何时候都更具生命力。奇怪的是，受天主教文化熏陶的尼古拉·肖邦，从未表现出任何宗教情感。他对伏尔泰作品的浓厚兴趣（离开马兰维尔时随身带有一册），或许能从某种程度上解释他对形而上学人生观的无动于衷。应当说，除了临终时刻，他的儿子弗里德里克也丝毫没有透露过对来世的关注，这类关注最飘忽不定和超越自然。上帝的字眼及相关念头，30年中没有在尼古拉的通信中出现过一次④。

---

① 指为数众多的农奴需无偿为农奴主工作的累计工作日，折合成金钱，其财富相当可观。——译注

② 波兰琴斯托霍瓦城内的光明山修道院，是该国最重要的朝圣地，亦是许多波兰人的精神首都。琴斯托霍瓦黑圣母像，是光明山修道院最珍贵的财富，据称行了许多奇迹。其一是在17世纪瑞典入侵的一次围城期间，奇迹般地拯救了光明山修道院。1656年，波兰国王约翰·卡齐米日庄重地发誓将波兰奉献在圣母保佑之下，宣布她是波兰的主保圣人和女皇。——译注

③ 原文作罗马帝国皇帝，其实他同时也是罗马王。——译注

④ 尼古拉·肖邦很可能和他同时代的许多人一样，是共济会的成员，后来肖邦在巴黎与阿尔伯特·格日玛拉和列奥这些著名的共济会成员来往这一事实，很令人产生这样的联想，尽管这种猜测从未得到过证实。

东方、西方

行囊里带着一支笛子、一把提琴和几本书，尼古拉·肖邦来到波兰，并将在这个收养他的国度找到生养他的家乡浮日地区拒绝给他的东西，即完善他的教育和获取高雅的文化修养。本书开篇所引的那封信与他后来写给儿子的信件相比，可以看出他已经从一个法国农家小伙变成了一位讲究礼仪的波兰布尔乔亚。尼古拉·肖邦掌握多种语言，法语、英语、波兰语、德语和拉丁语，他日后会将这几种语言全数教给儿子。

临近 1794 年，虽然苦难重重，然而自文艺复兴的璀璨以来，波兰还从未经历过如此活跃的文学和艺术鼎盛期。纵观波兰历史、宗教、文化倾向及其民族习性，它在精神方面属于西方。波兰人生来具有艺术气质，爱好书籍，热衷学习，科学传统悠久，这方面最出类拔萃的代表人物是哥白尼。这个国家的民众是虔信的基督徒，农民天性十足，由于地处两种文明的交汇点，波兰人兼具西方思维方式和斯拉夫性格特征。在经受了被俄国占领的考验之后，波兰人的爱国激情更趋炽热，俨然是第二种宗教。华沙十万人口，全国社会名流、知识精英聚集一堂。总之，跟随韦德里希到波兰，尼古拉·肖邦是作了一个明智的选择。诚然，他刚从那场大革命中逃脱出来，却又撞上了这里的民族起义。可在 18 世纪末，哪个国家又能自夸它享受到了和平呢？如此频繁战乱的后果，不久就能看出端倪，复兴的迹象已隐约可见，浪漫主义正在临近。

投入教学

在此劫后余生的 1794 年，尼古拉·肖邦几乎考虑不到这些。必须生存下去，因为他生性极为现实，不带任何非分之想。这个已经被波兰同化了的洛林人，虽行囊羞涩，故乡美德却依旧在身，即头脑清楚、行事谨慎、极其节俭的本能制约他的所有行动。等他当上教师有了固定收入之后，设法积攒了两万卢布，后来借给了他的学生米哈伊尔·斯卡贝克。他醉心于 18 世纪的杰出艺术，业余爱好是吹笛和拉琴。他有足够的音乐修养，从一开始就察觉到了儿子的特殊天赋，却依然保持了冷静的头脑。在某种程度上，弗里德里克将会继承这种含蓄的情感方式，体现在既创作了燃烧的音乐，又善作审慎的评价，两者并存。尼古拉持重沉稳，是一个好父亲，也是一个勤勉的丈夫，深思熟虑的一家之主，严格却宽容的家长。肖邦的父亲作为那类性情平和、生活规律的男人，离世之后会让孩子们深感哀痛。他兼做几个工作，却并非“操持百业”，我们的剧作家杜伏努瓦（Duvenois，1875—1937）曾机智地说过，干三十六种活计很少带来第三十七种收益……刚到华沙，他就跟经营一家烟草制造小厂的同乡搭上了关系，在他那里当会计。1793 年的起义过后，这家工厂倒闭了。尽管尼古拉在巷战中赢得了军官头衔，却丢掉了饭碗。战争刚一结束，他就问自己，干什么好呢？他两次打算回法国，每次都因为生病而滞留当地。生活无着，难道去教法语吗？好吧，但先要完善一门自己并未完全掌握的语言。自学的结果往往能使人变成一个好教师。尼古拉·肖邦就这样开始到处教授法文，学生人数甚多。在华沙，正如在莫斯科或彼得堡，讲法语是件极高雅的事，颇能抬高一个人的身价。就像某人在读托尔斯泰的小说，里面尽是用法语写的对话，这个人就显得很有身份。尼古拉的学生中有一个年轻的贵族小姐，策尔涅耶夫的玛丽亚·列什钦斯卡，日后以玛丽·瓦莱夫斯卡之名，留名青史。那时她连拿破仑的名字都没有听说过，后来做了他倒霉的情妇。当时她还天真无邪，是十岁的弗里德里克·斯卡贝克的玩伴。斯卡贝克伯爵夫人赏识列什钦斯卡家的家庭教师，决定把自己五个孩子的教育交给尼古拉·肖邦。斯卡贝克一家生活在离华沙 60 公里的热拉佐瓦-沃拉村。

热拉佐瓦-沃拉

那是一栋墙上爬满攀援植物的贵族乡村住宅，坐落在一个颇有天然意趣的美丽花园中，园内有榆树和栗树，一条小溪流经花园注入小湖。庄园内部舒适，外表质朴。在这个乡村气氛浓厚的地方，离了婚的斯卡贝克伯爵夫人，在一个叫朱斯蒂娜·克日扎诺夫斯卡的表妹帮助下照看五个孩子。这个表妹家境贫寒，是孤儿，娘家是波兰小贵族，时年20，正值该“安顿归宿”的岁数，即适合开始过家庭生活的那种年龄。因为她当管家的时间不会长久，倘若无甚乐趣，生活将是漫漫长路。看起来她当时处境甚好，孩子们崇拜她，他们中最大的十岁。她稳重，算不上美丽，但身材纤细，举止优雅，一头浓密的金发，蓝眼睛给脸部添加了光泽，尖鼻子后来遗传给了儿子。朱斯蒂娜采取某种低调内敛的生活态度，一举一动完全不引人注意。她性格内向，这本身就让人产生好感。尼古拉·肖邦每天看到她，在饭桌上坐在她对面，在小庄园的走廊里与她频频相遇。乡居生活环境中，没有什么娱乐消遣，他感到自己对这个可爱的年轻姑娘渐渐发生了兴趣，她平和的性格在他眼里成了幸福的保障。他从容地观察着，31岁的人了，早学会在作重要的决定之前三思。他花了4年时间来探究未来的妻子，同她随季节的变化朝夕相处。长长的冬夜里，他拉琴或吹笛，朱斯蒂娜钢琴伴奏，她作为业余钢琴家颇有才能。他们一起唱波兰和法国抒情歌曲。尼古拉诗兴大发时，会用两种语言写些短诗。再没有比这种地处僻远的乡居生活更适合他们互相了解和判断彼此性格。况且，热拉佐瓦-沃拉的每个客居者身份职责的区分并不十分严格，他们需要互相提供一些服务。尼古拉负责记账，替斯卡贝克伯爵夫人减轻负担，她被这种琐碎事搞得烦恼不已。他还陪伴朱斯蒂娜到附近受女庄园主救济的一些农户家去。一起去做善事的时候也正适合评估对方。他们之间无需表白，在某一个美好的日子里承认了彼此的感情。1806年6月2日，婚礼在布洛科夫教堂举行，那年尼古拉35岁——比妻子大11岁。私下里他说不定也为娶了一个“贵族小姐”而得意，可尼古拉并不避讳他的低微出身。自身气度的优雅，比一纸贵族证书更有说服力。

年轻夫妇在庄园里靠近主宅的一栋小楼里安顿下来，有三间屋子，布置了简单的家具。表面上，日常生活节奏没有任何改变，年轻的肖邦夫人继续帮助她表姐，并同这家长女一起分担管理杂务。男孩中最大的到华沙去读中学了。尼古拉·肖邦生活在一种没有阴影的家庭幸福中。

法皇莅临

家庭生活中固然没有阴影，可国家却不无政治风暴。

1806 年 5 月，拿破仑在取得了奥斯特里兹和耶拿战役的胜利之后，率领大军直逼华沙。曾在法国旗帜下前往意大利作战的波兰军队，这时也回到故国，他们遭受了重大伤亡，也带回了令人沮丧的消息。四年前，他们中的五千士兵被征派到圣多明各去平息一次起义，但疟疾摧毁了这支军队。皇帝不断地作出各种承诺，也签署了和平条约，可还是征战不止。他来波兰是个凶兆，再没有人相信他的信誓旦旦。尼古拉·肖邦对政治游戏毫无兴趣，自忖法国人的皇帝到一个已沦落在俄国占领者铁蹄下的国家来，会使局势更加恶化，这个举动显然不合时宜。他太欣赏伏尔泰和卢梭了，不信任独裁者，哪怕他是一位加冕的皇帝。因此对拿破仑的到来没有任何爱国激情。

诚然，拿破仑刚在不久前严重削弱了波兰的三个敌对国，他不正好借此机会把一个如此苦难深重的民族从普鲁士、奥地利和俄国的手里解救出来，恢复它的独立吗？可惜，随着他胜利进军的波兰军团将要充当他的新军骨干！1807 年 7 月 3 日签署的提尔希特和约也使许多的幻想破灭！拿破仑生怕恢复波兰王国的举动会激恼沙皇，便只满足于把中央省份——仅占国土的五分之一——设成“华沙公国”，并由他的同盟者萨克森国王[①]腓特烈-奥古斯特充任大公。后来，他向玛丽·瓦莱夫斯卡承诺，她的儿子亚历山大有一天会当上波兰国王。一枕黄粱，她用它来骗骗自己都难！1807 年 10 月 14 日签署的维也纳和约，也并未达到人们所期许的结果，即俄国没有放弃 1795 年跟波兰交换的所有国土[②]。

弗里德里克的诞生

正当“华沙公国”即将隶属法国行政管辖时，肖邦家第一个孩子露易

① 该公国将于 1815 年划归俄国。

② 这次和会有关恢复欧洲原况的原则是：恢复 1792 年欧洲政治文化、领土分配。——译注

莎-路德维卡，于 1807 年 4 月 6 日诞生。两年后，第二个孩子也要降临。1810 年的冬天格外寒冷，把孩子生在人迹稀少的乡村是不是有点不谨慎？妻子的健康体质[①]让尼古拉充满信心，事实上他没有弄错，因为 1810 年 3 月 1 日，星期五，弗里德里克·弗朗西斯·肖邦发出第一声啼哭，顺产。两个月以后，布洛科夫教堂神甫安排在热拉佐瓦-乌拉村为他洗礼，作出生登记。结果出了一个错，孩子的出生日期在户籍上被写成了 2 月 22 日。有两个证人，一个叫约瑟夫·费尔兹科夫斯基，另一个叫弗里德里克·格尔特，尼古拉·肖邦在出生登记上签了字，但并没有纠正错误[②]。新生儿于 4 月 23 日在布洛科夫教堂由杜施诺夫斯基修道院长施洗，教母是斯卡贝克伯爵夫人抱着他受洗。

1810 年，肖邦、舒曼和缪塞陆续来到这个世界，一年之后李斯特诞生，瓦格纳出生于 1813 年。这代人的“年景”实在是出奇地好。

肖邦寄宿学校

弗里德里克只在热拉佐瓦-沃拉村度过了他童年的最初六个月。因为华沙中学里教低年级法语的教师生病，校长鲍古米尔·林德让请尼古拉·肖邦代替他的位置。这个建议来得正好，被欣然接受，因为庄园里的人越来越少。斯卡贝克家的孩子们已经陆续离开，弗里德里克·肖邦的父母在庄园里的角色也就不那么重要了。华沙中学给他们提供了宽敞的住房，但收入实在太低了，尼古拉·肖邦很快就仿效学校里其他教师的做法，申请并获准在家里接收住宿生。他的第一批学生是斯卡贝克家两个年幼的男孩和他们的三个表兄弟。肖邦寄宿学校的名声就这样传开了，后来成了华沙的一个“高档”场所。很多贵族和有钱人仿效斯卡贝克家，把孩子送到尼古拉和朱斯蒂娜·肖邦那里，他们家管理有序，口碑极佳。后来成了华沙

① 肖邦夫人活到 80 多岁，她丈夫终年 73 岁。

② 可是后来肖邦曾多次重申过他生于 3 月 1 日，属于双鱼座，“他这种肯定来自其父母，他们已经犯了一次错，不会再第二次搞错”。

大学教授的弗里德里克·斯卡贝克伯爵，在回忆录里对自己启蒙老师的美德倍加赞赏。尼古拉·肖邦的寄宿学校很在乎“名誉”，他凭着敏锐的嗅觉，只接收好家庭的男孩。他们后来是弗里德里克的第一批朋友：提图斯·沃伊切霍夫斯基、尤利安·封塔纳、杨·马图钦斯基、沃德辛斯基兄弟、杨·比亚罗布洛茨基。

1811 年 7 月 9 日，肖邦家第三个孩子伊莎贝拉出生。作为一家之主，尼古拉有条不紊地应对日渐增加的家用开销，又陆续申请到两个新的职务，被任命为军事预备学校和炮兵工程学校的法语教师。两年之后，当最小的艾米莉亚出生的时候，尼古拉开始在华沙中学高年级教授法语，薪水也涨了。肖邦寄宿学校里秩序井然，而华沙城里却说不上。

全国动乱

在全国范围内，局势在持续恶化中。1812 年，拿破仑对亚历山大一世宣战。波兰人误读了局势，以为独立有望。事实上，皇帝征用十万波兰人，把其中三分之一编成旅，由约瑟夫·波尼亚托夫斯基统帅，被派到斯摩棱斯克、博罗迪诺和别列季纳作战。拿破仑眼睁睁地看着部队人员锐减，华沙被俄国人占领。后来，因拿破仑从厄尔巴岛返回而中断的维也纳和会，于 1815 年 9 月 26 日达成协议，波兰遭到了第四次瓜分。华沙公国被稍加切割就划归了俄国，克拉科夫成了自由城市，一个奥属波兰和一个普属波兰，均被外强任意设立。作为国家，波兰仍享有某种虚设的主权，其大部分国土则重又回到俄国的铁蹄之下。不过此时的文学和艺术非但没有衰退，反而再一次从灾难中获得新的生命力。1818 年，一所新的大学在华沙开设，科学研究水平有了长足提高，文学上出现了从未有过的繁荣局面，音乐也蓬勃发展。国民教育部长斯坦尼斯拉斯·波托茨基，以一种少见的魄力领导他所管辖的部门。不幸的是，前外交部长阿达姆·恰尔托雷斯基和军队最高统帅科希秋什科，均被兼任波兰国王的沙皇排挤出权力中心。普遍的仇恨由此引发，每个波兰家庭都在酝酿对可诅咒的入侵者的复仇计划。

人们对各个时期为祖国而战的英雄产生了某种充满激情的膜拜：科希秋什科，索别斯基，还有不久前的波尼亚托夫斯基。波洛乃兹本是传统的波兰民族舞蹈，此时倍加时髦起来。肖邦日后借用这种舞曲的独特风格来施展他的天才，本也不足为奇，因为在他的摇篮周围，人们哼唱的只是这类复仇的歌谣。

第二章　早年生活

遗憾的是，音乐家最初几年的生活没有留下资料。现在，大家对弗里德里克·肖邦生活中最细微的事件和举止都兴味盎然，可在当时，人们——首先是他父母——对这个孩子并不格外关注，因为他看上去和别的孩子差不多。我们只知道，肖邦家有四个孩子，分成两个阵营，一边是“大孩子俱乐部”，由露德维卡和弗里切克①组成，另一边是“小不点儿角落”，伊莎贝拉和艾米莉亚在里面玩耍游戏。露德维卡性格最严谨，体质也最好，其他三个孩子不停地感冒，有贫血迹象。19世纪初期，儿科还只是一门未成型的学科，肖邦太太经常请来出诊的罗迈尔和莫莱兹医生，仅限于凭个人经验开些无甚效用但却通行的方子。

初遇

这位未来作曲家跟音乐的初次接触令人失望，弗里切克听到一支铜管乐就大声哭闹，大概他从小就受不了喧嚣和空洞的音乐。回想起这段童年往事，他日后形容朋友柏辽兹的音乐“铜管乐似的喧嚣”，认为它“浮夸和空洞”，颇带苛责。他沉迷于“轻声言说的音乐”，厌恶那种扯着嗓子喊叫的表达方式。其音乐家生涯尚未开始，某种落寞就已隐现在侧。幸亏他接下来

① 肖邦的小名。——译注

跟音乐的频繁接触甚慰人意，乐于听父亲在业余闲暇时吹笛子和拉提琴[①]。姐姐露德维卡在学业各方面表现得早熟，她学弹钢琴，就是“为了给弗里切克作个榜样”。正是她第一次把弟弟的手指搁到家里那架钢琴的键盘上。我们对第一堂课的结果无从知晓，只能按下不表。但我们至少能肯定，弗里切克“有明显的天赋”，3岁就能在键盘上即兴弹奏一些小曲子，并要求别人由着他，来按自己的意愿弹琴。他先跟姐姐后随母亲学琴。有那么一天，这位母亲表示，这么有天分的孩子，需要有一个适合他的老师。于是有了齐夫尼先生。

狄更斯式的描述

阿达尔伯特·齐夫尼是提琴和古钢琴演奏家，他随萨别赫亲王从波西米亚来到波兰，当上了宫廷钢琴家。其艺术生涯曾经一度很有前景，却随着宫廷的瓦解而消失。从此他不再抱任何幻想，屈于街区钢琴教师这等平庸角色。他挨家挨户教琴，那些学生通常并不值得他亲自授课。做学生的这样描述老师：斜戴着棕红色的假发套，眼镜架在鹰钩长鼻上，一块红格子手帕不停地塞进鼻孔里擤着，这块手帕也插在口袋里当装饰，一支大粗笔像小棍棒，专门用来吓唬弹错音的手指。他和这位稚童讲话的时候，用的是很正式的敬语，加上第三人称，完全是18世纪的德国习惯。老先生当时61岁，他的天真很合弗里切克的意，因为他天性爱捉弄人。15岁的时候，他曾写信给朋友杨·比亚罗布洛茨基：

亲爱的杨诺：

我亲爱的杨诺——再说一次，我非常亲爱的杨诺！——你一定觉得奇怪，我好久没有给你写信了。这不，信来了。三天以前，我正坐在书桌前，手里拿着蘸水笔，已经写完了第一段。因为觉得有乐感，我就

---

① 日后他不无幽默地评论过其父在这方面并不出众的才华。

对着齐夫尼一本正经地朗诵起来，他正在给格尔斯基[①]上课，这小子在琴上快睡着了。

齐夫尼即刻拍拍手，擤一擤鼻涕，折好了手帕，搁进他“**那尖窜在身桑紧碰碰的绿礼服**”[②]衣兜里，再把假发套扶正戴好，说：

——那么这封信写给谁？

我答：

——写给比亚罗布洛茨基。

——喔，喔，给比亚罗布洛茨基先生？

——是啊，给比亚罗布洛茨基。

——那么，信寄到哪里呢？

——哪里？寄到索科洛夫，跟平常一样。

——比亚罗布洛茨基先生好吗？他[③]了解情况吗？

——相当好，他的腿好多了。我回答他。

——啊！见好啊。喔，喔，喔，好！可他，他给弗里德里克先生写信了吗？

——他给我写过信，但有段时间了。我说。

——啊！有多长时间啦？

——您为什么问我这个？

——嘿，嘿，呵！嘿！呵！齐夫尼开始笑。

我很吃惊，问他：

——您知道他的什么事儿吗？

——嘿！嘿！嘿！嘿！嘿！他笑得更起劲了，一边晃悠着他的小脑袋。

——那他给您写过信？

---

① 卡日坦·格尔斯基，是肖邦寄宿学校的学生。1825年，弗里德里克已经有三年不再跟齐夫尼学琴了。

② 模仿他的德国口音，用谐音或近音字替代正确的文字。——译注

③ 指肖邦。——译注

——他当然给我写过信啦！

他告诉我们一个坏消息，说你的腿并不见好，你到老普鲁士一个温泉去做康复治疗。

——可他去哪里啦？他现在在哪儿啊？

——在比绍夫斯维尔德。

我第一次听到有人对我说起这个地名。搁在平时，这个地名会让我想打喷嚏和发笑，可在这个时候，却让我觉得很难过。

读着这段描述，我们可以想象出齐夫尼老头的样子，一副十足的巴洛克打扮，活脱一个狄更斯小说中的人物。但这个有点滑稽的人物，虽然他"是家里所有逗乐的靶子，听凭妈妈模仿他的腔调"，对小肖邦却极有远见。首先他几乎立刻就断定肖邦有超常天赋，其次他不让肖邦去练那些时髦却糟糕透顶的东西。齐夫尼清楚自己小时候对古典音乐大师何等迷恋，尤其对巴赫和莫扎特。他把这些大师介绍给肖邦，从此他们在他心中如神明一般。很久以后在巴黎，肖邦在一个学生面前背奏《平均律键盘曲集》里的几首前奏曲和赋格，看到这个学生目瞪口呆的样子，他笑笑说："这是忘不了的……"是啊，人在幼时所学，那些滋养了最初萌发的想象力、让人在童年时就"一见钟情"的东西，会留存在记忆里，直到生命终结。

这样，从 7 岁开始，经过一年的刻苦学习——但肖邦自己坦承，每天练琴时间从未超过 3 个小时——齐夫尼就让他弹莫扎特的小奏鸣曲和绝顶高超的巴赫平均律中那些最容易弹的前奏曲和赋格。弗里切克感觉"像在自己家里"那样自如，巴赫和莫扎特是属于他的艺术家庭的。毫无疑问，他艺术风格上的追求来源于此。即使在最富激情的时刻，他也从未忘记这两个古典大师教给他的写作和思考原则。

贫乏的曲目

1817 年在华沙，一个音乐学童能接触到多少曲目呢？除了上述的巴赫和莫扎特——肖邦对他们有一种超越时代的偏爱[1]——还有贝多芬、亨德尔、斯卡拉蒂、韦伯。肖邦练过贝多芬的好几首奏鸣曲，一路练到作品第58号。对贝多芬最后的三重奏之一，他写道："从未听到过如此美的作品，贝多芬真可以傲视天下……"后来他也弹一点门德尔松，没弹过舒曼，也不碰法国17、18世纪的管风琴家的作品。他当然会接触到他那个时代的作曲家兼钢琴家的作品——里斯、胡梅尔、卡尔克布雷纳（Kalkbrenner，1785—1849）——以及同时代或年代略早的波兰作曲家的作品，比如奥金斯基、卡奇科夫斯基、克拉夫里夫斯基、勒塞尔、玛丽亚·希玛诺夫斯卡、库平斯基、里宾斯基、米莱茨基、科瓦科夫斯基、尼德茨基、杜布林斯基、艾尔斯纳等。他对波兰音乐中属于学院派作品的历史曲目没有丝毫兴趣[2]，可能仅在教堂仪式上偶尔听到过那些单调或复调音乐。15世纪以后的波兰民族音乐家，如拉多姆斯基、杨·德·卢布林、雷奥伯里塔努斯、查德克、扎尔卡和科莱恩斯基，这些人的作品集，肖邦可能从未听说过。华沙歌剧院成立于1765年——年代并不久远——他15岁时在这里接触到罗西尼（他很喜欢《塞维尔的理发师》，认为《奥里伯爵》第一幕终曲是个杰作），还有韦伯（《自由射手》）、奇马洛萨、翁斯洛、斯蓬蒂尼、艾尔斯纳、库平斯基。肖邦很早就对波兰民歌产生了浓厚的兴趣，曾花三个小钱让某个"村里的卡塔拉尼[3]"为他唱几段玛祖卡。他通过阅读奥金斯基和卡奇科夫斯基的作品，来体会波洛乃兹独具特色的节奏或曲式。他还选修过布洛任斯基教授的民族音乐课程。华沙在1810年到1830年间的音乐生活可谓活跃。除了几个外来名家演奏的音乐会，大家族或富人雇佣的乐队的器乐演奏会也不少。当时在雅布隆诺夫斯基、诺克瓦斯卡、萨瓦、基茨卡、扎莫伊斯基、普拉特、布雷耶斯托伏斯基、格拉洛夫斯基等人家，沙龙音乐会频繁，"风雅"的票友在这里扮演重要角色。毫无疑问，肖邦经常会在这些沙龙里听到出入上流社

---

① 人们当时把巴赫看作是一个"练习曲写手"，后来门德尔松在莱比锡发起了对巴赫的崇拜。

② 在这点上，肖邦在同时代人中并不算例外。

③ 一位女歌唱家的名字。——译注

会的艺术家的演出，受到他们的艺术熏陶。其中有符腾堡公主、洛尔·波托茨卡、弗·科哈诺夫斯卡、霍兹凯维奇伯爵夫人、热乌斯基，贝依达莱小姐。在那个时代，如此的音乐天地，虽然说不上宽阔，但已具规模。不过让我们还是回到天才少年的早年生活吧。

天才钢琴家

令人惊讶的是，他的父母并不像母鸡护雏那样过分庇护肖邦。尼古拉·肖邦具有少见的明智，以顺其自然的态度对待这个珍稀人才，并要求齐夫尼对他的学生采取既简单又严格的办法。他们发现——这点显而易见——肖邦有一双钢琴家的手，很适合弹琴，从小就表现出记性好而且准确，弹起琴来兴趣十足。他们也觉察到他有模仿天才，这种能力不仅体现在音乐上，也表现在其他方面。此外，他们还注意到，他很早就表露出一种创作本能，体现在那些小作品中，很有特色，也颇受好评。他学习自觉，在音乐练习上无需他人督促，因为对他来说，一切都来得“自然而然”，不存在问题，也没有内心冲突。音乐是他的一部分，他畅游其中，悠然自得。还有一个重要细节，虽然他爱音乐超过一切，可兴趣爱好并不单一，学校的各门功课都好。这点上他和别的天才儿童有所不同，他们的注意力往往专注于钢琴或小提琴。他却乐得转移注意力，无论做功课还是娱乐。弗里切克聪慧易感，但生性平衡。音乐是他的最终指向——丝毫不是他的负担，他的境界里还另有天地——他紧盯音乐这个星座，依它的指引，在青春懵懂中前行。

肖邦没有任何童年画像传世①。不论老师或家人，都没有留下描述他孩童性格的文字。我们只知道他爱冲动，好捉弄人，会无缘无故地嬉笑，逗弄姐妹们，好动不安分。姐妹们疼爱他，对他的惊人天赋并不太在意。他尊敬父母，体质有点纤弱，挑食，常闹牙疼。家中规矩虽大，却和睦友爱，这

① 他传世的第一幅肖像是米洛斯采夫斯基所作，画于肖邦17岁那年。

种家庭气氛正适合如此气质的孩子。加上肖邦寄宿学校给弗里德里克带来的同龄年轻玩伴，其中多数人后来一直是他的朋友。他们多半来自大庄园主家庭，这些家庭需要把孩子送到离家很远的地方去受教育。他们中有提图斯·沃伊切霍夫斯基、普鲁斯扎克、斯卡贝克、格尔斯基、扎波里、罗戈琴斯基、波别尔斯基、拉塞尔、沃洛夫斯基、扎莱夫斯基、维特维茨基、马格努舍夫斯基、莫赫纳茨基等，我们在本书中会不止一次地提到他们。作为富家子弟，他们家世好，有教养，是弗里德里克最适宜的伙伴。童年的肖邦在跟他们的接触中，学得举止优雅，令他很快就脱颖而出。世上任何别的音乐家都没有肖邦这样高雅的教育环境。人们经常提起的"年轻王子"的形象，在这里与实情相吻合。

肖邦一家在华沙安顿下来之后不久就搬家了。他们最初住在学校分配的、位于萨克森宫的住宅里，当华沙中学迁到克拉科夫城关附近的卡齐米日老王宫时，他们也跟着搬了过去。这次搬家给他们提供了极有利的条件，住宅更大，老王宫里有一整个附属建筑归他们使用，这样肖邦寄宿学校的寄宿生和中学里其他走读生就不会混杂。肖邦和他的同伴们只需穿过一个院子就进了他们的教室。学校周围有一个真正的花园。也纯属偶然，音乐学校竟在邻里，在同一条大街上——家人、住处、学校、花园——说"一切都触手可及"可谓恰当。生活在华沙市中心，却身处大自然。放眼望出去，还以为自己在乡村。一迈腿，就已经到了街上。如此环境，真值得上演一场好戏。

1820年的华沙

华沙醒得很早。从清晨4点开始，就能听到装满水果和蔬菜的货车轮子声，它们是来供应早市的。四轮大马车在新铺设的块石路面上嘎吱作响，驶进莫罗托夫、沃拉、马里蒙特关卡，车上装的是干草、谷物和禽类。天还没亮，面包商人已经在货架上摆好新鲜面包和香喷喷的糕点。捕鱼的人正在他的小木桶里捡出头天夜里捕捞上来的冬穴鱼、白斑狗鱼和三文鱼。

专为从郊区来城里上班的工人设置的廉价小饭店，提供香肠、俄罗斯甜菜浓汤和炖菜汤。天还没亮，半个华沙已经动作起来了。

5 点钟，作坊和工厂的大门打开。人们在工地上接着干头天晚上撂下的活儿。6 点开始，家庭主妇陆续上街去赶集，狮子广场在格日洛夫区，绕过铁门就到了，或者去老城其他集市。这样就可以绕过商铺，直接从农民手中采买禽类、面粉、玉米糁儿、黄油、奶酪、鸡蛋、蔬菜和水果。露天集市热闹非凡，把整个城市变得像一个大村落。如果没有那些高级住宅楼和纵横交错的小街，人们还当真以为自己身处乡间呢。

夏天 7 点钟，冬天 8 点，街上随处可见一个个穿着制服的小学生，他们手中提着书包，兜里装着点心。而后这些大声喧哗的孩子们消失在一个个沉重的大铁栅栏门里，这些大铁栅栏门让很多学校看上去像监狱！街市却热闹依旧，在普拉泽区，满载劈柴和木料的四轮货车整日不断，驿车交错而过，有时难免磕磕碰碰，引起争执。零售商从货车的底层卸下大酒桶和啤酒。轻便的四轮敞篷马车随纯种马的脚步疾驶，轻易就和载重货车拉开距离，这些货车装满了沙子、砖块、石灰和石料。在居民区繁忙的交通中，四轮华丽马车有优先过路权。在没有人行道的街上，步行者却举步艰难。

近 9 点，集市还在收摊，办公室和行政部门已开始工作。穿着时髦的人刚抬脚上街，城里的悠闲者也在门口出现。像克拉科夫斯基、普热德米耶泽、新世界大街、克罗莱夫斯基、米奥多瓦，这些高档住宅街区的商店热闹起来了。风雅的人习惯去勒塞尔、布沃尔、萨马德尼这些店家，品尝他们每日早晨的巧克力。私人宅邸周围的空场被一群小贩、手摇风琴手、收破烂的和卖大蒜的商人占领，拉几根绳子，或临时搭个台子，杂耍、小丑尽情表演，里拉琴单调地拉出悲调民歌和小曲。还有军队在军乐声中列队行进而过。

中午，热闹的街市有一阵停歇，餐厅和酒馆挤满了人。下午 2 点，政府部门下班，公务员的一天结束了。

临近下午 5 点时分，最好别涉足大街。因为这时正赶上工人收工，学生下学，雅士进城吃饭。女士们不去华沙郊区散步的话，也会在城里的萨斯基公园或者瓦津基公园转悠一圈。衣着笔挺的先生们，露出浆过的衬衣领子和袖口，漆皮鞋锃亮，戴着高帽，作女士的陪伴或独自溜达。在上流社会，得体的谈吐是操心野外的空气，“你今天气色不很好”，恰尔托雷斯基亲王会这样对太太说，“我担保你今天又去田野散步了！”每走一步，都能碰上外国人，从他们的服饰打扮上就能区别出是法国人、意大利人还是德国人。倘若不是到处都能撞上波兰和俄国军人，坐探或警察眼线，你还真以为在巴黎呢！夜晚降临，窗内灯火通明，酒馆里家家满座。不在家用餐的，会在数不清的咖啡馆中挑一家，它们都能提供让人从容谈天的场所，像在优雅舒适的沙龙里，比如灰姑娘咖啡馆、德兹尔卡吧(波兰语意思是“小洞”)等。在“老波兰”街区，布列泽金斯基咖啡馆和巴黎咖啡馆的生意最是兴隆。夜里 11 点钟，国家剧院和赫卡剧场里的演出结束，咖啡馆和餐馆上门板打烊，最后的马车在街上驶过，社交界的年轻人回家去了。

风格不协调的城市

在我们所叙述的年代，华沙拥有十万居民，算得上大城市[①]，是欧洲最大的城市之一。这个城市外貌很不协调，同一条街上宫殿和木棚并存，贵族高级宅邸和脏乱不堪的摊铺毗邻。宫殿总数有 150 座之多，都是意大利建筑风格。墙面雕花的石材住宅楼和简易的木结构房屋夹杂而建，后者极易失火。街道上污浊不堪，雨后想过街就得蹚泥。道路很简陋，卫生设施尚不存在。城市清洁卫生设施，在康斯坦丁一世[②]的治下才会略有改进，城市面貌也在那时得以美化，1815 年被任命为市长的沃伊达曾对此大力推动。15 年之内，城市居民的数量将增加 50%。

这是一个热闹的城市——一个对比鲜明的城市，正如托尔斯泰所言，

---

① 同期，里昂人口达 106 000。

② 或应为康斯坦丁大公，他是沙皇亚历山大一世的兄弟，兼任波兰副王。——译注

这里“亚洲式的奢华和格陵兰式的单调形成对比”。那时的莫斯科并不更吸引人，从整洁和卫生上看，巴黎也并不比华沙优越。不管一个国家的文明程度如何，在实施铺设路面和清理垃圾这些现代发明之前，所有城市都免不了存在相似的缺陷。华沙的特色就体现在“本地风情”和各色人等的天差地别之中。这里有直追巴黎时尚的新潮人士，脚蹬红色军靴的佩剑军官，胡子满把的犹太人，还有土耳其人、希腊人、俄罗斯人、意大利人和一些法国人。肖邦所经历的华沙简直就是一个十字路口，西方文明和东方色彩斑斓的深厚传统交相汇集。一座个性鲜明的城市。

在这样一个国度里，许多方面却令人向往。

一个农业民族

1815 年，波兰全国人口总计有 320 万。15 年里，人口增加了 100 万。320 万人口中，有 240 万农民，40 万资产者，20 万贵族及其追随者，人称“小贵族”，20 万犹太人。它主要是个农业国家（只有 21％的人口居住在城市），大庄园主拥有绝大部分土地。30％的农民没有土地，为了生存，只能承租富人的土地。1815 年的宪法规定了农民的人身自由——可以说劳役制被废除了——但是劳役依然不合理地存在，而且庄园主有权把他不满意的农民从其耕作的土地上赶走。每当田里的农活无人管理，耕作不好，造成极坏的收成时，他便可借口行使这项权利[①]。尽管农民阶层的生活得不到保障，常常处境悲惨，暴动却少有发生。在无产者和富裕的大庄园主之间，还存在一个中间阶层，小土地拥有者，永远靠负债欠钱过日子。

全国范围内有三个社会阶层，“上流社会”指贵族和有产者，包括银行

---

① 1949 年，肖邦逝世 100 周年之际，在全世界放映了（虽然上座率并不高）一部有关肖邦青年时代的共产党影片，用马克思主义教条来陈述事实与肖邦的性格。涉及波兰部分让人看到俄国占领者的温和面貌，他们几乎扮演了救世主的角色（！）与此相反，地主把全部时间都花在鞭打农工上。影片中的肖邦，远没有被波兰上流社会吸引，只对民间节庆感兴趣。他对小酒馆女招待的兴趣远远大于那些公爵夫人。这位共产党演员钢琴弹得非常出色：这是他跟弗里德里克·肖邦唯一的共同之处。

家、工业家和制造商，他们通常有外国背景；中产阶级，他们的生活水准和拥有土地的小贵族差不多，既然不能左右国家的社会生活，他们就尽情娱乐人生；劳工阶层，加上商人和雇工，他们每天的工作时间，从 12 到 16 个小时不等——这就使得这个阶层除了谋生劳作之外，没有闲暇时间进行娱乐活动。除此之外，还有一个社会底层，这是一个充斥了刑满释放犯和流浪汉的群体。

王子般的教育

当时在波兰只有三分之一的人能受教育，其余三分之二的人不识字，甚至是文盲。大学和学校的情况也不稳定，教师匮乏且薪水很低①。但在这类教育经费严重不足的国家，受过教育的人却水准极高，这是通例。沙龙语言是法语。除了这门从父亲那里继承来的语言，弗里德里克·肖邦还学习了希腊语、拉丁语、德语、英语和意大利语！中学和音乐学校的学业之外，他还听演讲和朗诵课，上宗教课和高级声乐课。此外，他乐于参加一些“聚会”，借此参加文学讨论。我们在这里再次强调，肖邦所受的教育非常出色，自幼像王子一般。他因而更愿意与他的同类为伍，这并非附庸风雅，而是出于知性上的平等，他跟他们思维方式相同，也习惯于使用他们的语言。

和其他学生一样，他也寄希望于康斯坦丁大公能对波兰做些有益的事情，他是沙皇的兄弟，在诺沃西尔采夫辅佐下治理波兰。波兰还拥有议会两院，不幸的是这两院只有“国王”在场时才能开会。康斯坦丁大公尝试了几次“开放政策”，多少带些真诚意味也具有自由倾向。可好景不长——特别是 1825 年亚历山大一世去世，尼古拉一世成为新沙皇之后——他终于施行了彻底的“俄国化”政策，废除了由阿达姆·恰尔托雷斯基亲王制定的、对这个国家最有利的一部宪法。从那时起，一个潜在的反对派也逐渐

---

① 我们在上文中解释过，正是因为这个原因，尼古拉·肖邦为了养活一家人，不得已开设了肖邦寄宿学校，用这份收入来补贴薪金的不足。

形成，主要由大学生组成。后来两个秘密组织被曝光——一个叫“共识会”，另一个是由密茨凯维奇（Mickiewicz，1798—1855）创立的“爱知社”——结果是这些秘密团体的创建者遭到流放。华沙当年有二十来种杂志，但在书报检查制度控制下，不可能提供任何有价值的政治信息。秘密团体的重要性因此凸显，特别是共济会。正是这些秘密团体，将在1828年策划第一次暴动，也为1830年的全国性起义作了铺垫。

肖邦生活最初的20年，正是在上述政治和社会“氛围”中度过的。

出名

肖邦很快就在华沙出了名——像他那个时代的名人一样，即三四百人谈论他，听他演奏并欣赏他。常言道，这些享有特权的人能在城里呼风唤雨。靠他们，某种声誉很快就建立起来了。

虽然他父母并没有为他刚起步的职业生涯作任何宣传，弗里德里克很快就成了沙龙中的宠儿。人们提到他，就像谈论第二个莫扎特。尽管大家总爱对天才儿童说三道四，觉得这些孩子不讨人喜欢，但在公众眼里，早熟的天才总会受到青睐。从7岁开始，小肖邦的演奏就满是情趣和才华。作为天才钢琴家，他轻松地克服了键盘上的技术困难，记忆力从未出过差错，而他的创造力体现在除了弹奏传统曲目，自己也创作小曲子。1817年题献给他教母的女儿、年轻的维克多娃·斯卡贝克伯爵小姐的第一首波洛乃兹，幸被刊印。是苏布尔斯基修道院长，刊印了这首儿童作曲家的小曲子，他是肖邦家的一个朋友。尤其幸运的是，这首小曲子招来了《华沙杂志》上一篇充满赞誉的文章：“这首波洛乃兹的作曲家只有8岁，是华沙中学法语和文学教师尼古拉·肖邦的儿子。他不仅轻松自如且富有情趣地弹奏最难的曲子——而且已创作了好几首舞曲和变奏曲，内行和评论家都感到吃惊。如果他出生在德国或在法国，可能已经名扬世界了。本文借此提醒读者，我们国家也能产生天才……”的确如此！

弗里切克读了这篇文章后，会“沾沾自喜”吗？绝对没有。作为顺从的孩子，他的本性温和却调皮，是姐妹们可爱的玩伴，对父母也敬爱有加，正像下面这两张便条所证明的那样——这是他留下的最早手迹——它们分别是他在 6 岁和 7 岁时，在父母的命名日写给他们的：

我的爸爸，大家都在庆祝你的命名日，我也很高兴，祝你幸福，永无麻烦并好运常在。这是我最热切的愿望，

弗·肖邦

（1816 年 12 月 6 日）

请接受，妈妈，我对你的命名日的祝贺！愿上天实现我心中的愿望：祝你永远健康和幸福。在幸福中长生不老。

弗·肖邦

（1817 年 6 月 16 日）

家庭

遗憾的是，我们对这个家庭成员的性格所知甚少。朱斯蒂娜夫人写给她在巴黎的儿子的三封信保存至今，它们流露出感人的关怀（她总在签名前写上“所有母亲中最忠诚的”），不断重申上帝的存在和善意，不带一丝幻想，判断非常正确，体现出一个家庭好主妇的有序和一个慈爱母亲的警觉。这几乎就是我们对她的全部了解。对她来说，弗里切克是，并永远是一个温柔的和孝顺的儿子。相貌上，他继承了母亲的厚嘴唇，鹰钩鼻和不安的眼神。他从父亲那里则继承了谨慎和稳重，这些性格特征日后在他所有的行动中都会体现出来。很快，他脑子里好像有了一道分界，一边是由一种病态的敏感滋养的旺盛的想象力，另一边是一种清晰和冷静的判断力。如果想在他的通信中，或者有关他的记录中，找到某种虚荣的冲动或自满的痕迹，这种努力会是徒劳的。他出生在两个世纪交替的年代，因而兼有 19 世纪躁动的热情和 18 世纪挑剔的明澈。他生性是一个浪漫主义者，受的却是古典的文

化熏陶和教育，因此不管境遇如何，他总能保持一种几近吹毛求疵的批评态度。即使身处最艰难的困境，他的音乐创作依旧清明澄澈，而他的文学笔调，可以说在本质上是18世纪的风格。终其一生，他作了一个出色的榜样，注重风格而控制激情。也正是在这点上他区别于其他浪漫主义者。

姐姐露德维卡是他的引路人，而她自己本身就是一个音乐行家。她不厌其烦地和弗里切克一起作四手联弹，并一直是她兄弟的倾诉对象。她曾到诺昂和巴黎来看望过肖邦。肖邦弥留时刻，也是她守在弟弟身边。露德维卡聪明，有教养，从精神到文化气质都法国味十足，健谈，对什么都好奇。她理解弗里切克，而且跟他相像。她一直是他感情上的指导，作为称职的姐姐，了解弟弟内心深处的柔弱。她后来嫁给了马里蒙特农学院的一个法学和行政管理教授，叫卡拉桑特·延杰耶维奇。

大妹妹伊莎贝拉的性格不那么突出。她也有音乐修养，但才华有限，后来嫁给了安东·巴尔辛斯基，一个体面却乏味的人，他们没有孩子。最小的妹妹艾米莉亚是天生的诗人。1824年她才11岁，为了庆祝父亲的生日，与哥哥合写了一出诗剧，两人共同表演。三年之后，艾米莉亚和伊莎贝拉合作，从德语翻译了一本大部头小说。两个大女孩还曾一起编写过给孩子用的书籍。这就是肖邦家的四个孩子，音乐修养好，聪明，活泼，乐观，快活，各个方面均颇有天赋。他们一起演戏，起文学社，也成立剧团，即兴编排字谜。姐妹们写诗由弗里切克谱成曲，朋友们都因其丰富多彩而陶醉。

还要补充一点，弗里切克从小就表现出引人注目的绘画天赋。看到一个新面孔，他马上就带着幽默把它“速写”下来。他是一个天生的讽刺画家，能立即抓住一个轮廓的缺陷或者一个侧影的古怪之处。他的一个同学写道：“在中学里，每次老师说出一个普通名词，弗里德里克就能用铅笔勾画出来。”费迪南·霍伊斯克说，他会从钢琴旁扑到书桌上，撂下正在谱写的玛祖卡，去画“那些美丽无用的小玩意儿”，这表明“如果他投身丹青，或许会成为一个大画家”。有一天，肖邦在家信中说：“我决定当一个画家，因为没有比用画笔在纸上涂抹更容易的了，而且还仍然可以是阿波罗的儿子[1]”。当他“进入社交界”的时候，漫画家的才分，加上惊人的模仿天赋，同他作为钢琴家和作曲家的成就一样，给他平添几分传奇色彩。如此横溢的才华集于一身，亦属罕见。但我们还是先回到一个天才钢琴家吧。

最初的音乐会

康斯坦丁大公对他的赏识，是他最初名扬社交界的首要原因。年幼的弗里德里克数次去布吕尔宫，为康斯坦丁大公（沙皇的兄弟和波兰的副王）演奏，肖邦因而被“推出”。正如大卫能消解扫罗王的怒气一样，弗里切克也有秘招平息波兰副王的狂怒。一旦风暴降临，人们就把他带进王宫。波兹南公国大公拉吉维尔亲王对弗里切克也很感兴趣。他自己擅长音乐，是大提琴演奏家和作曲家，正是他第一个为歌德的《浮士德》[2]谱写了音乐。他娶了一位普鲁士公主，作为结婚礼物，她释放了囚禁在西里西亚许多城堡里的波兰战俘。在靠近西伯利亚[3]边境的森林，亲王为自己修建了一个舒适的猎宫安多南城堡，高耸的松树映衬着秀木与碧塘，将宫殿环绕。城堡的外部装饰采用木结构，为亲王家人和为数众多的客人提供了一个舒适愉悦的居所。少年肖邦去那里弹琴，迷倒听众。他早熟的优雅举止引人注目，俨然已是日后李斯特所描述的“王子中的王子”。

正是在拉吉维尔的华沙宫殿里，弗里德里克的父母接受亲王之请，同意让他们的儿子举行了第一场公开音乐会，那是1818年2月24日，他差几天满8岁。他在这场音乐会上演奏了维也纳皇家歌剧院指挥、捷克音乐家吉罗维茨（Gyrowetz，1763—1850）所作的协奏曲的一个乐章。母亲为了这

---

① 希腊神话中司艺术之神。——译注

② 应当说，该作品并非没有价值，因为肖邦在1826年了解这部作品之后，写信给一个朋友：“他把他的《浮士德》给我看了，我在其中发现了很多构思巧妙的东西，有的甚至可以说很高明，完全出乎我的意料。其中有个场景，是靡非斯特诱惑甘泪卿，在她窗下一边弹吉他一边唱歌，同时可以听到邻近一个教堂里传来的合唱。此处的对比产生了很强的效果。并且，亲王还是一个彻底的格鲁克的崇拜者，你能从中推断出他是怎样构思音乐的。”

③ 原文为西伯利亚，疑似印刷错误，应为西里西亚。——译者注

次演出精心打扮她的小男孩，但因为过度激动，竟没有去听这场音乐会。晚上她急切地问他："哦，怎么样？人家鼓掌了吗？他们最喜欢什么？""我的白领子，妈妈"。此后，再没有人会说天才儿童爱出风头！尤利安·乌尔辛·聂姆采维奇是著名政治家，诗人，《历史歌集》作者，进步政论家，讽刺作家，他坚持让小肖邦为他主持的华沙济贫社义演，事后他用自己特有的幽默方式婉转地谈到了这场音乐会①。

一块金表

上流社会中，恰尔托雷斯基亲王、柴特维尔廷斯基亲王、萨皮赫亲王、卢贝茨基亲王、扎杨契克副国王、阿达姆·扎莫伊斯卡伯爵夫人和格拉波夫斯卡夫人等，都争先恐后地把他请去，在家听"肖比纳②"演奏，因为这些人既要模仿别人也爱赶时髦。第二年，1819 年 11 月 21 日，著名女歌唱家安吉莉卡·卡塔拉尼在华沙开了四场音乐会，获得极大成功。在她的亲戚凯尔玛松夫人家，肖邦被当作"本城最好的钢琴家"介绍给她。她陶醉在肖邦的演技中，送他一块金质怀表当礼物，肖邦后来一直随身携带。这只金表的表壳里，有这样的赠语：

卡塔拉尼夫人
赠给弗里德里克·肖邦
时年 10 岁
华沙
1820 年 1 月 3 日

---

① "怎么办才能养活并给近四百人提供住处，可慈善机构的钱袋里却只剩下四十七个兹罗提？一场音乐会？好主意！小肖邦的年幼会吸引人的。我还有一个更好的主意。小肖比纳已经 8 岁了，但是为了刺激人们的好奇心，我们要在请柬上写上他只有 3 岁。一个 3 岁的孩子在一架古钢琴上演奏一首大协奏曲，小手在琴键上左右来回跑，啊！人们会蜂拥而至来看这么一个神童！可是，当他们看到台上肖比纳已经不那么小了，诡计什么时候会被戳穿呢？"

② 在肖邦名字后面加上后缀 et，变成"小肖邦"的意思，照此发音，Chopinet 就变成了昵称"肖比纳"。——译注

“音乐天才……”

后来沙皇的母亲玛丽亚·费多罗芙娜也要听这位当代奇才演奏。那天肖邦弹了他自己创作的两首波洛乃兹。大概就在同期，弗里切克再去大公宫殿演出时，认识了年轻的亚历山德琳·德·莫里奥勒公主，她是保罗亲王监护人的女儿，后来成了他的学生。无需任何刻意宣传，小天才作曲家的名声不胫而走，不久他就应接不暇了，不知怎样“回答纷至沓来的邀请”①。“别忘了你自己的钢琴②！”好人齐夫尼这样央求他。他曾经收取每小时四个兹罗提来家里教琴，现在却成了肖邦寄宿学校的常客，是大家的开心叔叔，永远歪戴的假发套和礼数周全的作派让孩子们着迷。说来也怪，肖邦再没有过别的钢琴老师。他的钢琴课 1822 年就停了，那年弗里切克 12 岁。齐夫尼夸张地叹息：“我再没有什么可教他的了”，肖邦则肯定地说：“我学到的一切都是他教给我的③。”

弗里德里克于 1821 年 4 月 21 日，齐夫尼生日那天，献给他年迈的老师一首《降 A 大调波洛乃兹》，这是我们手中拥有的他的第一份手稿。如何评价这首曲子呢？如果是成人所作，显然极不成熟。但出于 11 岁的孩童之手，却令人惊奇。首先是谱曲手法的简单，其次是这种简单被某种天生的匀称感（肖邦将保持终生）及和声上的准确直觉所弥补。低音很到位，有一些甚至很巧妙。一个富有经验的人会在多个细节中捕捉到一个超级天才的萌芽。这也正是齐夫尼高明的地方。但（具体到这首曲子），齐夫尼的评判难免由于本能的偏爱而不尽客观！

还有一个音乐家，他的判断不会因为这种无条件的宽爱而出现偏差。

---

① 在上述那些争夺可爱的弗里切克的赞助人之外，还要加上另外一些名字，像诺克娃斯卡、普鲁萨克、沃里茨基、奥科洛夫、莫科洛诺夫斯基、库茨科夫斯基、科兹密安、波托茨基、基茨卡等家族。

② 肖邦父母家拥有的一张布赫尔茨钢琴照片显示出，这实际上是一架古钢琴，带直立的共鸣板。这是最接近钢琴的乐器。这种击弦乐器（不像羽管键琴那样是拨弦）的音色是最弱的那种。它已经带两个踏板。

③ 阿尔弗莱德·科尔托说得很极端：“肖邦从未上过一堂钢琴课！”应当说，肖邦懂得怎样从一种很粗浅的教学中得到最大的受益。

约瑟夫·弗朗齐舍克·艾尔斯纳从一开始就对交到自己手里的这位男孩的才能作出了评价。他是西里西亚人，生于1769年，于1821年创建了华沙音乐学院，当时已经是中央音乐学校的校长，还要做三年国家剧院的歌剧交响乐团的指挥。他创作了很多宗教音乐、交响乐和室内乐，写过不少历史题材的歌剧(《沃凯塔克国王》)。他的梦想是成立波兰国家歌剧院，却也知晓自己的局限性。从肖邦满17岁开始，他就不断建议自己的学生投身到这个他自己所偏爱的门类中去："写一部歌剧吧！歌剧还没有达到它真正的艺术顶峰，需要一切文明国家的诗人和作曲家来共同努力。您应当为这门艺术大厦添砖加瓦。"艾尔斯纳或许已预见到了歌剧创作的辉煌前景，这门艺术在他眼里体现了"戏剧的全面性"。瓦格纳将用自己的天才把歌剧推向顶峰——歌剧也自他而终——日后不是肖邦，而是莫纽什科部分实现了艾尔斯纳的愿望，只是后者的才分相当有限。

人们在谈及肖邦的老师时，往往贬低他们的明智。出于对齐夫尼的偏见，某些历史学家把他描画成一个可笑的老可怜虫。这些人还把艾尔斯纳看作忠于职守的唱诗班指挥那类人，活脱一个固执、狭隘的人物。事实上，艾尔斯纳即使算不上天才，对本职却了如指掌，加上他那种少有的明智，能正确判断自己的位置。作为天生的教育家，他在教学中遵循的原则是："教授作曲，一定不能给学生太详尽的配方，对那些确实能力超群、才华出众的学生尤其如此。得让他们自己寻找秘诀，这样他们才能靠自己扫除障碍，并最终发现那些尚未被发掘的东西。"

确切地说，他刚接触弗里德里克·肖邦，听过他弹奏和看过他几份和声作业后，就以一种卓绝的洞察力，预感到这是一个出类拔萃之人，其天赋远在他自己的才气之上。他非但毫无嫉妒之心，反而倾倒于肖邦的这种他永远无法匹敌的天分。怀着一种有洞见的忘我意识，他认为，"在艺术上，说到进步，不仅学生在必要时须和导师分庭抗礼并超过导师，他身上还要有属于他自己的某种特质，并由于这种特质脱颖而出"。作为精通作曲教学的人，他深知在这个领域中授课的难度，这里想象力和经验至少同等重要，甚至更重要！在小肖邦身上，他很快就捕捉到了某种闪光的东西。缺乏这种亮点，一首音乐作品只能是晦涩暗淡的。他能教给肖邦什么呢？和声，要靠学习和声来引导他的直觉；严格的对位，要靠学习对位来驯化他的笔法；分析音乐杰作，要分析那些作品让他得到有益的参照。对弗里德里克的习作，他给予明智的意见，能给学生指点方向而不加限制。教授一门艺术须点到为止，它更是想象的学问，而较少是学来的功课。某些平庸偏狭的老师处在他的地位可能会表现出嫉妒，他却在教了数年之后发出惊叹："我们的弗里德里克，他太清楚地知道我多么尊敬他，多么爱他。作为天才艺术家，他有权得到这种尊敬和爱，这是那些识才的人发自内心的感情"。在第三个学年的期末，他已经把天才这个大写的字眼作为评语写在弗里德里克的成绩手册里了："特殊的才能，音乐天才[①]"。显然，肖邦值得这两位老师的栽培。

1822 年一整年，艾尔斯纳给"小肖邦"私人授课。这期间肖邦创作了一首《升 g 小调波洛乃兹》舞曲，后来题献给了某个杜邦夫人。第二年秋天，尼古拉·肖邦认为儿子已被自己调教得差不多了，让他进了华沙中学的四年级[②]。

中学岁月

人们对一位浪漫派青年往往有一种先入为主的成见，这跟肖邦的形象很难产生联想。弗里德里克受到的教育是严格、完整、明智和有益的。他的时间表排得很满，很少闲暇时间。要知道，他同时受音乐教育和普通教育，而大部分同龄的孩子只限于做其中的一件事，往往还不如弗里德里克出色，因为他所有的科目都很优秀。中学校长林德很喜欢他，小肖邦也懂

---

① 以下是艾尔斯纳给肖邦在中央音乐学院三年学业期间，每年的年终评语：第一年：作曲与对位课，特别有天赋的学生；第二年：令人瞩目的能力；第三年：特殊的才能，音乐天才。

② 李斯特并无恶意地认为，拉吉维尔亲王或许承担了弗里德里克·肖邦的教育经费。没有比这更不符合实情了。尼古拉·肖邦负责地承担了家庭的所有开支。

得投桃报李，他画的校长肖像很显才华，后者时常要替一位缺课的老师代课。他的《c小调回旋曲》(作品第1号)就是题献给林德校长夫人的。肖邦的主要任课老师有雅辛斯基(数学)、马切尤夫斯基(古代文学)、杰肯斯基(波兰文学)、沃杰尔(素描)、斯克罗茨基(物理、化学、自然史)、恰姆毕(希腊文学)。老师们对这个钢琴家学生都很满意，他因此连续三年获得校长对优等生的嘉奖，这些都刊登在《华沙快讯》上。肖邦和他的几个好朋友一样，名列优秀学生榜。他们中有奥斯特罗夫斯基、马图钦斯基、封塔纳、波托茨基、科尔贝格、普鲁斯扎克，还有密友提图斯·沃伊切霍夫斯基及其同母异父兄弟查理·维尔兹。提图斯是音乐家，是波图兹恩地区一个大庄园主的儿子，和封塔纳、比亚罗布洛茨基、马图钦斯基一样，都是肖邦寄宿学校的学生。还有马格努舍夫斯基，后来成了小说家和剧作家。马利尔斯基日后在文学方面颇有建树①。加上沃德辛斯基三兄弟(安东尼、费利克斯、卡齐米日，他们是玛丽亚的兄弟们)和维尔海姆·科尔贝格②。这些男孩大多比肖邦年龄稍长，肖邦跟他们接触时，无意间浸染了相对的成熟。尼古拉·肖邦的两个课堂学监是家里的常客，一个叫安东·巴尔辛斯基(他后来娶了伊莎贝拉·肖邦)，还有一个是波多夫斯基，他知识丰富却从不卖弄学问，肖邦从他那里受益匪浅。艾尔斯纳和林德也成了他们家忠实的常客。一个曾在拿破仑军队里服过兵役的人叫做卡齐米日·布洛钦斯基，标榜自己是新起的浪漫派代言人，出版过被俄国人监禁的密茨凯维奇的诗集。大学教授雅各布·弗里德里克·霍夫曼对弗里德里克透露他的狂热爱好，他构想的一种新乐器让小肖邦着迷。这是一种艾罗美洛蒂箜(Aelomelodicon)

① “当年我在他父亲开设的寄宿学校期间，弗里德里克·肖邦是一个虚弱的小男孩，音乐上极具天赋。我们一个接一个地讲述波兰历史，小肖邦就用钢琴把故事弹出来。我们听着有时都掉泪。齐夫尼听得乐不可支……”(《欧斯塔齐·马利尔斯基回忆录》)

② 维尔海姆·科尔贝格的两个兄弟也是肖邦的朋友：奥斯卡作为作曲家并不出色，却是一个著名的人类学家，著有不朽巨著《人民及其习俗、生活方式、语言、传说和成语》；安东尼是富有才华的画家，他后来画的肖邦像极为出色。

或科拉里翁(Choralion)[①],这位教授希望这种新乐器能使艺术发生巨变。

正是在这种文化气氛中——属于天然暖房,并非人工温室,有得天独厚之功,绝无揠苗助长之意——我们的主人公迅速成长起来。

“滑稽剧”

尤其不能把肖邦的生活环境想象成严苛古板,或者周围的气氛令人窒息。某种单纯的快乐是肖邦家这几个孩子生活中的主旋律。新教教堂里有个叫皮采尔的人,肖邦喜欢模仿他的可怜相,供同学们消遣逗乐,他的诙谐风趣叫人无法抗拒。肖邦是天生的演员,对戏剧和音乐同样着迷。由于不能真的演戏,他就和姐妹们自己编动作字谜游戏,创作动画,把它们统称为“滑稽剧”。有时候,玩笑过度也会坏事儿,比如,弗里德里克觉得要穿上他父亲尼古拉在华沙共济会会场穿的礼服,去演西齐格蒙德·奥古斯特国王才像。没想到这事儿闹大了。还好,弗里德里克第二天就想到了要让自己那本《圣经》销踪匿迹,因为他为了逗乐,在扉页上把自己的名字结结巴巴地拼成为“肖肖肖肖肖邦”。可见那时候他已经对起绰号感兴趣。在年岁比他稍长的挚友提图斯·沃伊切霍夫斯基那里,他是,并永远是“肖比纳”。很久以后,他对乔治·桑起的那些多少有点意味的绰号,诸如希普,肖普,希佩特,甚至“我亲爱的死尸”,从不介意[②]。

一次特别成功的晚会上,弗里德里克和他最小的妹妹艾米莉亚成了明星。他们一起写了一出诗剧,叫做《误会或误当窃贼的人》,他们自己扮两个主角,名字分别叫做弗里德里克和艾米莉亚·毕雄[③]。弗里切克扮演一个大腹便便和患哮喘的小镇镇长,他真把这个角色演活了。著名戏剧演员皮萨尔斯基观看了演出,深信这个小伙子具备成为一个大演员的所有素

---

① 这种发明以及下文提到的类似乐器,都是管风琴的变体,意在创新,但没有得到推广。——译注

② 与此同时,达古夫人把李斯特称作“傻子”,后来赛恩公主亲热地称李斯特为“乖双胞胎”(缩写 B.B.),厚道的李斯特常以 B.B.署名……

③ 毕雄 Pichon 是将姓氏肖邦 Chopin 的字母重组而得。——译注

质。终其一生，肖邦保持了对化装、模仿和滑稽剧的嗜好。成年之后，这种娱乐的冲动在风雨如晦的天空只偶尔闪现，而在青年时代，弗里切克却每时每刻都“笑破肚皮”。奇怪的命运！一个平静的童年，加上一个总体上非常幸福的青年时代，让人绝难猜中主人公的结局。从抵达巴黎那天起，弗里德里克将完全是另一个人。在欢笑中长大的他，心系对故乡波兰的思念，这种思念由于远离而使人心碎。

在沙法尼亚

1824 年的假期，肖邦在朋友多米尼克·杰瓦诺夫斯基家过得非常快乐，他是尼古拉·肖邦的一个学生的儿子，家住沙法尼亚。往来客人的身份使得整个假期充满上流社会的氛围，而这家人的宅邸地处乡村，因此假期也富有乡村气息。弗里德里克尽情享受，可以肯定他脑子里并不只有音乐！

他在写给朋友维尔海姆·科尔贝格的信中说：“我玩得很开心，并不是只有你才会骑马，我也上马背了！别问我怎么骑上去的，但我知道，就像猴子骑在熊背上！我还没有摔下来，因为我的坐骑还没有这么想，可哪天只要它不乐意，我就摔下来了……”

对留在华沙的家人，肖邦模仿《华沙快讯》风格，撰写了一篇《沙法尼亚快讯》，签名“毕雄先生”，这是他改变自己姓氏的字母拼写顺序而造出来名字。下面是他的假期记事：

亲爱的父母亲：

我身体很好，感谢上帝，日子过得非常愉快。我不看书，不写东西，弹琴画画之余，坐马车兜风，享受新鲜空气，或者像昨天那样，骑在“识途的[①]”白马背上在村里闲逛。

---

① 原信中用的是法文字 connaitre（认识），它的过去分词 connu 在发音上正好与波兰文中的“骑马”一致，写作 na Koniu。一个文字游戏。

我胃口好极了。要想让我瘪瘪的肚子完全得到满足，只需要给我特许，允许我用乡村面包把它填得饱饱的就行了。

周六来了很多人。周日我们去了古勒比尼，今天我们在索洛科夫。

有一则重要新闻：事出意外，一只火鸡在阁楼的角落里孵蛋，火鸡仔就在那里来到这个世界。这个重要事件不止让火鸡家族扩大了，还增加了经济收益，确保了它们今后的发展。昨天晚上，猫钻到橱柜里，打破了一瓶果子露。它一方面罪有应得，得处绞刑，另一方面它也有权得到奖励，因为它选中的是最小一瓶！

在一次音乐聚会上，毕雄先生在几位要人和无名之辈面前炫耀了卡尔克布雷纳的协奏曲。尤其在普通听众那里，这首曲子不如毕雄先生接下来演奏的《小犹太人》[①]受欢迎。

在奥伯洛夫村有一个庆丰收的节日。全村人都聚在教堂前，兴高采烈，尤其喝过伏特加之后。孩子们尖声唱歌，乱跑调还有错音，歌中唱道：

城堡前池塘边鸭戏水
太太小姐穿金又戴银
城堡门前面拉了根长绳
老爷少爷个个跳趴在地

城堡门前面挂了条蛇
玛丽亚娜小姐出了嫁
城堡门前面挂出一顶帽
贴身女仆模样像个傻帽

---

① 肖邦将于1834年在稍作修改后出版该曲，称作玛祖卡，作品第17号之四。

附言：毕雄先生和多米尼克的表兄弟们在沙法尼亚发生了冲突，被他们团团围住。他们用尽力气来咬他，幸亏没有碰他的鼻子，不然的话，鼻子会变得更大[①]。

民间音乐

这是肖邦第一次接触到波兰乡土和居住在这片土地上的农民，奥伯洛夫庆丰收的节日给他留下了珍贵的印象。一天他在草场边上发现一个农家女正扯着嗓子唱歌。他走近这个“村里的卡塔拉尼”，给她“三个小钱让她把那些歌再唱一遍”。她先是执意不肯，最后还是决定唱这首玛祖卡，这是头几句歌词：“看哪，山背后狼在舞，山背后狼在舞，可没有狼太太，让它如此忧伤（重复）。”还有一次，这家主人杰瓦诺夫斯基先生撞见“小毕雄”正在弹奏他的玛祖卡《小犹太人》，他“即刻就把给他干农活的犹太人叫了过来，问他对小天才的演技有何看法。犹太人莫齐耶克站在窗边，把他弯弯的漂亮鼻子伸到房间里，听过后的结论是，要是毕雄先生肯在犹太人的婚礼上演出，他每次至少能赚十个艾居[②]。这个判断鼓励毕雄先生多多在这种音乐上用功，将来没准他真要专攻这种能赚大钱的和声学！”这些短暂的微光如昙花一现，这种同波兰乡村和农家生活的零星接触，已经足够他日后在客观却薄弱的基础上，创作一种纯属想象的艺术杰作，此种杰作比任何细致的“写实报告”都更真实。有关肖邦在民间有长时间生活经历的文章和电影在两方面都误导大众，首先因为所描述的事件失实，其次它们显示出作者完全不懂作为一个艺术家的特质，即电光一闪会照亮一道风景，像一种没有因果比例的化学反应。肖邦小时候在假期里哪怕只用了一个

---

① 这不是肖邦唯一一次提到他的大鼻子，而不是他的消瘦。事实上，在米洛斯采夫斯基所画、流传下来的第一幅肖像上，能看出来肖邦从父母那里继承来的大鼻子。肖像画上明显看出他的长鼻子的例子并不多见，阿里·舍费尔和玛丽亚·沃德辛斯卡都没有加以强调。相反，大鹰钩鼻和厚嘴唇在德拉克罗瓦、桑、卢比奥、温特哈尔特、科尔贝格的画作和速写中都被体现了，当然在克莱桑热作的不容置疑的死者面模上也一样明显。

② 艾居为法国古币，分金币或银币（尤指五法郎银币）。——译注

小时在乡野闲逛，他真正看到的东西，要比那些在田里过了一辈子的人所记下的还多。

我们的肖邦在他 14 岁花样年华的春天，写下这份珍贵的快讯——这是第一份确认出自他手的资料——它所流露出的表述的鲜活、感情的洋溢、富有观察力的天赋、漫画式的幽默感，我们在前面都曾提到过。人们对一个年轻天才流露出疼爱、称赞、奉承，对这些他毫不觉得厌倦腻味。他情态单纯，对青春岁月顺其自然，并完全应对自如。这些特点，在他这样的年龄，是相当少见的。他性格迷人，带点不假思索的冲动，一点都不忧郁。身体方面，虽然说不上强壮，还并不很坏，好几次都自称处在“令人满意的状态”中，从来没有抱怨过劳累。找不到一点 Zal 的痕迹。这个词很少被定义，人们常用来描述肖邦的秘密天性。

什么是“Zal”？据李斯特说，这个词常常出现在肖邦的嘴里，尤其当人们问到他的音乐里含有何种感情的时候。Zal 很难定义，李斯特对此极其抒情地大发议论：“Zal，这个奇特非凡的名词，具有不可思议的多样性和非凡的哲理！虽然有不同的表达方式，却总蕴含着无尽的悲悯，源自被迫的屈从和无可言说的创痛，所遭受的苦难一日不消除，这种哀痛就一直存在。一旦它针对人，就意味着仇恨的酝酿，对凌辱的抗争，复仇的策划，冷酷的威胁，这一切蛰伏在内心深处，渴望有朝一日能复仇，或滋养徒劳的苦涩。事实上，Zal 总带有某种色彩，有时清冽泛出银光，有时灼热犹如燃烧，涵盖了肖邦作品的全部色谱。”

可这里，Zal 在肖邦最早的作品中是了无痕迹的，正如他在青春期也未表现出性格的多种色调。

年轻的演技高手

接下来的几年也过得平静和谐，肖邦中学各门功课都很好。1825 年 5 月在华沙有过一场审判，被起诉的是一位军官，罪名是秘密结社。我们年轻的音乐家在人群中，亲历了可怕的开除军籍仪式。为了在波兰人心中抹去因此留下的创痛，沙皇亚历山大一世亲莅华沙主持了一场在福音教堂举办的公开音乐会。这次音乐会上展示了一个奇特的乐器，由布卢奈尔和霍夫曼共同研制成功，叫做艾洛美洛蒂箜，某种加上了铜管的簧风琴[①]。

肖邦曾跟钢琴家伍尔费勒（Würfel，1791—1832）学过管风琴，也上过他的低音提琴课，这有点出乎意料。有此因缘，肖邦受命在这架新发明的乐器上作即兴表演。沙皇被迷住了，赠他一枚金戒指，还镶有钻石。

几天之后，5月20日和6月10日，弗里德里克·肖邦又出现在公众面前，这是两场为推广艾洛潘塔雷翁[②]而举办的音乐会。这种乐器对前述艾洛美洛蒂箜作了改进，由肖邦家的一个朋友，叫作德路戈什的高级细木匠制作。第二场音乐会上有170位听众，这在当时是一个相当惊人的数字。莱比锡《大众音乐杂志》编辑听后为之倾倒，他笔下的肖邦是"演奏这种乐器的大师，在即兴演奏中让人对他音乐创意的丰富性印象深刻"。在即兴演出之前，肖邦还弹奏了莫舍莱斯（Moscheles，1794—1870[③]）协奏曲的快板乐章。

从此，弥撒时每有中学生合唱，年轻的肖邦就会在圣母往见会修女教堂里演奏管风琴。他写信给比亚罗布洛茨基："我成了管风琴手，我太太和孩子们将来会对我产生双重的敬意。哈！我的好先生，我真重要！我是神甫先生之下头等重要的人物！"有一天，他和坐堂管风琴师发生了争执，那人叫比亚莱茨基，"他弹琴的时候摇来摆去，就像马拉车牛驾辕"。肖邦受不了他平庸的重复，自己坐到键盘前，开始即兴弹奏，却没注意到神甫正在讲弥撒。"有时候因为受不了一个错音或者不协音，他会使劲把比亚莱茨基推开，坐到键盘前，占了他的地盘和位置演奏起来[④]"。

---

① "演奏者用双脚踩动风箱发出的声音之强力倾泻而出时，相当于50个歌手加50个乐器发出的和声。可以通过对空气压力的加强和减弱来改变音色。"（斯科尔斯基）

② 艾洛潘塔雷翁（aleopantaleon）是介于簧风琴和钢琴之间的乐器。某些由潘塔雷翁·赫尔贝施特雷特琴行制作的钢琴，当年就被称作"潘塔雷翁"。肖邦常使用这个词。

③ 莫舍莱斯是犹太血统的捷克作曲家，钢琴家，师从克莱门蒂，是门德尔松的老师，其作品体现出从古典主义过渡到浪漫主义的特征，具旋律优美雅致，结构清晰的特征。他的钢琴练习曲在钢琴教学上有很高的价值，目前仍然被广泛使用。其他作品则较少演奏。

④ 斯科德斯基，《肖邦记忆》（*Souvenirs sur Chopin*）。

田园梦

1825年假期，他去了沙法尼亚。他经常远足，在科瓦莱沃、但泽[①]、普沃茨克、托伦等地小住，在托伦还参观了哥白尼出生的房子。他像在说梦话，沉醉在自己的印象中：

> 早晨八点了，我们从来不在七点前起床。空气很清新，阳光灿烂，小鸟在叽叽喳喳地叫。这里没有小溪，因为它会发出嘈杂声。可却有一个池塘，青蛙在那里尽情歌唱。最好玩的是乌鸫，在我窗前给我讲它的故事。除了乌鸫，还有卡吉拉，它还不到两岁半，对我很友好，絮絮叨叨地说'卡吉拉爱您！'像卡吉拉对我，我亿万次地对你们说同样的话，爸爸和妈妈。我轻吻你们的手和脚[②]！

给父母写信的时候，弗里德里克还显得很孩子气，但他在朋友马图钦斯基面前却"摆起谱"来了。看得出来，他"讲究文笔"，把新学的古典方法用来炫耀：

> 哈！即使塞维尼夫人本人恐怕都难以描述我此时的快乐，你的来信实在太出乎意料。如此惊喜更甚于死亡降临之讯。真想不到你这个冷酷无情的糟蹋纸张之人，你这个浸淫在席勒研究中只露出脖子的语文学家，会拿起笔来，写信给我这个击钹者[③]，手指也就刚好跟老人的鞭子粗细差不多。想不到你会写信给我这个读不懂一页拉丁文的人，给这只小猪仔写信，它吃着泔水长着膘，痴心向往你肥膘的十分之一！
>
> 你想用你的猎物小兔子让我折服吗？轮到我了，我也要用我捕获

① 今称为格但斯克，第二次世界大战后自德国并入波兰。——译注

② 读了这些描述，怎么还能认为肖邦对自然缺乏感受呢？他充满乡土气息的表述否定了这种论断。他自己后来确实在诺昂说过："我不适合乡村……"，他在诺昂有点闷，也未可知。

③ 意为钢琴家，肖邦经常使用这个古词，来自传统古钢琴 cembalo。

> 的兔子来羞辱你这个没有经验的猎手，我的兔子一定比你的更肥，还有我昨天从田里抓来的四个小山鹑。
>
> 我参观了哥白尼出生的房子，还有如今已经被亵渎了的房间。在他出生的房间的一角，搁了张德国人的床，他土豆吃多的时候，没准会在上面释放频频微风……

收获的季节里，有个农家节庆，他跳起了库亚维亚克舞——这是库亚维省特有的一种民族舞蹈——他尽情观赏农民们跳圆舞曲和奥贝雷克舞，抓起一把"单弦的、满是灰尘的低音乐器来弹，弹得那么热情奔放，最后大家把他围在了中间"。亚西耶克的一个妇女"教了他一首歌，其中第二段歌词是一个女孩写的，几个小时前，他刚追着她在田间戏耍"。还有一次，他邂逅犹太商人，听他们奏一种犹太教堂的婚礼进行曲，叫做玛犹跌[①]，看他们跳舞，之后应邀参加了一场犹太婚礼。总之，他尽情娱乐，积攒那些将永远留在他脑中的情景和记忆。

1825 年 10 月开学的时候，他去国家剧院听了《塞维尔的理发师》，当地剧团演得很出色。罗西尼的作品让他陶醉，后来他一直喜欢这种出于本能的音乐，从丰富的天才想象中流出，不见人工的痕迹。正因为如此，他根据理发师的动机，作了一曲波洛乃兹。同一时期，他的姐姐露德维卡创作了一首玛祖尔舞曲[②]，"很久没有在华沙听到这种曲子了，这是她创作的极品"。他为钢琴家莱姆别林斯基喝彩，"我从未听任何人像他那样弹钢琴。我喜欢他的圆舞曲……"

---

① 这是中古时期犹太人在安息日用歌舞来感谢主的恩典仪式上所用的一种仪式。此处是根据波兰犹太人发音的音译。——译注

② 波兰中央省份马佐夫舍地区的一种民族舞蹈，华沙和热拉佐瓦-沃拉均属这个省份。玛祖卡与华尔兹一样，并不专为舞蹈而作。

第三章　年轻的大师

重返热拉佐瓦-沃拉

1825 年圣诞节，肖邦和露德维卡一起去热拉佐瓦-沃拉度假，他和家人经常回那里小住[①]。斯卡贝克伯爵夫人的两个大孩子分别是他的教母和教父，安娜(后来的维西约洛夫斯卡夫人)和弗里德里克。肖邦和父亲受邀去音乐学院教授杨莱克家做客，席间有一个捷克钢琴家弹琴，肖邦认为“他的演技实在乏善可陈”，还有一个叫扎克的布拉格音乐学院学生吹单簧管，居然“不换气能吹出两个音来”！

1826 年 2 月，他得了淋巴结炎，罗迈尔医生诊断为重伤风，用蚂蟥敷在喉咙上治疗。从那时起——甚至更早，对弗里德里克的诊治方案跟现今的常识相悖，在当时却是人们深信不疑的方法，可惜完全没有科学依据。

中学会考(拉丁文称作成熟考试)临近了，从漾在 1826 年春天里的氛围中能感受到它的威胁。6 月，弗里德里克这样写信给朋友比亚罗布洛茨基：

---

① 1894 年，在热拉佐瓦-沃拉肖邦纪念碑落成之际，有个波兰农民也参与帮忙，他叫安东南·克里斯亚科，是肖邦的同时代人，还很清楚地记得那些“星空下的晚会，这时候人们会将钢琴搬到大杉树底下，安顿好年轻的即兴演奏家，他让听众热泪盈眶。音乐回荡在果园里，村里的邻居蜂拥而至。倚靠在院墙上，他们听华沙来的客人弹琴……”(《肖邦的摇篮》，亚历山大·拉耶赫曼)

几个月都没有你的一封信，怎么回事？为**什么**[1]？为**什么**[2]？为**什么**？我嘛，我实在没有一点时间给你写信——你知道得很清楚——拼命复习想拿到文凭。看起来势必肉包子打狗：**我花了**时间还**枉费心机**[3]，如果你还没忘拉丁文的话……

附言：林德有了一个小女儿：是个女孩，不是男孩[4]。

居然——真是奇迹！——肖邦拿到了中学会考文凭，拥有了珍贵的"成熟证书"！这纸文凭将在秋季为他打开大学之门。为了从疲劳中恢复过来，也为了强健体质，他在母亲和姐妹们的陪同下去雷内茨温泉疗养。在此期间他很可能观看了一场《鹊贼》，并受其中一个动机启发谱写了一首短小的波洛乃兹。

在雷内茨疗养

雷内茨，今称杜什尼克，是普鲁士所属的西里西亚的一个海滨疗养小村落，海拔568米，坐落在有湍急溪流的峡谷里，两边高崖壁立，因其优质矿泉水而闻名。弗里德里克在那里遵从惯常的饮食疗法，饮用乳清和增加进食量。他太瘦了，得长结实点。他忍受着单调却对身体有益的每日例行公事，颇不耐烦。在给朋友科尔贝格的信中，他这样描述温泉疗养者的滑稽相：

早晨6点钟之前，全体病人都已聚集在泉水边。一个由各色滑稽人等组成的管乐队在旁吹奏，而疗养病人们慢腾腾地走着。然后各自回去吃饭，只有我去散步。下午比上午更过分，简直就是假面队列，每个人都穿戴整齐，换上另一副面孔……

---

①③④ 原文为拉丁文。——译注

② 原文为德文。——译注

疗养持续到9月11日，这期间肖邦在当地剧院开了两场音乐会，为两个孤儿院义演。然后他回到华沙，那里正酝酿着结局悲惨的事件。

有中学毕业会考证书在手，上大学本不成问题，但肖邦为了专攻音乐先是决定放弃，后来为了完善自己的知识修养，尤其想深入钻研某些学科，他最终还是注册了布罗金斯基的演讲课和本特科夫斯基的文学历史课，同时旁听意大利语和宗教课①。他在音乐学院②师从艾尔斯纳，不再上他的私塾。和声、对位和作曲，各科每周有7个课时和练习。除此之外，他接受治疗。莫莱兹大夫建议他多走路，喝催吐饮料和吃燕麦面食品。要他不惜代价地增加体重，得取消一切不必要的消遣，“饮茶、晚会、小型舞会，通通取消……”中学同学分散在各处，提图斯·沃伊切霍夫斯基学法律，杨·马图钦斯基学医。封塔纳也学钢琴，在音乐学院和肖邦仍是同学。比亚罗布洛茨基在索科洛夫继续治疗他患骨结核的腿。这个后来早逝的年轻人长相十分俊美，弗里德里克开玩笑说他是肖邦家老厨娘约瑟芬娃的宠儿，因为她觉得他“比来这里的所有先生都漂亮，不光沃伊切霍夫斯基和延杰耶维奇比不上他，谁都没有他长得漂亮……”

艾米莉亚之死

在写给杨诺·比亚罗布洛茨基的同一封信里，弗里德里克写道，1827年3月，家里有人生病了：“四个星期以来，妹妹艾米莉亚卧床不起。她开始咳嗽，吐血，妈妈吓坏了。莫莱兹大夫给放了血，后来又放了一次，给她用了不知多少蚂蟥、发疱药，还给她敷芥子泥。碰运气吧！这段时间，她什

① 肖邦在虔诚的母亲的熏陶下，直到离开华沙之前，一直笃信天主教，甚至表现出热忱。似乎在此之后，他并没有参与过宗教活动。但他受了临终圣体，为的是“不让母亲失望，也不想象狗一样死去……”很显然，宗教情感在肖邦一生中并不起重要作用。他从来对上帝和宗教未置一词，通信中也没有任何暗示。据李斯特的看法，仅仅由于他天生腼腆，肖邦才没有发表对这些问题的见解。

② 音乐学院建于1821年，也称作音乐和演讲研究院，于1826年分成两个学校：一个是音乐学院，由卡罗尔·索里瓦主持，坐落在圣伯纳女修会的旧修道院里；还有一个是中央音乐学校，安顿在华沙大学校园内，约瑟夫·艾尔斯纳任校长，学校教授音乐理论。（此处肖邦上的音乐学院应当还没有分成两个学校。——译注）

么也吃不下，而且瘦得那么厉害，让人都认不出来了。你可以想象我们所受的罪……”

伊莎贝拉的教父，老贝尼克死了。他的刚结婚九个月的女儿也去世了。更糟的是，最后一个消息（所幸不是真的），不知从哪里传出来的，可能从地狱里，说你已经过世，它赚了我好多眼泪：要是你听说我死了……（听着，我还活着呢……）

一个月以后，肖邦家人把小艾米莉亚送进了波瓦斯基墓地，她的墓碑上这样写着：

艾米莉亚·肖邦

在她的第十四个春天离世

如同一朵盛开的鲜花

怀着结出硕果的希望

1827 年 4 月 10 日

对生活在如此亲密的家庭气氛中的人来说，这是一个残酷打击，肖邦夫人从此穿上了丧服，再也没有从丧女的悲痛中解脱出来，三个孩子也长时间陷入悲痛中。让我们也在这个未获救治的女孩儿的墓前静默片刻，并更进一步探讨我们的主人公的健康状况。让我们替肖邦作一次诊断，就好像为了给他治疗并挽救他的生命，当年早就该做。

身体羸弱

对他父母亲的病史，我们无甚了解。洛林姓肖邦的人身体都结实且长寿，其母系克日扎诺夫斯基家族的健康史却无从知晓。肖邦的母亲活到 80 多岁，他父亲尽管死于一次肺部感染，倒也活到 73 岁。4 个孩子都算是“体质羸弱”型，露德维卡死于 48 岁，伊莎贝拉活到 70 岁，弗里德里克 39 岁，艾米莉亚 14 岁。在那个浪漫世纪里，人们的平均寿命不很长。

弗里德里克·肖邦在不同的传记作家笔下，要么像一朵娇弱的花，要么似一个健壮的运动员。传记作家们无视最基本的历史事实，只依据他们的个人喜好，来强调他艺术中病态的一面，或者突出他音乐中令人惊讶的刚毅。事实上，肖邦的作品交替——甚至在总体上——呈现这两面。在你刚合上的书中，作者把肖邦描述成一个衰弱不堪的王子，在两次剧烈咳嗽之间创作。再打开另一本，肖邦则"像一个精力充沛的男性"[①]，在令人称奇的爱情征服中堪称典范。可惜这些纯属想象！真相究竟何在？

幼童时代，肖邦很正常，但有点单薄。长到 8 到 10 岁之间，直接的证人给我们留下的资料，说他"体虚，羸弱，消瘦"。事实上，他成年以后的个子在那个年代里算高的，1 米 70，可体重跟身高并不相称，1840 年只有 97 磅[②]，而且从来没有真正达到过 50 公斤！他特别怕冷，身上总裹着厚厚的几层衣服。因为太瘦，他绞尽脑汁想长胖。他遵从大夫的建议，可惜这些建议很荒唐。并非多吃煮熟的燕麦粥就能胖起来，往肚子里填塞黑麦面包也无济于事，他后面这个做法有悖医嘱。他的胃虽则结实却有点任性，这些方子只能让胃疲劳过度。他的心脏非常健康，但常患棘手的支气管炎，喉部易得"淋巴结炎"，这种症状本当引起警惕。华沙气候严寒，加上他两个最好的朋友，也是他家的寄宿生，杨·比亚罗布洛茨基和杨·马图钦斯基都是结核病患者，可能有传染性。他们注定会死于此疾，一个将在 22 岁上死于骨结核，另一个则在 33 岁死于肺痨。那个年代，肺结核病很凶险，人们既不知道怎样确诊，也不清楚如何治疗。对于这样一个由于明显的贫血症状而应当受到严密监视的对象，显然不是树胶水、催吐药、草药剂或者加香料蜜糖的面包，更不是蚂蟥和放血，发疱药或者那个时代常用的敷药就能让他强壮起来的！不言而喻，他根本不讲究卫生保健，就是说不运动，

① 我在此斗胆向著名的朋友阿图尔·鲁宾斯坦提出善意的抱怨，这个大胆形象的说法是他提出来的。我认为，他诠释的肖邦比任何人都出色。没准他是先在镜子里照出了自己的模样，才这样描述肖邦的！

② 1 公斤＝2.2 磅。——译注

缺乏健身锻炼，不去山里疗养。相反，从青少年时期开始，肖邦“外出”太多，他拼命跳舞“直到早晨两点”，工作勤奋，缺乏娱乐性的放松。总之他的生活方式恰好跟他的身体状态所需的节制相反。无疑，到巴黎的时候他已经是病人了，他陆续看过的 20 来个医生，用一错再错的方法加剧了他的虚弱，最后在他 39 岁上就把他送到坟墓里去了。显然，乔治·桑陪伴下去寒冷的安德尔省泡温泉浴，多雨的冬季里和恶劣环境中到巴利阿里群岛度假，最后在英格兰和苏格兰雾中的滞留，都不能阻止病情的进展。加上肖邦一辈子都睡得晚，可他这样体质的人，应当晚上 10 点钟前上床，中间还需要有助于恢复体力的午休。我们热爱肖邦，很难接受这样的事实，即他生活在那样一个时代，医学尚无基本常识，完全在凭经验行事。搁在今天，任何一个敬业的医生，都可能给我们珍贵的病人延长相当的寿命。无补于事的遐想而已。

青春期

青春期在这个年轻人身上并没有引起任何困扰，至少他什么也没有说。在这个问题上，他始终守口如瓶。他的信件中，除了一个例外[①]，没有任何调情的倾诉或自负的表述。他当然讨年轻女孩的喜欢，却丝毫不把这些放在心上。只有一次，出于玩笑，他对提图斯用意大利喜剧方式叙述道：“马萨尔科夫斯基大街上一栋宅子的女管家肚子里怀了孩子，女主人再也不想见到那个诱惑者了。可在真相披露之前，你想想看，别人还以为我就是那个诱惑者，理由是我曾经一个多月待在索尼基，常和女管家在花园里散步。可我只是散了步，别的什么也没干。她并不可爱，而我这个傻瓜也没有胃口，算我走运……”这算不上过分恶毒，甚至可以说，不能比这更无辜了。只有在音乐中，肖邦才对我们作神秘的倾诉，而所涉内容却让人无从猜测。

---

① 参见本书第六章“娼妓”一节里有关特蕾莎的说法。

暧昧不明

肖邦写给那些同窗好友的信很煽情，让人联想到不太纯洁的感情。从17岁开始，甚至到稍晚些时候，他在写给提图斯·沃伊切霍夫斯基，杨·马图钦斯基，或者杨诺·比亚罗布洛茨基的信中，用了很多温柔的词，几乎是表白爱情的字眼："我的灵魂"、"我亲爱的"、"我的杨诺"、"我深爱的"，等等。的确，浪漫的夸张成分不容忽略，应当承认那个时代语言上的极端倾向。同时我们也接受这样一个事实，即肖邦在母亲和姐妹这个女人堆里长大，他是家中唯一的男孩，周围的女人世界让他沾染上某种说不清的女性特点。是的，这些男性关系中有一种令人沉醉的气息，容易让人产生联想。更妙的是，俄罗斯男人亲嘴的习俗，相信在19世纪初的华沙也颇流行。"我真诚地吻你的嘴，你可允许？"肖邦这样对提图斯写道。他总这样重复，可以说不稍带一点羞耻和不安，因而更显无辜。另外，他多次要提图斯作证，他真的迷恋上康斯坦斯·格拉德科夫斯卡了。然而——"爱我，我亲爱的人！"——"伸出你的嘴唇给你的朋友！"——"我只爱你……"——或者还有更大胆地"把你的嘴给我！"这都是些很暧昧的表述方式。有一天，他告别他的朋友提图斯去进晚餐，然后写道："刚才吃粗粮！可现在，亲你的嘴唇！"多好的胃口，接踵而至，彼此却毫无关联！我们能理解那些注重细节的诠释者会在如此过分的用语面前"露出惊讶的表情"，他们中有人还颇有创意地把肖邦是否同性恋——有意或无意——当作论文题目。

这当然只是一种假设。肖邦对女性极其保留的态度给这种假设提供了某种佐证。假如他真惧怕跟女性接触，这难道不是一个信号，表明他私下喜欢男孩？"他蔑视肉体的事实"，乔治·桑遗憾地承认："他说某些行为会败坏记忆……。"事实上，他对于越过界线以肉体关系来确认一种单纯的心灵眷恋，表现出某种反感。性行为总让他感到厌恶。可以这么说，他这方面的实践是逃避，远非寻找机会，或对诱惑让步。所有这些都属实。但说到底，对一个性冷淡的女人，闲话没有这么多……

结论如何呢？应当说，肖邦在性方面是脆弱的。同样，在他身上，想象永远占上风，而真实的感情靠后，爱情的理念远比肉体性爱本身更让他激动。我们会认为他在青春期，曾对某个朋友以隐晦的方式表现出强烈兴趣吗？对词语的兴趣可能占了上风，它压倒本能的各种具体行为。在同提图斯和杨诺的关系中——两人都极为俊美——没有任何证据说明其他事实。比亚罗布洛茨基很年轻就死于结核病，与马图钦斯基的关系也无可指责。至于提图斯，结实的“绅士型农庄主”，他后来娶了皮盖提洛伯爵夫人，之前曾热恋过普露扎克小姐[①]。提图斯虽然盛赞朋友的天才，却往往被对方感情的过分流露惹恼，并不介意将对方直截了当地拒之千里，告诉他：“我不喜欢别人亲我！”肖邦的朋友中没有同性恋者，在那个时代，人们在这点上确实守口如瓶。很显然，“我亲爱的”、“你的嘴！”、“你的双唇”，从正统观念去看，是令人可疑的情感表述方式。但也需考虑到，中学生往往在替代性表述方面颇有天分，他们用极端的方式来表达真实的感情。爱的本能在一个年轻小伙子心中是如此强烈，他会找到一百种极端的和笨拙的表达方式。世上存在那么多种可能性来否认“爱”这个词，年轻人这么做的时候，甚至连用眼神去冒犯隐晦的激情所理想化了的对象，都不会去想。正如伊瓦什凯维奇所言，他的表述非常恰当：“在幻想一个情妇之前，我们先倾心于一个同性朋友。”正是在这个同性对象上，我们倾注自己的想象乃至欲望。情感混淆的现象比人们想象的更为普遍，弗里德里克正是这种混淆的牺牲品，他一辈子都将活在某种苛责挑剔的情感中。让几个心理学家担心的所谓“反常”或许仅限于此。当然，人们也可以这样认为，这种情况下或在其他地方，肖邦极端拘谨的性格使他得以控制某些冲动。如果比亚罗布洛茨基身体更好些，或者提图斯不那么强壮，假如两个人中有一个回应了肖邦颇带文学色彩的感情抒发，肖邦可能会转向同性！这个脆弱的灵魂，心灵需要安抚，也许某些感官方面的倾向还会让人吃惊……

还有，如果肖邦先生监视他儿子的信件，他或许会建议他用另外一种

① 在这场恋爱中，肖邦充分见证了朋友的爱情宣泄。

语调写信给他的同学！

独立

实际上，我们对弗里德里克从家庭获得的独立程度颇感吃惊，那个时代家长式统治是被认可的。他早熟的天赋、日渐明显的成功、在上流社会得宠的光环，还有他的名声，这些都可能有助于使他这样一个未成年人摆脱监护。看来人们并未把管束年轻学生的规矩强加给这一“特例”。事实是，从17岁开始，肖邦就拥有了行动和装束打扮的自由，这点肯定让他的同学们羡慕不已。不久之后他还会出游。但远走他乡之前，他和家人住在一起，却另有一种自己的生活方式。他一直对父母很信任，在他需要表达、用文字向他们描述众多絮絮叨叨的新闻时甚至很孩子气。肖邦某种意义上成了华沙人人挂在嘴上的故事人物——华沙有时也是蜚短流长的地方——他对自己的外出、拜访、舞会和茶会都曾作过详细的记载，还有创作笔记。

艾米莉亚刚过世，肖邦一家就从卡齐米日宫搬走了，因为那里有太多逝去之人留下的记忆。他们搬到位于克拉科夫城关路5号的克拉辛斯基宫。虽然和家里人住在一个屋檐下，但弗里德里克住在一个带有复折屋顶的顶层房间里，有一架钢琴，他在那里作曲。音乐学院第一学年结束后，他暑假去教母维西约洛夫斯卡夫人家，她住在波兹南公国的斯奇茹夫。他还去了安多南宫，跟拉吉维尔家两个年轻的公主爱丽莎和旺达建立了友谊。这之后就是音乐学院第二年的学业。

在中小城市里，音乐学院的学生多数是半吊子内行，换句话说，半业余爱好者。在音乐学院学习显得有教养也符合身份，还能混到一纸文凭。如果说教育质量还不错的话，学生的素质却差。著名的女歌唱家松塔格夫人听了索里瓦班上最出挑的两个女歌手“试唱”后，觉得她们的声音“太刺耳。如果说声乐教学一流，她们对嗓子却使用不当。她们应当用另一种方法去唱，不然的话两年之后就不会再有嗓子了……”这两个女歌手是肖邦的同窗沃尔科夫小姐和格拉德科夫斯卡小姐。如此说来，让年轻的肖邦动心的康斯坦斯·格拉德科夫斯卡恐怕只是一个平庸的歌手。肖邦其他同窗的职业前景大都令人称道，他们中的封塔纳是钢琴家和业余作曲家，肖邦会跟这个忠实的随从[①]在巴黎重逢——还有小提琴演奏家奥尔洛夫斯基也是他的同窗。肖邦喜欢的同学还包括诺瓦科夫斯基（钢琴家和作曲家，“如此独特，太阳下找不到两个跟你一样的人”）、多布林斯基、尼德茨基（歌剧作曲家，日后被任命为国家剧院两名负责人之一）。还有斯蒂凡，他是波洛乃兹和歌剧作曲家，肖邦经常在艾尔斯纳家的音乐聚会上碰见他，参加者在聚会上演奏自己的最新作品。音乐学院校长家里气氛格外令人愉快，这跟艾尔斯纳夫人和小姐的歌儿唱得好分不开。肖邦除了严格意义上的功课，经常在此演奏。大家演奏，视谱，讨论，气氛热烈。肖邦把他所有的作品都一丝不苟地交给约瑟夫·艾尔斯纳，他还把《c小调奏鸣曲》（作品第4号）题献给老师。

“钢琴是我的天地……”

1826年到1828年这三年间，他大量作曲。他把《A大调玛祖尔式回旋曲》（作品第5号）题献给他的学生、年轻的亚历山德琳·德·莫里奥勒伯爵小姐；两首圆舞曲，《降A大调圆舞曲》和《降E大调圆舞曲》，后经改编收入艾尔斯纳女儿纪念册；《c小调奏鸣曲》（作品第4号）；一首《d小调波洛乃兹》；一首《降G大调四组舞曲》[②]（这后两首曲子的手稿寄给了在波图兹恩的提图斯·沃伊切霍夫斯基）；作品第2号变奏曲题献给提图斯，是根据莫扎特《唐璜》里的《让我们手拉手》主题创作的变奏曲，肖邦去世之后以作品第71号出版；一首《a小调玛祖卡》；一首《e小调夜曲》，他去世后才刊行（作品第72号之一）；一首《g小调三重奏》（作品第8号），为小提琴、大提琴

① 原文为拉丁文。——译注

② 源于英国农村，13世纪传入法国，称作Contre-dance。——译注

和钢琴所作，是题献给拉吉维尔亲王的；最后，一首《C大调双钢琴回旋曲》（作品第73号，作曲家身后出版）。

除了那首三重奏曲中加入了两个合奏分量并不重的弦乐器[①]，上述作品皆为钢琴而作，只为钢琴。他一直到生命的终结都如此，只有几个例外，其中两首协奏曲和一首变奏曲，需要乐队演奏，但乐队的交响色彩很淡；加上为大提琴和钢琴而作的奏鸣曲和一些歌曲。那些引人注目的作品，那些真正的杰作，都将为钢琴而作。这种排他性的偏好在音乐史上几乎是唯一的例子。乐队、室内乐、人声、特别是歌剧，都没有长久地吸引过肖邦。钢琴是他的天地。除了贝多芬的成就[②]，这是个当时还相当有限的天地，他将随其梦幻所及，天才地扩展钢琴的范围和疆域。应当说，是肖邦真正地创造了现代钢琴。在艺术史上，存在一个肖邦之前和肖邦之后的时代。

李斯特曾用热情洋溢的文学夸张手法，在某一个专论肖邦的章节中列举肖邦在钢琴艺术方面的成就，他写道："我们应当把和弦的扩展归功于肖邦，或各音同奏，或用琶音，或用击弦方式。他用半音和等音的迂回曲折写成的乐谱，提供了感人的例证；还有这些装饰音群，如同跌落在旋律上的一串串色彩缤纷的露珠。人们先前只是借鉴意大利古老而伟大的歌唱学派的'装饰唱法'，毫无创意地用钢琴模仿人声，只稍作修饰，效果单调且刻板，而他却将人声所不能达到的出其不意和多样性赋予了这种装饰方式。他还发明了绝妙的和声进行方式，使那些由于题材的轻巧而显得不甚重要的乐章，具备了一种庄严性。"确切地说，肖邦扩展钢琴艺术疆域的贡献，相比上面列举的成就，数量上更多，意义也更重大！

他从一开始就寻获了让钢琴发声的秘诀，恰如其分也随心所欲。这取

① 1830年，肖邦在华沙的一个私人场合里演奏了这首三重奏，他对效果"相当满意"，但他有了一个想法，即用中提琴代替小提琴，"因为中提琴在这种中音区听起来会更和谐，与大提琴的对比会更鲜明"。1829年11月4日，拉吉维尔在签收题献给他的三重奏时，用法文请求肖邦"加快节奏，目的是在去柏林之际，让他有幸能跟肖邦在波森一起演奏该曲"。

② 贝多芬的32首奏鸣曲尽管十分辉煌，但其所欲表现的思想内容极丰富，仅用钢琴一种乐器，似乎力有不逮。尤其是最后几首，似乎需要一个乐队才足以表现。

决于键盘上构成和声或旋律的音符的布局。和声学的初学者从这里起步，学习如何对一个和声的构成音符按不同的方式排列，如何重复其中若干音符，根据需要缩短或扩展不同的音符之间的距离。某些音序听起来悦耳，其他的则刺耳。

同时代的柏辽兹，本人不是钢琴家，他从吉他上学习音乐，因而采用密集的(伴奏)音型和声写作手法，让人反感。其作品构思方式是交响型的，在乐队演奏时效果固然很好，一旦"缩减"到钢琴①上就令人无法忍受。肖邦则受某种本能的驱使，善于寻幽探隐，并不追求创新与和声的绚丽，而是直接进入音乐布局，寻求和声、乐句或者乐段各个部分让人听起来最舒服的效果。他不以某种偏好局限自己，而是从整体上对键盘音乐作了全面探索。他在这条探索之路上的发现又何其丰富！如果说他有时难免"怪癖"，丰富多样的表现手法却被他运用自如，就像一个会变戏法的百宝箱在手，任他摆弄。美妙的主题源自于天才，我们这里只谈才华的多种表现方式，这种才华使作者声名鹊起。他一方面是大艺术家，另一方面是精工细作的工匠，两者缺一不可。

革新

首先，他放弃使用密集的音群和声，而率先运用富有弹性、轻盈的琶音。这些被贝多芬单纯用来加强节奏的和弦，肖邦把它们视作主旋律，用来表现音乐陈述的生动性，既自然又不空洞，因为所有"声部"都参与其中。在肖邦这里，每个音符都说话，所有的经过音都歌唱②。这些经过音的作用不只是装饰，或活跃节奏，它们是一种布局，有自己的曲线和属于自身的生存价值和命运。这里我们离"打击乐"很远，也跟那些惯例不同，不少古典作品因套用成规略有瑕疵，让我们敢于这样坦言，因为人们往往在谱曲时

---

① 可是拉威尔或德彪西的交响乐杰作改编成钢琴曲后，依然有完美的效果，因为和谐的音响效果主要是靠谱曲的严谨，不是音色的选择。

② 莫里斯·拉威尔针对《船歌》，就这点作过恰当的肯定意见。

习惯于套用成规，海顿，特别是贝多芬在这点上也难免令人沮丧。多少次，人们用惯常的手法来结束一段有独到之处的乐段：

而肖邦却采用琶音，其精细微妙所体现的独创性足以与他最新颖的主题相媲美。在他之前，作曲家以为——只要有一个与众不同的“乐思”或悲怆的动机——则大功告成，至于如何镶嵌这颗珍珠，大可放手套用成规。这种现象由来已久。结果是，细节与整体相比，并不总能达到同等的艺术水准，陈词滥调充斥其间，“最后一道工序”不够细致，任何人都能套用“预制”的程式结束乐段。而肖邦——即使在一首最短的玛祖卡中，大师的目光也无处不在，没有一个小节不经他“亲手”调制。

肖邦把一切问题都诚实地重新提出，“形式”和“内容”并不分开考虑——正如不能把一个活人的灵魂和肉体分开——他创造了一种新的语言，在坚实的古典基础上，彻底打破了不久之前还盛行的套用程式的陋习。

他从哪里找到的范式，来体现自成规范的风格？不从任何别处，而是出于他自身。费尔德[①](Field，1782—1837)只是给他提供了一个名目，因为前者的“夜曲”只是空壳。意大利舞台上人声歌唱的方式启发了他，他的哀歌并不咏唱同样的内容，却模拟了人声的灵巧方式。莫扎特、韦伯、贝多芬为他规划了奏鸣曲的纲要，但他构建自己的古典建筑时用的却是别的材料。这样，看不到他的革新，人们还以为他偏离了正轨，李斯特就这样写道：“他谱写了美妙的协奏曲和优雅的奏鸣曲，然而，不难分辨出，这种创作

① 爱尔兰钢琴家、作曲家，他首创“夜曲”体例。

努力中愿望多于灵感。”不难？正相反，我们确信，需要有一种透彻的眼光才能看到真相的确切内涵！李斯特的天才历来偏重形式，虽然他慷慨陈述，认为“肖邦的优雅尤其体现在他精神失控的时候”，我们对他的看法却绝对不敢苟同。因为直至幻觉当前，肖邦仍保持头脑清醒，充分把握自己的创作。如果他打破了某些结构，那是因为不这样做他就觉得不自在。他宁愿自我约束，却拒绝接受枷锁。

他的和声色彩——尚未有文字表述的“蓝色音符”——很早就被他找到了。正如他所涉猎的一切，“蓝色音符”绝对是他与生俱来的，也仅属于他。如果说，有些可爱的小品仿效莫扎特的手法，肖邦却不可模仿，因为你立刻就能听出哪里不对劲。那么多首完整乐曲，那么多新的和弦自然出现在年轻作曲家的笔端，例如《a小调第二练习曲》(作品第10号)，那可是他在华沙时谱的曲！这只透明的灵鸟在一个失重的空间里逃遁隐形，时至今日，几乎一个半世纪之后，在我们眼中仍具有永恒的独创性。从一个有名的节奏中变化而来或借鉴了特别简单的某些和声所创作的玛祖卡，哪怕是最短小的一首，自有一种难以名状的魅力。这种“不可言传”性，在肖邦作品里，是不能清晰解说的，所有理性解释的尝试均属徒劳。有一天作曲家自己曾说：“没有不含隐秘想法的音乐。”我们可以添上一句：没有不可参透的秘密不成其为真正的艺术。再透彻的音乐分析，也只能满足于在它不能解释之处加注。肖邦的大部头作品——如叙事曲、谐谑曲、奏鸣曲和幻想曲——并不“取决”于一种秘诀，而是根据作品自身的某种逻辑，这种逻辑将观念搁置一旁，正如通灵体验中的悬浮状态。肖邦音乐的主要特征是飘逸——但这并不说明它失控偏离正轨。

世界上或许没有一种音乐是如此新颖，同时在绝对意义上也令人满意——因为无论节奏、旋律线、和声色彩、形式都具有鲜明的个性，伴奏也终于被处理得成熟饱满，而不再像被牵着手的小儿那般幼稚。没有音乐如此大胆果断，在它自身周围营造和投射一种易感的氛围，并如此令人感伤。也没有哪一种音乐能如此和谐地创造性运用乐器服务于灵光闪现的思绪，更没有哪种音乐以如此纯净的手段来解说无尽梦幻。正是在这点上，本性属于浪漫派的肖邦，从不对某种说不清的歇斯底里般的幻觉让步，即使他处于精神崩溃的临界状态，也持守一种古典的严谨。这一切，如果不算最初的创作，至少在他离开华沙之前就已成型。必须指出并反复强调，由于父亲的原因实际上是半个法国人的肖邦，心灵上是波兰人，1831 年他来到巴黎时，已经具备了天才的全部禀赋。他将在法国发展，但他的根系扎在别处的土壤里。

我们这里花费笔墨描画的一切，艾尔斯纳在给肖邦授课期间，已全然明了，因而他为奇迹般出现的学生写下"音乐天才"的评语。在与一个如此卓绝的天才人物的接触中，做老师的纵有小小苦衷和遗憾，也终究日见减弱。是的，肖邦拒绝写歌剧，但他用另一种方式阐释了民族的史诗！的确，肖邦只限于在钢琴中施展，可他让一架钢琴的音量超出了整个乐队的规模，并在音色的丰富程度上与之相匹敌。诚然，和愚笨之人正相反，肖邦虽也忽略现成的所谓"形式"，却发明了新型的结构！艾尔斯纳很快就意识到没有必要再作无益的教导，他的放弃，出自同齐夫尼的自动淡出一样的高贵动机。虽然没有亲手促成，但两位老师作为观众而惊羡，参与了这个天才学生从蛾卵蜕变成一件完美作品的过程，直到他舒展双翅，自由翱翔，完全符合自然规律。无论如何，肖邦哪怕到他生命的最后一日，对他的两个老师都心怀感激。同样，他对"家人"始终怀着温柔的牵挂，远离使这种排他性的偏爱愈加强烈。在那边，他的亲人们一定猜到也确信，肖邦"跟别人不一样[①]"。是啊！他令人感动，这个年轻的肖邦，他既跟各个时代和不同国家的同龄人相像，又因如此天才而成为唯一的特例！只有这一个，且不可替代。遗世而独立……

柏林之旅

但他同时也乐天、好冲动，急不可耐地要有新发现。于是这同一个肖邦在 1828 年 9 月 18 日坐上了前往柏林的驿车！机会来自他父亲的一个朋

① 如此简单和恰当的表述，出自简·斯特林，那时她刚合上肖邦的眼睛，1849 年 10 月 17 日。

友，雅罗茨基先生是华沙大学动物学教授，要去德国参加一个由洪堡主持的博物学学术会议，叫肖邦作陪。漫长的路途，令人疲劳的 5 天，坐一辆"普鲁士驿车，像直接架在车轴上，坐在上面的人感觉就像在磨盘上辗胡椒粉"！柏林给肖邦留下的印象是一座过于庞大的城市。"需要的话，它可以安置比目前居民多一倍的人"，可这个城市的整洁、有序，整体格局中细部的协调，在某种程度上弥补了它所缺少的雅致。

肖邦从与会学者身上找到的雅趣，多到足可贩卖，"夸张的肖像，我能将它们归为三类！"肖邦的洞察力可以跟听力媲美，能惟妙惟肖地刻画出某件物事或某种相貌的可笑、过分、缺陷来。汉堡的一个植物学教授与他同桌，"用他的熊掌把面包压成薄饼，而我却要用两只手才能掰开！他一边说着话，已经被揉成团的面包掉了，就来拿我的盘子，将里面的面包渣掸掉之后，拿在手里搓！"

肖邦被引荐给利希滕斯坦和洪堡，也瞥见过策尔特、斯蓬蒂尼和门德尔松，可出于羞涩，他不敢接近他们。相反，他一共去了 5 次歌剧院，在那里听了斯蓬蒂尼的《科尔泰》，奇马洛萨的《秘密婚姻》，翁斯洛的《书贩》，温特的《被中断的献祭》，韦伯的《自由射手》。音乐会上，他迷上了亨德尔的《圣塞西利亚颂》，对两个女歌唱家的评价甚高，她们是迪巴尔蒂和冯·舍采尔。至于她们的才气，"总的来说不错，**可是**……恐怕只有到了巴黎，才不会再有**可是**……"。可以看出，虽说只是路过，肖邦实在想去巴黎，那时巴黎已享有很高的艺术名声。

三周过得真快，有太多的东西要看，要听！肖邦也花时间专门考察了柏林美女实况，发现她们徒有其名而已，不过是些穿了皮衣的玩偶！他还参观了两个钢琴制造厂，在音乐出版商施莱辛格那里待了两个小时，并在市立图书馆里，怀着敬意阅读了科希秋什科的信件手稿。他带着那些收获甚丰的漫画素材集离开了柏林，它们丰富了他深藏于心的笑料。

返程途中，肖邦在苏莱胡夫[①]停留，等候换乘马车。看到驿站主人家里

---

① 波兰卢布斯卡省绿山城县的一个小镇，原名 Cylichowo，50 年代起更名为 Sulechow。——译注

有架钢琴，他就打开坐下弹了起来。听者渐渐增多，人们不由地赞叹惊讶，不再留意时间，也不理会驿车夫的叫起，总之最后这位技艺超群的年轻人被凯旋式地抬上驿车。普通人群中的成功有时也有妙处……

在波兹南，他应邀到斯卡贝克家的亲戚、主教沃里茨基府上进晚餐。然后他去拉吉维尔亲王家拜访，与亲王合奏钢琴和大提琴曲，并和年轻公主们的钢琴老师克林戈赫四手联弹，晚会以肖邦出色的即兴演奏结束。他于10月6日回到华沙。

作曲

音乐学院的最后一年(1828—1829年)，他主要用来创作。通过一个隐蔽的楼梯，就到了最高层那个由他专用的“橱柜式的房间”，他在里面搁了一架老钢琴，一张旧书桌，肖邦称作是“我的避难所”。当姐妹们在下面一层房间里编写小说时，肖邦作曲。他写完了《g小调三重奏》，《波兰歌调大幻想曲》(作品第13号)，《降B大调第二波洛乃兹》(作品第71号之二)，带乐队的《克拉科维亚克回旋曲》(作品第14号)和《f小调协奏曲》的初稿大纲。他用自己的语言作尝试，来表述在钢琴上学到的技巧，计划着给巴赫的前奏曲和赋格提供一个现代版续集。像那些演技高手一样，给自己找个借口，用高难度来强化技能，运用大幅跳跃、半音移动、分解和弦、快速跑键、八度变换等技巧，并从这些地方着手，创作那些既有技术难度又富有音乐性的作品，这一切不是很美妙吗？看似仅以练习为目的，肖邦对提图斯漫不经心地写道：“我写了几首练曲[①](原文如此)，要是给你听，我会弹好。”被肖邦在这里如此谦虚地称作“练曲”的，正是《第1、2、5练习曲》(作品第10号)。这三首曲子的初稿中，肖邦的天才像灵光闪现，用琶音搭配，在一组半音中持续展开，或者仅靠轻触黑键来进行。一部宏大的杰作已经开始孕育。这最初的三首，出自一个19岁的年轻人之手，跟后面的练习曲相比

① 原文拼写有错，故译成“练曲”。——译注

毫不逊色。不经意之间,肖邦为现代钢琴创建了一座不朽的丰碑。他的一切个人"问题",都由于音乐表述的雅致或者悲怆而改观,并在开始建构的作品集中获得了令人炫目的解决。在将某些永恒的共鸣注入这种"接续巴赫"的尝试的同时,他延续了巴赫的业绩。虽然练习曲式中固有的障碍还制约着他,他的天才可能从未有过更恣意的宣泄。他再一次证明,形式上的局限只能刺激他的创造力,却远不能降低他的想象力。老齐夫尼说得对:艺术是一场搏击。

画像

正是在肖邦创作他最初几首练习曲的那段时间,画家米洛斯采夫斯基给肖邦家5个成员画了像。他画的弗里德里克,是现存肖邦像中最早的一幅。我们只能猜测孩童时代肖邦的容貌,而眼前却是一个年轻人的相貌——或者说还是个非常年轻的男子。他身穿一件拜伦式的大披风,衬衣领子很显眼,两只大眼睛透着深邃——其实是蓝色的,接近灰色——温柔而急迫,在苍白的脸上显得很突出,眼睛的杏核形状尤其醒目。大鼻子看上去是直的,其实它相当弯曲。双唇还不像日后那样翻卷厚重,会更突出嘴的形状。这里嘴微微张着,似欲吐露某种惋惜。三角形的脸上,已经有痨病征兆的浅影[①],某种精致、高傲和稍纵即逝的东西,一种王子般的优雅。头发并不卷曲,也看不出德拉克罗瓦那幅未完成画像里那种戏剧化的不驯

① 基于这幅画像和其他几份笔迹分析,心理学家安德烈·拉伯斯勾画出"肖邦性格轮廓":演绎推理多于直觉,跟表面现象不符。很强烈地停留在过去。人际关系上具有选择性。愿望强烈,乃至于专制。感官本能很发达,但仅限于情感方面。精神性只出现在生命接近尾声的时候。想象力精确和密集。矛盾在于,艺术感在照片上绝不体现,这种感觉在肖邦那里是超负荷的,像是人格的两重性。这种特点与帕斯卡令人惊奇地相像。两个人在写 f 这个字母时,都写成一条直线,某种无后嗣的征兆,内心的灼烧有点像神经病患。在生命的后期,表现出开放、表达的需要,而在早年则表现为内向、过度紧张。如果他不是过早去世,岁月将会在精神方面留下特殊的烙印。他尝试过抓紧手边的一切,但没有成功。在临死之前,表现出一种可怕的攻击性,他变得很难相处:就像死死咬住一个诱饵一样。这种笔迹也暗示他或许有眼疾,而且他像一颗火球,在内部蜕变,然后一路横扫而过。(摘自玛丽斯·盖尔兰所著《肖邦,一个传奇的解说》,天蝎出版社)。

的波浪形。不管人们多么注重细节，总是会回到这种眼神上来，温情脉脉却极具吞噬性，似欲先去凝望另一个世界，然后再来审视周遭。当然，我思维奔逸了，因为这里说的是肖邦。尽管如此，人们多半这样想，即便仅是个无名之辈，肖像上这个浪漫而充满幻想的中学毕业生的这般眼神，断不会让女性和年轻女子无动于衷。

情愫初露

她们实际上并未坠入情网，虽然我们手中没有关于肖邦情窦初开时那些细节。似乎是肖邦极度的拘谨限制了他感官和心灵两方面的宣泄。他受宠于上流社会，艺术方面也获成功，却并不莽撞行事。况且，因为他轻易能辨别他人千百种荒唐情态，自己就像躲避瘟疫一样怕成为别人的笑柄。他不合时宜的倾诉会让人会心微笑？还是会遭人嘲笑？从那时开始，肖邦就显出了某种典型的外省人心态，特别在乎蜚短流长。他很介意流言蜚语，这个城市小到彼此相识，却又大到足够传播风言风语。由于他的拘谨，我们对他的情感躁动或他惹的麻烦一无所知。他的学生中两位妙龄女郎肯定对富有魅力的钢琴教师"动心"了，她们是被称作"莫里奥尔卡"的亚历山德琳·德·莫里奥勒和玛丽亚·沃德辛斯卡。而肖邦则满足于开开玩笑，和她们一起"扮鬼脸打趣"。只有康斯坦斯·格拉德科夫斯卡的名字，会出现在对提图斯的私房话中。

对肖邦来说，去剧院是创作和教课之余的调剂，他内心充满激情，是那里的常客。高乃依、拉辛、莫里哀、席勒、莎士比亚和其他一些并不很知名的作家，都是他崇拜的对象。他自己也演法国喜剧，1828 年底在亚历山大·杜瓦尔的一出戏《结婚计划》中扮演过一个厚颜无耻的贴身侍从、放荡不羁还是漂亮小伙的角色。肖邦经常"外出"，频繁出现在各家的晚会上，刚离开温森格罗德太太家的沙龙，随即就又出现在基茨卡小姐家的客厅，未曾有半点不自在，好似蝶蜂翩舞。他还经常在小范围内弹琴，除非过于困顿劳累，否则他乐于作即兴演奏，往往率性而为，不按常规行事，令懂行的听众也茫然以对。他当然也不会错过任何一场重要的音乐会。可话又说回来,这个浪漫世纪之初,艺术家在华沙公演的机会很少,而且报酬不高。他去听了胡梅尔、玛丽亚·希玛诺夫斯卡、斯蒂凡·赫勒,还有他的同学多布林斯基。最后,还有帕格尼尼在国家剧院的音乐会,一共十场,他一场也没错过。

帕格尼尼

当时帕格尼尼 47 岁,"魔鬼提琴家"在意大利半岛名声大噪之后,开始了"欧洲巡演"。此前母亲声称他是魔鬼的儿子,虽然这种说法有悖妇道,却对帕格尼尼传奇有推波助澜的作用。这种魔鬼化身的传奇对尼可洛·帕格尼尼十分有利,因而他非但不去辟谣,反而人为地强化这样一幅酷似魔鬼骨骼的肖像,双颊苍白、气色疲惫、外形怪异。传说他提琴上的一根弦是用一个被他残害的情妇的肠子做的,帕格尼尼听任流言传布!他知道自己才华出众,也意识到自己体态奇特,常常乐于重复:"我既不年轻也不帅气,相反我丑得很!可女人们听了我的音乐会哭会喊,我成了她们的偶像,她们拜倒在我脚下。"这样的事屡见不鲜。事实上,远不仅只是那些多愁善感的女人在为他喝彩。梅耶贝尔(Meyerbeer, 1791—1864)如影随行地跟着他,并说:"哪里思想的威力消歇了,帕格尼尼就在哪里开始,他的存在超出了你所有的想象力。"舒曼私下对克拉拉说:"他在炫技史上是一个转折点……"李斯特在维也纳听到他演奏的时候惊呼:"什么人物,什么提琴!天哪!"柏辽兹认为他"这类人中独此一家"。罗西尼写得更妙:"我这辈子就哭过三次。第一次是我首部歌剧惨败。第二次是驾船出游,松露烤火鸡掉水里的时候。第三次是听帕格尼尼拉琴。"还有歌德,写信给策尔特,无形中让来自热那亚的炫技天才的故事更引人入胜,"我没太明白发生了什么事情,只见眼前一个火焰柱……"又是给他添彩的一例见证!

音乐会上,人们激动得牙关紧咬,妇女们当场晕倒。一个眼力超群的评论家声称认出帕格尼尼身后的魔鬼本人在替他操弓。提琴家有时把琴上的三根弦拉断，只用最后一根，给自己的演奏再添光环。事实上，他用奇迹般手法，施展自己在乐器上的天才演技，将传统提琴变成现代提琴，这点正与肖邦在钢琴上的成就相似。不同之处在于，帕格尼尼这个天生的炫技高手带有某种表现癖，而肖邦不爱抛头露面，他的表现方式含蓄内敛。

一双理想的手

年轻的肖邦在华沙国家剧院听帕格尼尼演奏，他感觉眼前是个同类，而不是对手，因为他也革新了钢琴技术。他比其他人更懂得这个技巧高超者成就了身体和艺术两方面的奇迹。帕格尼尼的手天生如此，能达到常人不可能达到的极致。肖邦不也有一双钢琴家的理想之手吗？长长的手指灵巧自如，明显在手掌上打得很开，关节突出，韧带柔软，而且关节可以任意扭转，伸展自如。他的拇指能伸展得特别开，指肌纤细，手腕却结实，人们不是说他有“天鹅绒般的手指”和“灵蛇般的手指”吗？他的一个学生乔治·马蒂亚斯日后写道：“他柔弱的外表下包裹着一个士兵的骨骼。”在法国，阿尔弗莱德·科尔托是肖邦作品的最佳诠释者，他认为肖邦是“音乐家中最富奇迹的钢琴家”。帕格尼尼了不起的成功会让肖邦无动于衷吗？音乐在肖邦眼里似乎并不是用来炫耀的工具，它的分量更为重大。他当然比任何人都清楚，远大的抱负需靠恰当的手段才能实现。帕格尼尼的技巧超凡出众，他的非凡功名却只在肖邦这里留下了一支相当平淡的改编曲，题为《帕格尼尼回忆》。肖邦所作《降G大调练习曲》，虽然没有任何具体的动机，却是对来自阿尔卑斯山麓另一侧的演技高手的超绝技巧的一种更有说服力的回应。感谢上天，他是钢琴家，不是小提琴家。无论如何，他不愿意处在卡罗尔·里宾斯基的位置上，后者作为帕格尼尼的波兰对手，试图跟这个危险的竞争者抗衡。他在空空的音乐厅里演奏，最后不得不离开这个羞辱了他的薄情寡义之城。

肖邦把1829年4月21日在音乐学院举办的一场音乐会，作为美好回忆铭记心中。他的两个女同学作为女歌唱家第一次公开演出，她们是梅尔小姐和格拉德科夫斯卡小姐。对后一位，他倾心甚于倾听……

游学

年终和结业考试的成绩，我们前面已经提到过，体现在艾尔斯纳的评语中。很少见到一个老师对学生作出这等判断。有了这份评语，尼古拉·肖邦作为一个深思熟虑的父亲，用法语给部长斯坦尼斯拉斯·格拉波夫斯基写了封信，请求赐予其子出国学习深造所必需的津贴。我们在此附上这封信，目的是让读者与39年前同一个尼古拉写给他父母的信有所比较。看得出来遣词造句上有多么大的进步，而他居然是到外国去掌握这门语言的。

部长先生：

鉴于鄙人在华沙中学当教师已二十余载，并自信竭尽全力忠于职责，鄙人大胆执笔写信给阁下，向您提出一个卑微的请求，希望阁下能为鄙人向政府申请到一份恩典，作为最高奖赏。

鄙人有一子，他在音乐上的天赋才华使他注定要钻研这门艺术。已故沙皇和国王陛下亚历山大曾赠他一枚戒指以表示对他的赞赏，吾儿曾有幸为这位君王演奏。大公殿下，我们的最高统帅，也曾允许他多次展示逐步提高的才能。还有，许多显赫人物和音乐行家都能证实，吾儿在早已注定的职业中，如果能有机会完成必要的学业，以达到完全胜任这门职业的水准，他定能成为国家的有用之材。至此他已经完成了全部的准备性学业，鄙人在此借用华沙高等音乐学院的教授和校长艾尔斯纳先生的看法。目前吾儿所需，是游学国外，特别到德国、意大利、法国，以杰出的榜样达成自我的完善。

这类旅行可能会持续三年，所需经费，则是鄙人微薄的教师薪俸所不能支付的一大笔款项，为此鄙人将这卑微的请求递交给阁下，部长先生，请求您从行政部门那里争取到执政者能支配的、可供吾儿游学外国的赞助。

呈上鄙人最深切的敬意，是为阁下，部长先生最谦卑的仆从

尼古拉·肖邦

华沙中学教师

华沙，1829 年 4 月 13 日

收到这封字斟句酌的信件之后，格拉波夫斯基部长建议拨出 5 000 弗罗林给弗里德里克·肖邦，资助他去国外游学。政府和警察委员会拒绝通过，理由是不能“挥霍公款来鼓励这种艺术家”。

对此拒绝，肖邦面露苦笑，带上有远见的父亲给的一点钱，出发去征服奥地利。7 月底，他乘上了前往维也纳的驿车。

维也纳

当时，维也纳和巴黎是欧洲两大音乐首都。贝多芬两年前刚在维也纳去世，舒伯特也在一年之后离世，海顿、格鲁克和莫扎特都曾在那里生活过，少年李斯特也曾在此师从车尔尼和萨里耶利。大师们的朋友或学生在这个城市里仍保持着传统，歌剧也名声斐然，最著名的演技高手都被吸引到这里来开音乐会。一旦得到维也纳和巴黎记者的好评，一个艺术家的生涯也就有了保障，会一路绿灯。这确实也是弗里德里克瞄准的目标。他确信已经在华沙获得了某些成功，但他的野心不止于此，正如他给亲爱的提图斯信中所言：“要知道，我根本不在乎《华沙快讯》[①]上所写的一切。”他会在另一个战场上投入战斗，将维也纳作为一个跳板，通向决定性的冲刺。他在那里会跟出版商建立关系，为人所知并受人引荐，这些都会很有用，或许还能开场音乐会？

他就这样来到了维也纳。之前在克拉科夫逗留了 8 天，4 个波兰朋友陪他在奥伊楚夫度过了美好的一夜，他们是胡伯、布朗特、谢林斯基和玛切

① 而在巴黎，多少次他将为人们在华沙怎么说、怎么想、怎么写而提心吊胆！乡愁……

约夫斯基。他对此次旅行已心仪数月，“从来没有感觉到如此放松，身体状态甚好”。在维也纳，人们欢喜庆贺，似乎大家都在等待他的到来，这种感觉令人愉悦。教过他管风琴的伍尔费勒教授也在这里，他现在是剧院的指挥。伍尔费勒很高兴与这位出类拔萃的学生在此重逢，到处为他引荐，一有机会就盛赞他的才华。出版商哈斯林格热情接待他，希望出版他的《c小调奏鸣曲》和根据《让我们手拉手》主题谱写的变奏曲。施坦恩和格拉夫这两个竞争对手，分别向他展示了各自最漂亮的钢琴，他最终选定了一架格拉夫琴作为维也纳用琴。一个名记者，也是一位著名女钢琴家的父亲，名字叫布拉赫克特，让女儿听了肖邦演奏。肖邦还被引荐给加伦贝格伯爵，对此他颇感兴奋，这位伯爵的太太就是那位曾让贝多芬备受折磨，并激发其灵感而作《月光奏鸣曲》的朱莉叶塔·圭奇阿迪。两者之间，她最终选择了这位自负、眼光短浅和吝啬的贵族青年。加伦贝格伯爵是帝国王家剧院的行政主管。肖邦先生可会赏脸在他经管的、令人敬畏的舞台上演出？弗里德里克有点羞涩，带些天真的狡猾和游移不定，对这个问题避而不答。他想先作为观众，在歌剧院里出现。在那里他观赏了布尔瓦迪厄(Boieldieu，1775—1834)的《白衣夫人》，罗西尼的《灰姑娘》，梅耶贝尔的《条顿骑士》和梅于尔(Mehul，1763—1817)的《约瑟夫在埃及》。在剧院走廊里，他碰到了老同学尼德茨基，后者将诸位名流指点给他看。而伍尔费勒则给他一一介绍：这位是舒彭齐格(Schuppanzigh，1776—1830)，一个有名的四重奏首席，曾得贝多芬青睐；那位塞弗里德(Seyfried，1776—1841)是莫扎特的一个学生。肖邦听别人提起这两个伟人时的口吻，宛如他们还在人间。还有卢西诺夫斯基，贝多芬的赞助人，贝多芬曾同他有过戏剧性的口角[①]；车尔

① 1806年，贝多芬的恩主卢西诺夫斯基亲王在他城堡里招待过路的法国军官，贝多芬拒绝了让他弹琴的要求。亲王再次令他弹琴，愤怒的贝多芬夺门而出，把自己关在房间里。亲王命下人去撞开房门，发现他在房门后站着，眼里冒着怒火。贝多芬抓起一把椅子，举起来，别人从他手里夺下椅子。他当即离开了城堡。在前往维也纳途中的第一个停靠站，他给自己的赞助人送了一封信，后者极度愤恨地读到：“亲王，您今日之地位，得自于出生的偶然。而我之为我，是我自己的成就。亲王，将来还永远会有无数个，可只会有一个贝多芬！”这里，我们看到的当然不是一个温和、善良和宽宏大量之人的所为。

尼继承了古典传统；吉罗维茨，弗里德里克在第一场音乐会上弹的就是他的协奏曲；还有莱施纳，克鲁策，梅尔克，莱文。天哪，全世界的音乐家似乎都聚在维也纳了！大家围着肖邦，他的角色令人称羡，一个“陌生的名人”，或“本年度的小山鹑（猎物）”，或者“身着黑衣的外国人”，受到大家交口赞誉。他们建议他在维也纳住下来，至少在这里过冬，而且，无论如何，不要再延迟，一定要开场音乐会。

两场音乐会

肖邦终于让步了，虽然他一直犹豫不决。他激动地把演出的重大消息告知家人：“昨天是个星期二，8 月 11 日，我在人们称之为‘音乐学府’的帝国王家剧院演出”。肖邦接受了“友情演出①”，他称之为“大阔佬”的加伦贝格虽以吝啬出名，至少还按当时惯例给肖邦安排了一套好曲目。在《普罗米修斯》序曲和一场芭蕾之间，肖邦要演奏他的《〈让我们手拉手〉主题变奏曲》和与乐队合奏的回旋曲，这两支曲子之间是一首歌曲。但实际情况是，排练的时候肖邦发现乐队跟他的要求差距太远，在最后一刻决定不弹《克拉科维亚克回旋曲》，代之以即兴曲，一首《白衣夫人》主题即兴曲。大受观众欢迎之下，他用波兰民歌《啤酒花》的音乐动机再弹一首即兴曲。公众激动万分，对年轻的艺术家喝彩不止：“有正厅后排观众监管着，前面的人才不至于从座椅上蹦起来……”

掌声之后，难免会有保留。维也纳拿捏分寸，表现出难以征服，这是高贵使然！大家普遍认为肖邦的触键手法“音色太弱、太纤细，此地的音乐会常客更习惯于音乐家把钢琴弹穿。我更喜欢这样的评语，好过说我弹得太重。至少我还有女士们欣赏：她们喜欢我的触键手法……”而他的外形也不让她们失望，虽然也还真有一个女士失声喊出：“多遗憾，这个年轻人要是不那么笨拙就好了！”弗里德里克把赞誉和微词，非常简洁地全数汇报给

① 第二场音乐会获得了极好的经济收益，可加伦贝格还是没有给肖邦一个先令（奥地利货币——译注）……

家人，但他把上面这段给他父母作了详细描述。总之，在施瓦岑伯格和魏布纳这两家府上，肖邦优雅的技法受到称赞，人们觉得他待人亲切，讨人喜欢。他在来自捷克或斯拉夫的这些并非土生土长的维也纳人那里受到最热情的接纳。来自德国的人颇有保留，这些“日耳曼人石头般僵化，我不知道是否能让他们满意……”出于惯常的细腻，肖邦感觉到了，在他和大日耳曼之间，存在并将持续一种秉性上的不兼容。时至今日，弹奏肖邦的德国大钢琴家实在太少！在波兰、俄国和法国，肖邦赢得且继续拥有的那些艺术家们，接受他如此特殊的天性，既抒情又含蓄，既絮语又缄默，永远带着隐喻。这种天性，让笨拙的条顿人总也找不准方向！

他会开第二场音乐会吗？是的，“为的是不让人说，怎么，他开了一场音乐会就走了！难道他给人留下了坏印象吗?”这一次，他调理了乐队，让它成功地为他著名的回旋曲作了伴奏。随后他即兴演奏，并不得不以返场的方式，又弹了一遍《〈让我们手拉手〉主题变奏曲》。乐队尽心演奏回旋曲，报道用赞誉回敬公众舆论。这是一场胜利，他既征服了公众，也征服了自己。他对提图斯承认“我绝望地演奏”。他控制住了自己的怯场，这种奇特的惰性在关键时刻往往使他不能完全投入。对肖邦来说，公开音乐会是一场考验，一种不得已而为之的形式，令人讨厌，假使有另一个途径同样能为人所知，他肯定不取这种方式。可惜，惟有这一条路……

虽然羞于表达，肖邦在下述场景中沉稳自如，让帝国王家剧院行政主管和刚向他表示恭维的布拉赫克特无言以对，

——如果您这么快就要离开我们，那么还会回我们这里吗？

——可能吧，不过那将是为了继续深造……

——为了深造？果然如此的话，您没有任何理由再回来！

——不，正相反。

——人们说您除了在华沙，没有在任何别处学习过，真令人难以置信……

——是的，肖邦结束道：我会对您说，跟齐夫尼和艾尔斯纳，即使一头蠢驴也能学好！

将自己的成功置于两位老师的美德庇护之下，他性格中这个特点格外令人注目。因为他自己拥有超常才华，而他的两个老师只不过是恪尽职守而已……

布拉格、特普利兹和德累斯顿

只有两天半参观布拉格这个百塔之城，时间太短了。肖邦写道："城市很美，景点迷人。"他 8 月 21 日抵达布拉格后，分秒必争，目不暇接，把行李丢在黑马旅店，马上就去了图书管理员汉卡家，那是斯卡贝克伯爵的朋友。然后俩人一起出门，过火药塔，契里特纳街，老城广场，卡洛瓦街和查理桥，站在桥上观赏了著名的布拉格城堡全景后，又参观了将玄武岩的镂空雕刻映衬在天空的圣维塔大教堂。在大教堂中，肖邦在圣文赛特拉斯礼拜堂里祈祷并在圣·约翰·内波穆克[①]的墓前静默。

皮克西斯(Pixis, 1788—1874)是音乐学院的小提琴教授和乐队指挥，他在音乐学院热情接待了肖邦，建议他在布拉格开场音乐会。肖邦犹豫不决，"我不太想把我在维也纳的好名声败坏在布拉格。既然帕格尼尼已经在这里'精疲力尽'地表演过了，我还是避免在此公开露面吧"。他最终还是婉拒了邀请，当时他"身体不错也很快乐"，一场即兴音乐会让他烦恼，也不会有多大的实际收益。虽然不公开演出，他还是带着伍尔费勒的引荐信拜访了钢琴家克莱吉尔(Klengel, 1783—1852)。克莱吉尔很好地接待了他，其热情可能超出了年轻肖邦的期待，因为他在肖邦面前整整弹奏了两个小时的赋格，曲目多得吓人："总共 48 首，完全参照巴赫的赋格曲式，排

① 圣约翰·内波穆克(1354—1393)是布拉格大主教区的总主教，被当时神圣罗马帝国的温赛特拉斯四世判处死刑，将他丢入河中，令人惊奇的是，他被丢入河中的当晚有七颗星星围绕在他沉没之处，圣约翰·内波穆克在 1729 年被教会封为圣徒。——译注

列了同样多的卡农。不错！可我期待更好的东西呢！”(嘘，别发表议论！)我们知道，肖邦往往不会倾倒着迷。对在维也纳曾和他四手联弹的车尔尼，他也只简单地说：“一个正直的人，不过如此”(再嘘一声！)无所保留地对人对事加以赞赏有什么意义呢？珍稀难得的赞赏才有价值！

他在布拉格逗留期间，有关音乐的唯一痕迹，是写在来客留言簿上的两行字。这本留言簿是好人汉卡递给他的，他积攒那些有创见的“想法”。为了鼓励他留言，汉卡让肖邦读了密茨凯维奇写的一句恭维话。肖邦则写道：“玛切约夫斯基为一首玛祖卡题写了四行诗(‘汉卡，我用哪种花来编织你荣耀的花环？’)，我配的音乐……”

布拉格短暂停留之后，肖邦和他的朋友们去了波西米亚城特普利兹，贝多芬曾于1811—1812年间在此生活过。李斯特、舒曼、瓦格纳都到过那里。在位于杜赫佐夫的阿尔布里希·华伦斯坦[①](Albreicht Wallenstein，1583—1634)宫殿里，人们把这个著名军事首领的一块头颅指给他看，还有刺穿它的戟。晚上是在克拉丽公主家里的音乐会，她是波西米亚总督肖特克亲王的姊妹：“这个家族差不多就是波西米亚的君主，她本人就几乎拥有特普利兹全城的地产。”人们请求他弹琴，“我恭敬从命，坐下了”。由于年轻的公主们表现出极大的热情，也生怕疏于练习而出错现丑，他只能搁下惯常演奏的曲目，作即兴表演。可惜，观众尝到了甜头，肖邦就只能接着弹下去，四首即兴曲，采用罗西尼的动机或者波兰民歌的旋律。可惜我们对这类场景的详情所知甚少，只能说确有其事。那些亲耳听到过肖邦即兴弹奏的，为数众多，但没有一个人留下属于个人的感受和精确的描述。我们读到这样的句子：“太美妙了，无法描述……我们不知道究竟应该对什么报以更热烈的掌声，是对钢琴家的激情呢，还是对音乐家不断奔涌出的创造力。”什么用都没有，这真叫人垂涎欲滴啊……李斯特、柏辽兹和门德尔松，

---

① 波西米亚贵族，三十年战争期间神圣罗马帝国最著名的雇佣军首领，与瑞典国王古斯塔夫二世称为并世双雄。——译注

他们三个人都听过肖邦的即兴演奏，但没有一个留下哪怕是简略的、指点迷津的只言片语。只有乔治·桑隐约提到过，但女小说家的表达中滥用夸张的言辞，没有多少实证价值。她的赞赏多半属于直觉，有时说不定会让肖邦恼火，她竟然以朋友李斯特拿来作比！一天，李斯特正"天才地"即兴演奏，达古夫人站起来，双手合十，抬眼望天，亢奋激昂地宣称："先生！您是但丁，而我是您的贝雅特丽克丝！"富有急智的李斯特回敬道："夫人，别忘了，是但丁们创造了贝雅特丽克丝们！而真正的贝夫人们，她们在 18 岁上就已亡故！"可他真的这样说了吗？太美的辞令，难以为信。让我们还是先回到特普利兹去吧。

其实是为了离开那里，我们随肖邦在 8 月 26 日清晨到了德雷斯顿，他在那里一直待到 9 月 27 日。这段时间里，他去拜访了德雷斯顿的宫廷内侍，还有乐队指挥弗朗切斯科·莫拉基（Francesco Morlacchi，1784—1841），然后在指挥和钢琴家安多奈特·佩奇维尔都在场的私人场合作了一次演奏。这位女钢琴家有无数的追随者，享有"当代最伟大的钢琴家"的美誉。但肖邦对任何评语都已经安之若素，他的评判力太犀利了，甚至不怕批判正在上演的歌德的《浮士德》。布拉格剧院为了年迈大师的八十诞辰，正上演此剧。尽管演员卡尔·德伏里恩特富有才华，"我在柏林已经听过"，肖邦评价这部杰作的只有几个字："太可怕了，但极富想象力……"他去属于萨克森的瑞士走了一趟，作为此次旅行的终点站。肖邦就这样结束了为期两个月的旅行，回程经过布列斯劳。

花期女郎

肖邦回国了，却并未马上回到华沙。他先去斯奇茹夫拜访了维西约洛夫斯基一家，再去安多南拜访了拉吉维尔一家："那里有两位年轻的公主，两个爱娃，富有乐感，非常可爱和善良。爱丽莎公主对我的《f 小调波洛乃兹》太感兴趣了，我只得每天都弹给她听……我在安多南为大提琴写了一首仿波尔卡舞曲，只是一种华而不实的玩意儿，适合在沙龙里玩玩，弹给女人听。我希望旺达公主能学会它。这段时间里，我还给她上了几堂所谓的课。她年轻，才 17 岁，漂亮。见鬼，把她的手指放在琴键上真是一种快乐……”[①]虽然很有保留，但这种倾诉在肖邦笔下很少见，他既不是一个放纵的人，也不是一个淘气鬼。这方面仅有的几次征服，他略略叙述而已，一点也不看重。他的学生兼童年朋友，外号有“小魔鬼”之称的亚力山德琳·德·莫里奥勒公主，曾对他展开过一种很低调的追求，她在一次音乐会之后，竟冒着让弗里德里克生气的风险（因为他总警惕别人的看法），给他戴上一顶桂冠。雷奥波蒂娜·布拉赫克特则给他“留下了深刻的印象。她还不到 20 岁，已经是首都第一女钢琴家（又来一个！），她才气横溢，且美丽动人，我跟她要好之极，你可以从她自己所谱曲子的献词中找到证据……”也只是仅此而已，肖邦对“要好之极”这类关系也有自己相当适度的理解！从安多南到华沙的返程途中，他在卡里兹出席了一次晚会，“我和毕阿娜茨卡和涅茨科夫斯卡两位小姐跳了玛祖尔舞，第二位比第一位更漂亮……”又是两轮没有结果的圆舞曲。

家庭会议

回家后，弗里德里克连着几天一直给家人讲述见闻，他们热切地想听他的故事和带回来的新闻。四个人围着他，毫不厌倦地听他叙述，他在家庭如此热烈温柔的气氛中，重又生出新的力量来。在这种充满温馨的日子里，难道他没明白一场遥远的放逐对他来说会是致命之举吗？他如此需要快乐、无节制的爱意，与温馨的家庭须臾不可分离，到哪里还能再找到这类温情的恣意流露？生活在家乡，有坚稳的家庭环境，并以不断的出游穿插其间，这正是他所需要的。如果有那么一个人注定应停留在青春的港湾，那就是他！说真的，这种幸运如同别的许多事情，我们只有在回忆比较中

---

① 当肖邦给旺达上课的时候，爱丽莎却在一边给年轻的老师画像。两张留下来的珍贵铅笔画上，一张是肖邦胸像，另一张是他坐在钢琴旁，姿势优美：“别人告诉我，她给我画的速写非常逼真……”

格外珍惜。只有疾病缠身才能体会到健康的重要，一旦爱情消失才明白一切都突然止熄了……

那段时间里，肖邦只能从别人寄来的维也纳剪报中找寻他留下的痕迹。舆论批评不留情面，可对肖邦的评价大体上还算正面："出色的钢琴家，充满了优雅和情感"、"作曲、技巧和演奏各个方面都说明，这位艺术家赢得的成功是实至名归"、"他的外表无可挑剔地优雅"、"回旋曲富有音乐性，但缺乏变化"。阿道夫·鲍尔勒（Adolf Baüerle，1786—1859）是一个苛刻的批评家，一位让演奏家们惧怕的人物，他认为："年轻的艺术家身上有某种天才的特性"，并这样写道："他的触键方式，虽然准确稳健，却没有我们的演技高手从开始数小节就表现出的光泽。他用的是中间色调，人们正是用这种恰到好处的语调，来谈论有教养的人。他在创作中也表现出高贵，并推出了全新的创作形式。能在即兴演奏这门难以掌握的艺术中取胜，这足以显示其才华。"天才这个重量级的字眼出现在《大众音乐报》编辑的笔下，他盛赞"这位真正的艺术家出现在人们的音乐视野中，卓尔不群，横空出世，如同一颗新的耀眼的流星"。

在这片赞誉声中，华沙的报纸却一味重复最负面的评论，而且不加掩饰，这是对本地佼佼者去别处扬名的轻微惩罚。这一次，肖邦一反常态，这种不登大雅之堂的做法并不让他感到冒犯。一场恋爱正萦绕其心，一次羞于表白的爱情，一场无声息的恋爱，总之是一场可叹的恋爱。难道他在恋爱上有过精彩之举吗？

第四章　忐忑腼腆的恋爱者

康斯坦斯

多么奇特的恋爱者！那些描述忐忑腼腆的恋爱者的文字，重复的多是些受苦的灵魂和犹疑的心灵，肖邦的表现格外突出，超出常态。几个月以来，他迷上了康斯坦斯·格拉德科夫斯卡①，他的同学，一个歌唱家。他们在音乐学院走廊里随时可能撞上，无需找借口搭讪。他经常在她面前演奏，肖邦参加的学生汇演她也往往在场。跟她单独说话，实属世界上最自然不过的事情。利用这类机会向她表白感情，这一步也相当容易跨越。可并非如此！他不仅不制造任何独处的机会，看起来他压根儿并不渴求，因为他写给提图斯的倾诉信中没有提到过任何实质性的谈话内容。一天，康斯坦斯从教堂出来，一个眼神投向弗里德里克，仿佛一道灵光闪过。他走开的时候，心中发疯似地充满了爱。

可那是怎样一种无声无息的热情啊！倘若我们把他写给提图斯的有关内容全部罗列起来，会有一种令人惋惜的印象。某种不能表白，尤其缺乏真实的倾诉：

……对我来说可能是个不幸，我遇到了理想之人，六个月②以来我

① 一位王宫管理人的女儿。

② 该信写于1829年10月3日。

一直忠实于此，但没有向对方谈及我的感情。我在做梦，我的《f小调协奏曲》的柔板，乃受此灵感而作，今晨又有了我寄给你的圆舞曲①。除了你，任何人都不会知道此事。请注意我画了十字的段落。若弹给你听，该多么温柔，我亲爱的提图斯……当一件事情压迫你且不能卸去该重负时，实在令人难以承受：你知道我喻指为何。我向钢琴倾诉对你想说的心里话。

……只要有可能，我会尽快把我的肖像给你寄去。

你想要，你就能拥有，除你没有任何别的人，只有一个例外——但也排在你后面，因为你是我最亲爱的。跟平时一样，我把你的信带在身上……将此信付邮后，我要去拜访德·莫里奥勒小姐，你知道，这是我能公开的爱情之所，让人猜想她即是我的忧郁之因。必须尊重这件用来遮掩感情的外衣，我从来不敢相信能够做到如此隐蔽……我不想在华沙待下去②。如果你的看法也和其他许多人一样，以为是一种爱情的羁绊让我不得脱身，丢掉这个想法吧，但凡事关我本人，请相信我必能主宰自己。果真我在恋爱的话，我也会做到在今后的数年内，对一种不幸在目前不能表白的激情加以掩饰……或许有一天我会告诉你，让我不停地幻想的是什么，此事总在我眼前出现，我不断听到它的声音，它给了我这个世界上最大的快乐，因而也使我倍受折磨。然而，别以为我在恋爱，因为我将此事推迟到将来……在你身边该有多好……当我思考自身的时候，常为自己缺少现实感而倍觉苦痛！一旦被深深吸引我的事情所震撼，群马踏过我都不会有感觉。这正是周日发生在我身上之事，但愿我没有亲历。那天在教堂，我被一种未曾奢望的眼神击中，好比置身于一种美妙的恍惚之境，迷乱到如此程度，以至于我说不出之后的一刻钟内发生了什么。走在街上，我迎面撞上了

---

① b小调圆舞曲，作品第六十九号之二。

② 该信写于1830年9月18日，肖邦将于11月2日离开华沙。

帕雷斯大夫，因为实在想不出如何向他解释我的心不在焉，不得不编出一只狗来，说它突然跳到我两腿之间，差点让我趔趄摔倒！……格拉德科夫斯卡小姐在我的第二场音乐会上演唱，全身纯白装束，头上戴着粉色的花环（这太配她了），她唱了一支卡伐蒂那[①]，等等。

奇怪的倾诉

一个句号，这就是全部。而这实在太少了！一个人在恋爱着，可又不是恋爱者，多么奇特的倾诉——他由于不能表白爱情而受苦，因为不能够，至少不成熟而拒绝作这种表白——他为此还要在几年之内守住秘密……何故？那么这个秘密究竟是什么？给人的印象是，肖邦的这种热情跟他对康斯坦斯·格拉德科夫斯卡的倾心似乎没有关系。什么事情非得让他对一种很可表白的感情掩饰到这种程度？什么样的反常心理促使他让可怜的亚历山德琳·德·莫里奥勒充当有损其清誉的替身？怎样的需要促使他向一个男友述说情怀，即使他是最亲密之人？克里斯蒂安·德·纳维莱特用西哈诺[②]为他捉刀的那些激情燃烧的诗体书简献给罗格萨娜，肖邦对提图斯同样写出了那些他不敢给康斯坦斯的爱情信件，这两例均属借助另一对象的介入而抒发激情……说到底，肖邦以什么方式爱康斯坦斯呢？不把她当作一个女人，而是当作一个形象，或者干脆就是一种理念，一个唤起音乐和忧愁的由头。康斯坦斯难道真的如此不可企及吗？而他，等待的又是什么？无所期待。正是这点令人担忧。因为敬重妇人如偶像的诗人们，其内心深处并不真的渴望这些妇人，而是在想象中令她们栖身于无欲无望的涅槃之境，他们忘了这些有血有肉的尤物会嘲笑那些暧昧摇摆的态

---

① 一种歌剧咏叹。——译注

② 即大鼻子情圣。西哈诺是 17 世纪法国一个勇敢的剑客、诗人，爱上了表妹罗格萨娜，却自惭貌丑而将情感深藏不露。表妹爱上的英俊青年克里斯蒂安却缺乏才华。于是西哈诺代克里斯蒂安写情书求爱。——译注

度——何况柯莱特[①](Colette，1873—1954)有一天会说——“苛求甚至都不是女人的一种美德”……正是这种转而对着提图斯宣泄的、被肖邦称之为由康斯坦斯激发的热情令人疑惑：“我爱你到发狂！我真想抚爱你并被你抚爱！再一次，让我亲吻你。请接受我最诚挚的拥抱，因为我只有你……”这是写给提图斯的——真要揉揉眼睛仔细看看——这些狂热的句子和爱恋至狂的字眼，它完全有理由让人再次怀疑肖邦的本能是否合乎常情。尽管我们避免作过于明确的结论，不确定性仍然存在：这个精灵在寻找其男性替身的时候，吐露出着实令人担忧的真言！呵，如果提图斯并非那个我们所了解的结实的绅士型农场主，沉迷骏马，注重农耕，拉提琴自娱，醉心于田野的空气，并且讨厌纠缠；如果某个夜晚，一不留神或出于游戏心态，他对朋友弗里德里克伸开了他的双臂；如果他给出了自己的双唇，如其友人在每封信的结尾处所恳求的那般。那么，肖邦的故事或许另有一个走向。我可是扯远了。

说到底，如果以“爱”这个词的完整含义及其后果来衡量，肖邦不爱并不会去爱任何人。这是一个爱情的爱恋者，他培植情愫，就像要刻意与其保持距离，并将其置于音乐之中，再没有比这更美妙的方式来舒解此种情绪。别人的爱情故事往往在歌唱中完成，他的爱情体验却化作协奏曲、叙事曲和梦幻般的圆舞曲。对我们来说这是件好事，对他却悲惨，虽则他显然乐于让那些令他痛苦的创口受到感染：“如果我不感受到培植它们的美妙之处，我便会将那些毒化我生存的想法驱走。”艺术家们表现出奇特的双重性，他们沉溺于痛苦本身，面对最深的忧郁，创作出最精妙的作品。

离去？

这里叙述的所有烦恼和犹疑不决，并不妨碍肖邦的手头工作和准备远行，虽则他自称是行动的牺牲品。事情决定了，他不会再后退。

---

① 法国著名女小说家，曾为龚古尔文学奖学会主席。——译注

可他多么不想离开！“没有什么吸引我离开我们的国家。如果我离开，是为了听凭召唤和屈服于常情[①]”。常情的意思或许是，昔日的天才儿童不能指望拥有一种扎根于本土的生涯，那样注定会有很多失意，因为人们并不希望看到特殊人物就地长成。生活在波兰的话，如此特殊的天才也许难有圆满成就的机遇？远离故土、距离造成的幻觉、持久而强烈的对家人所面临的危险的焦虑，将在巴黎成为一个丰富的主题，换句话说，将是永不枯竭的主题。

至于使命，它无疑驱使弗里德里克去找寻另一个舞台，那里的人们更欣赏其天才，他会奉献出更丰厚的成果。再者，经验告诉他，在华沙很难挣到钱养活自己。虽然临到作决定时，他会惊慌不安：“我不觉得有力量确定出发的日期。如果我走了，仿佛再也回不到家里，感觉上我会客死他乡。如果死在别处，而不是死于生活过的地方，那该多么不幸……”奇怪的预感：真的，写下这句话时，肖邦出错的可能性只有一半……

走向历险

他即将出发，好吧。可是往哪里去？他对此很茫然，他家人的想法也并不见得更明确。奇怪的是，他父亲很少跟他提法国（在通信中没有一处提到父系的出生地），甚至并不建议他去巴黎，柏林比法国好。拉吉维尔也给他同样的建议，把他请到家里吃饭，目的是帮他下决心。但肖邦自己却另有想法：回到维也纳，那里还流布某些对他前景有利的传言。他还想见识意大利，那是美声的国度。然后……一切都模糊不清：“我要走了——可往哪里去？——既然没有任何地方吸引我……”事实上，他走向历险，带上

---

① 某些波兰传记作家对此另有说法。他们认为，肖邦应当非常秘密地参加了波兰起义的筹备事宜，他的同谋应当给了他秘密的任务，使他不得不经过布列斯劳、德累斯顿和布拉格，那里的人们对华沙的反抗表示出很大的同情。他们为了证实自己的说法，指出从华沙到维也纳，肖邦要绕一大圈才能路过上述三个城市并停下来。肖邦对起义的这种参与，能解释为什么全国起义失败之后，肖邦不可能回到波兰去。这种假设颇吸引人，可惜并没有任何证据可以佐证。肖邦怎么可能在事后从未暗示过呢？

几封推荐信，做到有备无患。没有路线，也无计划，大路笔直，通向未知之所……

在打点行装之前，他还有很多事情要做。首先，他必须润饰加工受康斯坦斯激发而作的协奏曲，此曲的构思最初出现在安多南。在着手工作之前，他听了大量音乐。施波尔的《奥赛罗》极为出色；他最欣赏罗西尼的《奥里伯爵》第一幕终曲；在音乐会上听大提琴家比杨基·西曼尔曼演奏，此人在擅长模仿这点上比一个吹笛者出色得多："他的音色是从猫和小牛那里学来的。他和诺瓦科夫斯基演了一场令人称奇的双重奏，后者嘴巴绷紧的样子，给人的印象是在吹一个蹩脚的儿童小号"；另一个年轻的钢琴家，16岁的维尔里泽尔，"他是犹太人——因此脑筋活络……"；法国钢琴家贝尔维勒小姐，学习并演奏了他的《〈让我们手拉手〉变奏曲》；最后是松塔格，出于对她的敬意，如此矜持、生性不爱夸大其词地赞美他人的年轻肖邦，施展浑身解数，不吝用足恭维人的形容词："她并不美貌，但可爱；她的音域并不宽，可发声非常讲究。在剧场正厅后排似乎都能闻到她的呼吸中的芬芳气息，仿佛由最清新的花卉熏染。犹如一种温馨的轻抚，并不让你感动到流泪。可她对所有的人都施展了魔法。她的上行'半音'非常出色，用华彩乐句唱出的罗德的《变奏曲》美妙极了。还有《塞维尔的理发师》和《贼鹊》里的卡伐蒂那咏叹调。《自由射手》里的咏叹调，唱得岂止令人赞叹。与我们目前为止所听到的一切，简直无法相比。我很高兴能与她更近距离地接触，在她房间里，坐在沙发上——因为我们不允许自己再多走一步……"

与此同时，肖邦频繁外出，还在某些晚会上演出[①]。他主要的时间花在润饰加工他的协奏曲上，艾尔斯纳对其柔板大加赞赏，而且总的来说，所有知晓该作品的圈内友人都看法一致。他在最后的回旋曲上耗费时日，也殚精竭虑。快板是"自然而至"的。他完成了《三重奏》(作品第 8 号)；《波兰

① 他经常和一个德国钢琴家一起演出，他叫约瑟夫·凯斯勒(施波尔的《八重奏》，里斯的《四重奏》，胡梅尔的《三重奏》和《献给大公的三重奏》，该曲为肖邦赢得了一片赞赏声)。他在 1829 年参加了在商业厅举办的一场音乐会。还在勒维茨基家演奏了《为大提琴所作的波洛乃兹》，等等。

歌调大幻想曲》(作品第 13 号);《b 小调圆舞曲》(作品第 69 号之二);C 大调和 f 小调玛祖卡;《c 小调葬礼进行曲》(作品第 72B);几首练习曲,加上为密茨凯维奇和维特维茨基的诗《信使》、《你的眼睛看不到》谱写的几首歌曲。最后,他准备用音乐向华沙告别。

音乐会

他在两场私人晚会上作彩排,在小范围内试演了《f 小调协奏曲》和《波兰歌调大幻想曲》。被邀请到场的《华沙快讯》乐评家把肖邦捧上了天:“他超越了我们迄今为止听到的所有钢琴家,是钢琴界的帕格尼尼。他的作品登峰造极,充满了新的创意。”

受到如此鼓舞人心的赞誉,肖邦下决心开一场大型音乐会,由库平斯基指挥乐队。他租下了国家剧院,宣布将在 1830 年 3 月 17 日举办音乐会,并欣然得知,演出前三天,全部座位都预订一空。此时他朝前走向战场,无所畏惧。下面就是这场历史性的音乐会的节目单:

《白色国王莱谢克》序曲　……艾尔斯纳
《f 小调协奏曲》快板　……肖邦
管乐套曲　……戈尔纳
《f 小调协奏曲》柔板和回旋曲　……肖邦

《塞西丽亚·皮亚瑟查恩斯卡》序曲　……库平斯基
《变奏曲》(演唱:梅耶夫人)　……帕厄尔
《波兰歌调大幻想曲》　……肖邦

音乐会大受欢迎,报章也很称道。“比胡梅尔的创作高明!……他似乎在对观众高喊:这不是我,是音乐!……民族的灵魂在这个艺术家身上再现……”艾尔斯纳挑剔他的学生弹得太含蓄,特别是低音部分。库平斯基对其技巧的独创性很赞赏。这类情形下总是很冷静清醒的弗里德里克，写信给提图斯：“第一首快板，只有少数人欣赏鼓掌。多数观众表示出兴趣，乃是当下此刻的适宜之举。柔板和回旋曲效果更好些，能听到真诚的喝彩声。幻想曲，在我看来，并未达到目的。人们鼓掌，是出于不愿给人留下一个离开剧场时感觉很无聊的印象……”肖邦从不过高估他的成功。关于自己的才情，他一直固执地保持沉默。他对自己怎么想？或许没有任何人知晓。

5天之后，应大家的要求，肖邦在爆满的音乐厅里又开了第二场音乐会。部分节目与前一场有别：

《交响乐》	……诺瓦科夫斯基
《f小调协奏曲》快板	……肖邦
《变奏曲》(比耶拉夫斯基小提琴)	……贝里奥
《f小调协奏曲》柔板和回旋曲	……肖邦
《克拉科维亚克大回旋曲》	……肖邦
《海伦娜和玛尔维娜》咏叹调	
(演唱：梅耶夫人)	……索里瓦
《城里风俗古怪》歌调即兴曲	……肖邦

像第一次那样，柔板效果很好：“人们到处谈论它。平心而论，我并没有按自己的方式作即兴弹奏，因为这种方式不会讨这些人的喜欢……奥罗斯基依据我的协奏曲主题创作了玛祖卡和圆舞曲。人们让我印制肖像在公众中散发。我反对，因为这就太过了，况且我也不想让他们用来包黄油！他们希望我下周再开一场音乐会，可我拒绝了。对我来说，音乐会之前的三天简直就是一种折磨。我想在节日之前结束我的第二首协奏曲的第一乐章(柔板)。等节日过后再开第三场音乐会，希望能吸引上流社会的一大部分人，他们还没有来听我的演奏。”

两场音乐会带来了五千兹罗提的收益。报章对肖邦交口称誉，对艾尔斯纳和库平斯基却毁誉参半。

波图兹恩

初夏，肖邦在梅耶夫人的一场音乐会上参加演奏(《〈让我们手拉手〉变奏曲》令肖邦三次返场)。之后他到波图兹恩[①]同亲爱的提图斯一起度过了15天。多少事情要相互倾诉，多少音乐要一起弹奏！因为提图斯不仅是一个出色的农庄主，也是一个很好的音乐家，我们还知道他是怀着怎样的激情追踪其友人的艺术家生涯的。肖邦对这个“多面手”很是羡慕，对提图斯的很多计划也赞叹不已：刚修好一座磨坊，他就又要盖一个酿酒作坊；羊群和剪羊毛占了他不少时间；之后还有收获季节里的活计……噢，多么幸运[②]……两个朋友骑马娱乐，肖邦的马术比沃伊切霍夫斯基差多了。然而，多么美妙的时刻，跟自然能如此接近！回到华沙，肖邦写信说：“我陶醉于你的田野，那窗下的白杨，我不能把它从记忆中抹去”[③]。提图斯带他用弩射猎，还带他去听农民歌手唱歌，参加夏日节庆。他感到必需看够、听尽那些歌调、舞曲、民间习俗吗？他从今往后是要依赖这笔财富生存下去的。刚一离开，他就提到对波图兹恩的记忆，并向提图斯作了新的吐露，与别的倾吐一样神秘，让人颇费猜疑：“请相信我，我将会作出一切必要的牺牲，只要此间专制的舆论永不发现我的不幸之源。哦，这不是我内在的不幸，这里不涉及我的灵魂，它来自外部。人们不是经常把一件有洞的礼服或者一顶旧帽子称作不幸吗？当我衣食无着的时候，你将不得不接纳我，去波图兹恩当司书；我会住在马厩边上，在你身边将会多么美妙，正像今年在你的城堡里。只要我身体够好，我会一辈子工作不懈。有时我自问是否懒惰，或者即使体力不支也要更多付诸行动。不是说笑，我确信自己不是最懒的

---

① 靠近卢布林，在靠近乌克兰边境处，因此离华沙很远。

② *O Fortunatos nimium* 原文为拉丁文。——译注

③ 虽然人们习惯上认为，肖邦完全不被自然的景致打动。看来未必总是如此。

一个人，一旦需要，我能完成双倍于目前的工作。我在你面前怎样才能把自己洗刷干净，更好地请求原谅？明知对你的爱徒劳无益，我还是愿你长久地爱我，年久日甚，为此我在纸上这般语无伦次……和你在一起，我一无所获，也无从丧失。我对你的热诚以超自然的方式迫使你的心里也感受到相似的热情。你并非自己想法的主人，我是主人，我不会任你丢弃，像树木让绿色褪去，绿色赋予它们性格、快乐和生命。即使在冬日，我心中绿意充盈！绿色映在我脑子里，上帝知道，暖意却更存储于我心中！给我你的嘴唇，以作结语。为你，直到永远？"这真有点超乎寻常——不可思议到极点。

打点行装

他回华沙是为了出席康斯坦斯在歌剧院的演出，她出道即在帕厄尔的《阿格涅丝》中扮演角色。年轻女郎光彩照人，激动紧张一如常人，开始有些失误，随后声音就稳定下来并取得了成功。虽然恋爱着，肖邦依然十分客观："格拉德科夫斯卡几近完美，她在舞台上比在音乐厅中给人印象更深刻。她的戏剧表演才能无可挑剔，至于声音，除了几个降 f 和高音 c，不能再过于苛求了。她的分句会让你喜欢的，抑扬顿挫的处理很完美[①]"。演出的第二天，肖邦鼓足勇气跟康斯坦斯说话，帮她准备将在《贼鹊》或《贞洁的修女》中可能扮演的角色——但明摆着！——谈话内容只跟音乐有关。

夏季里，他最后一次回到热拉佐瓦-沃拉小住。他在大榆树下平和地弹琴，周围是他的朋友、庄园的仆从和附近的邻居。在附近作了几次拜访后，他于 8 月底回到华沙，创作一首乐队合奏的波洛乃兹，并对《e 小调协奏曲》的回旋曲作最后的润色。他对柔板相当满意："我并不刻意表现力度，这更是一种沉静的、忧郁的罗曼司，给人的印象应是一个温柔的视线蓦然回首，那儿有千百种可爱的回忆，正如月光下美丽春之夜的一段梦境。伴

① 这里显然跟莫赫纳茨基的说法有出入，后者认为"格拉德科夫斯卡乐感很好，很轻松，可她不会唱歌……"真吓人！

奏悄然行进,提琴的弱奏似篦子轻抚琴弦,乐队的音质有点瓮声瓮气且银光闪烁……"

为了"试演"他的新协奏曲,他请来了乐队指挥库平斯基,大提琴手比耶拉夫斯基,索里瓦,艾尔斯纳,齐夫尼,他父母和几个密友,他们中有马图钦斯基和埃尔纳曼。听众的反应鼓舞人心,索里瓦说:"回旋曲带给你荣耀",库平斯基赞扬他的独创性,艾尔斯纳则欣赏他的节奏。音乐会也预示了成功,跟前两场一样,座位提前竞购一空。剧场里九百人满座,节目单如下:

《交响乐》……戈尔纳尔
《e小调协奏曲》快板……肖邦
合唱团伴唱的歌曲(演唱:伏尔科夫夫人)……索里瓦
《协奏曲》的柔板和回旋曲……肖邦

《威廉·退尔》序曲……罗西尼
《湖上美人》卡伐蒂那(演唱:格拉德科夫斯卡小姐)……罗西尼
《波兰歌调大幻想曲》……肖邦

一切顺利,这一次肖邦没有紧张。快板乐章不断被那些"震耳的欢呼声"打断。康斯坦斯演唱卡伐蒂那"从来没有这么出色。你知道,'噢,我为你流了多少眼泪',她念'我厌恶一切'这句台词声音低沉,泽林斯基由此断言,说她一个人就值得花上一千个杜卡托[1]"。幻想曲的伴奏效果似乎比协奏曲好些,因为肖邦分明提到,乐队指挥索里瓦"拿了我的(协奏曲)谱子回家读过的"。在那个时代,乐队演奏一首新曲的方式令人怀疑!不准确性一定存在,效果有时甚至很糟糕。

这场音乐会的日期是1830年10月11日,赞美肖邦的文章很多,可评

---

① 13世纪起铸于威尼斯的一种金币。——译注

论水平之低劣简直让他陷入绝望。不是他"相信"如此，而是"我什么都不是……"，但这种并不真正为人赏识是个现实，在华沙没有任何人会对他作出一个恰如其分的评价。的确，必须离开。或许，在别处他能被人更好地理解。在这里他感受爱戴，甚至被崇拜，但说到底，任何人都没有预感到他的音乐的重要性和意义，没有一个音乐家意识到他的艺术中那种令人激情澎湃的个性。在维也纳、米兰和巴黎，将有另一种气氛，会遇到众多的内行，精于此道的音乐爱好者，名副其实的批评家。走吧——快走吧！

政治和社会方面，局势也越来越糟。第一次，他的行程由于萨克森动乱而推迟，那里维也纳军队哗变，蒂罗尔人反抗。法国七月"三个光荣日"将查理十世从国王宝座上推翻，路易-菲力普公开和拉法耶特结盟，后者是给（新旧）两个大陆带来自由的领军人物。欧洲大陆的骚乱也影响到华沙，各种逮捕不断。列列韦尔和莫赫纳茨基、扎列斯基、戈什琴斯基、杰洛伊茨基、加钦斯基到处散发煽动性的讽刺短文和诗歌，其中好几位是肖邦的朋友和同学，他经常在咖啡馆和他们见面，尤其在"小孔酒馆"，一个他们常聚集的地点。沙皇拒绝承认路易-菲力普，他甚至在波兰纠集了部队准备向巴黎进军。这可真太不了解波兰人了：波兰人永远不会同意拿起武器去攻打法国，这个国家是能把他们从俄国奴役下解放出来的唯一指望。在贝尔凡德尔府邸，康斯坦丁大公的癫狂频繁发作，他强迫部队日夜守卫，而自己经常在府邸之外过夜，每天夜里变换住所，对城里墙上越来越多的标语惊恐万状（"士兵们，为保卫祖国严阵以待"）。他让人扯掉一个恶作剧的人钉在大公府邸墙上的"公寓出租"横幅，签署流放令，强求警察部长以"确保治安"为名实行逮捕。总之，他像一个掉在陷阱里的困兽那样坐立不安。而华沙街上，反抗的气氛也越趋紧张。

出发吗？还是留下？折磨人的焦虑。我们总以为稍稍延迟几日，焦虑就会缓解。总之，这次是独自远行。是的，不与提图斯同行，尤其不和提图斯一起出走："如果我们一起出走，就会失掉那种在陌生地方重逢的喜悦，久别后的第一次拥抱远胜过在单调中度过的千百个日子……"放弃他，甚至忘掉他，为的是让“重逢”的喜悦十数倍地增加！可什么时候走呢？先定在10月16日，后来推迟到10月20日，再后就定下了不再变动的日子，11月2日，亡者的日子[①]：这是个凶兆，这样理解最恰当。是的，就是这天，再没可能更改：“我坐上驿车，行囊中带着(音乐)手稿，心里系着饰带[②]，背负我的灵魂出行……”啊，不，这次远行的确不像那些出逃的前夜，带有欣喜的渴望，相反，倒像在准备一场葬礼：“我还没有办妥护照手续，大家都觉得，我只有去奥地利和瑞士才能拿到，没法子可想，不能去意大利和普鲁士。”全家一致同意他出走，却被离别的痛苦吓住了，默不作声，似乎在参与一个无法逃避的仪式，受制于某种不确定的命运。一切准备就绪，只有各自的心情沉重异常：亲爱的弗里切克，远离我们他可怎么生存，他多么需要安逸的温情，他此番飞去是为了很快返回故里吗？这一次，是一种无归期的出走。至少，计划并不那么确定，他们不知道什么时候，在哪里和他重逢。两年、三年，时间可能更久。他自己那么神经质，那么脆弱，身体不硬朗。不要让我们的惊恐添加他的不安，还是帮他打点行装吧：“我已经买了一个箱子，我的随身行装准备妥当，乐谱已改好，手帕滚好边了，裤子做得了。只剩下辞别：这是最痛苦的。”

永别

跟艾尔斯纳和齐夫尼告别，他永远不会忘记他们！跟那些喧闹的朋友和矜持的同伴们告别！去咖啡馆辞别，那儿是和朋友们相约，结伴去音乐学院上课的场所！和康斯坦斯道别：笔记本中，肖邦带走了她在1830年10月23日抄给他的诗句：

你承受命运的变化无常

---

① 天主教的万圣节是11月1日，祭祀所有的圣人。第二天11月2日，则是纪念所有死者的日子。——译注

② 他在提图斯家找到的一根饰带。

我们也无可逃避
可你不会被遗忘，请牢记
波兰爱你

为了不让桂冠凋零
你抛友别亲
外人会嘉奖你，对你更赏识
但不会比我们更爱你

K.G.

在最后一句诗行之下，肖邦用铅笔加注，仿佛向薄情的祖国挑战："不，他们会的!"

出发的前夜，同学和朋友们为他举办了最后一个晚会，吃喝、弹唱，肖邦收到一个礼物，装有一把波兰泥土的银杯。这将是他的临终圣体："去吧，去给波兰扬名，这里交给我们了……"友人这样对他说。

第二天早上，肖邦静静地跟家人道别，露德维卡给他做了一个用自己的头发编的指环。下午四个人一起陪他在城堡广场坐上那种四马驿车，踩着高低不平的路出发。一共有 12 个乘客。他朝着住家的方向看上最后一眼，曾经给了他幸福的家。驿车绕过街角，结束了！出了城关，过了沃拉城门收费口。在通向卡里兹的大道上，驿车突然停了下来，原来是学生们拦住了去路，他们齐唱着，一把声音并不悦耳的吉他在伴奏。艾尔斯纳写了一首小康塔塔与他道别，由他的学生、肖邦的同学唱出："愿你的才华，从这里生成，在别处闪耀，传遍天涯!"车夫挥动鞭子，驿车重又启动，肖邦挨近车门。他预感到了未知之事，诗人所知甚多："你转身离去，当你知道永不回头之时，一切是那么美好……"①

① 巴尔贝·多尔维利。

第五章　从华沙到巴黎

人远情疏……

像那些非常神经质的人一样，肖邦排遣忧愁的本事令人吃惊。他很敏感，对情感冲突感受极强烈。一般说来，他将它们"照单收下"，这里有两层意思：首先他并不马上回应，其次他将它们闲置一旁，犹如存储。日后他常会旧话重提，要么听凭时间来抚平记忆，或相反，时间空间愈远而情绪愈加激昂。在肖邦心中，什么都不会消失无踪影，但他反应很慢，总是花时间慢慢"消化"——无论面对一种痛苦、一次重大事件，或者一个简单的消息。

如此，正当我们对他人去路杳嗟叹之时——因为我们知道结局悲苦——肖邦自己看似很快就释怀了。首先，他又与亲爱的提图斯相见，比预期的时日早得多，因为后者没能克制住尽快跟他见面的冲动。两个朋友在卡里兹重逢。一路上也多有解闷的小插曲，旧地重游的欢欣……在布列斯劳，肖邦去歌剧院，拜访乐队指挥施纳贝尔，将自己所作《第二协奏曲》中的两个片段弹给他听，赢得了这个出类拔萃的人物的好评："他的触键多么轻巧"！在一次即兴音乐会上，他还为一群音乐爱好者弹奏了《e小调回旋曲》，以及他非常喜欢的歌剧《波尔蒂契哑女》主题即兴曲。

在德雷斯顿，他既想去听上述歌剧，又得去钢琴家帕奇维尔[①]的音乐会

① 原著此处钢琴家名为Pachwell，疑与第三章中出现的Pechwell佩奇维尔为同一人，时代吻合，地点重合。——译注

捧场。最终他决定两不舍弃:雇了顶轿子,先让人把他放到音乐厅,结束后立即赶往剧场。第二天,他和克莱吉尔见面,就是曾一口气弹奏48首赋格曲的克莱吉尔,这次他给克氏弹了自己的协奏曲。克莱吉尔称道不已,并建议他举办一场音乐会。肖邦拒绝了,因为与第一次路过的情形相同,得举办"义演"。而我们的朋友手头拮据,却指望挣钱养活自己。在他眼里,钢琴绝不是用来取悦布尔乔亚的一种娱乐艺术,他们还以为艺术家只需爱情和清水就能生存。他去听意大利歌剧,观赏《坦克雷迪》,唱的水平不高,罗拉出色的提琴独奏却以其高贵给该剧添彩。他也会把整个上午消磨在绘画馆里,然后去科玛尔[①]家午餐。他被引介给当地上流社会,也收到一些推荐信。所到之处,人们接待他甚是周到,把他当成座上宾。但他决定不公开演出,其固执不无道理。

终于到达目的地维也纳了。在写给马图钦斯基的信中,他为康斯坦斯操心,请他的朋友悄悄关注她的举动,因为他知道军官们都盯着她,希望她离他们越远越好。提图斯和他租下了一所舒适房子里的三个漂亮房间,等候一架格拉夫琴送到。后来意识到房租太贵,他们搬走了。他的钱都花在歌剧院里[②],伍尔费勒当然建议他公开演出,但在维也纳,跟在德雷斯顿一样,肖邦知道自己的价值并清楚自己想要什么,因而坚持己见。出版商哈斯林格跟他耍诡计,想哄骗出版他的作品但不付一个生丁——"可恶的犹太人!"玛尔法蒂(Malfatti, 1775—1859)医生曾是贝多芬最后的大夫,为他介绍周围能用得上的关系。总之,如果说这不是完美的生活,至少很惬意。

就在这时,1830年11月22日,华沙爆发了起义。肖邦很快就得到了消息。他一如常态,没有反应。

起义

两年以来,俄国占领者不断欺压波兰人,有组织地对维尔诺大学[③]施行

① 黛菲娜·波托茨卡娘家姓科玛尔,她生来是科玛尔伯爵小姐。

② 1830年11月份,他共看了奥伯的《魔鬼兄弟》和莫扎特的《提托的仁慈》,加上罗西尼的《威廉·退尔》。

③ 即目前立陶宛首都的维尔纽斯大学。——译注

迫害，把密茨凯维奇流放到俄国，给乌卡辛斯基少校判刑。上述原因均造成波兰人的不安和反抗情绪，终于在得知波兰军队将要跟俄国部队一起向法国进军时爆发。这成了压垮骆驼的最后一根稻草。

在少尉维索茨基率领下，步兵士官学校的学生攻打大公府邸，给出了起义的第一个信号。被惊醒的康斯坦丁大公，从大公夫人套房的一个秘密通道里逃脱。起义的士兵们用刺刀杀死了一个俄国军官，黑暗中把他当成了大公本人，守卫大公夫人寝宫套房的华沙总督卢勃温德茨基也遭刺杀。一周以后，康斯坦丁离开城市，并撤走了军队。这期间，军队归顺学生起义部队，临近 12 月 5 日，整个城市都起来响应号召，可以说华沙解放了。而奥地利方面的反应则不利于暴动中的波兰，此乃预料之中。

对这些既可怕又带有自由气息的新闻，肖邦是何反应，我们完全不了解。大街上总能听到带有敌意的对话，比如一个说“仁慈的上帝犯了一个错误，制造了波兰人”，另一个会接茬，更过分：“波兰真是一无是处”。当时维也纳的气氛就是这样，在有钱人眼里，起义者让人扫兴，为什么要如此这般地惊扰当今世界本已非常脆弱了的和平呢？肖邦显然不敢把他的想法写在给父母的信里，生怕信件被检查并牵连到家人。他是为了转移话题——还是生性如此？总之 12 月 22 日他平静地写信给父母：“人们让我跳舞，还拖我去参加节庆宴会。”他结识了胡梅尔，音乐家的儿子给他画了一幅身穿睡袍的肖像。也跟舞蹈家迪波特见过面，他是卡特纳特剧院的经理。他陪车尔尼去拜访迪阿贝利(Diabelli，1781—1858)和玛尔法蒂，因为迟到了，车尔尼吓唬说，要用一种“非常厉害，连提都不想提”的方法来处置他！小提琴家斯拉维克的高超演技能跟帕格尼尼相媲美：“他一个连顿弓能拉出 96 个音。”两人制定了联合演出的计划，如果梅克同意参加进来，他们的二重奏就能变成三重奏。他准备为双钢琴写一首协奏曲，由他和尼德茨基一起联弹。他应当出发去意大利吗？还是不去？这一连串的消息不甚重要，且闲话连篇、疑问不断，简直像在说梦话。波兰的悲剧性事件和肖邦的琐碎事务之间的距离如此之大，让人真想以意识不到事态的严重性为他作辩护。莫非我们手里的材料中丢失了1—2封信件？他在给杨·马图钦斯基的信中说："我其实感觉糟糕，但我不在信里告诉家人……"也许他是怕父母不安。

提图斯的离去让肖邦伤感。起义的消息刚一传来，这个年轻人就明白了他的位置是在波兰，因而辞别弗里德里克。他们是在维也纳分的手吗？还是如善意的传闻所言，肖邦因提图斯的离去而惶惑，跳上一辆驿站快车，去追赶提图斯乘坐的公共马车，终于没有追上而垂头丧气地独自回到维也纳？没有任何资料能澄清这段时间里所发生的事情。

表面上，生活恢复了平静，肖邦也回到优雅的从容之中。在他偶尔光顾的一个颇有名气的小馆里，斯特劳斯(Strauss父亲，1804—1849)和兰纳(Lanner，1801—1843)两人演奏的维也纳圆舞曲把他迷住了，但他不喜欢他们那些杂曲。他那讽刺画家的本能一直蛰伏着："昨天我们在巴塞尔家跳玛祖卡，想象一下吧，斯拉维克绵羊般温顺地跪在地上，而一个德国超大鼻子的麻脸老伯爵夫人，瘦长的腿在地上用奇怪的步法跳得飞快，跳的应当是华尔兹！这么跳着的时候，她朝舞伴转过身去，身体僵硬笔直，脸上表情呆滞，以至于青筋暴露，赫然一副鱼骨架！此人威严、庄重、有教养，深谙人情世故……"。

这期间，他作了一首圆舞曲和几首玛祖卡：梦呓在持续……

在大教堂穹顶下

然而，一天夜里，午夜时分，世上最适合幻想那一刻，他走进了空无一人的圣斯蒂凡大教堂。"我站着，靠近一根哥特式立柱，置身整个教堂最幽暗处。这些穹顶的美妙及其宏伟程度简直无可描摹。一片静谧。只有圣器室管理人的脚步声打断我的静默，他正在教堂的另一端逐根点燃大蜡烛。我身后是一个墓穴，脚下也是墓穴，只缺在头上再多一个了。一种令人悲伤的乐调在我心头漾起，未曾有过的孤独……"。肖邦对事件进程的反应又慢了半拍，这是他特有的方式，以此怀念遥远的"挚爱之城"。同样，他能够远距离地说出康斯坦斯的名字，并将心中的爱情用确切的字眼和热烈的形象宣泄出来："真的，我多么爱她，但愿因她而作，这盲目、狂热，奔放感情下生成的音乐，哪怕它只是部分再现了杨[①]的军歌韵律也好。那军歌的回声至今仍飘荡在多瑙河畔……她生病了吗？她怎能经得住29日[②]的冲击？告诉她，我至死不渝，甚至死后化成的灰烬还将聚拢在她脚下。我本该早给她写信，就不至于像现在这样如坐针毡，但是人哪，(怕的是那些)闲言碎语！万一我的信落到陌生人的手里，就可能损害她的清誉。那么，最好由你来作我的信使，为我去说情，我无异议……"西哈诺和克里斯蒂安·德·纳维莱特在阳台上的那一幕，此刻又出现在我们眼前[③]！

再后，在一封写给杨·马图钦斯基的信里，终于出现了一句能昭示真相的句子："在沙龙里，我表面上很平静，但回到家，我对着钢琴发作，歇斯底里……"肖邦这个人尽在此悖反中了：一边是公子哥，头发卷曲、精心打扮、时髦坦然，另一面是个审慎之人，只向他的琴键敞开心扉。正是在这个时期，《b小调谐谑曲》略具雏形，肖邦的两面性交替呈现：暴风雨和摇篮曲，仇恨的迸发和温柔的极致，狂野的主题加上如止水般静谧的和谐。如果你不承认这些鲜明的对照，你就既不了解肖邦的性格也不懂得他的作品。舒曼的话，虽有曲解肖邦之嫌，用在这里却最恰当不过："肖邦？藏在鲜花中的大炮……"

他生性不是一个能独处，能独自承担生活责任的人！"我去巴黎吗？当然，我想去哪里就去哪里……——可我并不喜欢这样……"柔弱的肖邦！没有任何举动会让康斯坦斯爱上他，他眼下"只要想到她会把他遗忘……"就痛苦难自禁，恨不得捶胸顿足，要知道她并不一定在惦记他！男人追求幻想——而女人活在现实中，这是她的命也是她的责任。正当

---

① 指杨三世·索别斯基，他在1683年打败了土耳其人，解放了维也纳。

② 1830年11月29日，波兰起义的第一天。

③ 这里所指阳台上下的一幕就是西哈诺在替克里斯蒂安表达爱意。——译注

肖邦在远处忧心忡忡之时，名实相符的康斯坦斯[1]，却处在一种完全的内心安宁之中。对这个从未作过任何表白的要好同学，她能有什么想法？第二年，她嫁给了一个富裕的乡绅[2]。对自己的奇特经历，她在晚年曾作过一个很有见地的总结："果真肖邦娶了我，谁能说他会比诚实的约瑟夫令我更幸福呢？"一张她摄于 1889 年的照片——肖邦去世 40 年之后！——可以证实此言不虚。照片上的康斯坦斯脸上线条优美，略有点棱角，神情高贵，怡然自得。灵魂深处的沉静，能使我们挚爱的人们比我们活得更长久！

可臧否人物的闲话又来了："虽然塔尔贝格（Thalberg，1812—1871）的演奏很有名气，可不合我的口味！他比我年轻，更讨女人们喜欢，联奏《哑女》剧中各曲。他用踏板，而不是用手来弹弱音，他学我用十个音来弹八度，衬衣扣子锃亮。莫舍莱斯并不使他惊异，这很自然，只有我的协奏曲的器乐全奏部分讨他喜欢。他也作些协奏曲……"同行之间判断不会出错，而肖邦的多种超绝技巧中，攻击人的本领也属一流。

可渐渐地，思乡开始侵袭他了——人们仅是惊讶于他没有更早体验到这点。他终于开始想象饱受起义之苦的华沙的现状了。他写信给马图钦斯基："你在兵营里，你挖掩体了吗？我可怜的父母怎么样了？我的朋友都在干什么？我活着和你们在一起，也愿意为你，为你们去死。为什么我今日像个弃儿？告诉我父母，我很快乐。可能我会在一个月内出发去巴黎，如果那里事态已经平息了的话。今天是元旦，我这一年开始得多么悲惨！可能我活不到年末……"

在笔记本中，他这样写道："多么奇怪和悲哀！我不知该做什么：为何我孑然一身？今天连音乐都不能安慰我……"

在这样的前提下开场音乐会？他没有心思，也不合时宜。华沙所发生

---

① 其名字有忠贞、恒定之意。——译注

② 指约瑟夫·格拉伯夫斯基。

的一切，不但远没有让一个波兰音乐家在维也纳受到善待，而且还在他身上投下了一道猜忌的阴影。时光流转，公众对严肃的音乐会已经不感兴趣，人们只想着舞会、跳圆舞曲、消遣娱乐。哈斯林格只出版斯特劳斯的作品。然而，他还是决定于1831年6月11日在卡特纳特剧院开场音乐会，下面是节目单，曲目纯属“经院音乐”范畴：

《欧里安特》序曲 ……韦伯

《e小调协奏曲》快板（四重唱） ……肖邦

《协奏曲》浪漫曲和回旋曲 ……肖邦

芭蕾（法妮·埃尔斯勒友情出演）

这场音乐会无声无息，更无前景可言。之前的两个月，他还参加过女歌唱家加西亚的晨间音乐会的演出。又是一场“义演”！

失败

显然，肖邦的第二次维也纳之行是个失败！当局百般刁难，不给他发放护照。他决定将新护照的目的地写成英国，只注明途经巴黎。他在维也纳没赚到一分钱，却花费不菲。他不得不向父亲求助，后者给他寄来了“一小笔追加”费用，同时提醒他注意节约。在这点上，弗里德里克处理得既微妙又得体：“我尽可能地节省花销，对每一个克莱泽①的谨慎程度，可以跟对待华沙那枚戒指②的态度相比。如果你们愿意，可以变卖戒指：我的不幸已经让你们破费很多了……”

① 当时在维也纳通用的德意志帝国货币。——译注

② 指的是1825年沙皇亚历山大送给他的钻戒。

临离开时，他收到诗人朋友斯蒂凡·维特维茨基[①]的一封感人的、意味深长的信。它打消了肖邦的顾虑，他自责在维也纳的8个月期间，没有很好地服务于自己的祖国。这封信将是肖邦流亡岁月中的福音书。

一封信

亲爱的弗里德里克先生：

请允许我旧事重提，感谢您(为我的诗)谱写的歌曲。它们极受喜爱，不止我本人喜欢，听过的人都和我一样。而且，如果您亲耳听到您姐妹演唱的话，相信您也会觉得它们非常美妙。您绝对应当成为波兰歌剧的缔造者。我深信您能成为波兰民族作曲家。依您的才华，你定能开启一条名扬遐迩之路，只要您永远保持您的民族性，民族性，再一次强调民族性。对于一个平庸的作者来说，这几乎是个空洞无物之词，但对您这样的天才人物就不同了。就像有个属于故乡的气候，一种跟故土相关的旋律也存在于世。高山、森林、水流和草地，均有它们属于故土的、发自内心的声音，尽管不是每个灵魂都能捕捉把握。我坚信，斯拉夫歌剧，经由天才之手，被一个富有情感和想象的作曲家创作出来，将在音乐世界里像一轮新的太阳般闪耀。它还可能会被提升到比别的民族歌剧更高的地位，与意大利歌剧的旋律相媲美，而且更富情感，思想上无可比拟地更深邃。每想到此，亲爱的弗里德里克先生，我就沉浸在温柔的希冀中，希望是您第一个从斯拉夫无比宽广的旋律宝藏中汲取灵感。如果您不走这条路，您就是主动放弃最美的桂冠。将模仿留给别人吧，让那些平庸之辈去伤脑筋。而您，敬请富有独创性，富有民族性。开始时，您可能并不为所有的人理解，但持之以

---

① 维特维茨基将在起义失败后移民法国。肖邦身后出版的作品第74号十首歌曲中，九首根据他的诗作谱写。

恒并在您选定的领域内不断耕耘,您定会留名史册。无论想在哪门艺术中扬名,成为一个真正的大师,就必须永远朝向一个伟大的目标。原谅我对您写这些,但请相信,这些肺腑之言出自真诚的友谊,也出自对您才华的敬仰。如果您前往意大利,倘若您真能在达尔马提[1]和伊利里亚[2]停留的话,将有助您了解这个兄弟民族的民歌。莫拉维亚和波西米亚也同样值得逗留。去寻找斯拉夫民族旋律吧,就像矿物学家在高山和深谷找寻石块和金属。甚至,您可能觉得有必要记录下某些歌调,这将会是一种十分有用的珍藏搜集。不要吝啬花在这上面的时间。再次请您原谅我这些令人厌烦的啰嗦。余言不赘。

您父母、姐妹身体均好,我有幸常见到他们。这里大家都生活在一种持续的热情中。我的身体到目前为止一直糟糕,令我不能参加战斗。别人正在真枪实弹地战斗的时候,我却只能跟药片打交道,虽然我是国民卫队的炮兵部队成员。听说您在那里百无聊赖并倍受煎熬。我感同身受,现在没有一个波兰人能平静度日。但希望您永远记住,亲爱的朋友,您远走他乡,并不是为了忍受煎熬,而是为了使您的艺术臻于完美,并为您的家庭和祖国带来安慰和光荣。我大胆给您写下的这些言辞,是受您那位令人敬重的母亲的特许。事实上,为了卓有成效地工作,必须拥有自由的精神,摈弃不安和忧虑。

再见,亲爱的弗里德里克先生,祝您健康和一切如意。

您的朋友

维特维茨基

1831年7月20日,肖邦告别维也纳。他和朋友库梅尔斯基一起出发,

① 克罗地亚地区名。——译注

② 巴尔干半岛北部地区名。——译注

两个朋友途经林茨和萨尔斯堡。8 月 28 日，在慕尼黑，肖邦在爱乐协会音乐厅开了一场音乐会，《e 小调协奏曲》和《波兰歌调大幻想曲》均受到欢迎。他有点心不在焉，被暗淡的想法纠缠住了："我渴望死亡，想再见到父母。眼前总看到死亡的面孔，对它的记忆挥之不去。家乡究竟发生了什么事？"

刚一到斯图加特，他就收到了新闻，很不幸，是坏消息。

斯图加特

在华沙，无能的将领们指挥无方，起义正在变质。议会处于常设状态，议会内外，不同的政党争执不休。阿达姆·恰尔托雷斯基是民族政府主席，他试图通过外交途径寻找一个外国力量的支持，提议把波兰王冠奉送给奥地利大公雷施塔特[①](Reichstadt，1811—1832)，却被婉拒。法国刚受了一场革命的冲击，保持沉默。波兰已被削弱，正处于分裂境地，俄国看到了这点，很快就付诸行动了。

这时的肖邦，远离亲人，孑然一身，经历了一次令人失望的旅行。如此打击之下，他"崩溃"了。家庭生活、朋友和音乐成功所筑起的脆弱的堤坝，十年来一直抗衡着他内心深处凝聚的苦涩，此时突然决堤，感情的潮水奔泻而出。这一切，在他脑子里和笔端下，奔泻出一连串悲剧性的、震撼人心的和充满死亡气息的图像。死亡——他从来不提它的名字，生怕招致灾祸——在一大堆嘴角带阴影，眼神空洞的活死人的簇拥下现身，死亡就在他的身边。生活的辛辣的嘲弄！我们明知它会将我们引向何方，却依然把生活当成一种资本，并称颂它的魅力，难道这不是一种疯狂吗？他怎么能是这样一个孩童，快乐、无忧虑、无缘由地傻笑、热衷游戏、总想着开玩笑和闹滑稽剧？他怎么会相信音乐能给混沌以意义、变无序为有序并征服生存的悲哀呢？它几乎不能稍使伤口的创痛麻木，这个善于幻想的情妇、臆

① 拿破仑唯一的婚生子，史称拿破仑二世。在奥地利宫廷长大，21 岁因肺病死于维也纳美泉宫，现葬巴黎荣军院拿破仑陵。——译注

国度之女王！事实的真相，它实实在在，动人心魄——可怕的和无可置疑的——他终于把握住了，他的秘密直觉，一直受压抑的直觉并没有欺骗他。难道他没有预感到这次旅行是一个错误，他的出走只是为了客死他乡吗？多么愚蠢的骄傲把他推向社会之险途，去追寻某种徒劳的荣耀？正当国家即将起来反抗之时离开华沙，难道不是疯了吗？这点上，预感也曾警示：两年以来，学生之间，话题只围绕于此……而他选择了这个关键的时刻，背向危险，到维也纳去浪费时间，闲逛，说无聊的话，拜访各色人等。

噢，各色人等！他们贫乏的躁动、无药可救的虚荣心、对你所遭受的苦难的无动于衷简直就是没教养！莎士比亚，你说得多么正确：一个白痴说的故事，全是声响和喧嚣，毫无意义……终止这一切吗？可惜！一个与死亡较劲的人只能自取灭亡，用一种恶兑换另一种恶。没有出路的悲惨，毫无怜悯的送葬行列，痛苦的深渊！

在肖邦的日记里，激情燃烧的情景不停地涌现……

日记

斯图加特，1831年9月。奇怪之事！这张我就要躺下的床，可能被不止一个行将死亡的人睡过，而这个念头今天没有给我带来任何不快。可能不止一具尸体曾经在此横陈，并长久停留。

可一具尸体哪点比不上我呢？一具尸体什么都不知道，不知道其父其母，不知道其姐妹，也不知道提图斯！

一具尸体，也没有爱人！不能对周围的人用它的语言交流！一具尸体跟我一样苍白。它跟此刻的我一样冰冷，冷漠面对一切。一具尸体不再活着，我也是，活到厌烦。厌烦？一具尸体真的对生活心满意足了吗？果真如此的话，它应当会有好气色，可它多么可怜！生活对人的轮廓、面部表情和体态，真有那么大影响吗？为什么我们要经历这种悲惨的生活，这种将我们吞噬，并只是用来把我们变成尸体的生活！

斯图加特塔楼上的钟正敲着夜的时辰。啊！此刻世上多少人在死去？孩子失去母亲，母亲失去孩子。邪恶的和善良的都已死去。美德和罪恶也一样。在死亡中一切均为兄弟。

果然，死亡是最好的一件事。可什么是最坏的呢？出生，既然这是最好的反面。我完全有理由怨恨被生到这个世界上！为什么未许我不降生尘世，既然我在此无所事事：我的存在，究竟何用？人群中我一无是处，因为我既没腿肚，又没肌肉，一个可怜虫……可是，即使我有腿肚，我就更有价值了吗？我有腿肚就更好吗？可必须有腿肚！一具尸体有腿肚吗？一具尸体并不比我有更多的腿肚。我们更像了。看来，我不缺什么就能和死亡亲近……

康斯坦斯掩饰了对我的爱吗？这个谜可要猜上一猜！是，不是，是，是，不是，是，不是……她爱我吗？她肯定爱我吗？她爱做什么做什么！今天，我有一种更崇高的感情，更崇高，比探究灵魂更崇高得多的感情。（抹去两行字）父亲、母亲、孩子，对我来说最亲爱的人们，你们在哪里？可能已经死了？俄罗斯人跟我玩了一个恶作剧？哦，等等，等等……这难道是泪水吗？太久了，它们没有从我的眼里流出。为什么？一种干涩的悲哀已经太长时间把我占据了，这些天来已经不能哭泣！这是一种什么感情？好的，怀旧的。听任怀旧把你带走，这不好，可这多么愉快！一种奇特的状态！可死者也一样，他同时感受好的和坏的。他进入一种更幸福的生活中，他觉得很好，但他对过去抱憾，并因此而怀旧。死亡应当跟我停止哭泣的时候感觉相同。这或许正是我感情的一种短暂死亡。这一瞬间，我为我心而死，或者此刻，我心为我而死。为何不到永远？或许这对我还更可忍受些。独自，独自……（抹去三行字）

啊！无法描述我的悲惨境地！我的感官几乎不能忍受这种惨状。我的护照将在下个月过期失效，我不再能够在国外生活（至少不再合法)。那么,我就更像一个死人了……

静夜

他的预感没有骗他。1831 年 9 月 15 日,他从报上得知,(德奥)陆军元帅帕斯凯维奇统领下的俄国军队兵临华沙城下,第二天他们就对华沙发起了攻势。守军防线设在沃拉城关:十个月前,肖邦正是从那里走过离开华沙的。守军在波瓦斯基墓园的围墙边上尽力作战,就是那个埋葬艾米莉亚的墓地。索文斯基将军带领将士们自卫,他进行了顽强抵抗,直到被包围,死于敌人刺刀之下。其他地方,民兵们参加了无望的抵抗,不止一个平民死于战火。9 月 8 日,华沙投降。这是一次完全的耻辱,丢掉了一切独立前景,永无复仇的希望,这个希望曾滋养了整整一代人。终身流放和没收财产将全面施行,从而导致大规模的迁移。波兰再一次陷入了深渊。

斯图加特,1831 年 9 月 8 日以后

我写前几页时,还不知道敌人已进家门。(抹去一行)

城关街道被毁,烧掉了。杨诺!维路斯[①]可能已经死于战壕。我看到马塞尔被抓了。索文斯基这个勇敢的人,落在这些混蛋手里!哦,上帝,你存在吗?是的,你存在,你不为我们复仇!难道俄罗斯人的罪恶还不够吗?或者你自己也是俄罗斯人?

我可怜的父亲,我勇敢的父亲,他有可能挨饿了?可能他连给我母亲买面包的钱都没有了!我的姐妹可能成了无法无天的俄罗斯丘八的牺牲品?帕斯凯维奇这条莫吉廖夫狗,占据了欧洲最大君主的府邸!俄罗斯人成了世界的主人!(抹去两字)哦,我的父亲,这就是你老年的消遣!母亲,温柔痛苦的母亲,你比你女儿活得更久,眼看着俄罗斯人践踏她的尸骨。(抹去一字)啊!波夫纳斯基,他们对他的坟墓

① 维尔海姆·科尔贝格的昵称。

表示尊重了吗？它被践踏了，用其他成千的尸体将它覆盖了。他们烧毁了整座城。啊！为什么不给我机会至少去杀一个俄罗斯人！哦，提图斯，提图斯！

康斯坦斯在哪？她可能在俄罗斯人手里！一个俄罗斯人压她，掐她，谋害她，把她杀死啦！啊，我的爱人，我在这里孤独一人，来我身边吧，让我为你抹去眼泪，让我平息眼下的痛苦，对你唤起往事，那些还没有俄罗斯人的日子！

可能我已经不再有母亲？可能让一个俄罗斯人杀死了，谋害了？我的受了惊吓的姐妹反抗着，不！我的绝望的父亲不知成什么样了，没有一个人可以将我母亲扶起来，而我，在这里动弹不了，两手空空，这里，我只能不时地叹息，我将绝望发泄到钢琴上！到底有什么用，上帝，我的上帝，请撼动大地，愿它吞噬这个世纪的人们，愿它用最残忍的酷刑去折磨法国人，他们竟然不来伸手救援我们！[①]

对钢琴诉说

很可能是在斯图加特，肖邦的第二和第二十四前奏曲酝酿成型，并创作了被称为"革命练习曲"的《c小调练习曲》（作品第10号之十二）；他润饰完成了《b小调谐谑曲》（作品第20号）。这是两部火山喷发的宏制巨作，这两次爆发与《斯图加特日记》的语调奇迹般地吻合。这次灾难性的发作在肖邦心灵上留下了无可弥合的创口。表面上看来是抹平了，却再也没有完全愈合。那一刻，予人假象的帷幕被撕裂，这道帷幕后面是他的青春年华。在波兰的肖邦和巴黎的肖邦之间，确实存在一个因离乡而无所依附的深渊。斯图加特的悲剧，它尤是一种昭示！他永远不会从中康复。

---

① 年轻的波兰人不久就会明白，法国人民（如果他们有自由的话）会飞奔去解救他的民族。后来他明白了，路易-菲利普本人并不能对当时那种保留态度负责，那是法国在悲剧当前时的不得已之举。

第二部分　法国

“……法国人，我终于爱他们如同我的族人”

——肖邦

第六章　1831 年的巴黎

巴黎鸟瞰

……我到了巴黎，未遇到太多困难，可花费颇巨。多么令人惊异的城市！法国人大都欢天喜地，也爱喋喋不休，即使他们身上再无分文……我对自己在这个城市所获甚感欣慰：一流音乐家和最佳剧院。在此逗留的时间可能比我原先设想的要长，并非我如何地好，而是我有可能会慢慢好起来……这里有最奢华和最肮脏的场所，最高尚的美德和最败坏的恶行。到处可以看到治花柳病的招贴，噪音、吵闹、喧哗和泥泞，比所能想象的还要糟。想在这个天堂般的场所消隐无踪，这很好办：谁也不会去关心别人过的是什么生活。一个人可以在冬季衣衫褴褛地出门，也可以出入最上流的社会。头天你花上 32 个苏，就能在一个用煤气照明的，周围明镜环绕和满眼镀金的餐馆里饱餐一顿，第二天你却可能花上三倍的价钱，人家就给你上一道鸟食——我刚到这里就领教过了……我住在鱼锅大道 27 号，五层。你简直想象不到我的住处有多漂亮！一个小小的房间，配上桃花心木家具，阳台正对林荫大道。我就是透过这些林荫大道见识巴黎的，从蒙马特到先贤祠。很多人都羡慕我的视野，却无人恭维我的楼梯。乘着风，我来到巴黎，人们在这里呼吸顺畅，但这儿的人可能也因此而格外爱叹息。

> 巴黎有你所向往的一切。在巴黎，你可以尽情娱乐，可以烦恼，可以笑，可以哭，你可以做你想做的一切，没有人会向你瞥上一眼，因为成千上万的人都在以自己的方式行事……

他寥寥几笔，就勾画出了这个城市的面貌。虽然稍显粗略，但准确。在这里，肖邦将度过他短暂生命中最后18个年头。

肖邦几乎不涉及对法国政治的描述，这种无动于衷在当时背景下尤显突出，因为1831年9月，肖邦抵达之时，那里恰好剧烈地动荡着。

从查理十世到路易-菲利普

自1830年7月“三个光荣日”以来，时逾一年，但法国尚未从震荡中完全恢复过来。查理十世颁布的著名通谕，犹如火上浇油[①]，招致了巴黎街头的各种路障，到处都有激烈的巷战，马尔蒙[②](Marmont，1774—1852)指挥的王家部队被轻易击溃。共和党人认为自己已控制了局势，可拉法耶特[③](La Fayette，1757—1834)和梯也尔[④](Thiers，1797—1877)却巧妙地把胜利拱手交给了路易-菲利普，他于1830年7月31日被任命为王国摄政。十天之后，查理十世逊位，路易-菲利普继路易十六的两个弟弟之后登上王位。他执政期间王权并不稳定。君主不再是法国国王，而只是法国人的国王[⑤]。在臣民及其君主之间，历来神授的宪章被某种合同所取代，神权及其

---

① 这些通谕于7月25日星期日在圣克鲁(国王行宫)签署，取消报刊言论自由，解散新的国会，组建一个新的选举体系，增加取得选取权的纳税额，这些措施的实施对工业和商业资产阶级不利，明显违反法国1814年的立宪宪章。

② 法国军事将领，曾在拿破仑麾下征战，成为帝国元帅；复辟王朝时期为国王效力，七月革命时为国王查理十世的王家卫军统帅，后随逊王流亡国外。——译注

③ 法国大革命时期重要政治人物，也是美国独立战争的参与者，在世时成为美国公民，2002年被授予美国荣誉公民资格，以表彰他在美国独立战争中的杰出贡献。——译注

④ 法国政治家，法国大革命后新兴的领导阶层的代表人物，倾向君主立宪，后因对七月王朝的失望而转向共和，第三共和国第一任总统。——译注

⑤ 路易-菲利普被称作是法国人的国王，因为他打破了封建王权传承的规矩(王室幼支替代了长支)，直接被胜利的资产阶级推上王位，被认为没有君权神授的正统性。——译注

相关的特权亦被取缔。

新国王

说实话,新国王相貌并不出众。他 57 岁,个子不高,梨形脸,额前有一绺顶发,两边有浓重的颊髯,两眼凸出,身量臃肿。平等菲利普的儿子[①]不像是太阳王的后裔,倒更像马莱区[②]的一个店主。他惯穿一件配有金扣的蓝色上衣,米黄色的带蹬脚的长裤,手中那柄替代权杖的雨伞,常常成为那些写抨击评论的作者和漫画家的靶子。这番装束使他外表看上去活脱脱一个资产者。国王爱金钱胜过荣誉,坦承喜欢卡齐米尔·德拉维涅[③](Casimir Delavigne, 1793—1843)更甚于维克多·雨果,在德拉罗什和德拉克罗瓦之间更倾心于前者。他盛赞一个三流画家,叫做阿洛,认为他"画得很出色,画卖得不贵,而且还是个绝妙的色彩画家"。他并不缺乏才智,但浪漫主义在好些方面都让他厌烦,令他不安。他谈话饶有趣味,能长篇大论,擅讲故事,喜欢逸闻趣事,气氛融洽的话,也能显出某种机智。国王虽有能力作清晰的判断,意志力却薄弱,因此偏爱迂回曲折,倾向于等待时机,往往吹毛求疵,就是不作行动。他天性尚属宽厚,不喜欢把对手当作敌人,对闹事儿的人表现出一种出乎意料的耐心。他甚至为阿尔贝·贝尔梯耶·德·索维尼谋取了一个重要的职位,此人曾沿君王散步的方向驱马疾驰,对此人蛮横的眼神,甚至嘲讽的言辞,他居然都不予追究。国王是讽刺画家们拿来开涮的第一个目标,那些反对派记者嘲笑他,丑化他的绰号叫做"某某人"! 事实上,这位奥尔良公爵被称作"大宝贝儿"——像诺曼底女人称她们的头胎儿那样——人们对他并不恭敬。梯也尔被叫作"小矮子"。至于对那些廷臣的称呼,在不同时期,"猛禽、窃贼、家禽",不一而足。法国

① 平等菲利普是奥尔良家族的公爵,代表法国王室幼支,在大革命期间曾投票赞同路易十六世上断头台。他的儿子即新国王路易-菲利普。——译注

② 巴黎一个资产者聚集的街区名,地处塞纳河右岸。——译注

③ 法国诗人和剧作家,曾被未成名的巴尔扎克视作天才,如今已被人遗忘。——译注

人天性爱嘲讽，法兰西不再自尊，对自己并不比对邻人更敬重。还有，为了免招更多非议，王室成员，即国王夫妇及其八个子女——奥尔良公爵、纳穆尔公爵、儒安维尔亲王、奥玛尔公爵、蒙邦西耶公爵、露易莎、玛丽·克里斯蒂娜、奥尔良的玛丽·克雷芒蒂娜——他们从自己的宫殿[①]搬到了杜伊勒里宫居住。奥尔良公爵早逝于一场马车车祸。至于奥玛尔公爵，堪称骁勇的士兵、不知疲倦的情人，在赢得阿尔及利亚荣耀之前，曾是巴黎风流韵事专栏的中心话题人物，他显然继承了亨利四世的多情血脉。佛罗朗丹小姐是歌剧院的一名歌手，曾这样说他："奥玛尔大公有血亲王子的尊贵招牌，既有钱也漂亮，所有芳颜无主的小姐们都以被他包养为荣。"

反对派

反对派中有三个派系：正统派，他们对一个奥尔良家族的人登上法兰西王座耿耿于怀；共和党人，由名称古怪的秘密社团组成[②]；还有拿破仑派，第二年即 1832 年，雷施塔特大公之死让他们失掉了继承人，因为那时候还没有人把路易-拿破仑[③]的候选资格当回事。国王对拿破仑派推行一条格外宽松的政策，于是，1833 年 7 月 21 日，拿破仑的雕像重新矗立在旺多姆圆柱的顶部；1836 年 7 月 29 日，路易-菲利普为凯旋门揭幕；1840 年 3 月 14 日，皇帝的遗骸自圣赫勒拿岛被迎回。面对这种明显带有和解意图的政策，王权的反对派并不买账。法国很少经历这样的时期，即抨击国王及王室成员的小册子漫天飞。人们甚至编排说，昂古莱姆公爵夫人曾做过巴黎主教大人凯朗的情妇。贝里公爵夫人也未能幸免，她儿子波尔多公爵[④]血统的合法性曾遭到公开质疑。至于共和派秘密社团的成员，他们对路易-

① 路易-菲利普难道不是那个让罗亚尔宫(Palais Royal)闻名于世的亲王的儿子吗?(这里的亲王指上注⑥平等菲利普。——译注)

② 政治犯社团、七月请愿者社团、高卢人社团、再生法兰克人社团、人权社团、自助者天助社团、进步社团、人民之友社团、家庭社团、地狱社团，这最后一个社团的主席叫柏拉图，例会地点设在"大炼炉"！

③ 即后来的拿破仑三世。——译注

④ 逊王查理十世的长孙，法国王位合法继承人。——译注

菲利普的外形滥加诽谤，直至在墙面上把国王的面目熏黑，然后将它当作练习射击的靶子。即使是个弑君者，在乱党分子眼里，也再合法不过。18年期间，将有十多起谋杀事件记录在案。在某个查理·菲利朋主办的《漫画报》上出现了一幅画，画的是一只梨，搁在协和广场的碑座上，题为"赎罪纪念碑"。漫画作者被送上了中级法庭，他自我辩护时，面对影射国王脸型的指控，平静地宣称："检察院在这里看到的是一种谋杀式的挑衅，可这最多是提议将此物变成果酱而已！"另有一份讽刺性报刊《噪音》，独出心裁地报道一名叫做路易-菲利普的犯人，他由于在利沃里街偷伞而在1832年遭逮捕："有段时间了，一个著名盗贼的行动被监视，这个窃贼名叫路易-菲利普，数年来他并未稍微收敛各类犯罪行为。此人在复辟王朝期间，常去杜伊勒里宫周围心怀叵测地转悠，终于在罗亚尔宫附近因偷盗而被捕，大家都对此感到高兴，我们的社会亦应深感满意。这次，被这个老到的扒手窃取的是一把雨伞……"由艾米尔·德·吉拉尔丹主持的《时尚》是正统派刊物，它不放过任何一位七月王朝的支持者：部长、将军、法官、高级官员，几乎一网打尽，所用的攻击性语调明显地带有侮辱性。1838年7月7日，在这份刊物的"讽刺挖苦"栏目中可以读到这样的文字："罗斯柴尔德先生不久前购置了塔列朗(Talleyrand，1754—1838)的公馆。好极了，犹太人在神职人员府上会很受用①"！那个时候的言辞激烈程度由此略见一斑。

不过，正统派和共和派最终都被驯服，1831年里昂丝绸工人迫于贫困而起义的结局也一样。尽管如此，法国民众对自身所代表的政治力量有了意识，从今往后，不论愿不愿意，需考虑它的存在。特别是从那个时期开始，各种社会理念的传播很快，尤其是圣西门的那些思想流传甚广。《环球报》于1831年更名为《圣西门学说报》，作为一部非常活跃的宣传机器，着力宣传这门学说，直到复辟王朝结束，始终捍卫自由主义思潮。当时革命民族主义浪潮的重现，将带动各种思潮。令人称奇的是，这种民族主义的

① 前者是犹太富商，后者是法国著名政治家和外交家，政治上发迹前在奥坦(Autun)城任主教。——译注

爆发与自由天主教信仰的回归相吻合，而浪漫主义在1830年前经历了一次演进后，也给文学革命带来了政治和道德层面上的抗争。1830年前，雨果从未想过要写一本《悲惨世界》这样的小说，同样，乔治·桑也没有想到会在自己的私人生活和小说中，演绎叛逆的女权主义。一切都蓄势待发。

动荡时期

对这个既发生过也愿意继续大革命的“年轻的法国”，路易-菲利普王朝会顾及它的憧憬吗？也会也不会。正是为了遏制这种自发倾向，国王的某些盲目政策导致了他后来的失败。

1835年的法律将限制言论自由。在1839—1840年经济危机之后，国王用基佐替代梯也尔，因为后者对他个人的权力不利。基佐推行的和平及繁荣政策对有产者有利，不利于任何形式的改革。尽管在阿尔及利亚取得了战果，法国人对某种退让政策很是敏感，这点将在1840年埃及危机中凸显出来。1847年的经济危机将使一向忠于政权的大资产阶级远离现行体制，并使民众骚动再起，最终导致了王朝的毁灭。再说，肖邦在巴黎度过的18年间，千百种小冲突不断撩拨这把潜伏着的暗火，最终使它噼啪燃烧起来。旺代暴乱重启，两万多人在巴黎死于霍乱，夏多布里昂遭逮捕，拉马克将军葬礼上的骚动，对圣日耳曼-奥克赛罗瓦教堂的抢劫，1834年和1838年间的起义，1836年在斯特拉斯堡，1840年在布洛涅，由路易-拿破仑·波拿巴特引起的暴动：所有这些事件都让巴黎神经绷紧，处于持久的不安和经常的对抗之中。

时间上的远离，往往会让我们误判一个过往的时代，以为它充满魅力与平静。没有任何一个时代比路易-菲利普朝更动荡，骚动不断，工人无产者无时不在征战边缘，自由的年轻一代激动不止。传统的看法完全正确，即政府处在火山口上，最后的喷发将是血腥的。

1831年9月，肖邦到达巴黎时，全国人口达到3 260万，15年之内，这个数字将再增加300万。1846年，法国乡村的人口密度达到饱和，以至引起了农业人口的真正过剩:路易-菲利普时代的法国以农业为主。20 年之内,农业生产总值增加了 38%,当然同期工业生产增加了 66%。1831 年巴黎人口达到近 100 万,尽管当时的城区比今天小得多,而且面貌大不相同。

街头巷尾

当年只有很少的人行道,有些地段根本不存在。“路面铺着不均匀的砂岩石块。街中间,淌着一条小溪,平时就是一股细流,下暴雨的时候就成了真正的湍流。这时想过街的话,就得付钱给萨伏瓦人,他给过路客提供一块踏板。”夜幕降临,街面很暗,照明靠一种叫做路灯的油灯,用直角支架悬挂在墙头,系在靠滑轮升降的绳索上。有月光之夜,无论桥面、林荫大道,或堤岸街以及公共广场一律不点灯:强盗、扒手和杀手大有可乘之机。

让我们坐一乘双座四轮轿式马车,在巴黎转一圈,就是说到巴黎能住人和有人住的街区走一走。转一圈很快,因为浪漫时代的巴黎跟它 20 世纪的规模相比,只是大洋中的一个小岛。1831 年,城区西边到协和广场为止,从前称作路易十五广场。在路易-菲利普朝,市政继续规划改造广场,靠种植树丛来美化、遮挡一点当年断头台的地方。和玛德莱娜广场相同,协和广场也还只是一大片宽阔的场地,一边是“加布里艾[①](Gabriel, 1698—1782)设计的两个宫殿,另一边是被称作马利的双马塑像,即克瓦斯沃[②](Coysevox, 1640—1720)设计的战马。这组雕塑被当作界标矗立在广场一侧,马的背后是广场围栏,前面是一大片泥泞的荒地,中间一条长着野生植物、堆着垃圾和积水的壕沟”。[③]一般人绝不轻易走到协和广场之外,朝向香榭丽舍方向,走到头是凯旋门,或者说当时还只是木头、纸板和帆布搭成的框架,象征未来的建筑物,立于林子中间,周围全是树。奈依大街穿

---

① 路易十五的首席设计师,巴黎的协和广场为他所设计。——译注

② 法国巴洛克风格雕塑家。——译注

③ 根据罗伯特·布尔楠《1830 年法国日常生活》。1834 年,这些壕沟被填平。四年之后,竖起了埃及方尖碑。

过田野向外延伸。沿着王后散步大道，有个地下小棚屋区，那些形迹可疑的人在此处藏身，伺机作恶。欧仁·苏[①](Eugène Sue, 1804—1857)在他的《巴黎的秘密》中曾很准确地描述过这个街区和不少其他街区。让我们跟随他的主人公鲁道夫片刻。一个绰号小学教员的强盗和一个被叫作猫头鹰的独眼女人，建议他去寡妇小街(即今日的蒙田大道)抢劫一栋孤零零的房子："在潮湿和黏黏的泥土里挖出的台阶通向一条宽壕沟的底部。壕沟的斜面很陡峭，挨着一间低矮的破房子，肮脏不堪，墙面有破洞，屋顶瓦上长满苔藓，高度也就刚跟地面齐平，旁边跟它搭伴的是两三个用虫蛀过的板子搭起来的棚屋，用来作储藏室、杂物间、野兔窝。这个小酒馆名字是**滴血的心**，一个绰号叫**红臂膀**的人开的。"罗伯特·布尔楠写道："得是像年轻的维克多·雨果那样，一个需要靠刻苦写作来养家糊口的诗人，才会住到这样一个街区！而巴尔扎克也大胆得可以，才会搬到夏佑高地的坡上去住！"如今巴黎最时尚的一个街区[②]，当年就是这副尊容！

我们转到马德莱娜大教堂这边了，它建在一片空场上。越过栅栏看得见一根根立柱已经耸立，正立面的三角楣尚未完工。工期拖得太长了，工地终于变成了景观的一部分，供人在月光下注目眺望："有天晚上，我们在可靠护卫的陪伴下去那里转了一圈"，德·吉拉尔丹夫人这样写道。接下来是林荫大道，虽然那里已有剧院、咖啡馆和马戏团，可看上去魅力全无。"黎世留街和歌剧院大街之间的拐角是一个肮脏的地方，建在磨房高地，这个高地本身就是垃圾物堆成的[③]。"就在现如今的法兰西剧院边上，罗亚尔宫则拥有自己的长方形绿地，周围咖啡馆、餐馆和舞厅林立。临近的几条

① 法国作家，其代表作为《巴黎的秘密》和《漂泊的犹太人》。——译注

② 欧仁·苏自诩是"民众作家"，事实上，他自己是个十足的纨绔，混迹于圣日耳曼大道的上等社会中，穿着永远入时，甚至有些怪诞。他过着一种舒适的生活，全身心投入一切娱乐：打猎、骑马、养狗、书籍、佳肴加女人。他的朋友们给他起了一个好玩的绰号"金鸡纳霜硫酸盐"，后半部分是"胖子苏"的谐音，前面加上金鸡纳霜作修饰语，是嘲笑他的贵族情结(法文中以"德"这个音连接，正好是贵族称号的前缀)。整个绰号跟他相当配，因为苏年轻时候学过一点医学……

③ 摘自亨利·比杜《巴黎》(伽里玛出版社)。

街上，有可恶的群氓出入，他们也在夏特莱区和西提岛上转悠。在大法院和圣母院之间，如今已清理建成商业厅的这个地方，“烂泥色的房子，偶尔开几个窗户，窗框被虫蛀掉，几乎不带玻璃。黑黝黝、不清洁的小径通向更黑、更脏的台阶，陡得那么厉害，只能靠一根用U形铁钉固定在潮湿的墙上的井绳，勉强攀援而行[①]。”巴尔扎克一点都不比欧仁·苏更乐观。他笔下的巴黎是“癫狂的，充满了隐藏的罪恶、欺人的外表、阴谋”。他把圣迈里街区看得一团漆黑：“肮脏、杂乱、破烂不堪，骚乱总在那里滋生。”

右岸的一切也丑陋无比，满目的污垢和朽烂，只有安亭街一带除外，那里金融界人士建有公馆，也有外国人居住。肖邦后来搬去牧羊人城路4号，也住过安亭街38号，稍后他住到特隆舍街5号，后来和乔治·桑住在毕卡尔街16号，最后住在三一教堂后面的奥尔良广场4号。

14座桥——今天总共是27座[②]——架在塞纳河上，沿着塞纳河，有泥路权作堤岸，泥土道上行进的是牵引船只的马匹。平底驳船航运还很重要，蒸汽船才刚刚开始使用。

王室住在奈依宫和杜伊勒里宫。杜伊勒里宫在塞纳河畔，与卢浮宫相对，后者已不再用作宫殿。罗亚尔宫还依然是巴黎的心脏。卢加-杜布列东[③](Lucas-Dubreton，1883—1972)写道：“犹如嵌在狭窄、黑暗的街面中的一片绿洲，这片长方形绿地周围环绕着咖啡馆、餐馆、舞厅和游戏场所，像普罗旺斯兄弟、维里和朗波兰、波拿巴分子和自由派咖啡馆、多维里耶(虽然它的创牌者已去世，却名气不减)、野人咖啡馆，再比如外国人舞厅、阿比亚之家，以及科林斯画廊、泉水院。尤其那些炖菜馆里，供应客饭的桌子只是骗人的幌子，饭菜刚一撤下，牌桌就起，变魔术一般。这里有想发财的领取半饷的人，军官们的寡妇——至少她们如此自称——这些‘唾手可得的娘儿们’，只有一个念头，就是跟撞上的头一个人勾搭。这是一个可疑的、

① 欧仁·苏，《巴黎》(伽里玛出版社)。

② 2011年，巴黎塞纳河上共有37座桥。本书成书时间为1970年代中期，当时应为27座桥。——译注

③ 历史学家。——译注

各色人等混杂的世界，诈骗团伙自然也厕身其中。”

这些诈骗团伙的大本营散布在好几个地段。西提岛上，蚕豆街白兔小酒吧是一个；在圣亨利街区，他们聚集在肉铺街美丽奥林匹亚小酒吧；稍远一点，常常可以在圣厄斯塔什和圣迈里街区周围的小巷深处撞上他们。还有在蒙马特街、蒙托尔格耶街、圣德尼街、圣马丁街一带，可以发现无数的“死胡同里，墙面洞开，或者名声很坏的小酒吧里昏暗的烛光中魅影晃动，还有那些由烂抹布、硝制皮革散发出难闻气味的小巷子里老鼠满街乱窜”。要等到第二帝国时期，才会在这些密集的、不卫生的街区修筑通衢大道，犹如供给肺部透气用的支气管。

娼妓

既然我们提到了巴黎的盗贼，让我们再来说一说娼妓。在硝石库医院行医的巴翰·德·夏特莱大夫[1](Parent du Chatelet，1790—1836)对这些娼妓曾作过某种地域分布统计。那个时代，巴黎只划分为12个行政区。这类妇人在二区最为集中，遍布安亭街、罗亚尔宫、费多、蒙马特大街(仅罗亚尔宫街区，每63个居民就有一个这种女人)；四区总计有497个娼妓(分布在圣奥诺雷、卢浮宫、批发市场、银行区附近)；在圣厄斯塔什街区，只有4人行娼；相反，她们在夏特莱和市政大楼以及西提岛一带成群结伙。工人聚集的东边的情形相似。马莱区、圣安东城关、波班院区、十五二十区[2]，这一带居民人数约72 800人，娼妓59人；逻辑上西边街区没有这类交易(香榭丽舍和杜伊勒里)，但让人好奇的是，拉丁区的娼妓比圣日耳曼城关区的娼妓反而少。最后，圣路易岛上，似乎完全洁净，因为没有统计到任何妓女的数字。

此处正是时候，让我们来看看肖邦刚到巴黎时，写给朋友诺贝尔特-阿

① 著有《巴黎城区娼妓实录》，被公认为娼妓研究史上最重要的著作，也是第一份经验社会学(sociologie empirique)调查报告。——译注

② 圣路易为盲人所建，可容纳15倍于20个病人的医院，故称十五二十医院，目前是世界著名眼科专科医院。——译注

尔封斯·库梅尔斯基的一封信。在这封留存至今的信中，他有一番奇特的感慨："巴黎街上慈悲为怀的小姐真多！她们缠着过路客，固定嫖客也真不少。真遗憾，特蕾莎让我记忆犹新，禁止我去品尝禁果——尽管本尼蒂努力说服我，觉得我的痛苦不足道——我已经认识了几个女歌手，比蒂罗尔女歌手更难缠，她们渴望出双入对……"这封信写于1831年11月18日，这种私房话在肖邦那里是唯一的一次。之前，他从未对任何艳遇有过暗示，没有证据让我们猜测在华沙——他一直被人言可畏这个念头困扰——和维也纳，他跟人有过任何暧昧关系。因此必须承认肖邦在夸大其事：一次暗中幽会外加可疑的接触，怎么就会染上哪怕是可治愈的性病？加上，他后来在巴黎度过的18年间，肖邦对感官生活并未作过哪怕是最闪烁其词的暗示[①]。在肖邦一生中，这是唯一的一次，透露出某种短暂的艳遇。在第一次令人恼火的性经验中，如果他真的蒙受了生理上的影响，对女人的鄙视心理——就是说他对女人的极端保留——就会加深。有些人就是这样的，他们在20岁上就"已被爱情治愈"。

四周

那个时代，杜伊勒里、卢森堡、植物园(它的南边正好是巴黎的界限)是巴黎城内仅有的三个公共花园。布洛涅树林是一个人们轻易不涉足的林子。至于穆索公园(未来的蒙梭公园)，它还是奥尔良家族的一份私产，院内装点有仿古废墟。应当说，人们当时对绿色的需要并不像今天这样强烈。一方面，城市比现在小得多，从城边走出"关卡"，就是乡村。巴黎被周围很多村落环绕：奈伊、克里希、帕西、奥特伊，再远一点，蒙特尔伊那里种植杏树，巴涅奥莱种覆盆子，莫蒙朗西种樱桃。城里人穿着燕尾服，戴着高帽去这些地方。沃奇拉和格勒奈尔还主要种植蔬菜。"在蒙马特、美丽城和

---

① 读者会在下文中，读到有关他和黛菲娜·波托茨卡的"暧昧关系"中我们的看法，以及对所谓他写给黛菲娜那些著名的信件的分析。

蒙鲁日,眼看着磨房一个接一个地消失,可即使风车的臂杆不再随风转动,歌舞酒馆和夜酒吧的招牌还是留下了痕迹。巴黎葡萄园不少,仅在万森,就有 24 公顷。林荫大道外的居民所种植的葡萄能酿出 18 000 母依[①]的酒[②]。"

拉丁区是修道院区,有圣母往见修会、于尔絮勒修会、聋哑会、加尔默罗修会、斐扬派修会(维克多·雨果曾在此度过早年岁月,随后就搬到沃奇拉,离圣伯夫的住处很近,后者住在格利高里修道院长街),还有感恩谷。在卢森堡公园,东边的街道(圣米歇尔大街)和西边的街道(阿萨斯街)之间,正好开了家旅馆,美人玛尔科在那里接待过缪塞。"摘掉了驴帽"[③]的奥迪翁剧场周围,那时还有拱廊与两侧街道的房屋相连。除了这一点,该街区跟那时没有多大变化,一条条小街彼此交错联接,穿过克吕尼,一直延伸到塞纳河。漂亮古怪的贝尔吉奥约索公主,那年屈居于克吕尼街区索邦路一个复式阁楼间里,这是在她搬到马德莱娜广场去之前的事。其时她匆忙逃离意大利,其财产尚在扣押中。杜邦·德·勒尔[④](Dupont de L'Eure, 1767—1855)这样写道:"一天我贸然爬上通向公主住处的六层楼梯。她正在画一把扇子,身边的搁物架上晾着她前一天刚绘上画的玻璃器皿。房间一角,每天都来拜访她的拉法耶特将军正靠着床头柜剥一颗沙拉菜。权作厨房的小屋门开着,我瞅见梯也尔腰间系着一块白抹布,正在摊一个鸡蛋饼。我提议帮把手,可被拒绝了,只让我摆餐具。当我关门离去的时候,一张钉在门上的名片吸引了我的注意,上面写着:不幸的公主。"

城关一带

圣日耳曼城关一带,是浪漫者眼中真正的巴黎。路易-菲利普最坚定

---

① 法国古代容量单位,1 母依=268 220 升(巴黎所用计量酒的体积单位)。——译注

② 摘自瓦勒米-贝斯所著《外林荫大道猎奇》。

③ 驴帽形状是两边带两只高耸的耳朵,这里指剧院两侧各一栋高出剧院的附属建筑,脱离剧院而独立存在,不再是剧院的一部分。——译注

④ 法国政界名人,参加和见证了法国 1789,1830 和 1840 年三次革命。——译注

的反对派聚在这个街区，他们只有一个渴望，就是重新回到大革命前的法国。1831 年，尽管曾受到 1830 年 7 月“三个光荣日”的冲击，圣日耳曼城关仍“个性突出、秩序井然地存在着，它既可以是你的盟友也会变成敌人：有必要在战略预测中予以关注[①]。”这个贵族区的居民容易激动也爱迷信，他们因所珍视的传统受到威胁而对之愈加热爱。半个世纪中，他们见证了那么多的动荡！设想一下，1831 年，一个 50 岁的人见过各种制度走马灯似的更换：旧制度、大革命、督政府、执政府、帝国、第一次复辟、百日政变、第二次复辟和 1830 年的革命！他活在无休止的悲剧中，赌注是法国的命运，而巴黎却是舞台。巴黎被同室操戈撕裂，被恐怖时代浸满血迹，被警察尾随盯梢，由于骚乱和共谋而不断发生暴动。一个高度警惕的巴黎，在相互敌对的体制统治下，被各种自相矛盾的政令弄得惊愕失措。尽管断头台和移民迁徙，使整个巴黎人口骤减，但人们的政治热情已然炽烈。随着对查理十世部长们的诉讼，一批公馆陆续关闭，欢宴被中断——这就是在查理十世的支持者和路易-菲利普的警察势力之间的公开争斗。圣日耳曼城关在等待，处于守势。

这个贵族区有自己明确的界标：从塞纳河到林中修道院（目前的塞伏尔路），从法兰西学院到荣军院前的广场。这个宽阔的正方形中间，圣日耳曼大道和拉斯帕耶大道交叉处的 Y 形岔道还没有修建，跟塞纳河平行的四条大街将其分成几块（法莱纳路，格勒奈尔路、圣多米尼克路和大学路），贯穿这些大街的巴克街跟它们形成直角，沿街布满了商家。整个圣日耳曼城关街区唯一的一家咖啡馆，德玛尔咖啡馆，就跻身其间。这几条街上有好多古老的宅邸，名声显赫，像卡斯特里公馆、布瓦吉兰公馆、布罗格里公馆、马提侬公馆、拉穆瓦侬公馆、达古尔公馆、吕奈公馆、迈纳公馆、格拉蒙公馆、拉维耶公馆、马侬公馆、加里费公馆。而每家公馆内侧的花园尽管漂亮，格局却多半显得局促。

---

① 摘自 J.贝尔托所著《复辟时期圣日耳曼城关》，塔朗迪耶出版社。

亨利·比杜写道："无论风格如何，这些宅邸都按常规布局修建。大门开在街面上，里面一个主院，两边是下人住的附属建筑。马车停在一个居中大花圃的周围。客人进门前有石头铺设的前厅，紧接着就是石头台阶。餐室在一边，有一个硕大的白色釉彩取暖炉，每天烧两次取暖。墙上挂着壁毯。房顶垂下一盏可点 40 根蜡烛的吊灯。前厅的另一边是沙龙，通常配有老式家具，挂着厚厚的窗帘，却常用各色小摆设来活跃气氛，这些玩意儿是在贝里公爵夫人带动下时髦起来的。楼上是住房，从这里可以看到花园里的绿色。"

"早晨，城关一带还在沉睡，只有仆役在忙碌。扫院子，掸地毯，马厩里传来水声和擦靴子声。厨房小学徒们提着巨大的篮子。大门敞开，一个年轻人驾着一辆轻便马车，吆喝着'让开'，急驶而去，奔向我们的英国邻居称之为体育的消遣[①]。"

在这些公馆门口，站着几个高大魁梧的瑞士人，佩着戟。院子里仆佣成群，马车夫，跑腿的，年轻侍卫和未成年孩子。骑士们驱车而过，铺路石嘎嘎作响，各种马车交错而过。轻便马车、敞篷车、单驾小型敞篷四轮马车、可以躺卧的轿式马车、对面式座席四人乘轿式马车，在下午竞相出动，目的地是隆尚。那时布洛涅森林设施还很简陋，尚未成形，却是时髦的专制下唯一可去的散步场所。想知道一驾马车究竟去什么地方，只要听这些甩给车夫的简短命令就行了："去正殿"是去马莱区；"去随馆"是去圣路易岛；"上路"是去安亭街；"去公馆"则是去城关一带。

交通

当时公共交通还很不完善。全市总共有 378 辆慢车，名字多半起得古怪——巴蒂尼奥莱斯，贝阿尔奈斯，市民车，康斯坦丁式，女人车，集合车，驿车，受宠者，瞪羚车，燕车，三轮车，巴黎式或者就干脆叫慢车——它们连

---

① 引自亨利·比杜所著《巴黎》，同前注。

接首都的主要停靠站点。不论远近，车钱一律三十生丁。从前笨重的大车——轿式车或双篷车——都被轻便型车所取代(带篷双轮轻便马车、维多利亚式四轮敞篷车、小型四轮敞篷车、轻便双轮马车、轻便四轮旅行马车、布鲁汉姆车。后者因布鲁汉姆爵士而得名，他带动了低型敞篷车的时尚，称作公爵和我的爵士)。1837 年连接巴黎和西郊圣日耳曼昂莱的第一条铁路线开通。通车典礼上，官员们仅用 25 分钟走完这一段行程，先在佩克城接受国民卫队的致意，到圣日耳曼昂莱再收到一阵礼炮的欢迎。奥尔良公爵和奥玛尔公爵坐在一节敞篷车厢里的豪华软垫长椅上亲临其境。当天晚上，烧煤工排成队表示庆贺，作为这种让人觉得新鲜刺激的新型运输方式的见证。大家回巴黎时都被迷住了，德·吉拉尔丹夫人写道："车行速度快得吓人，可我们一点儿都不害怕……"。肖邦逝世时，巴黎将会有五个火车站：圣拉萨尔、迈纳关卡、医院大街、斯特拉斯堡大街和朗费关卡。各个方向的郊区，圣日耳曼昂莱、凡尔赛、科尔贝伊、通往比利时边境的北方地区和南边的索城，都将有火车停靠。

妙趣横生的街巷

交通流量的增加一点儿不减巴黎街面小商业的活跃。每走一步就是一出戏，饶有趣味，变化百出。流动商贩卖糕点、香水、墨水、椰汁、甜饼、肉糜酱、肠肚下水、蛋卷、各色面包。某个面包店老板带点诗人腔，从早到晚翻来覆去用单调的老一套叫卖：

> 黄油和鸡蛋烤
> 我的面包
> 黄油和鸡蛋烤
> 谁要？
> 女娃儿快快跑
> 我有让你高兴的面包

你要不想下楼
说声给你上楼送到

新桥上有卖画的，卖古董的，卖薯条和面包圈的，擦皮鞋的人和剃狗毛的人。其中一个竖着让人惊讶的招牌：

约瑟夫·洛兰
梯(剃)狗毛，上门
删(骟)猫和它的其(妻)
拉(留)下您的地字(址)①

别的地方，有街头卖艺者，卖唱者，一批拔牙好手，吞火者，用纸牌算命的人，表演腹语者，变魔术的，灵物杂耍者。像查理·普拉迪耶这样的诗人并不介意在街上朗诵自己的诗作。米耶特、莫罗、杜舍纳、加姆斯是街头名人。同样，卡尔纳瓦勒、李阿尔和被称作金手的咪咪勒普尔，在掏空行人沉甸甸的口袋这门手艺上没有竞争对手。各种消遣应有尽有：连体双胞胎，印度寺院女舞蹈队，侏儒表演，这些真正的催眠术者加魔术师，在让伦敦佬大开眼界之后，又来招揽巴黎围观者。在罪恶大道上，一个墓碑商人在墙上钉了一块广告牌招揽生意："悲痛的代言人，用散文和诗句编写墓志铭和碑文刻字，定制家人悼词，价格公道，负责建造陵寝、墓石、围栏，维护墓地。"今日的街道只是一个过道而已，在当年却是每小时都有新戏登场的娱乐场所。在街上散步，妙趣横生，也富有教益。

现在我们离开街头，随肖邦到他住的鱼锅大道 27 号，它至今还在。临近的 17 号是离街面较远的一幢房子，建筑立面跟街面不齐平，稍往后退了几步。楼里住着一个名叫德·罗维尼的老太太，在她 1906 年去世那年，说起肖

① 拼写错误连篇，用谐音字标示。——译注

邦来，还记得四分之三世纪前，见到肖邦从马车上下来的情形。稍远处，23号的蒙托隆公馆，是苏夫洛[1]（Soufflot，1713—1780）修建的。40年后，阿达姆夫人将在那里主持一个小有名气的沙龙，她主打政治和文学两个领域。

我们散步去……

鱼锅大道另一边人行道上，并排两家咖啡馆：弗洛丹咖啡馆（现在是《晨报》报馆所在地）和布雷邦咖啡馆。后者原名小母牛咖啡馆，早先由于每周六例行聚会而出名，叫做“马尼晚餐”，由加瓦尔尼[2]（Gavarni，1804—1866）和圣伯夫[3]（Sainte Beuve，1804—1869）主持，那些艺术家们聚在一起，“乐于开怀、敞着衬衫聊天”。圣伯夫同贪吃的佩罗一样爱吃新鲜牛排，是布雷邦咖啡馆的常客。他也好色成性，常带年轻的猎物去那里。一天晚上，他对面坐着一个可爱的少女，情态天真让他倾心。他坐下便问：

——看看，我的孩子，我想满足你的所有愿望。问我要你想吃的，最上等，最昂贵，最美味的。告诉我，我不看价钱……

女孩子细细舔着嘴唇，高兴地微笑着，想了好长时间，轻轻地说：

——我想吃牛肚，先生。

剧院

让我们假设，肖邦现在突发奇想，要走遍周围所有的大道。这是他乐于进行的一种远足。今天我们所说的大道只包括从马德莱娜大教堂到圣马丁门这段距离。1831年“巴黎式的”活动范围却远远超出这个地段，一直

---

① 法国著名建筑师，最著名的建筑为巴黎先贤祠，他本人葬在其中。——译注

② 法国水彩画家素描画家。——译注

③ 法国文学评论家和作家。——译注

到圣殿大道，即罪恶大道，这个称呼跟那里的各类剧院有关。这个街区曾有可能最为活跃，无疑是林荫大道中最鲜活亮丽的场所。波拜舍和伽里玛费雷在两个小舞台上争作怪相，一个演木偶剧，一个扮意大利丑角。罗斯小姐和马拉佳小姐以她们的平衡表演术或杂耍来吸引路人。这里是一个常年集会场所，侏儒、巨人、骨瘦如柴的男人和炮弹女[①]、吞蛇者、喝烫油的孩子、会数数的狗，各类花活儿，不一而足。

稍往前走是土耳其花园咖啡馆，在那里花上一个苏，就能听一场大众音乐会。人物沙龙是今天的蜡人馆格雷凡(Grevin)的前身。在"国王正式晚餐"标签下，我们看到很多君王被走马灯式地替换：路易十五、路易十六、拿破仑、路易十八、查理十世，眼下是路易-菲利普，还有他们各自显赫一时的家庭也轮番出场作陪。

几步之外，我们就到了著名的蓝钟餐馆；杂技表演场里，一个女杂技演员在炫耀走钢丝绝技；小拉扎里剧院；特维勒南自动木偶剧院；赫尔班的中国皮影戏；还有一堆剧院，像欢娱剧院、愉悦剧院、模糊剧院、讽刺戏剧院、奥林匹克马戏团，它们各有各得的拿手好戏，让全巴黎争相观看。在杂技团，加斯帕·德布罗已经持续上演了三年节目，他每周能挣35法郎。两年之后，儒勒·亚南在一篇称赞备至的文章中，描述了一个天才模仿者的形象，把巴尔扎克、奈尔法、戈蒂耶的注意力都吸引到他身上了。但以皮耶罗形象出名的德布罗远不是一个"装腔作势"的艺术家，他是民间艺人，忠于本色，以其忧郁的笨拙打动大众的心。一天，一个过路客朝他喊"喂！皮耶罗！"，他出于大意，也真倒霉，朝这人猛揍一拳，正中脑袋，这个倒霉鬼居然直挺挺地倒下，死了。德布罗被关进圣佩拉吉监狱。在四墙之间反思的时候，他设计了一出哑剧新戏：杀人犯皮耶罗。这起令人恼火的事件后，他的名声开始走下坡路。

历史剧院的大明星是亚历山大·(大)仲马。在生命的最后几年里，肖

① 一个杂耍节目，用装置将一个女子抛出去，会落在几米以外的地方。——译注

邦应该会在那里观赏到《玛歌王后》《吉伦特党人》《赫尔曼伯爵》《基督山伯爵》(分两天演完)。在圣马丁门剧院,《安东尼》《吕克莱斯·伯尔齐亚》《马丽咏·德洛姆》《奈尔塔》《理查德·达尔兰东》这些剧目都获得极大成功。演员如弗里德里克·勒迈特、多法尔夫人、萨拉·费利克斯、拉费里耶尔、托丹、布瓦施莱斯都很受追捧。剧院经理哈雷尔的方法奇特。为了上演巴尔扎克的《伏脱冷》,哈雷尔花 36 000 法郎的固定薪金,聘请勒迈特。一天排练之后,他坦率地对著名的弗里德里克说:

——您的聘约金额是 36 000 法郎,但我跟你明说,你拿不到那么多。这儿是我最后的价码:我把你的报酬砍掉一半,但这一半,你是能拿到的!

驯兽师昂布尔常在观众面前自夸"训练"野兽毫无危险。一天晚上,哈雷尔说:

——您错了,昂布尔。如果观众没希望看到你有一天被吃掉,他们就不再来了,您等着瞧!

一个叫做布瓦松的人经营体操剧院,它从前叫太太剧院。他对当时的道德风尚很在意,于是想让人写几部符合资产阶级理想的剧本。一天他正好跟斯克里贝[①](Scribe, 1791—1861)在一起,就直白地说:

我亲爱的斯克里贝,您来给我写几部"家庭"剧吧:品德、荣誉、宗教、社会义务、遵守立宪宪章、柔和的感情、温柔的母亲、叹息的妻子、圆满的结局。要容易消化,您懂我的意思吗?去吧!

① 法国剧作家。——译注

三天之后，斯克里贝将《理智婚姻》交给布瓦松，自此两人搭档走上了20年未中断的成功之路。《戏剧镜》的专栏作家乐于作这样的报道："体操剧院里人满为患，这出戏在各家各户越来越受欢迎。上周，一个年轻女郎在观看了《理智婚姻》后，跑去向母亲承认，她差点出逃。头天却是帝国前军官们，向作者派去了一个代表团，为剧中人物所持立场表示祝贺，这些人的身份都是上校或舰长。"颂扬美德给他们带来收益，直到终于有一天观众看腻了。继布瓦松和斯克里贝的搭档之后，是蒙梯尼和小仲马"二人档"，他们相继推出了《里斯的黛安娜》《金钱问题》《私生子》《天才父亲》《妇人的朋友》《婚礼巡视》《爱洛伊斯·帕朗盖》和《乔治公主》。大仲马分享了儿子的快乐，对朋友们说：

——你们知道吗，我贡献了此剧中最好的部分。

——是吗，什么？

——作者呀！

与小仲马同期，在同一个剧院里，奥吉耶、萨尔杜、高迪奈的剧目也大获成功。

走在林荫大道上

在到达鱼锅城关之前，走在蒙马特城关这一带，会经过卡居尼埃·勒夫尔花卉商店，品种繁多，还有维奥莱的冰淇淋店和名为"阿·马勒维娜"[①]的时尚服饰用品商店，埃奈里[②](Ennery, 1811—1899)就是作为后面这家商店的职员开始谋生的。

蒙马特城关一带堪称巴黎报业中心，各种报纸、印刷厂的招牌林立，运

① 是当年一部畅销小说《向马勒维娜致意》中的女主人公。——译注

② 法国剧作家。——译注

纸卷的车辆、报纸的叫卖者和经销商，似乎都云集在这个“被碾碎的十字路口”[①]。《立宪党人报》在1815年由国民公会的资深成员创立，在路易十八和查理十世的庇荫下颇具规模，1843年转手给了歌剧院经理维龙博士。维龙博士是梯也尔的朋友，对这份非官方报纸的亲体制色彩并不避讳，可这没给他带来好运：它越支持梯也尔的政策，销量就越往下掉。当时《论坛报》的订户刚过万，主要归功于《巴黎的秘密》。维龙博士当机立断，向欧仁·苏下了一本小说的订单，连载《漂泊的犹太人》，销路一下子就上去了。

《新闻报》的经营者是马赛的犹太人米莱斯，他对手下各位编辑专长的看法与众不同。一天，希拉克来找他，米莱斯问：

——你在这里想贡献什么？

——写诗和写批评文章。

——好：那我请你从明天开始写金融纪要。

——可是，先生……

——这是不偏颇的唯一途径！

他坚持自己怪异的规矩，也从未要求阿尔塞纳·胡塞、希波利特·卡斯蒂耶或罗杰·德·波伏瓦写过任何社交专栏！报纸就这样被米莱斯弄得濒临破产。幸亏艾米尔·德·吉拉尔丹[②]（Emile de Girardin，1806—1881）及时出现，挽救了局面。他带来两个重大改革：廉价报纸和专题报道文章。他还开发了广告，尽管他的做法不像《新日报》的经理米约那样怪诞。后者为了吸引客户，找来一个声音洪亮的人，在林荫大道上突然打开一份《新日报》读起来，或者装出阅读的样子：

---

① 取自伊斯纳的同名侦探小说。——译注

② 法国记者、政治家。——译注

——很遗憾，我们这里发布一则新闻，关于一起前所未见的最可怕的罪恶。一个教士受托监护几个年轻女孩，结果他把她们都糟蹋了。他不止强奸，还把她们都杀了……

突然他停了下来，抓住边上一个闲逛者的上衣衬里：

——是不是，先生？这简直是太可耻了？

——是的，真可怕！

——那么，（读报者接着说）上二楼去订报吧，您能读到下文。

在德鲁奥和歌剧院街，那个时期还有勒贝勒梯耶街，我们会经过古塔尔裁缝店，肖邦经常光顾此处。然后走过马德里咖啡馆，这里是艺术家和文学界人士的聚集地，后来在第二帝国期间，成了重要的政治集会点，蒙斯莱、胡塞、邦维尔、波德莱尔、维里耶·迪勒-亚当和蒙德斯，当时都是这里的常客。

奥芬巴赫歌剧院叫座的同时，综艺剧院也进入它的鼎盛期，还有奥坦斯·施耐德的辉煌舞台剧以及她在第二帝国时期与亲王们的风流韵事。不管怎样，自1807年建成以来，综艺剧院这个可爱的剧场立即赢得了巴黎人的青睐。拿破仑·缪萨首创了音乐、舞蹈综艺假面舞会，风靡全巴黎。他推出了康康舞，阔公子的马车从此在蒙马特大道上络绎不绝。剧院一侧的广角商廊[①]开始营业，有阿梅黛·科尔奈勒的记述为证："正是在那里，我们大白天里能碰到无数雅士，他们气色绝佳，大声谈笑，戴着手套，野心勃勃，昂首挺胸，漫无目的地闲逛。这个商廊集中体现了全巴黎的魅力所在：维龙、马松、普罗斯贝皆能在这里满足他们的口腹之欲。您想找一个阅读

① 一种特殊建筑物，设在大楼内部，两头出口开在两条街面上，两侧开设各色高级商铺的商业走廊。——译注

场所吗？这里有两个。或者音乐商店、烟草专卖店、糖果店、豪华纸品店？您全都能找到。您要屈尊试一试拉波斯托尔小姐的草帽吗？欢迎之至。还有马穆鲁克商号，马尔奇家族茶叶店，加上橘子柠檬店、手套专营店，费利克斯糕点店，综艺咖啡馆。总之，一切应有尽有。”[①]

如果运气好，下午 5 点钟，轻轻推开咖啡馆的门，我们兴许能撞见著名演员弗里德里克·勒迈特，裹在他的宽宽的大衣中，头上戴着毡帽，脸上胡子剃得铁青，两眼发光，这就是他在《巴黎的秘密》和《阿德莱小酒馆》中让众人着魔的形象。大演员往往把他和剧院经理的争执告诉给他的邻座。圣马丁门剧院经理哈雷尔的极其吝啬刺激了他，他会饶有兴致地陈述哈雷尔和一个刚出道的作者的一场约见。哈雷尔勒令作者支付一大笔钱才上演他的剧作。急欲听到自己台词的作者，盲目地签下了这份狮子合同[②]，垂首致意，并向门口走去。这时候，勒迈特抓住哈雷尔的袖口，大着嗓门问道：

——您这就让他走了？他还戴着手表呢[③]！

在综艺剧院马路牙子这边，有一家时髦的糕点店，叫弗拉卡迪。巴尔扎克曾在同一栋楼里住了很长时间，后来这栋楼被《费加罗报》占了。对《人间喜剧》的作者来说，这个观察所再好不过。居所很窄小——只有两个小房间，加上最简单的家具——却实用，因为能把林荫大道和黎世留街的街景尽收眼底。有一天，想要出版一本带插图的大部头书籍《巴黎的街道》的出版商路易·吕里纳，请巴尔扎克描述一条街，比如在他眼皮底下的黎世留街。

——您叫的价就是我出的价……

---

① 摘自阿美黛·克奈尔所著《巴黎或一百零一书》。

② 指对某一方片面有利的契约。——译注

③ 摘自乔治·杜瓦尔所著《弗里德里克·勒迈特和他的时代》。

——价钱可贵得吓人哪！

——怎么会呢？

——因为，为了描述到位，我什么都要看，什么都得了解，去所有的地方，研究所有的商家。从大道开始：我每天要去红衣主教咖啡馆午餐和晚餐——我有固定餐位，要去布朗杜斯买乐谱，到边上的武器行买枪，对面的花店里我也该着账，还要花 3 000 法郎去紧挨着的裁缝店定做行头，再到街角首饰店的东西买个够……

——住嘴吧，受了惊吓的吕里纳喊道。您说得有道理：这是一项超出人力的事情！总之，它们超出了我的能力[①]……

在弗拉卡迪糕点店对面，大道的另一侧，盖了一栋豪华大楼，底层是普雷耶尔钢琴行。卡米尔·普雷耶尔是一个天才制造商，同时也是一个杰出钢琴家。肖邦提到他时说："今天只有一个人知道怎么演奏莫扎特，他就是普雷耶尔！"普雷耶尔还听过贝多芬的即兴演奏。此外，他心地善良，乃至在他的朋友欧仁·苏把财产挥霍一空，濒于破产时，他建议为他设立一个司法和解委员会，负责支付他的债权人，管理他的花销，并为他设立一个年金。苏很明智地接受了这个交易，使自己免遭破产。在同一栋楼的七层，总理梯也尔的姊妹，梯也尔小姐毫无诗意地主持一客饭局。她的兄弟根本不屈尊赏脸给她的客人。

我们现在到了这条大道堪称中心的路段，即被人们称为林荫大道的那部分，相形之下其他地段都黯然失色。总长不过 200 米，我们能顺次看到英国咖啡馆、哈代咖啡馆、托尔托尼、巴黎咖啡馆、伏瓦咖啡馆：从复辟时代到 1870 年，这里每天都放烟火招徕客人！

林荫大道的这一段，当时称作根特大道，跟它现在的面貌大不相同。对浪漫时代的巴黎如数家珍的历史学家儒勒·贝尔托这样描述："想象一

---

① 摘自儒勒·贝尔托所著《林荫大道》。

下，犹如置身某个外省的漂亮林荫道，树荫浓密的大树，树冠比边上的房子还高，没有人行便道，人们舒服地坐在椅子里，三三两两，几个人惬意地坐在一起，孩子们在周围叽叽喳喳地游戏玩耍。就像把杜伊勒里花园的一角，挪到体操剧院与和平街之间来了。临街的楼很少超过五层，商店数目比今天少得多，小旅馆和单层房屋并不少见。到处充盈着新鲜空气，开阔，阳光明媚，光线亮堂。”

“尽管人群密集，树荫下车辆穿梭不止，这里却没有震耳的喧哗声，没有带敌意的持续争斗声，只有四驱双驾重型旅行车驶过的车轮声，或者一个光鲜的纨绔催鞭驶过，他居高坐在一辆大型轻便马车上，旁边坐着小个子‘老虎’——孩童身量越小，越适合当差——身高不过靴。人们拥进商店，在广角商廊或歌剧院商廊中挥霍，忙着进进出出，坐在科布伦茨咖啡馆里歇歇脚，它位于泰布路和赫尔德路之间，是林荫大道一带浓荫最足的地方。这些人并不狂热，不被源源不断的事务或娱乐裹挟。他们多是雅士，大部分人彼此相熟，在无所事事中消磨时间，一举一动往往落在那些闲散之人讥讽的眼里，他们坐在椅子上，不留情面地观察所有的过路人。骑手们驾车穿过马路，或停下把马拴在林荫大道的树上，使根特大道平添几分乡村气息，真正成为香榭丽舍大街和王后散步大道的延伸。”

那个时代离几何排列这个当代特色尚远，不像而今的主题和人物，一眼看去皆是直线勾勒出来的样子。街角、僻静之处和斜角地段，小街巷——包括林荫大道本身——随处可见，它们往往在无名的和窄小的死胡同里交叉会合。“几百年来，巴黎在杂乱无序中逐渐建成。在最美的建筑旁搭个棚屋：这是往日的城市特色”（在这点上，肖邦在巴黎又看到了他已经在华沙司空见惯的东西，那儿宫殿和小铺毗邻）。谁都还没有想到可以把整个街区推倒重来，建造新的景观。我们的先辈们把巴黎照原样接收下来，他们并不关注美化它的问题，只当它是最美的城市，世界上最完美之地①。

---

① 摘自罗伯特·布尔楠所著《1830年法国日常生活》（阿谢特出版社）。

去托尔托尼！

让我们回到林荫大道，只留心时髦之士光顾的这一边，即右边，从德鲁奥到马德莱娜教堂这一侧。关于这点，蒙梯尼在他的《巴黎的外省人》中，为我们指点得清清楚楚："一个外来者走在托尔托尼咖啡馆对面的马路牙子上，还以为自己正在根特大道上散步，那他就大错特错了。这个地方就像斯特拉斯堡的莱茵河岸：这边是法国，那边是德国。一个习惯于走在根特大道上的高雅之士，和那位不事招摇地顺着意大利人聚居的楼区散步的人，他们之间毫无共同之处。"

在托尔托尼和英国咖啡馆这边，早晨自 11 点始，下午是 5 点开始，一大群自称"狮子"的纨绔们蜂拥而至。罗杰·德·波伏瓦为我们妙趣横生地定义了这种动物："狮子的头发锃亮，持金圆头手杖，袖子卷起，漆皮靴子，黄色手套，指甲修成很艺术的尖拱形。他的胡子剪成中世纪式样，一条波瓦凡牌领带，嘴里叼根雪茄。他喜欢饮茶，打赌，赛马骑师俱乐部和其他所有英国舶来品。演出开始的时候，他的浓密的长发卷曲，下垂，竖起，是戏剧镜的窥视对象。他咬，他吼，狂怒，傲慢，裁决，宣示，把最伟大的诗人称作蠢货。他作出一本正经的样子，穿紧身衣，狂热跳舞，讲下流故事：这不是一个人——乃是一种标签。他喜欢拳击手，骑马和女人。他抽烟，他喝酒。可别到俱乐部里去说三道四，那天有人看见他腿儿着从马莱区的姑姑家出来[①]……"。

这样，到了上午 11 点，大家都聚在托尔托尼门厅里。骑手们下马，把他们的坐骑系在大道边的树上，快步走上著名的台阶，永远那么准时，让人觉得他们是重要人物，肩负多种责任。他们在样菜陈列柜里点菜，盘子里装满冷肉、贝类、鱼品，加上招牌菜——托尔托尼特色冷烩鸡块，然后他们快速吃完这顿便餐。在二楼上，铺着厚厚的地毯，坐着那些更随意的人，或者那些不把精力耗在无事忙上的人。那儿待客有种极重的礼数。一个侍者名叫佩雷沃斯特，照老王朝式样脸上扑粉，很恭敬地问刚到的客人：

---

① 摘自《世界报》，1840 年 7 月。

——对不起，先生，非常对不起！先生赏脸要点儿什么？

下午一点，场子空了，狮子们回各自的巢穴，轻便马车和坐骑在一阵尘土飞扬中远去，林荫大道又恢复了它平静的外表。晚餐时分，尤其听完歌剧之后，托尔托尼里又一次人群蜂拥，不同的是，这次是母狮登场，她们在家已用过晚餐，来这里是吃一客冰激凌，进些点心，点一份野鸡翅。这是个时髦场所，适合在此露面。

巴黎咖啡馆

泰布路的另一边，和托尔托尼相对的是巴黎咖啡馆——事实上，它作为餐馆比咖啡馆更出名——牛排和排骨的厚度恰到好处，肉汁美味无比。咖啡馆的前身是德米多夫亲王的寓所，从精致的绘画和镜子的老派式样上，也从精美的护墙板上，看得出这里原是一栋考究的小楼。厨师们受大厨调度，他曾在贝里公爵夫人府上多年效劳。他恪守四字原则：超越自我。有一次，巴尔扎克邀请一个俄国人第二天来进餐，想给予很高规格的接待，特意吩咐大厨尽心制作。这时他回答得庄重而有尊严：

——我不会疏忽的，先生——况且这正是我们每天都在做着的！

维龙博士、大仲马、奈斯托·洛克普朗、贝尔吉奥约索亲王、阿尔弗莱德·缪塞，都是巴黎咖啡馆的常客。维龙博士既是歌剧院经理，又是一份公共期刊的负责人，可以说几十种要务缠身。他还是拉舍尔的老情人——就此而言，他又成了该俱乐部众多成员之一——每天晚上都有无数求差使的来他桌旁。这个肥胖的男人，“没脖子，脑袋虚胖浮肿，双颊像卡尔兰哈巴狗，肚子前凸，形同一个摄政时期的放荡者[①]”，怎么会有勾引我们的伟大

① 摘自H.德·维耶尔-卡斯泰尔所著《回忆录》。

悲剧女演员的本事？这个梅萨琳喜欢人家向她献殷勤，永无餍足。她对情人喋喋不休的海誓山盟毫无厌烦之意，可有天晚上眼看这位骑士正要打个盹儿歇会儿时，竟绝妙地喊出一句："找你兄弟去吧！"

在邻桌上，漂亮、才华出众的罗杰·德·波伏瓦正一边写讽刺诗，一边等着上菜。倒霉的克雷米约——脏到极点，据说在亲吻女士们的手的时候，会留下黑圈——勾起了罗杰的兴致：

有个传言我相信是编造
在首都到处流传
人说克雷米约洗了澡：
我的上帝！水该有多脏！
足可以把一份友谊粘牢！

奈斯托·洛克普朗——他在1830年带动了在裤子上贴丝绸滚边的风气——宣称，他之所以接受喜歌剧院（opéra comique）经理的职位，"就是为了让法国人更加厌恶这门极其法国味的艺术"。可惜我们今天的洛克普朗们，仅会从字面上去理解著名的奈斯托的这句俏皮话！他憎恶乡村，一个世纪前就跟雷纳多·汉纳意气相投，后者曾严肃地说过："乡村的空气劲儿太足，不健康，没有理由证明它对人体有益。跟我说说巴黎的空气，它可管用，大家知道它价值！"洛克普朗有天在巴黎看见一条大街上的栗树，对一个朋友说："你看，这些树自己在乡下都觉得无聊，来这里避难了。我多了解它们！再说，遇到高温的时候，舒瓦舍商廊比在世上任何树林里都凉爽[①]……"

保罗·伏舍——他那时还没有成为维克多·雨果的内弟——长相丑陋，特别轻信，他经常被缪塞和维耶尔-卡斯泰尔嘲弄，他们让他把松香当

① 摘自罗杰·德·波伏瓦所著《回忆录》。

苹果糖，把奈波穆塞纳·勒梅尔西耶当作家！

另一张桌上，那晚是大仲马和巴尔扎克，正在进行一场激烈的讨论。哦！不是文学问题——点心师傅们彼此从来不谈糕点——谈的是巴黎咖啡馆的一道名菜，锅烧小牛肉的优点，这两个文学家各持己见。大仲马总结说："不管怎么说，这份比伊菲格涅家的好多了！"巴尔扎克纠正说，"可我觉得，它比大西律斯店家做得好，我更容易消化……"

古怪透顶的人

有个人半疯，叫德·圣克里克先生，他坐下，点了一客草莓冰激凌，一客香草冰激凌，脱鞋，像模像样地把一个倒在左鞋中，另一个倒在右鞋中。冰激凌之后，野苣和甜菜沙拉端了上来，怪人在上面撒了点烟草。他又要了份凉奶油，涂在脸上，再在这黏糊糊的面膜上撒上剩下的鼻烟，接着抬头用假嗓招呼他的马。终于有天晚上，来了辆警车代替他的马车，把他带进疯人院去了。

还有一个怪人罗米厄，生性喜欢愚弄人。大仲马陈述道，他有次在凌晨两点把圣日耳曼德普雷的双偶咖啡吧[①]老板叫醒：

——老板，我想见您的合伙人。

——可是，先生，我没有合伙人……

——别装蒜了，您最好还是去找他来。

——我重复，先生，我……

——那么，老板，您是个不诚实的人。

——先生！

——也可能是个杀人犯！

——……

① 这是巴黎圣日耳曼德普雷街区一家因店堂内的两尊东方人塑像而得名的著名咖啡吧。——译注

——您把他藏到哪里去了?

——再说一次,我没有合伙人!

——可是,那您的咖啡馆名字,为什么叫两个双偶?

后来他被命名为一个省的省长,他行事认真,但并没有摒弃恶作剧的习惯,他精通此道。有一天,为了在他的辖区里除掉在农田里肆虐的金龟子,他颁布法令,悬赏那些可恶的金龟子。这项措施的最大受益者是个记者,他说自己"靠报道罗米厄的金龟子,连着几年都有一千二百法郎的岁入,过上了富裕生活"。一个轻喜剧作者想要跟他合作,罗米厄很漂亮地回答他:

——先生,我已经拜读过您的手抄本了,现在由您来选用哪种盾形徽章[①]!

社交人士聚在一个特别的厅堂里——称作"小圈子"——圈外人在别处就餐。而"吃花酒"——即消费昂贵的花酒,则另有自己的角落。缪塞要请几个朋友吃酒的时候,是躲不开维龙的。这一次,他换了饭桌,与洛克普朗、塔特、阿维尔、达尔顿·舍埃、阿尔弗莱德·阿拉格、莫塞尔曼、弗莱泽少校、贝尔吉奥约索等人为伍。十四行诗人阿维尔是维吉尼·德佳泽的情人。这些漂亮先生偶尔会有些俊俏的陪酒女,像穆斯克东、金发路易丝、卡拉宾娜、露易莎·格普尔、波丽娜·弗洛里、大莎乐美。这些陪酒女中还有人称波玛蕾王后的玛丽·塞尔尚,她当时还年轻,寂寂无名,40年代之后才名声大噪。

过了德鲁奥十字路口,林荫大道就分成无数岔口,像格吕耶尔奶酪[②]。

① 诙谐双关玩笑,古时的手抄本上往往画有家族或贵族徽章,后人以此确定手稿年代或归属。——译注

② 原产于瑞士格吕耶尔和法国汝拉地区,一种淡黄色、有果仁味的经过压榨的全乳干酪,其特点是带有小孔。——译注

这些岔道和商廊都通向歌剧院和勒贝勒梯耶街，那儿是富豪聚集之地。不远处是布罗希餐馆，这是在巴黎开设的第一家意大利餐馆。那里最有吸引力的，不是一道菜，而是每天来这里午餐的男高音马里奥·冈迪亚，他晚上在意大利歌剧院演出。拉菲特路上一家有点特别的日报——《火枪手》——几乎全由亚历山大·仲马一手打理。但凡没有时间写作有创意的文章，大仲马就用大剪子裁下同行的一篇散文，把剪下的文字贴在一张大白纸的正中，仅在复制的文章前面作个说明："我从亲爱的某朋友那里借来了您会极有兴趣阅读的故事……"

让我们继续吧！

在巴黎咖啡馆和托尔托尼对面，林荫大道的另一边，英国咖啡馆——这是全巴黎能吃到最佳晚餐的地方——显得比较安静。路易-菲利普死后，这里才变成一个多少有点招人闲话的场所。著名的中国浴池就开在米舍蒂耶尔路的拐角，那里有壮阳妙方。旱金莲大道1号有家餐馆，日后会成为"拿波里"餐馆；罗西尼在安亭街2号帕亚尔餐馆楼上有一套宽敞的住房，每周六举办盛大招待会。想出人头地的新手自然都涌向那里。一天晚上，一个可爱的歌曲作者把两首新作交给了主人。罗西尼把第一首曲子放在钢琴谱架上，自己一边弹一边哼唱。几个音节之后，他停了下来，狡黠地眨着眼睛，做着鬼脸对因忐忑不安而喘不过气来的作者说：

——说真的，我更喜欢另一首！

罗西尼的《威廉·退尔》惨遭失败已有两年，他在37岁上，就开始了持续39年的沉默，直到他生命结束，期间他只推出过几出宗教音乐剧。这是一个很罕见的例子，即在青壮年就跟荣耀作了了断。

林荫大道走到头，马德莱娜大教堂修建在一个大的空场中央，周围盖了不少建筑。巴尔贝·多尔维利在《恶魔》中，从雷加米埃夫人公馆所处的地段得到灵感，有过一段不加恭维的描述："城墙根路是个凹陷进去的地段，总是那么幽暗，黑洞洞的。要下两道背靠背的楼梯才能从大道走到那里。这种光线不佳的沟壑地带到了晚上总是很凶险。”在科马丁路的拐角，有三年前由基舍公爵创立的“联谊会”。他娶了奥赛伯爵的姊妹，为风气之王，是集优雅于一身的王子。联谊会的成员，应当说是经过严格挑选的。

他们中有位德·马塞尔卢斯，请人将他的族徽刻在圣饼上，作为他在城堡小礼拜堂里领圣体仪式的专用品。一天早晨，本村牧师发现刻有族徽的圣饼已经用完，吓坏了。为此，他换了一个圣体盒，递给老贵族一个众人所用圣体，低声嘟哝，表示歉意：

——便餐，伯爵先生！

尽管肖邦从小对跟宗教有关的事情，一直怀着带点儿迷信的敬重态度，但他觉得这个词用得太逗了，后来把这个故事写在给波兰一个朋友的信中，他很难找出一个更好的例子来描述巴黎的机智，据说这种机智俯拾皆是，尤其充斥于他刚从头到尾走了一遭的林荫大道两侧。他能像拉斯蒂涅克[①]那样，大声喊叫出来：“现在嘛，咱俩来交个手吧，巴黎：我看透你了！”

抒情舞台

不，他对自己感兴趣的最重要的东西还几乎一无所知：首都的精神生活和艺术活动。

我们知道肖邦酷爱歌剧，他在这里有三个抒情剧场可选，它们以不同的方式来满足美声唱法[②]爱好者的激情：歌剧院、喜歌剧院和意大利歌剧院。

歌剧院经理是“多面手”维龙博士，1831 年他被任命，替代鲁贝尔。他

① 巴尔扎克的《高老头》等多部小说中的人物，一个从外省到巴黎来闯世界的年轻纨绔。——译注

② 美声唱法是习惯上的一种错误叫法，实际上指的只是抒情歌唱里的一个特殊门类。

当时有81万法郎的预算，但经费会逐年减少。1831年9月，剧院上演了韦伯的《欧里安特》。前一年，埃罗德的《泽姆帕》和多尼采蒂的《安娜·博莱娜》获得了极大的成功。肖邦生活在巴黎期间，歌剧院的明星是科奈莉·法尔孔、努里、杜普雷兹、辛蒂·达莫罗夫人、朵里斯夫人、达巴迪、勒瓦瑟、德里维斯和罗西纳·斯托尔兹。在《恶魔罗伯特》中出道的法尔孔——这部戏使梅耶贝尔几乎和罗西尼齐名——最初风头很健，后来却结局悲惨！她先是倒了嗓子，后来以为找回来了，想在一场盛大音乐会上露面，先唱了《犹太女》第二场，接着唱了《清教徒》第四场。因为她连音都唱不准，整场晚会对不幸的歌唱家不啻一场酷刑，对支持者更是煎熬难忍。杜普雷兹来自法兰西剧院，他孩提时代就在那里的合唱队里唱《阿塔丽》，在奥迪翁剧院和喜剧院各实习一段后，他去了意大利工作，后来在1837年以《威廉·退尔》在歌剧院几乎凯旋登场。尽管他身材矮小且外表不讨人喜欢，但极佳的抒情男高音嗓子让他在这出戏中备受喝彩。他的竞争对手是努里，后来放弃与他争锋，离开了歌剧院。肖邦非常喜欢努里，第二年将在马赛他的葬礼上为他演奏。

歌剧院乐队主要指挥是善良的阿贝内克(Habeneck，1871—1849)，他是音乐学院音乐会社的倡导者，该协会是在凯鲁比尼[①](Cherubini，1760—1842)怂恿下，由索泰纳·德·拉罗什福柯[②](Sosthene de La Rochefoucauld，1785—1864)子爵创立的。阿贝内克是柏辽兹的死敌，后者的《安魂曲》在荣军院教堂初演之时，他子虚乌有地编造出一个烟厂女工的故事来拆他的台。

在喜歌剧院，一场特殊的戏正在上演，《布兰维里耶侯爵夫人》，这个杰作由九位有名的音乐家联袂：凯鲁比尼、奥伯、巴东、贝尔顿、布朗吉尼、布瓦尔迪约、卡拉法、埃罗德和帕厄尔。即将上演的是埃罗德的《文人牧场》。

① 意大利作曲家，1788年定居巴黎后，成为法国著名作曲家，任巴黎音乐学院院长。——译注

② 法国政治家，曾任查理十世国王的艺术总监。——译注

没有几个明星。只有一个重量级的歌唱家罗杰，他将于1838年登场。

意大利歌剧院

所有这些，跟意大利歌剧院的巨大成功相比，都算不上什么。剧院先由罗伯特和斯维里尼经营，后来是罗西尼执掌。明星们的报酬高得出奇，坦布里尼出场60个晚上的报酬是4万法郎，他的对手鲁比尼是4万4千法郎。马里奥·冈迪亚让女人们心跳加速。女歌唱家格里西每年在巴黎和伦敦两地能挣10万金法郎[1]。公众为了听这些明星的演唱挤破了头，各种讽刺报纸都在取笑巴黎听众的狂热。随便打开一份，某B男爵夫人写信给一位男友："快去预定这季剧院正面的一个包厢，然后，你再去打听最靠边上我父亲包厢里的动静……"；"两个对手为争乐池边上剩下的最后一个座位而决斗。两个人都死了，座位落到了第三个人手里！"这一切都是为了争着去看名角的演出，玛丽布朗、松塔格、拉布拉什、珍妮·林德、卡洛塔·乌格赫尔、维亚尔多夫人、吉昂巴蒂斯塔、贾科莫，他们演莫扎特、贝利尼和罗西尼，包括《唐璜》《女人心》《诺尔玛》《塞维尔的理发师》《意大利女人在阿尔及尔》《威廉·退尔》《清教徒》《奥赛罗》《塞密拉米德》《拉美莫尔的露琪亚》《唐帕斯夸莱》《纳布科》《两个福斯卡罗》。这些是肖邦在一片赞叹声中，所能够听到的剧目。这已不再是对音乐的狂热爱好，而是痴迷[2]，这是意大利唱法的黄金时代！

戏剧、绘画、文学

在那个时代，戏剧的地位被置于首位，高出器乐。巴尔扎克尽管十分天才，却对一门他几乎完全不懂的艺术，写过很多蠢话。因为一窍不通，所以他除了拿抒情戏剧说事儿，别无他途。即便如此，他的品评也难以恭维。

---

① 当时除了银质法郎外，也有币值为20—40法郎的金质法郎，称做金法郎，目前是股市上市币种。——译注

② melofurie，作者自创的一个词，以示比狂热更过分。——译注

说到罗西尼的《摩西》，他借瓦莱斯公主之口讲出这段饶有趣味的说辞："这种表述痛苦的精彩话语，出自一个对子民实施报复的上帝的牺牲品之口，只有一个意大利人才能写如此丰富的题材，它取之不尽，充满了但丁精神。你们那些德国先师们，亨德尔，巴赫，还有你贝多芬，跪下致意吧！这是艺术的女王，这是意大利的胜利！"亲爱的巴尔扎克，我们不是不知道这位公主是意大利人，我们也知道，有时，您的羽毛笔超越了您的思想。可是，亨德尔、巴赫和贝多芬拜倒在罗西尼的脚下，不，不至于吧！

在巴黎音乐学院音乐会社乐队节目单上，下列名字反复出现：贝多芬、莫扎特、亨德尔、巴赫和海顿、布瓦尔迪约和格鲁克、翁斯洛和罗德，加上几个当代意大利人。这个著名的团体，此时已开过 8 场音乐会。肖邦曾去信申请在他们举办的音乐会上作为独奏者演奏。

对法兰西剧院来说（泰勒是那里的王家专员），1831 年是最黯淡的一年。可他们正在排演《国王自娱》——爱嚼舌头的人会说，只有国王一个人自己在娱乐——和卡齐米尔·德拉维涅的《路易十一世》。在奥迪翁剧院，大仲马的两个剧本和维尼的《丹克尔元帅》让人忘掉演砸了的缪塞的《威尼斯之夜》。如果肖邦受戏剧的吸引——我们知道他痴迷于此——他手边有 20 个巴黎剧院可供选择，这些剧院特约作者如云，有斯克里贝、阿尼塞-布尔乔亚、梅莱斯维勒、桑梯那、安瑟罗、杜维尔、洛桑、巴亚尔，还别忘了随处可见的大仲马。在讽刺戏剧院，他能为弗里德里克·勒迈特出演的《罗伯特·玛凯尔》欢呼；在历史剧院，他可以欣赏到梅兰格主演的《玛歌王后》；在圣马丁门剧院，观赏《安东尼》的主演伯卡吉。可惜，他来迟了，没赶上《厄尔南尼》的首演，也错过了《幻想交响曲》的第一场音乐会。

肖邦对绘画没有多少好奇心——事实上，他只对自己的艺术充满激情——否则他能看到格罗斯的最新创作，看到"三 G"的辉煌生涯，格兰、吉罗丹、格拉[1]，也能跟"安格尔先生"交往，结识德维里亚两兄弟，欣赏卡勒·

① 他们的姓氏都以 G 开头。——译注

维尔奈的狩猎题材绘画，最后为多米埃的尖锐辛辣的天才和年轻的加尔瓦尼而喝彩。事实上，他只跟欧仁·德拉克罗瓦关系密切，他们互相欣赏也彼此挖苦。

我们很难承认，肖邦虽很有文化，却读书甚少——甚至一点都不读——书店里可是琳琅满目，多的是大有前途的作品。《厄尔南尼》之战[①]不久，雨果出版了《秋叶集》和《巴黎圣母院》。《驴皮公主》、《红与黑》、《印地安那》、《约瑟兰》这些著作也将相继问世。缪塞正在写《杨树》、《苏松》、《劳拉》、《杯与唇》、《年轻女孩幻想什么》。苏推出了《阿塔尔·古尔夫》，戈蒂耶正在创作《阿尔贝尔图斯》。戈蒂耶和缪塞跟肖邦的岁数只差几个月。有一天，缪塞在法兰西喜剧院跟肖邦不期而遇，这两个同龄人，才分也相当，却再没有交集！总之，肖邦跟很多人都保持距离，主要跟他的流亡同胞交往，有几个巴黎朋友或赞助人，和同行打打交道也自然不在话下——并且不无傲慢——那些是他的同类，艺术家，有演奏家也有作曲家。

① 雨果名剧，首演时遭到伪古典主义一派的捣乱，但在以戈蒂耶为首的浪漫派的喝彩声中，演出终获成功。《厄尔南尼》之战，标志着浪漫主义对伪古典主义的胜利，成为文学史上的重要事件。

第七章　初步接触

肖邦对巴黎的第一印象是正面的:“我在这个城市里找到了第一流的音乐家和最好的歌剧院。我结识了罗西尼、凯鲁比尼、帕厄尔。你都难以想象这里的波兰人数量之多。他们中的某些人不相往来,另一些互不寻找。我在这里碰上了瓦伦丁·拉吉维尔,今天和他一起去科玛尔家吃的饭。昨天我在波托茨卡夫人家吃饭,她是米耶奇斯拉斯的漂亮太太。我和卡尔克布雷纳走动得很近,他是欧洲第一钢琴家:唯一一个我不配给他提鞋的人。跟他相比,赫尔茨这家人只不过是爱夸口之辈。我打算在这里待上三年……”

卡尔克布雷纳

三年是卡尔克布雷纳为他计划的期限,肖邦经帕厄尔介绍认识他。卡尔克布雷纳生于德国,活跃在巴黎,当时被视作——首先是自诩,因为他的虚荣心很盛——欧洲第一钢琴家。肖邦认识他的时候,他43岁。“他外表优雅,尚属匀称的脸部轮廓虽略嫌粗犷,眼神温和而茫然,浓眉遮住眼睛。他的身材比一般人高,待人接物冷淡拘礼,带一种夸张的礼貌,自诩是上流社会习惯使然。钢琴在他的手指下发出绝妙的音色,从不刺耳,因为他不追求力度效果。他的指触连贯、含蓄、和谐,与其说令听者惊异,不如说颇有魅力。在弹最难的经过音群时干净得无可挑剔,左手的精妙无可比拟,各指之间具有完美的独立性，手臂并不挥动，举止得体，这一切使他成为一个出类拔萃的演技高手。他的分句方式略欠表现力，缺乏能感染人的热情，风格却永远高贵，显然自成一派①。”

卡尔克布雷纳得意于自己发明的一种“手指引导钢琴练习法”，他用固定在琴键底部的一根木条，将前臂维持在水平位置上。靠这个装置，消除手腕的紧张，使手指不受任何外力制约，加强其独立性。斯塔玛蒂是他最出色的学生，他采用这种练习法教出的圣桑日后评价道：“如果用来培养年轻的钢琴家弹奏为羽管键琴或早期钢琴创作的作品，这是一个出色的方法，可涉及现代作品或乐器，就不够用了。”圣桑一辈子都带了这种僵硬练习法的烙印，其演奏无可指责，但干巴巴地令人听了难受——他后来不加踏板演奏莫扎特的整段柔板——从圣桑的演奏能准确推断出斯塔玛蒂和卡尔克布雷纳的风格，干净却枯燥，用这种方法演奏的塔兰泰拉舞曲机械死板，差不多能与八音盒的精致和单调相媲美！

卡尔克布雷纳接待年轻的肖邦时，趾高气扬，自吹自擂。肖邦有点措手不及，为他弹奏了《e小调协奏曲》。大师煞有其事，宣称年轻人拥有费尔德的触键手法，克拉默②(Cramer，1777—1858)的演奏风格，这番话让肖邦满心喜悦，他离开卡尔克布雷纳之后，仍迷醉其中，“他说自己灵感来的时候，会演奏得美妙动人，没有灵感时却很糟糕。他认为我没有师承，却走了一条可喜之路，但我可能会迷失方向。他还补充说，自他以后，不会再有钢琴伟大流派的代表人物，而我即使有意创新，在领会古老流派之前也断不可能创出新流派……在对我认真考核之后，他建议我跟他学三年，并肯定地说要把我造就成某个非常、非常……之人③”。今天在我们眼里看起来非常、非常……可笑的，正是这位有才分的演技高手，竟然居高临下，评判一个跟他完全不是一个数量级的天才人物！

---

① 引自马蒙泰尔所著《著名钢琴家》。

② 德国作曲家、钢琴家。——译注

③ 肖邦写给提图斯的信(1831年12月12日)。

肖邦虽天性对人挑剔，在当时却受惑于这样一个孔雀般爱炫耀的人物。两人每天见面，彼此造访，肖邦对卡尔克布雷纳的激赏并不见减弱，反而不断升温："怎么描述他的冷静，魔法般的触键方法，演奏手法上的匀称？我对赫尔茨、李斯特和希勒[1]（Hiller，1728—1804）有多么好奇，你是知道的。那么，跟卡尔克布雷纳相比，这些人只是零而已！这是一个把我们都扔到脚下的巨人。我连替他提鞋都不配[2]……"

在华沙，大家读到这些热情洋溢的文字时，都很不安！肖邦的父母、姐妹和好人艾尔斯纳，一个接一个地提笔，设法平息弗里德里克的过度热情。他父亲很吃惊，得花上三年时间才能让他儿子成为一个完美的演技高手。儿子或许是直觉多于实践，"但说到底波兰和德国人的看法也值得参考啊，他们认为你在不满 20 岁之前，早已是个不同寻常的艺术家了呀。能肯定卡尔克布雷纳会给一个已经具备深厚艺术素养的艺术家添加新东西吗？"肖邦太太提醒儿子，波兰著名钢琴家希玛诺夫斯卡夫人认为卡尔克布雷纳"是个骗子"。此外，这位夫人恳请他不要把自己局限在一个演技高手的格局里，在巴黎应当致力于创作歌剧。那才是荣誉所在，值得去追求。

创作歌剧？

这当然也是艾尔斯纳的看法。他早年曾在巴黎结识卡氏的父亲，此刻虽隔得远，却反对卡尔克布雷纳的打算。艾尔斯纳眼光犀利，认为自己在学生的学业上所起的作用有限，并解释说，在一个艺术家的生涯中，一旦在自身中找到真理，时机就成熟了。肖邦的时机已经成熟。此外，他很不满意竟然有人还想完善他的学生，而他早先就认定这个学生已是大师了。对

---

① 德国作曲家、指挥家。——译注

② 肖邦很快就收回了这种夸张的观点。当他更了解李斯特之后，会对他表示持久的赞赏。他再也没有将卡氏与赫尔茨这个法国钢琴家和制造商相比，也不与他的德国朋友、诚实的演技高手希勒相提并论。他将自己的《e 小调协奏曲》题献给卡氏，很可能有点向"这个当时排名第一的钢琴家示好……"的意思。但在同一年，1833 年，他听了李斯特当面视奏，其迷人的自如"让我失态"之后，将自己的《练习曲》作品第 10 号题献给了他的朋友弗朗兹·李斯特。对卡氏，他很少再提起。

此，弗里德里克以那种对老师永远充满敬意和感恩口吻回复说，在深思之后，他觉得自己既不适合于创作歌剧，也不适合于写协奏曲。职业钢琴家的生涯在望，有一天他可能会位居前列。因此请他们允许他沉浸在他的“梦幻”中——他这样评价自己的作品——并在键盘上玩些花样。此后不久，他得到了在巴黎公众前亮相的机会。卡尔克布雷纳、诺布兰和帕厄尔将他引介给凯鲁比尼和巴约[①](Baillot，1771—1842)。多亏了众人提携，他要参加一场由当时最有名的艺术家联袂演出的音乐会。“帕格尼尼著名的对手巴约和著名的双簧管演奏家布洛德都参加演出。我呢，要弹我的《f小调协奏曲》和《〈让我们手拉手〉主题变奏曲》。此外，我会和卡尔克布雷纳一起，在四架钢琴伴奏下，用双钢琴先演奏他的进行曲，再弹一支波洛乃兹。简直是疯了。一架琴是极大的潘塔雷翁，它当然属于卡尔克布雷纳。另一架是比较单薄的小钢琴，但音质尚好，有点像长颈鹿脖子上的小铃铛，由我来弹。另外四架钢琴由希勒、奥斯波纳、斯塔玛蒂和索文斯基弹奏。莫斯布兰、维萨勒，加上乌赫——我所听过的唱得最为出色的名家——这些人都参加演出。最难的是找到女高音。罗西尼会出面为我在歌剧院说情，他有点担心剧院的二把手拒绝我。”

在那个浪漫主义盛行的年代，任何一场成功的音乐会都有女歌唱家出场，其主要任务似乎是以其悦耳的高歌，充作一首协奏曲乐章间的间奏！这是时尚——而肖邦生性尊重时尚。

第一场音乐会

音乐会起初定于1831年12月25日——选这个日子进入巴黎社交界，是个吉日——由于必不可少的女高音圣诞节晚上没有空档，推迟到1月15日，却因为卡尔克布雷纳略有微恙再一次推后。最后日子定在2月26日。这期间，“女高音变成了女声三重唱，由伊莎贝拉小姐、波梅奥尼小姐和布

① 法国小提琴家、作曲家。——译注

朗热小姐组成。美惠三女神胜过只有一个女神”。

普雷耶尔音乐厅——三百个座位——座无虚席，法国各界知名人士受邀到场。波兰人则自发地来为他们的同胞捧场。观众席上有李斯特和门德尔松。李斯特为年龄稍长的肖邦慷慨喝彩，认为“最热烈持久的掌声都不足以回应他的神奇魅力”。一篇刊登在《音乐杂志》上的文章令人注目，作者首先赞赏作曲家，注意到了“在钢琴这种乐器上，以许多独特的乐思构成的全新表现方式。在肖邦先生的创作灵感里，有一种形式上的更新，这种更新很可能会对钢琴作品的未来产生深远的影响”。文章接下来评判钢琴家，欣赏他演奏的自如，充满魅力，加上那么干净。最后的结论是“比如说，年轻人只在钢琴上弹出极为矜持的音色”，肖邦已经不是第一次听到这类评语。

音乐会在经济上是亏损的：请柬太多，售出座位很少，艺术家“团队”让最富冒险精神的经纪人都要打退堂鼓。可它给肖邦带来了名誉上的成功：他在巴黎公众面前亮相了——这是一个重要的标志——口袋里却无分文。肖邦的父亲担心了，生怕过度操心生计会使他儿子失去创作灵感。在上流社会建立关系吗？纯属美妙的幻想！一般人太容易混淆表面客套和提携相助！卡尔克布雷纳难道不能为他年轻的同行找些学生吗？

泡歌剧院

除了父亲慷慨解囊接济他的一小笔钱，肖邦没有任何生活来源。首场音乐会艺术上的成功让他放心，他沉浸在新生活的愉悦中，把很多夜晚消磨在歌剧院里。他身为行家，盛赞这“世上一流的歌剧院”，带着赞赏的心情，认为巴黎国立音乐学院和意大利歌剧院不分轩轻。他先从欣赏意大利歌剧院开始：“我从未听到过上周那样的《塞维尔的理发师》，由拉布拉什、鲁比尼和玛丽布朗联袂演出。也从没有听过鲁比尼、帕斯塔、拉布拉什那种唱法的《奥赛罗》，还有鲁比尼、拉布拉什和蓝波女士演的《意大利女人在阿尔及尔》。你不能想象拉布拉什的模样。听人说帕斯塔完了，可我还没听到过有谁唱得比她更出色。玛丽布朗用她奇迹般的嗓音征服观众:奇迹中的奇迹!鲁比尼是个出色的男高音,他放开声歌唱,从不用到头腔,有时能在连续两个小时内唱出华彩经过句。他的半声无可比拟。我也听了施罗德·黛夫琳特,她扮演苔斯德蒙娜,玛丽布朗女士演奥赛罗。玛丽布朗是小个子,可这个施罗德却硕大。这个德国女人看起来让奥赛罗窒息,有点不合常情。乐队很出色,但跟真正的法国歌剧院的乐队没法比,那可是王家剧院。梅耶贝尔的新作《恶魔罗伯特》是新兴流派的杰作。我怀疑在这个剧院里,还从未有过它所展现的这种宏伟壮观。梅耶贝尔因此而不朽。有传言说,他在戏班子里耗费了2万法郎。辛蒂·达莫罗唱得不能再好了:和玛丽布朗相比,我更喜欢她的演唱[①]。玛丽布朗令人惊奇,而她却魅力无穷。努里,法国男高音,感情戏很出色……”

“喜剧院里上演了埃罗德可爱的新作《泽姆帕》。我也喜欢《布兰维里埃侯爵夫人》这出戏。肖莱、佩雷福斯特、卡齐米尔小姐赢得了大家的崇拜。总之,只有在这里才能懂得什么是歌唱!”这种赞美出自一个尊贵的外国名人笔下,颇让人受用,类似的赞誉还不曾有过,不论哪个时代。那时还没有动辄诋毁法国歌剧的习惯——法国国民自己有时也自愿充当受虐狂的角色!——肖邦将会长久保持对歌剧的酷爱,其实这也是他的天生禀赋的体现,他追求钢琴的**歌唱性**——这在那个时代是一种创新,因为其他演技高手们将生硬呆板抬举成美德,追求的只是机械的精确。他对一个女学生说,“你想弹琴就必须歌唱”。在他眼里,钢琴犹如一个男高音,键盘上要出**人声**的效果,要观察*连音法则*,这种连音对歌唱家至关重要——直至著名的自由速度,它实际上就是两个音符之间呼吸的收纵而已。这一切,肖邦在歌剧院留心观察,并移植到他的钢琴上。

我们上文引述的给提图斯·沃伊切霍夫斯基的信的末尾,肖邦不经意

① 肖邦有时会自相矛盾,在两天后写给艾尔斯纳的信中说:“毫无疑问,当今欧洲最伟大的女歌唱家不是帕斯塔,而是玛丽布朗”。

地添上一句——他显然在故作姿态:“我几乎忧愁得发疯,特别在雨天。格拉德科夫斯卡小姐刚嫁给格拉鲍夫斯基,但这丝毫不妨碍柏拉图式的感情……”谁知道呢,在写下这些字句的时候,肖邦难道不觉得如释重负,从某种义务中解脱出来,得了自由?眼下,他只需忠实于一个回忆,在这回忆的幻象中,他确信自己真的曾经爱过康斯坦斯。此刻,他继续以完全纯洁的方式,把亲爱的提图斯称作“我热爱的生命”……

在另一封写给同一个亲爱的收件人的信中,肖邦在谈到他“相当糟糕”的身体状况之后,回到他多变的情绪,并绝妙地描述了它们的色彩:“外表上,我很快乐,尤其置身于自己人中的时候(我把波兰人称作‘自己人’),可内心里,很多事情令我痛苦。那些预感、梦魇,或者失眠、乡愁、冷漠。渴望生活的下一刻,却是对死的向往,一种甜蜜的从容,一种麻木。我感到远离一切,有时是那些具体的回忆令我不安。苦涩、乖戾,一种可怕的混合情感搅乱我的心绪,叫我心神不定。我比任何时候都愚蠢。我的生命,请原谅我。扯得够过了。现在,我要着装,叫辆车出门赴宴,有几百位宾客出席……”如果上天并不惠赐我们这种消遣解闷的法子——加上我们真心实意地全身心投入——那么绝望必然会杀死我们。zal 已经开始折磨肖邦,他深受其苦——这是一种家乡“特产”!

Zal……

Zal 是什么?李斯特在为他朋友肖邦撰写的抒情传记中——噢,几近滥情!——这样问自己。“Zal 意味着仇恨的酝酿,对凌辱的抗争,复仇的策划,冷酷的威胁,这一切蛰伏在内心深处,渴望有朝一日能复仇,或滋养徒劳的苦涩。”李斯特用华丽的辞藻淹没了对他所要颂扬之人的记忆,但某些评价仍然切中肯綮,上述定义便是其中一例。再没有更好的描述来形容折磨肖邦的那些隐秘的苦痛,他音乐的每一页都留下了这种痛苦的痕迹。斯图加特插曲被埋藏于记忆深处,并没有被忘却。直到最后,在一种表面上平静的生活中,忧郁的阴暗面孔将会周期性地显形。

幸亏巴黎就在流放者眼前，印象的不断更新变化为他解忧："这是一个多么让人惊奇的民族！晚上到处能听到活页小报上八卦标题的叫卖声，花一个苏，你就能买到3—4页蠢话连篇的印刷品，诸如'教士的情事'、'巴黎大主教和贝里公爵夫人'和千百种其他污言秽语，有时却也写得颇机智……实话对你说，这是一个相当困苦的时期。流通的钱币不多，很多衣衫褴褛的人跟你擦身而过，其外表很能说明问题。经常能听到对路易-菲利普这个蠢货的威胁之词①，他在政府中的地位岌岌可危。底层民众被深深地激怒，他们每时每刻都试图挣脱悲惨境地。遗憾的是，政府管得很严，最无足轻重的集会也会遭骑警队驱散……"

经济危机

这种关心民众困苦，站在社会底层立场上抨击当权者，具有社会诉求口吻的评论，甚少在肖邦笔下出现，因为它与这个天生的贵族格格不入。事实上，1832年冬天，一场很严重的经济危机波及全民，城市里尤其艰难。帝国时代和复辟时期勉强确立的银行系统崩溃了。没有信贷机制，建筑、纺织和冶金业均深受影响。工资骤减，失业肆虐，工人骚乱四处可见。谷物昂贵，面包价格飞涨，法国在挨饿，自下而上怨声四起，然后蔓延失控。在这样的局势下，肖邦和每个人一样受到影响。很少再有钢琴课，因为那些授课对象——即贵族子弟们——大部分都在外省的家族城堡里闭门不出。贵族们继续跟国王及其宫廷赌气。尤其是当圣日耳曼城关和圣奥诺雷街区唱空城计的时候，先为反对国王，再为逃离霍乱，住在安亭街的肖邦的财务状况就岌岌可危了。某些传记作者暗示，他跟银行家列奥和阿尔伯特·格日玛拉关系密切，这位音乐家在玩股票。可他投资的本钱从哪里来？他母亲寄来了救急的1 200法郎，并让他明白这类宽松举动不再经常

① 参见上述斯图加特插曲，肖邦当时还完全没有原谅路易-菲利普在波兰对俄国的悲剧性的反抗中未予救援。

会有。他父亲——不久将会丢掉华沙的教职——劝诫他“要在眼前的几种可能性中找到最稳当的路”。在他作为钢琴教师的名声建立以前,肖邦手头一直非常拮据。作曲——我们下面会看到——只给他带来极为菲薄的收入。他很少开音乐会——即使偶尔有,也是为了推出一个作品。肖邦将只以教课为生,不过先得能捱过这个特别艰难的年头。

交个手吧,巴黎!

1832 年 2 月 26 日的音乐会,给肖邦在巴黎上流社会和艺术界带来了某种声誉,后来他又作过类似尝试。当年 3 月 13 日,他曾胸有成竹地写信给巴黎音乐学院音乐会社委员会。这封信写得很有尊严,他申请在该协会的某一次音乐会上演奏,但这个愿望要到两年之后才能实现。

这期间,他不再去上卡尔克布雷纳的课,那阵热情大约只持续了一个多月。门德尔松对肖邦脱口而出:“您什么也不会学到,再说您比他弹得好……”。也是怪事,停课这件事并没有给两人的关系带来任何疏远的痕迹。卡尔克布雷纳甚至还将自己的《肖邦玛祖卡华丽变奏曲》题献给他年轻的同行。为了还他的人情,肖邦把他的《e 小调协奏曲》题献给德国钢琴家,这可是相当高的敬意!卡尔克布雷纳对此举也颇领情,将肖邦介绍给普雷耶尔①。从此,波兰人肖邦将成为普雷耶尔钢琴代言人,李斯特则仍保留埃拉尔②旗下的冠军称号。说到底,跟卡尔克布雷纳建立友谊,肖邦一无所失。

肖邦毫不自夸地坦承,他很快就“应付自如”,这是他在巴黎并不感到泄气的理由之一。他“认识所有的人”。帕厄尔把他引介给罗西尼、巴约和凯鲁比尼,后者“只颠来倒去地谈革命和霍乱”。他可能没有机会认识莱沙③(Reicha, 1770—1836),可“不再为此苦恼”!他跟当红歌唱家交往,所

---

① 法国钢琴家、经纪人,钢琴制造商。普雷耶尔也是著名的钢琴品牌。——译注

② 法国另一个钢琴品牌。——译注

③ 莱沙是捷克裔作曲家、音乐理论家和音乐教授,1835 年当选为法兰西艺术院院士。——译注

有钢琴家都是他的朋友:卡尔克布雷纳、希勒、奥斯波纳、斯塔玛蒂和李斯特。梅耶贝尔赞赏他。至于流亡在巴黎的波兰人,他都认识,但经常来往的是科玛尔一家、漂亮的黛菲娜·波托茨卡、沃德辛斯基一家、布里克切金斯基一家、克尔纳兹克、莫罗夫斯基、涅莫耶夫斯基、重要的政治家和历史学家列列韦尔、普里希塔、提兹盖维茨夫人、阿尔伯特·格日玛拉。肖邦说话从来不留情面,他会捎上一句"其他人嘛,一群地道的蠢货!"他在阿达姆·恰尔托雷斯基亲王家周一音乐会上演奏,也在普拉特伯爵家周四音乐会上露面。后来波丽娜·普拉特成为肖邦在巴黎的第一个女学生。普拉特伯爵夫人有一天对弗里德里克说:"如果我年轻漂亮,我的小肖邦,我会选你作丈夫,希勒作朋友,李斯特作情人。"一天晚上,她为这三个年轻人想出了另一场竞赛:弹一首著名的波兰进行曲《波兰将永存》,看谁能弹得最快乐和最悲伤?是肖邦获胜。

从这时开始,女士们就已经注意到了他谈吐讨人喜欢,作派有贵族气,这是肯定的。他"五楼上的一个女邻居,一心想跟他套词儿",这位老皮克西斯的女弟子不断地想接近他,令老头不安,不停地把弗里德里克撵走。肖邦偷偷地噗嗤一笑:"这是头一次有人怀疑我**会做**这种事情。你怎么看?我——一个诱惑者!"肖邦一方面讨女人们喜欢,却不曾对她们感过兴趣。肖邦身上从来没有过一点男性自命不凡的影子。

舒曼的文章

有件事让他尤感踌躇不安:舒曼在《音乐综合报》上撰文,专论肖邦的《〈让我们手拉手〉变奏曲》(作品第 2 号)。这篇引起很大反响的文章,以一句充满激情的惊叹句结束:"脱帽吧,先生们:一位天才!"这的确是很精到的评语,其前瞻性更胜人一筹。值得称道的是,这番评语出自他的同龄人,一个也是 21 岁的德国艺术家。肖邦装作漠然无视,除非他真的认为赞誉过分夸张了:"卡塞尔的一个德国人狂热地崇拜我的变奏曲。在一段冗长的引言之后,他对作品逐节进行了分析,旨在说明这并非通常意义上的变奏曲，而是某种奇特的构思。溢美之词在我看来愚蠢透顶，远不是聪明的表现……。”肖邦天生如此，无论何人何事都不会真正让他感到满足。细想之下，肖邦本该因为被一个对手称作“天才”而感到欣慰！然而，此处却恰恰无法解释，应当说他从未有过回应，没有对舒曼的音乐表现出哪怕一丝兴趣。地道的同代人，两人性情则全然不同。

艰难时期

可日子真叫难熬！1832 年 4 月，甚至可用悲惨来形容。霍乱肆虐下，巴黎城跑空了。眼前没有一堂课可教！舞台明星在别处找出路。“钢琴家也离开了。赫尔茨和门德尔松去了英国，皮克西斯到了德国，李斯特在瑞士，卡尔克布雷纳不知往何处去，他太怕霍乱了。希勒在法兰克福。剩下贝蒂尼和勋克，他们不值一提。应当说一说索文斯基吗？他除了一团和气加一副好心肠，别无擅长。也就是敲敲键盘，原地蹦跶几下，双手交叉，然后用那显然是为某个乌克兰马夫的鞭子和缰绳而生的美妙手指，连续五分钟在键盘上敲同一个音……”见鬼！

奥尔洛夫斯基[①]在写给华沙的家信中，隐约提到肖邦在那段时间内的精神状态：“我有时会去看他，一句话也没说就又走了，因为他实在太忧郁，因为远离祖国和家人而愁肠百结。别对他父母说起这点。我求你们，因为他们会担心。巴黎的情形很糟：艺术家在贫困中落魄，因为霍乱把所有有钱人都赶到外省去了……”还是坏消息！

1832 年春天，肖邦找到的唯一在公众面前露面的机会，是 5 月 20 日莫斯科瓦亲王为穷人举办的募捐音乐会。演出不如二月份那场音乐会反响大，他又一次演奏了他的《f 小调协奏曲》第一乐章。这场音乐会的全部荣誉落在双簧管吹奏家布洛德的头上，观众不停地要求他返场。而且《音乐杂志》再一次声称波兰音乐家的“音色实在太弱”。没有一个学生在鱼锅城

① 肖邦的这位同代人和同胞，也是艾尔斯纳的学生，后来成为鲁昂剧院的乐队指挥。

关路上露面。我们的流亡者从阳台上看到一个接一个的柩车队列单调前行:仅只巴黎一地,流行病期间的死亡人数达到两万。接替拉菲特的政府首脑卡齐米尔·贝里耶拒绝接受工人们要求增加工资的请愿书,他动用警察和国民卫队驱散游行队伍。当然,霍乱在劳工阶层造成更大量的死亡,他们的居住地卫生条件极差,营养严重不良。这使巴黎民众加倍地不堪忍受,对抗情绪增加,冲突不断,流血事件众多。雨果写道:“临近 1832 年 4 月底,一切都在恶化。激愤蕴积的结果是沸腾,人们预感到某种可怕的事情正在酝酿。一场可能的革命隐约可见,尽管其轮廓尚不清晰。法国看着巴黎,巴黎看着圣安东城关……”

那一刻,肖邦突然感到恐惧:他何故来蹚这浑水?什么厄运把他从一个充斥复仇意识的国度,驱赶到另一个面临全面爆发的国家?整个世界正面临某种潜在的革命威胁。尤其对他,弗里德里克·肖邦,远离家人,当下生活无着,未来前景不明,眼前一片漆黑。他是不是最好回华沙,或者去美洲寻求财富?说到底,他来巴黎“只是路过”,他的护照上就是这样写的。陪同科希秋什科去美洲的聂姆采维奇,不敢建议他年轻的同胞也去冒险。留下还是离开?是遵循他父亲的明智建议,远离一切政治动荡?还是投身到革命行动中去?他很难想象自己武装到牙齿的样子。那怎么办呢?有些日子,他濒临绝望。

正在这时,偶然向他伸出了救援之手。

相遇

1832 年 5 月的某一天,正在林荫大道上溜达的肖邦,遇见了瓦伦丁·拉吉维尔,他是安多南亲王的亲戚。肖邦随他去参加了詹姆斯·德·罗斯柴尔德举办的一个晚会。年轻人坐到钢琴前,并未刻意准备,却比迄今为止任何一场音乐会更加成功。巴黎上流社会的精英们尽数在场:他们会屈尊跟犹太人打交道,只要他足够富有……一夜之间,肖邦的名字口口相传。人们欣赏他的优雅,他的才华,也请他授课:罗斯柴尔德男爵夫人在一长串名单上排第一个。沃德蒙公主、恰尔托雷斯基亲王、阿波尼伯爵和拉纳元帅将肖邦置于他们的保护之下。突然间，情势完全改变了，地平线明朗起来，肖邦重新生出希望。显然，教师的职业完全不是他预期的前景。一堂课接着一堂课地教学，将是多么地乏味。可毕竟，先得养活自己。

我们在这里可以插入一段关于肖邦作为教育家的论述。

授课

这个自学成才者——如果我们可以这样评价齐夫尼的学生的话——这个愿倾其所能于创作的天才，这个惧怕舞台且不愿常现身台前的优秀钢琴家，这个脆弱之人，情势所迫之下，将不得不做一辈子的教师。在他余下的 17 年生涯中，每年有六个月的时间，从 10 月到第二年 4 月，肖邦每天会教 4—5 堂课。原则上每堂课时规定为三刻钟，可如果学生值得教的话，肖邦会延长课时，有时可达 2—3 个小时。整个上午和下午的头一段时间是专用于教学的。

他在怎样的心态下投身于此呢?

没有任何固定的构想。不论是卡尔克布雷纳，斯塔玛蒂，奥斯波纳，还是塔尔贝格，在教学上都会采取某些严格的方法，毫不让步，就像掌握着神圣之权。无疑，肖邦由于他个人特殊的学习经历，并不会实施任何预定的体系，他不会有“流派”，也绝无建立某种传统的宏愿。对学生，他根据每个人的能力及目标，提出相应的要求。显然，他对一个业余爱好者和一个搞专业的并不一视同仁:需要辨识每个学生各自的特点。他的教学尽可能的自由，宽松和理性。他更多建议而较少强制。因此要摒弃一种说法，认为存在一种确凿的“真传”，某些人太容易自称是肖邦“偏爱”的学生，声称拥有并吹嘘这种“真传”。同样，那些曾在大师在场时，有那么 2—3 次坐在钢琴前的人，往往吹嘘自己是“肖邦最后的学生”。我们并不能根据这类说辞，准确地了解肖邦的演奏技巧。

还有一点需要强调，教育家这个职业，是因为他必须赚钱养活自己而被迫为之，但他绝非“漫不经心”，而是谦恭敬业。只有在学生指法不对、品位不正时，他才破例发怒。肖邦上课并非完成一份苦差事，而是履行一个义务，对此他有最崇高的职业道德。

命里注定，肖邦的“顾客”中业余爱好者居多，专业人士较少。因为他是在“上流社会”出名的，他最初的学生属于巴黎贵族阶层。后来他愉快地教过几个有一定造诣的学生，加起来总共不会超过 15 个。其中值得一提的是年轻的查理·费里希特，他没有活过 15 岁。李斯特曾对朋友说过这样的话：“这孩子开始旅行的时候，我就得收摊儿了……”；还有古特曼，一个“善良的日耳曼巨人”，肖邦对他情有独钟，他临终前的最后一句话是对他说的；德·兰兹是《贝多芬的三种风格》的作者；特莱夫森是挪威裔钢琴家，1842 年之后定居巴黎，他将陪同肖邦去英格兰，并和另一个学生一起分享抄写大师曲谱的殊荣；米库里是波兰人，后来活跃在林堡音乐界；马蒂亚斯有德国血统，后来任教于巴黎音乐学院，教过阿尔弗莱德·科尔托。肖邦学生中还有早逝的古恩斯贝格、维尔尼克和古斯塔夫·舒曼。

他的女学生里，有奥梅阿拉小姐，后来的卡米尔·杜布瓦夫人，她在其职业生涯中力求将大师的教学方法延续下去；维拉·德·科罗格里沃夫，她是画家鲁比奥的妻子，曾协助肖邦教授其他几个学生；弗里德里克·穆勒，她是施特莱舍钢琴[①]制造商的妻子。这些人都被肖邦视作自己的得意学生。

在业余爱好者中——他们人数众多——让我们列举如下：马瑟琳娜·恰尔托雷斯卡，她是肖邦的同胞和忠实的朋友，肖邦临终时陪伴在侧；作为聪慧的赞助人，她将朗贝尔公馆变成了波兰艺术和思想活动中心之一；她的演奏手法，似乎“跟大师的手法极为相似”，说不定是指她模仿得很有特色。接下来是一大堆活跃在社交界的女性，那些“美妙的伯爵夫人”“迷人的男爵夫人”“爱崇拜偶像的学生”，她们的殷勤曾招致桑夫人面带微笑的

① 奥地利钢琴品牌，Streicher，于 1794 年开始生产，1896 年破产。——译注

嘲讽。这些人中,有希迈公主、波托茨卡伯爵夫人、诺阿伊小姐、贝托露兹夫人、卡莱尔奇伯爵夫人、戴斯特伯爵夫人、布洛尼茨卡伯爵夫人、埃斯特拉兹伯爵夫人、罗斯柴尔德男爵夫人,还有库尔梯将军夫人、简・斯特琳、爱米莉・冯・梯姆。加上女歌手波丽娜・维亚尔多,肖邦在诺昂消夏期间,常会主动给她不少指点。

然而这些学生中,没有一个注定会投身伟大的职业生涯。正如阿尔弗莱德・科尔托所言[①],肖邦的教学虽然具有权威性,但"显然没有影响力"。真是一个令人心酸的事实!

他让学生们练什么?练习曲目有克拉默的《练习曲》,克莱门蒂的《朝圣进阶》,莫舍莱斯的《风格练习曲》,还有(巴赫)的《平均律钢琴曲集》中的前奏曲和赋格,莫扎特的奏鸣曲,贝多芬的协奏曲和几首奏鸣曲(一路练到作品第57号),门德尔松的《g小调协奏曲》,舒伯特的圆舞曲和几首四手联弹曲,韦伯的奏鸣曲,费尔德和胡梅尔的协奏曲和其他作品,李斯特的改编曲,亨德尔、斯卡拉蒂、杜赛克、里斯、塔尔贝格的一些作品。他从来不教舒曼的任何作品,对舒曼执拗地不予理睬,甚至对题献给他本人的《克莱斯勒偶记》也从不视奏。当然曲目中有他自己的作品,但他从不强加给学生。这些曲目的涵盖面比较窄,可我们是在1832年,而肖邦是最不喜欢广采百家的一个人。

我们前面提到过,这种教学的基础是歌唱。要像一个男高音那样让钢琴歌唱,用曲线,连音,以气息的多次转换来做必不可少却不易察觉的停顿,有节奏的自由速度,让旋律充满活力却不中断旋律线。一言以蔽之,如果没有歌者的特殊表现力——那你就只有关上琴盖了。此外,还要有自然的品位,绝不容许情绪夸张、温情感伤或矫揉造作。总之,肖邦传授的是一种声响的美学,而李斯特自己则是一个交响艺术的使者。有个事实值得一提,它很能说明问题:肖邦家里,学生永远在一架高质量的演奏用琴上弹

---

① 阿尔弗莱德・科尔托著《肖邦面面观》。

奏，“绝无可能让一架破琴歌唱！”他往往这样重复。还有，他绝对禁止每天练琴时间超过三个小时：“再多，就会头昏脑涨了！”总要留时间给学习、阅读、散步和耽于幻想。

在他不厌其烦地重复的忠告中，让我们回到原则性的建议上：身体要柔软“直至指尖”；永远不要僵直；手要自然悬空；将肘关节靠近身体，尽量少使用臂力；充分运用连音，像弹奏管风琴那样采用手指位置替换法[①]；在每个手指都保持独立的同时，使它们各自都弹出个性；从升降号变化最多的音阶开始做音阶练习，单纯练C大调是最难的；学会正确的指法；演奏时不要把乐句切得太短；稳定地保持住自己的速度，即使在强调自由速度的时候也如此（李斯特曾说过：“请看这些树，风吹得树叶摇曳，但树干却不动。这就是肖邦的自由速度”），极适度地使用踏板；要学会将踏板和自由速度结合起来；弹颤音的时候从高音开始；保持节奏的绝对自由度；用提问的语气奏出一个乐句；培养自身对有创意的演奏的兴趣。肖邦对学生们肯定亲口有过许多别的忠告，其中某些人记录下了大师的评语[②]。大家都对肖邦没有留下《教学法》感到遗憾。肖邦没有勇气完成他的计划，这个计划仅停留在构思阶段，也没有实用价值[③]。别忘了，写封信对他来说都是件苦差事。除了音乐创作，他绝无可能作长篇大论。

若要列举他在钢琴演奏技巧方面的革新，能总结如下几点：

——右手柔韧度的扩展；

——左手奏法的扩展；

——将分散和声扩展到整个键盘；

——重复或快速琶音的扩展；

---

① 不抬指但换指。——译注

② 关于这个话题，参阅《肖邦学生眼里的肖邦》，J.J.艾格尔丹格著，洛桑 La Baconniere 出版社。

③ 参阅阿尔弗莱德·科尔托所著《肖邦面面观》中“教育家肖邦”章节（阿尔班·米歇尔出版社）。我经常在科尔托家翻看他购入的肖邦《教学法》手稿。

——双八度写作；

——允许用拇指来弹奏黑键；

——三指、四指和五指交叉弹奏半音曲式；

——五指越过拇指弹奏；

——用同一个手指重复弹奏同一个音符；

——根据手指的表现力发明的指法；

——某些歌唱性段落中，为了达到声响上的均匀，连续使用同一个手指。

总之这是一系列具有决定意义的成果。在同一个时期，但以不同的方式，肖邦和李斯特一起，创立了现代钢琴技巧。自那时起，人们再没有任何新发明。

从未有过只靠爱情和清水过日子的人，也不能只活在热情和天才中。这点或能让读者原谅下面插入的题外话，我们认为有此必要，请勿觉失礼，这里涉及肖邦的物质生活条件。

金钱问题

肖邦每小时授课收费 20 法郎[①]，加上他的音乐会收入（只有三场是真正有经济收益的），以及靠出售作品（他一共向不同出版商售出 17 000 法郎：少得可怜！），肖邦的年均收入为 14 000 法郎。他的花费如下：房租（安亭街的年租金是 1 275 法郎，奥尔良广场年租仅 625 法郎），雇用男仆（每年 840 法郎），置装（每年 500 法郎），伙食（每年 6 000 法郎），租用轻便马车（每年 5 600 法郎），还有其他花销。每年中如果没有 5 个月（自 1837 年始）在诺昂的乔治·桑家里度过，他恐怕根本不能维持这种生活水准——加上他

① 卡尔克布雷纳授课收费 25 法郎。此外，肖邦以最普通的口吻对他的一个朋友坦承："我今天得上 5 堂课，你可能以为我发财了？你错了，这不够我的敞篷马车和白手套的开销，但没有它们，我就算不上体面！"

生性慷慨，出手大方，喜欢赠予、送礼、给小费、借款给困窘中的同胞。他习惯于一种舒适的生活方式，确信有必要在一个适宜的环境里接待学生。不擅长理财，没有任何个人财富，于是他经常绞尽脑汁才能“支撑到月底”，有时还得靠借贷。他长时间住在诺昂，是否对各项开销有所贡献，这点颇值得怀疑。不是“来客付账”的时代，可能桑本人也不会收客人的一分钱，哪怕是常客。不过肖邦毕竟曾赠她好几件漂亮家具。

让我们结束这段题外话。

话题人物！

1833 年 1 月中旬，肖邦写信给他童年玩伴多米尼克·杰瓦诺夫斯基，他们曾在沙法尼亚一起度过美好的假日：“我这就出名了！我发现自己身处上流社会，周围尽是大使、亲王、部长们，真不知出了什么奇迹，因为我什么也没干。可人家说，必须出现在这些场合，因为好品位出自于此，这是定见。如果你曾经在英国使馆或奥地利使馆演奏过，你即刻就是一个很有才华的人。如果最后一位莫蒙朗西家族传人，沃德蒙公主曾保护过你，你的琴艺就更出色。事实上，我不能说‘受到保护’，因为这位老夫人八天以前去世了……”社交礼节并不让肖邦的幽默天性稍减一分！

“我不知出了什么奇迹”：您注意到了吗？备受上天恩宠的肖邦，绝不妄自尊大。他似乎总是看不到——不，他真的看不到——他的优雅和血统，与他的才华一样能赢得别人的信任。他难道从来没有照过镜子，来证实李斯特所言“他如此高贵优雅的外表和得体的举止，令人不由自主地把他看作王子……？”在这个百般挑剔，考究透顶的巴黎上流社会圈子里，在任何场合中，他都没有感觉到哪怕最微小的不适或瞬间的不自信。

他难道不是从童年时代就习惯于宫殿的豪华装饰、妇人们的精美服饰？那些弥漫于高雅晚会的勾心斗角的氛围，那种表面雍容掩饰下的把持？这是他的生活，他的环境，他的天地。他无需作任何努力去适应。不必附庸风雅，他懂得别人的心思，并以妥协的姿态，善用他的方式投其所好。总之，他让人一眼就看出是绅士，尽量不以“钢琴家”的身份亮相。

他因此很快就成了某种狂热追捧的对象，吸引众人的目光。人们看到他经常出入贝尔吉奥约索公主和诺阿伊亲王的府邸。黛菲娜·波托茨卡把他奉为自己沙龙里的上宾。居斯廷侯爵是个出了名的同性恋，亲热地称他作“波兰先生”，给他写过很多富暗示性的便条，却在肖邦实打实的矜持面前碰足钉子。恰尔托雷斯卡公主常在朗贝尔公馆接待他。詹姆斯·德·罗斯柴尔德继续充当他的保护人。流亡中的波兰人“抢夺他”。作家勒古维是法兰西学院院士，有关肖邦的几行文字写得极有魅力：“我们来到一栋小楼的二层，面前是一个年轻人，优雅、苍白并伤感。他的眼睛呈褐色，眼神很温和，透出一种无可比拟的澄澈，头发是栗色的，跟柏辽兹的头发几乎一样长，垂落在额前的方式也一样。谈到肖邦，最佳描述恰如海涅所言，他是‘可爱的三位一体’。他的个性、他的演奏技巧和他的作品，三者是如此地和谐，不能把它们分开看，而是得像脸上的线条那样搭配在一起。”

两层小楼坐落在牧羊人城 4 号，肖邦在鱼锅大道住了一年之后搬来这里。1833 年，他先住在安亭街 5 号，三年之后，他搬到同一条街上的 38 号，在那里一直住到 1839 年，正好是他从马略卡岛返回的时间。最后的这个住处是他精心挑选布置的。

魅力十足的住所

尽管肖邦声称自己是“查理十世的公开支持者，因而是路易-菲利普的反对者”，他选择的却是那个年代流行的路易-菲利普风格的家具。“可红色让我眼睛难受，而深绿色并不使我心情愉快，我让人把座椅和沙发都蒙上了白色的丝绸。这并不耐用，却很妙”。在壁炉上，摆着一台很漂亮的路易十五风格的座钟和一座枝形大烛台。稍远处，一个玻璃柜里摆着精美的瓷器。在炉膛前——唯一的取暖之处——一张绣制隔热屏，色彩悦目；普雷耶尔提供的一架音乐会大钢琴，在客厅中非常醒目，卧房里放了一架黑色立式小钢琴[①]。屋子之间的门开着，肖邦有时会用第二架钢琴替代协奏曲的乐队部分，给学生伴奏。在前厅，根据李斯特的描述，有“一个路易十五风格的漂亮喷泉”。“浅色的丝质大窗帘和雪白下垂的透明纱帘”垂落窗前。

卧室里放床的凹部用白色珠罗纱帷幔遮挡。靠近床边有一个小座椅，上面的软垫是他母亲肖邦夫人绣制的。两个窗户之间，一张细木镶嵌的写字台，还有一尊银质香炉。

在餐室，靠墙摆一张红色绒布沙发。

墙面贴的是“有珍珠图案的或画有山鹘的纸：这正是我最喜欢的”。常来看望友人弗里德里克的李斯特写道：“墙上有版画或绘画的复制品，透着和谐的美”。一个前厅，附加一个厨房和一个房间，构成了他的这套住房，羡煞单身汉。

盥洗室设在房间的一个角落里，一张窄桌上有个极小的水池，也就刚好能把鼻尖浸湿，一个小支架上放着几样小物品，梳子、刷子和瓶子，卫生设施简化到只有最起码的必需品。“如果大夫正式要求，才洗个澡，但绝不要超过每月一次”，一本《礼仪手册》这样规定。其中对“洗澡”的注意事项有详细规定：在把脚伸到铜制的或白铁浴盆里之前，整个下午禁食，叫奥维涅人来你家送几桶洗澡必需的热水。此外，男人洗澡很少见；这事似乎仅跟妇女有关，牙膏也好像专为她们提供。在我们结束家访之前，最后得提一句，还有一个药品柜：仅在巴黎，肖邦前后看过 14 个医生。

社交界

现在，让我们回到“社交界”。

据他的朋友奥尔洛夫斯基称，肖邦再次在社交界崭露头角。前者在给

① 这些钢琴不是租来的，而是由普雷耶尔免费供给肖邦使用，后者的才华让这个琴行发了大财。在《法国音乐报》版面末条的一篇文章中，能读到这段广告性的文字：“人们知道肖邦能从普雷耶尔美妙的钢琴上奏出何种令人愉悦的效果……”。作为普雷耶尔琴行的明星，肖邦以这种方式付他的那份钱。

肖邦父母的一封信中这样写道："肖邦身体很好，精力充沛。他令所有的女人神魂颠倒，让丈夫们吃醋。他很时髦。我们不久就都会戴肖邦式的手套。只有思念祖国令他憔悴。"

除了建立社交界的关系，肖邦跟法国朋友保持友谊——像大提琴家弗朗肖姆——也和波兰朋友交往，他们中有封塔纳、奥斯特罗夫斯基、奥尔达、格日玛拉、谢贝茨基和卡齐米日·卢勃米尔斯基。肖邦昔日在华沙的同学、钢琴家封塔纳，在巴黎成了他的跟班。再没有比他更忠实的朋友，时刻准备着居间斡旋，在出版商那里奔波交涉，是个志愿秘书的完美形象。格日玛拉是波尼亚托夫斯基亲王的前副官，1812 年对俄战争之后，被俘关在波尔塔瓦三年。他是议员、行政法院审查官、波兰政府银行行长，当时正在巴黎申请所谓的"波兰援助贷款"。他跟肖邦关系极好，也是桑的好友，她按自己喜好称他为"亲爱的夫婿"。

李斯特

李斯特只比肖邦小一岁。他早肖邦 8 年到巴黎，以一个天才少年的身份登台亮相。他的家乡在匈牙利，在那里他很早就在钢琴上表现出惊人才能。他父亲虽只是埃斯特拉兹亲王的财产管理人，却是音乐行家，把孩子带到维也纳，在那里车尔尼和萨里耶利对他进行了严格的音乐教育。最早的几场音乐会上出现的是一个天生的即兴演奏家和炫技高手。这可能是一个传说，据说贝多芬出席了第二场音乐会并吻了这个奇迹儿童的前额。在职业生涯开始之初，这是荣耀的标志，尽管《第九交响乐》的作者在给一个朋友信中说："车尔尼请我别错过年轻的李斯特的音乐会，车尔尼把他捧上天了，与青年时代的莫扎特相提并论……"维也纳、贝斯特和普雷斯堡所激发的热情在慕尼黑、斯图加特、斯特拉斯堡等地也陆续得到确认。可在巴黎，小李斯特却以失败开始——凯鲁比尼，一个十足的意大利人，当时是巴黎音乐学院的院长，以李斯特的外国人身份为借口，对他关上了音乐学院的大门。"我觉得全完了，伤口很深，很长时间流着血……"凯鲁比尼不喜欢天才儿童，但巴黎为之疯狂。帕厄尔给这个男孩上作曲课，建议他父亲租下歌剧院，用乐队伴奏，给儿子开场音乐会。演出获得了巨大的成功，演奏完他的协奏曲后，作为最高的荣誉，孩子受邀在各个包厢巡回，接受在场名人的祝贺。围绕这个奇才的热情，堪与当年对帕格尼尼的盛情接纳媲美。在伦敦和法国外省，也是同样的成功。更妙的是，巴黎歌剧院上演了一出独幕浪漫剧《唐桑切或爱情堡》，由努里演唱，音乐是这位“出生于匈牙利的十四岁男孩”弗朗兹·李斯特所作。

第二年，即 1826 年，他在马赛待了很长一段时间，在那里创作了《十二首超绝技巧练习曲》，作为这位天才钢琴演技高手的必备曲目，他已经为征服欧洲准备就绪。他父亲亚当·李斯特在海滨布洛涅城去世，临终对年轻人作了一个奇特的预言：“女人会使你一辈子不得安宁”。女人？弗朗兹一点都不想……可是，临近十七岁的时候，他的学生，内政部长的女儿、才貌双全的卡洛琳娜·德·圣克里克为音乐而激动，也为同样诱人的年轻的大师而动心。圣克里克夫人赞许这种淳朴温柔的爱情，可她丈夫却认为可笑，不能接受，并以礼貌却不容更改的方式，通知李斯特终止授课。“我以为要死了……”

“三个光荣日”的炮声把弗朗兹唤回到生活中。大病初愈，他就狂热地扑进法国文学中，不加挑选地阅读名作，像蒙田、拉蒙奈、伏尔泰、圣伯夫、卢梭和拉马丁，尤其是夏多布里昂。为了满足自己对人世间天才人物的渴求，他和帕格尼尼、柏辽兹和拉蒙奈交上了朋友。帕格尼尼向他揭示了小提琴上超绝技巧的秘密，两人一起比较他们的探索结果，而柏辽兹则以他的幻想交响曲，使李斯特初尝标题音乐的乐趣。至于拉蒙奈，他立即对李斯特表示友好，正如他后来对肖邦的态度一样——难道不是他，在格利高里十六世认可东正教的俄国屠杀天主教的波兰时，毅然跟罗马断绝了往来？——他当时正在精心构造他的理论。在他看来，艺术是神圣的，因为它是上帝的投影。爱情也一样：例如他在《信者箴言录》中，独出心裁地称之为“救赎的女人”。这个理想的女人，在李斯特眼里，会是那位带酒窝的、有褐色头发，陪他在自己的阿尔卑斯山中城堡里度过整个冬天的拉普如纳雷德伯爵夫人吗？吃不准。

李斯特在钢琴上确立了交响式演奏手法的规则，这将是他个人的美学观。为了达到目的，他独创了一套绝对新颖的技巧。那真是苦役般的差事："已经 15 天了，我活脱一个下地狱的人：荷马、圣经、柏拉图、洛克、拜伦、雨果、拉马丁、夏多布里昂、贝多芬、巴赫、胡梅尔、莫扎特、韦伯，我跟他们如影随形。我研究他们，对着他们冥想，疯狂地吞噬他们。而且，我每天练琴 4—5 个小时，三度音、六度音、八度音、颤音、反复独奏、终止式，等等。啊！只要我不发疯，别人就会承认我是一个艺术家！是的，一个时代需要的艺术家……"

李斯特的一场音乐会！台上一架埃拉尔大钢琴，它的双擒纵装置有助于把机械和音响的效果发挥到极致；厅里是"整个巴黎"，指上流社会和金融界的精英们。年轻的大师出现了，看他多么漂亮，多么苍白！在简短致意之后，他坐到琴前，立即开始弹奏贝多芬的奏鸣曲，这类曲子后面通常接着一首交响乐，他却将其简化为键盘音乐。浅薄的听众常常陶醉于意大利歌手的炫嗓，相比之下，贝多芬这位波恩大师无与伦比的抒情，乍听起来过于严肃庄重。可李斯特不管这些，他弹贝多芬，没有商量的余地。他也弹韦伯、舒曼和肖邦。最后是他自己的作品，先是根据时髦的歌剧咏叹调改写的钢琴曲，《拉美莫尔的露琪亚》《魔鬼罗伯特》《唐璜》《雅典的废墟》《仲夏夜之梦》。接下来是炫技作品，比如《超绝技巧练习曲》，他在作品中有效地糅合了灵感和高超技巧。最后是追忆家乡风情的美妙作品：铃声、钟鸣、波西米亚人令人眩晕的律动。在达到高潮时，李斯特突然晕了过去——又多一重诱惑！有时一个敏感的女观众不省人事，年轻人如此美貌，音乐又这般诱人——可她的胸衣是不是束得太紧了？音乐会持续了大约 3—4 个小时。可是，当精疲力尽的钢琴家站起来致谢的时候，掌声是如此热烈，火辣辣的眼神是如此不可承受，他不得不重新坐下，由随意点给他的主题或从记忆中选取的一个主题作即兴演奏。他靠记忆弹奏或作即兴演奏，总是同样的炫技，同样的激情，同样的灵感和同样感人的表情。他就像是音乐本身！

帕格尼尼

在某些晚会上，尽管他本人也是一个天才的炫技高手，李斯特真把帕格尼尼当作他所扮演的角色，一个魔鬼的儿子。他在巴黎引起的反响如此之大，人们以他的名字来称呼某些日用品，有帕格尼尼手杖、手套和晚礼服，乃至雨伞，伞柄做成琴弓的形状，伞骨代表琴弦。一天在林荫大道上，帕格尼尼走进一家手套专卖店，问店家买一副手套。女店员没认出眼前的顾客是谁，天真地问，"帕格尼尼手套吗？"小提琴家觉得有趣之极，假装以为这是一种皮货，问道："您没有另一种皮料吗？"

柏辽兹

最后说说法国音乐家：柏辽兹，肖邦和李斯特的另一个朋友。他出生在法国意泽尔地区，这个年轻的自学成才者，以《幻想交响曲》一举成名，该曲于1830年12月5日作于巴黎，时为七月革命之后。他就这么一下子出名了。

柏辽兹身上缺少了什么，没能成为浪漫世纪里音乐的荣耀？还需要进一步精通他的职业吗？可能。人们说他是一个没有才华的天才！从一开始，他就在非音乐专业者中寻找追随者，这些人倍受文学表述的诱惑，柏辽兹的作品本身也沉溺其中。或者他应当是个外国人，像肖邦、李斯特或帕格尼尼？当然，外国腔让耳朵受用。或者应由时髦的沙龙推出？这也管用。可说到底，柏辽兹骨子里是一个非常不合群的怪人，被同代人看作疯子。他写道："公众是一只牡蛎，我用佩剑撬开它。"可能吧，但公众不是这样哄骗到手的。而且，他的音乐及其《回忆录》，永远夸大其词。正是柏辽兹，出于想象和狡谲，散布一种浪漫艺术家的传奇，这类人物只存在于他的意念中和电影导演的脑子里。在他看来，艺术创作与某种癫痫病的急性发作情形相似："所有症状都有，神经质的发抖、痉挛、齿间打颤、哆嗦、出冷汗、惊厥性动作、失去知觉。发作过后，作曲家发现自己在书桌旁，累到虚脱，人被耗尽，喘不过气来，对发生的事情一点都想不起来。但他欣喜地看到，乐谱上写满了激情的音符，他的乐曲因那几页具有决定意义的音符而丰富[①]。”这就是柏辽兹！

他的词汇跟他的想象半斤八两。他会写“该死！”，正如我们今天说“见鬼，呸！”他最喜欢用的修饰语是巴比伦式的、法老式的、金字塔式的。多么夸大其词！在罗马，他让门德尔松愤慨不已，因为他建议后者去“墓地搜集头颅，再去品尝用死去少女的脑浆冻儿做成的火腿片”。在《莱丽奥或重返生活》[②]中，强盗们大呼小叫：“为我们的情妇干杯，用她们情人的头颅！”这人真有谎话癖。他居然想让我们以为《幻想交响曲》是“一夜之间谱成的；在乡间，穿过冰封的塞纳河后，星光之下，有肖邦和李斯特作陪”。可是，那个时候，肖邦尚未离开华沙……还有一点，柏辽兹有尖酸刻薄的急智，他得罪人的本事堪称一流。当然啦，人们原谅他，因为他的想象力既不遮蔽他的明晰，也不扼杀他的嘲讽能力，他脑子清楚得很。一天他正指挥自己的一部作品，他对吹笛者说：

——升 F！我请您注意，先生。

——可柏辽兹先生……

——升 F，我相信听到了一个 F 本音。

——哦！柏辽兹先生，您怎么开始怀疑所有的人啦！

——我的朋友，我什么都不怀疑，也不对谁。怀疑是建立在疑问上的，而我完全肯定您发出了一个 F 本音！

是帕厄尔把肖邦介绍给李斯特和柏辽兹的。一种牢固的友谊立即将

① E.维耶尔莫兹（Vuillermoz）所著《今日音乐》，克莱斯（Crès）出版社。

② 独幕音乐话剧，1831 年。——译注

这三个音乐家维系在一起了。牢固？不如说热闹来得更恰当，因为在同一种职业的人之间，情感方面的碰撞、刺伤和摩擦在所难免，再说他们受欢迎的程度大不相同。一年下来，由于肖邦在社交界的声誉，使两个同伴相形见绌。此外，看得出来他们之间在性格方面有着极大差异。

李斯特骨子里上是一个炫技高手，生来就是为了引人注目的，甚至是为了征服众人的。舞台是他的领域，他在那里收放自如。肖邦天生是个诗人，远没有他的对手那般强壮的体质。他天性适合在沙龙里独领风骚，我们已经多次提到过，演奏风格更偏轻柔悦耳，而不是亮丽辉煌。他也一点都不喜欢"独奏会"的气氛，曾直截了当地对李斯特说："我一点都不适合开音乐会，公众会让我手足无措。我在迎面吹来的气息面前感到窒息，被这些好奇的眼光看得动弹不了，面对这些陌生的面孔出不来声。你呢，你的归宿却在那里，因为当你赢不了观众的时候，你有能耐把他们弄晕！"亏他想得出这样一句再恰当不过的话，很是皮里阳秋，却能准确地评价超绝技巧的优势和局限。

尽管李斯特有传奇色彩、才华过人并充满魅力，巴黎的沙龙——多个肖邦传记作者记录过，伊瓦泽基耶维茨①强调过——即使那些一致对肖邦开放的沙龙，也明显对李斯特持一种相当保留的态度。这可能与李斯特曾作为天才儿童在巴黎崭露头角有关，"社交界"很快就会对这个曾被称作"不可超越者"感到腻烦。而肖邦到巴黎时，正当才华横溢，兼具作曲家和演奏家双重身份，上手就是成熟的。人们对肖邦的崇敬从未变化消长，李斯特一生的"行情"却总处于难以预测的大起大落中。肖邦是成熟的、无可置疑的艺术家，李斯特是有人崇拜、有人憎恨的天才炫技高手。这两者之间，不可能进行比较，也从来没有人做过这个尝试。并非一个比另一个高出一筹，只是由于所处时代的巧合和同时移居国外的偶然，使这两个人密切联系在一起。除此，一切都大不相同。

---

① 雅洛斯拉夫·伊瓦泽基耶维茨著《肖邦》(伽里玛出版社)。

阴晴不定的友谊

他们之间的友谊多少有点表面化，易受彼此性格差异的影响。一个是天生感情外露，慷慨行事，本质上对人热情相向的匈牙利人，另一个是让人捉摸不透、敏感、不安，说到底对人颇怀敌意的波兰人，彼此的性格常相抵牾。肖邦的父亲这样写道："要当心，我的朋友，你对我说什么都行，但我并不赞同你太轻易挑剔某些人！"

这点并未逃出李斯特的眼力，他在肖邦逝世之后立即撰写的关于这位朋友的充满激情的论述中，写到了一直占据肖邦内心的"隐秘的不满"，更多的是礼貌待人而并非和蔼亲切，偶尔也会快乐一下。肖邦跟"好伙伴"和"安分守己的男孩"这类人正好相反，他不安、疑心重，永远处于防卫状态。他也做得出来，头天晚上在金球餐馆跟点头之交聊天交谈，第二天却对一起吃喝过的同桌宾客冷淡之极。

他作为病人的性情可能多变，相信会有些任性，但不应有超出常情的反应。多亏李斯特出色的天性，他的乐观，他的强健的体魄，通常能与他那位过于敏感的朋友的波动起伏相抗衡。

不过，他们之间不存在任何职业上的争锋。他们彼此欣赏，并非虚情假意。有一天，听过李斯特演奏他的《练习曲》第一册——这正是题献给他的——肖邦这样写道："真的超出我的想象。若能以这种方式演奏自己的作品，我拿什么交换都可以！"恭维话说到这个地步，足见其真诚。德·兰兹是李斯特和肖邦共同的学生，一次李斯特教他一种经过音群的弹法，目的是帮助这个学生"完善"作品第 74 号玛祖卡的演奏，肖邦为此抱怨道："这个不同的演奏方法不是您自己的，是他教您这样弹的吗？他的手伸得可真长！他在成千的听众面前演奏，却难得弹给两三子听……"李斯特常听肖邦弹琴，有时他写音乐会纪实，永远热情赞颂，笔调恰到好处，体现出这些辉煌成就的真正价值：对一个不以此为业的人，他没有什么可惧怕的。说到创作，李斯特本人太伟大了以至于感觉不到一点点嫉妒的隐痛。而且，他的天性适宜欣赏和热爱，对朋友的作品总体上是非常赞赏的，只是，他撰写的肖邦专著中，以夸张的笔调赞赏其人之余，对其作品的保留态度却令人惊讶。相反，肖邦真的不喜欢李斯特的几乎所有作品。除了 18 世纪的古典作品和意大利歌剧院，肖邦大约什么都不涉猎。很少有人像他那样，如此难以相处和爱挑剔。

沙龙

在路易-菲利普时代，音乐沙龙在巴黎扮演着重要角色。即使露易莎·皮杰、波丽娜·杜尚吉、拉巴尔这些人均偏好浪漫曲，他们的沙龙里演奏的其他音乐也颇有水准。在那个时代，艺术是属于上流社会精英们的，因此这些沙龙里既有从前的作品，也有最新的创作，加上时髦的炫技高手，混杂一堂，并不分门别类。这样，在同一个晚会上，可以听到浪漫曲集和莫扎特的《安魂曲》。在沙龙里听《安魂曲》，德·吉拉尔丹夫人对此很恼火，她写道："这曲为亡者所写的弥撒，给那些花枝招展的太太们听，她们一个个袒胸露臂，额前宝石闪亮，眼神轻佻逗人，这难道不是一种亵渎？我很好奇，真想知道在音乐会进展到什么时候会上冷饮。是在'走出深渊'这段之前呢还是之后？"

我们已经提到过，几乎每天晚上，肖邦都会被邀请到某个赞助人家里，大家在这些沙龙里玩音乐。有罗斯柴尔德、博沃公主、佩尔图伊伯爵夫人、诺阿伊小姐、拉吉维尔亲王、波托茨卡伯爵夫人等人的沙龙。他还更经常出现在那些跟他一样的波兰移民家里，像恰尔托雷斯基、沃德辛斯基、涅莫伊、莫拉斯夫斯基。

对被压迫的同胞，肖邦自觉有一种使命。他在巴黎和在上流社会最走红的时候，对华沙的回忆仍能让他流泪。"挚爱之城"华沙的形象，民族特色的节奏，舞曲，活力四射和思乡情绪纠结在一起，忧愁感伤之后，会有突然而至的激情澎湃，这一切幻象都在音乐中凝固而永垂不朽。有时，他会通过一首练习曲、一首谐谑曲、一首波洛乃兹来发泄内心的风暴，体现仇恨和复仇之心。他的音乐不断刻画出艺术家的多面性，这个既是波兰人又是巴黎人的艺术家的矛盾形象。

您看见肖邦正在某个沙龙中为几个品位高雅之士演奏吗？上流社会为他喝彩叫好，而他的出现与整个环境很和谐。自童年始，生活的偶然把他推到一批国际精英中间。李斯特为我们雅趣十足地描画了他在这些公爵和公主之间的行为举止，“他整个外表让人想到那些牵牛花，艳丽的花朵在细长茎秆上摇摆，可茎秆看上去是如此地脆弱，最微小的触碰都会将它们折断。”

时间飞逝，日子也远去。肖邦对他这段生活怀有愉快的记忆：对某种飞翔的承诺，羽翅正在舒展。

在家乡

他的家人在华沙相信，有一天，可能很快，会有弗里德里克订婚的消息。然而，1833 年康斯坦斯结婚了，玛丽亚·沃德辛斯卡还没嫁人。正如人们所说，肖邦生活中没有任何人。没有任何不期而至的艳遇，甚至没有一个爱情小插曲。我们下面将会提到，得把他跟美丽的黛菲娜·波托茨卡的“爱情故事”算在内。这种看上去掩饰得很妙的爱情，只会刺激想象力超强的、追逐喧闹的传记作家。

但在家乡，露德维卡·肖邦结婚了。1832 年 9 月，她嫁给了卡拉桑特·延杰耶维奇，华沙附近的马里蒙特农学院的教授。婚礼在布洛科夫教堂举行，弗里德里克正是在那儿受洗的。他给新婚夫妇寄去了“一支波洛乃兹和一首玛祖卡，让他们真正翩翩起舞并快乐备至，因为他们的心灵能欣赏……”某种预感还是给全家人的幸福稍打了些折扣，因为一家之长可能会丢掉一部分经济来源。他父亲在露德维卡结婚的时候给他写信：“你知道，我一直有事做，收入足够维持我们一家正常开销。如今，在公立机构服务了 20 多年之后，我可能会丢掉其中一个饭碗[①]……你姐姐结婚了，我

---

① 尼古拉·肖邦没有说明是否指的是华沙中学的教职，这里有可能暗示这个职位。

们家就这样散了。只有伊莎贝拉一个人在我们身边,可是你们都在我们心里……”这是一种委婉的方式,告知弗里德里克,他不能再指望额外贴补,因为一直到那时家里总会寄些钱来。但是,我们已经说过,授课给他带来的收入相当可观。

音乐会

另外,这段时间里,他频繁在公众前露面,既无不安,也不勉强。第一次是和李斯特,参加 1832 年 12 月 15 日希勒举办的音乐会:三个艺术家出色地演奏了巴赫的《为三架羽管键琴所作的协奏曲快板》。据一个乐评家说,那是“一种罕见的富有特色的机智,一种细腻色调,表现得完美精致”。1833 年 2 月,还是和李斯特联袂,他在一次义演音乐会的幕间演奏了几支曲子,这场音乐会由哈丽特·史密特森主办,同年她成了柏辽兹太太。第二天,又是一场音乐会,双钢琴和四架钢琴联弹,由肖邦、李斯特和赫尔茨兄弟表演。另一次他和阿美黛·梅罗一起弹奏一首根据《文人牧场》主题改编的曲子。在拉纳元帅举办的盛大招待会上,他一人独奏,晚会获得了极大的成功。此外,作曲家肖邦开始有演奏者了,卡尔克布雷纳、李斯特、奥斯波纳、希勒、斯塔玛蒂、爱德华·沃尔夫、克拉拉·维克都在音乐会上弹奏他的作品。

自斯图加特以来,他的曲目已大大增加。我们已经提到过,他在斯图加特处于狂热中时,创作了第一谐谑曲、一首练习曲、两首前奏曲和一首圆舞曲。1832 年只出版了第一至第六玛祖卡。相反,1833 年是创造力充沛的一年:他完成了《十二首练习曲》(作品第 10 号),出版了《三重奏》(作品第 8 号),还有《e 小调协奏曲》和《根据路德维希钟爱的回旋曲而作的辉煌变奏曲》(作品第 12 号),同时还刊印了三支夜曲(作品第 9 号),《波兰歌调大幻想曲》(作品第 13 号),《克拉科维亚克回旋曲》(作品第 14 号),《回旋曲》(作品第 16 号),《四首玛祖卡》(作品第 17 号),《为钢琴和大提琴而作的序曲和波洛乃兹》(作品第 3 号)。这些作品中,有几首已经在肖邦的行囊中搁了好些年，其余是他当年的成果。无论在报刊上还是在音乐厅里，他都备受关注。从各种意义上来说，肖邦很走红。玛尔斯小姐给他写了无数恭维信，达古伯爵夫人迷信到只需听他一首夜曲就能治好剧烈的头疼，而且她确实认为肖邦的《练习曲》在李斯特手下“堪称神奇”。柏辽兹把他和维尼一起邀请到家里，称他为“我的小肖邦”[①]。海涅和密茨凯维奇，加上聂姆采维奇、扎莱斯基、维特维茨基，都愿意跟他作伴。黛菲娜·波托斯卡为他歌唱。巴黎的波兰文学界也来邀请他加入他们的行列。罗德塞·斯图亚特爵士、英国驻巴黎大使馆、纳塔尼埃·德·罗斯柴尔德男爵、银行家列奥都出面邀请他吃饭。他还经常在安亭街的家里举办招待会。他永远穿着考究，给那些共同进餐的人留下的印象，不仅是一个翩翩公子，而且很有钱。

在这点上，他父亲很明智地规劝他节俭[②]，建议他的天才儿子“留一点闲钱在手边，以备万一，并爱惜身体”。他不断在怎样跟出版商打交道上给儿子提出明智的意见，并惊讶地发现，他儿子那些备受称道的音乐会，竟然不怎么挣钱。

事实上，如果经济上的收益不足为道，肖邦的名声却不能再好了。《音乐杂志》用这样的口气来评论：“肖邦毫不犹豫地离开别人的老路。他的演奏技巧，他的创作从一开始就被人重视，获得了极高的声誉，因而在许多人眼里，他是一个无法解释的奇才。”只有一个名叫海恩里希·弗里德里希·雷尔施塔勃的粗人出来攻击肖邦，他是一个退休的普鲁士军官，廉价批评家，出了名的极端人物。直到有一天，他突然缴械，并请求李斯特给他写封介绍信，把他引荐给那位他曾经很轻率地建议“把他的音乐撕成碎片”之人。在一片赞美声中，雷尔施塔勃是个例外。

这个时期，只有一次，肖邦在去德国旅行之前离开过巴黎。他在朋友

① 原文为意大利文。——译注

② 在感谢了肖邦给家里捎去的小礼物之后，他父亲将伊莎贝拉和巴尔辛斯基的即将结婚的消息告诉他。

弗朗肖姆的陪同下，去歇儿河畔的阿塞附近的山丘去呼吸图兰地区的新鲜空气。此前他谢绝了玛丽·达古，她亲切地邀请他去“科罗西一边喝牛奶一边听夜莺唱歌”。

在如此多的宴会、晚会中，别人会飘飘然，肖邦却头脑始终清醒。他身上完全保留着萨玛特[①]祖先的痕迹。两种对立的灵魂特征越来越占据这个羸弱的身躯，在迷惘的性格中，精神的火焰在燃烧，天才的闪现带给他的生活些许光亮。这是一种外表华美，实质上却相当黯淡的生存。在他内心深处，他还是那个在女人堆里长大的男孩，乐于生活在她们的呵护之下，以至于把自身之所以成其为“男人”的男性本色都拱手交出，宁作一个好幻想的男孩，而不是独立的成年人。斯图加特创伤从未愈合，并永远不会痊愈。远离加剧了创痛，他怀念处于征服者铁蹄下的那个城市和一个不得不屈服的民族。这一切活在他心里，直接启发他的音乐。某天晚上，一个学生在他面前演奏《e大调第三练习曲》时，那一声伴随着哭泣脱口而出的呼喊，哦，我的祖国！比什么都更好地描绘出这个高雅的流亡者的真情。正是这首曲子唱出了爱和叹息之歌中最忧愁的曲调。

① 萨马特人为一个远古游牧民族，生活在俄国、波兰一带，被认为是他们的祖先。——译注

第八章　一场神秘的恋爱

黛菲娜

难道出于对遥远祖国的追忆，肖邦曾爱恋过黛菲娜·波托茨卡？好几个肖邦传记作者皆暗示过，但说得都不肯定，尤其未曾提出哪怕一点证据[①]来澄清这则名人爱情故事。虽然获得这些材料的可能性极小，我们同时代的几个历史学家却仍寄予希望。那些相信和怀疑其真实性的人曾发生过激烈的争执。让我们来试一试，以诚实公正的态度，对此探个究竟。

1830 年 3 月 27 日，肖邦在写给提图斯·沃伊切霍夫斯基的信中第一次提及"波托茨卡夫人"的名字，信中描述了 10 天前他的第一场音乐会。我们还知道，1829 年在德雷斯顿，他曾被介绍给伯爵夫人。第二年在巴黎，他对另一个朋友库梅尔斯基谈到"在米耶奇斯拉斯美丽的太太波托茨卡夫人"家的一顿晚餐。这位幸运的美丽动人的太太是谁？

黛菲娜·波托茨卡娘家姓科玛尔，是波兰人。温特哈尔特所作的肖像，把她画得的确很美。她的一个崇拜者这样恭维她："俨如一位女王，卷

① 居易·德·普尔塔莱斯(Guy de Pourtales)认为他们之间存在一种暧昧关系，并在没有证据的前提下得出结论："艳遇持续时间不长，伯爵夫人有一个嫉妒的丈夫。他将夫人带到波兰，她只是后来才回到巴黎。但她对肖邦一直保留了真诚的感情。保存下来的仅有几行她写给艺术家的文字为此提供了一个含蓄的证据。"(引自该作者著述的第 222 页)

曲的金发垂到希腊女神般的胸前。脸部侧面向观者，线条柔和纯净，稍有点严肃；嘴部优雅、温柔和敏感。可额头却似一尊古典塑像般沉着威严，眼里透着洞察力；作为补偿，嘴角像在宽宥大胆的崇拜者，并允诺着回报……”

18岁的时候，黛菲娜嫁给了米耶奇斯拉斯·波托茨基伯爵。他的波兰贵族家庭，毫不顾忌别人的看法，跟俄国压迫者关系密切。米耶奇斯拉斯英俊、快活、放纵。他专横地对待妻子，后来她懒得继续抵抗他的专横，回到娘家，可父母并没有善待她。失望之余，黛菲娜周游欧洲各国，之后像许多波兰同胞那样，于1831年定居法国。她丈夫支付的赡养费足够让她在巴黎和伦敦(她常去那里小住)过上流社会的生活。这里那里，她有为数众多的情人，其中有弗拉奥伯爵，法国王储奥尔良公爵，齐格蒙特·科拉欣斯基和拿破仑一世的侄子蒙弗尔公爵。

她精通音乐，钢琴弹得很灵巧，也善于歌唱，在1832年成了肖邦的学生。肖邦有两首作品题献给她：《f小调协奏曲》(作品第21号)，和《降D大调圆舞曲》(作品第64号)。“一天晚上，肖邦依照他的习惯，正要模仿几个熟人的声音和步态的时候，她打断他说，‘这次该学学我了，请把您眼中的我表演一下’。于是，肖邦开始在琴上即兴奏出一个忧郁的旋律，显出他熟悉并理解她。肖邦揭开了她遮挡世人视线的面纱，直入其内心最深处①。”

话虽如此，肖邦在写给不同收信人的任何一封信件中，从未提及某种热烈的情感。他只是提到伯爵夫人的名字，却并不强调。直到1945年，没有新发现任何一方写给对方的信件。只有在肖邦去世前3个月，黛菲娜给弗里德里克写过一封信。这封信是这样写的：

---

① 引自米耶奇斯拉斯·卡洛维茨(Miecislas Karlowicz)所著《首次披露的F.肖邦回忆》(*Souvenirs inédits sur F.Chopin*)。

艾克斯-拉-沙佩尔，1849 年 7 月 16 日

亲爱的肖邦先生：

我不想用一封长信来烦扰您，但我不能如此长时间地对您的近况和您的计划无所知晓。您不要自己写回信，就请艾蒂安夫人或者这个热爱牛排(?)的好祖母来告诉我有关您的体力，您的肺部炎症和您的胸闷等。您得好好考虑到尼斯来过冬的问题[①]。奥古斯特·波托茨卡夫人回信来了：她会全力以赴，争取让延杰耶维奇夫人[②]获得准许，但她对我说，在这个不幸的国家里，难度很大。我为您深受病痛和忧愁的折磨而感到难过[③]。我请求您给我寄来几行字，寄到艾克斯-拉-沙佩尔，留局待领。我想知道这个犹太人是否去看望您了，是否为您提供了服务。

这里天气很糟，也很无聊，但对我来说，日子在哪里都一样：但愿它不再给人更苦涩的折磨和考验，因为这些年来我已受够了痛苦。在此尘世，幸福也没有对我微笑。那些我所善待之人，均以无情无义和其他别的折磨来回报我。总之，此生乃一充满矛盾的过程。

上帝保佑您，亲爱的肖邦先生！再见，最迟 10 月初。

D.波托茨卡

怎么可能！这样的口吻不会出自一个恋爱者——或曾经爱过的女人。这封信里表达的是一种亲切的信任加上点忧郁，是尊重而不是亲密。很难设想曾经热恋过的黛菲娜会对往日情人称呼“亲爱的肖邦先生”。再说她向他坦白从未尝到过幸福，使人更加看不出两人曾有过

---

① 波托茨卡伯爵夫人曾邀请肖邦到她在尼斯的宅邸过冬。

② 露德维卡申请了一张通行证，是为了前往巴黎守护她濒死的兄弟。

③ 暗示肖邦和乔治桑的决裂。

私情。

信件下落?

说到底,在这段长达17年的友谊中,黛菲娜和肖邦之间应当交换过信件吧?在《肖邦通信集》的前言中,希都[①](Sydow)写道,遗憾的是,肖邦所写和收到的大部分信件的原件,在火灾、轰炸、革命和战争中被毁掉了。"肖邦写给乔治·桑的信件中,只有两封幸存:女小说家烧毁了其他信件,认为它们'无可取之处,总是唠唠叨叨,生怕被人夸大其幼稚的一面'。18封乔治·桑写给肖邦的信被保留了下来并得以出版。"

那么肖邦和黛菲娜之间的通信的下落到底如何呢?希都提出两个假设:或者是伯爵夫人将它们销毁了,或者它们还在作为波托茨基家族继承人的拉辛斯基家族手里,而"鉴于其中充满爱情的段落[②]",他们至今仍拒绝公之于世。难道1939年9月华沙被围困期间,这些值得怀疑的信件已经被烧毁了?

伪造文书

1945年6月,某位波丽娜·车尔尼茨卡,一个和科玛尔家族联姻的音乐学家,在波兹南电台发布了一则令人感兴趣的声明:她有幸找到了肖邦写给美丽的波兰女郎的一札信件。她公布了其中的一些,报纸上刊登了某些重要片段。

肖邦传记作家们为此激动不已。布罗尼斯拉夫·希都去见了这位车尔尼茨卡夫人,后者只向他出示了这些著名信件的抄本。她承诺会提供手稿复印件,因为她声称原件已经在1939年寄给了巴黎的爱德

① 肖邦和乔治桑通信集的出版人、注释者。——译注

② 这是希都的看法。我们知道在这件事情上,拉辛斯基家族从来三缄其口。只有一位肖邦传记作家,费迪南·霍伊斯克宣称阅读过拉辛斯基家族拥有的信件。他对这些信件中的"放纵的口吻很惊讶",可他也丝毫未能提供站得住脚的证据。

华·甘什。后来有人向甘什询问，这个出色的肖邦传记作者表示并未收到过。

希都先生和伦敦音乐学家亚瑟·赫德莱看到的均是抄件。并没有寄给甘什的"原件"碰巧被撕成碎片，不可能再复原。车尔尼茨卡更进一步的做法，是她又找到了肖邦手书的几封信，"并向卡齐米日·维尔辛斯基在美国出版的著作提供了复制件"。

下面摘录的是这些有争议的信件片段：

> 请别为我操心，我的爱。坦率地说，《练习曲》并没有损坏我的身体。只有女人会时常死于分娩。而我，我一定能从我的工作中幸存下来。
>
> 我瘦了，鼻子尖得像刀片，眼睛完全陷在眼窝里了。但在沙龙里，他们欣赏我，对我的好气色和我的深邃的眼神说些恭维话。女人们围着我，像苍蝇围着蜂蜜打转。您知道得很清楚，我并不夸张，我也希望您和我一样忠实，纵使我面对无情的诱惑……
>
> ……当我屈服于一种强烈的爱情，当我不能抵挡激情，当诱惑将我撕裂，如被狗噬咬，我忘掉了世界，正如我对您；我因而准备把一切交给一个女人，奉献我的生命和作品。跟别的女人并不曾是这样的情形；跟她们，我从未失去理智……

肖邦以如此露骨的、欠庄重的口吻谈论自己，炫耀自己在女人方面的成功，以激起他情妇的嫉妒，这可是新鲜！如此说来，有两个肖邦：一个是传统的形象(优雅且神秘)，和另一个看起来真实的形象，为自己的魅力感到自豪，并清楚地知道自己的吸引力有多大。多么令人好奇的发现！

> 当我想到李斯特，作为一个有创造力的艺术家，我把他看作化好

妆、摆足谱，重弹加轻奏，犹如耶里哥城的号角吹奏者[①]……有时我也看到他对艺术发表长篇讲演，讨论创造力和创造的最佳方法。然而在创作上，这是一头蠢驴！他自己比谁都清楚。他想骑着别人的神马抵达帕纳斯山顶。就我们私下说说……这是一个出色的装订者，将别人的作品装在自己的封套里。

这是一个奇特的人，他没有能力从脑壳里掏出任何对上帝或人类有价值的东西；但作品令他垂涎欲滴，好比猫在追逐一盆奶油。您看到了吧，李斯特把灌肠用的粗管当作望远镜来观星。然后他将选中的星辰自空中摘下，用裁剪不合体的服装打扮它，配以饰带和花边，戴上一副巨大的假发套，把这个假人投向公众。有些人欣赏他，但我坚持己见，认为他是一个没有丝毫才华的工匠，他将灵感的贫乏藏在灵巧的戏法中，让你们受到魅惑，以他的杂技表演令你们晕眩，以为眼前是一个天才艺术家，其实只是一个狡猾的骗子。李斯特用力排泄出一部作品，臭不可闻[②]……

说这番话的可是李斯特的一个亲密朋友，李斯特向他表达了美好感情和写了不少恭维文章。这真有点让人失望……

这里还有些演奏技术指导，虽然含蓄，却隐含着爱情：

别指望踏板，菲黛尔卡，这可是个小淘气，很敏感并吵得可怕。必须有节制地和轻巧地使用它……它像一个乐于助人的女性朋友，却很难赢得她的友谊和感情。这是一个伟大的心灵，很在意自己的声誉，她并不让碰到的第一人牵着走。可她一旦让步，便能达成真正的奇

---

① 典出圣经故事：摩西的传人约书亚带以色列人攻打约旦河边的要塞耶利哥城，根据神谕，由七祭司拿七个羊角号，每日绕城一周，至第七日，人声号声大作，耶利哥城墙塌陷。喻指能成就不可能的事业者。

② 1836年5月14日，李斯特写信给达古夫人："我今天早晨看到肖邦，他很温柔地并只爱着我……"肖邦对李斯特的情感有很多例证。

迹，正如一个完美的恋爱中的女人。

一步步地，肖邦的说法就远远超出双关语了：

菲黛尔卡，我的爱人，我唯一的爱！我又要再一次地用我的创作灵感和我的作品来烦扰您，但您会看到，这一切也会感动您。

我长时间地考虑创作灵感和作品的问题；慢慢地，很慢很慢地，我触及问题的核心。只有当我长时间远离妇人时，创作灵感，新意才会来。而我在一个女人身边耗尽精力的时候，创作灵感离我而去，而且脑子里没有任何新意。

难道这不奇异和美妙吗？如此，使女人富饶，即造人的元气，同样也是成就艺术品的强力。一个男人正是把这如此珍贵的富饶的原动力，浪费在瞬间的感官享受上……

请您想想……令我们无法抗拒的，把我们吸引到女人身边的力量，能变成创作灵感……可这只能适用于那些有天赋和极富才华之人……因为如果某个无用之徒一辈子远离女人，他会因此受苦……却不会成就任何令上帝或令人类骄傲的产品。

只有上帝才知道，我因此丢失了多少创作灵感和我的音乐创造中那些最优秀的作品。我丢了时间也枉费心机[①]……叙事曲，波洛乃兹，还有我心里很清楚，可能有整整一部协奏曲被吞没……这样，您承载了音乐，怀上了我的作品。我的想法可能荒谬，可至少您得承认它们别出心裁。

这个想法嘛，实在是龌龊丑陋。

黛菲娜·波托茨卡精通拉丁文，她或应受宠若惊，有如此精确的赞词，

① 原文为拉丁文。——译注

使之成为处于萌芽状态的艺术杰作的承载体！她是太出色的音乐家了，以至于不会不为未来几个世纪的人感到遗憾，如此多的作品作为祭品奉献给她的美貌！

对此应下什么结论呢？若尊重事实就不会盲从，必能断定：此种发现因为太“耸人听闻”而难以为真：**肖邦致黛菲娜·波托茨卡的信件绝对是捏造的。它们由显而易见的伪造文件构成**。这里有几个不容置辩的证据：

1）车尔尼茨卡夫人声称于1939年将这些信的原件交给了巴黎的爱德华·甘什。由于他从未收到过任何东西，她于是声称将它们交给了伦敦一家银行保管，后者确认，很遗憾，并未有任何这类保管的授权。1949年，车尔尼茨卡夫人服毒自杀。

2）几个被称作“原件”的信件片段，经鉴定后，被宣布为伪造①。

3）已经公布的肖邦写给不同收件人的信件和所谓写给黛菲娜·波托茨卡夫人的信件的口吻明显不同。肖邦从未在哲学层面谈到过艺术创作的问题。他也从来没有暗示过“自卑感”：当时还没有这个词儿。他在1832年更不会提及他的第17首前奏曲，因为还压根儿没有创作。他也不会在1833年就谈及舒曼的精神病，因为该病症状只是在1854年才诊断出来：“舒曼会疯掉的：我预料到了，并立此存照……”

4）其他反常之处：波兰诗人希普雷·卡米尔·诺尔维德的名字经常出现在所谓的肖邦信件中。在出版《练习曲》时，信中把他称作“一个成功的作家，也是移民中的一员”。可是，《练习曲》第二册出版于1836年，而那时，生于1821年的诺尔维德年仅15岁，生活在波兰……

5）最后，维尔辛斯基怎会认同，即使处于“情欲迸发”之下，肖邦会

① 当然，后来有一次复核鉴定，证明了文件的真实性；随后又有一次复核，推翻了前述结论。

写如此粗俗的信件？还有，我得以在伦敦亚瑟·赫德莱处查阅的、他手中某些从未公布的信件的“抄件”，其淫秽程度远远超出已发表的信件。人们难以想象，像肖邦这么一个含蓄之极，男人中最精致的一位，会这样写给情妇：“对我来说，创作，正如女人的孕育：一个是累到要死，另一个生出孩子像吐出一个水果的核……”，更难令人想象的是，那个面对康斯坦斯·格拉德科夫斯卡如此腼腆，如此悄无声息的恋爱者，会声称，他的前奏曲之一是用重复的十一个音高写成，暗喻了“那个他做爱十一次”之夜！3年之后，深知底细的桑抱怨肖邦暧昧的情爱，或许会对如此能量深为赞叹的……

6）说到底，维尔辛斯基也颇怀疑这些信件的真实性，可他没有勇气拒绝，因为它们毕竟给他的书添加了佐料。他写道：“毫无疑问，这些信需要专家们深入研究，可能要花费很长时间和工作，才能给这些信件所提出的所有问题找到答案。”本书作者将那些别人出示给他翻阅的片段予以摘录，“为了它们的价值”……再没有比此举更狡猾的了。

7）不过，维尔辛斯基犯了一个明显伪造文书的错误。唯一一封业已证实的黛菲娜写给肖邦的信(1849年7月16日写于艾克斯-拉-沙佩尔)，他小心地不予全部刊登：在他看来，开头“亲爱的肖邦先生”的称谓与两个情人间交换的猥亵的私房话并不相符。此外，他让这封信并不发自埃克斯-拉-沙佩尔(事实上，1840年黛菲娜并不在那里)，却寄自她所居住的图尔钦领地——日期并非1849年，而是1840年。这样他就能随心所欲地编排所谓的爱情编年：

——1832—1835：牧歌(温柔淳朴的爱情)。

——1835：分别，伯爵夫人回到她的土地上。

——1840年：在一封真实性可疑的信中，肖邦请求她恢复他们之间的爱情关系，声称两年以来，自己已经不再是桑的情人。徒劳的努力：伯爵夫人态度不变。

他们就是这样编着历史——边篡改边写。

8）那么到底谁是这些伪造的信件的作者呢？波丽娜·车尔尼茨卡，奇怪的女人，病态的撒谎者？埃斯特里舍，这个“以……的方式”被视为大师的记者，曾用类似的手法，已经引诱过可怜的霍伊斯克犯下错误。再比如某个叫做简内特·李的小姐，在1907年曾以一本《肖邦日记》让倒霉的甘什上当受骗。后来她供认，那是在阅读多种著作后，收集各种材料一手炮制的。说谎成癖的人和神经官能症患者为数众多，令容易上当的世人受骗。

因为，尽管有这么多的证据，某些“历史学家”却执拗地[①]认定这些信件为真。马特欧·格林斯基是美国一个肖邦国际基金会的主任，他是拥护者中最坚定的一位。遗憾的是，他的论据仅仅建立在一种个人情感之上。斯莫特教授和路易·布罗纳尔斯基先生，这两位博学者是对弗里德里克·肖邦深有研究的专家，他们确信这些肖邦信件是伪造的。他们认为，被秘密保存的真实信件，其存在的可能性或许有，大概这便促使车尔尼茨卡夫人产生了将杜撰的文本流传于世的想法。作为点缀的这些文学性猥亵细节，纯属编造。

然而，有必要否认在肖邦和黛菲娜·波托茨卡之间有真实的通信的存在吗？绝对没有必要。或许它终有一天会披露给公众，满足他们的好奇心。但我很怀疑，即使它真的存在，其中的信件会向我们展示一个与我们所熟悉的形象截然不同的肖邦。并不是我们执着于乔治·桑为我们留下的这个形象，“美貌的天使，颇似一个修长忧郁的妇人”；只要肖邦与他本人相像，就足够了：不为肉体的诱惑所驱使，仅仅在精神层面上充满激情，受天生的腼腆折磨——我们已经提到过，对女人有点不信任——在19岁上就认出了现实世界和虚幻世界之间存在着一条深渊，前者以其结果令人如

① 原文为拉丁文。——译注

此失望，而后者却令他摆脱羁绊，充分施展才华[①]。

① 曾与我频繁通信的马特欧·格林斯基，以《致黛菲娜信件》为名，在纽约用波兰文出版过一本书，他在书中竭力给这些所谓肖邦致黛菲娜·波托茨卡的著名信件增加可信性。他的做法如下：既然不可能提供更能证实其真实性的证据，他将所有反对者的论据加以考察，试图证明这些论据没有一条是决定性的，那么结论就是他的论据正确："既然没有人能够回答这个问题，即伪信的作者是谁，这些信就是真的"。不是的，绝对不是。

为此他承认，黛菲娜于1849年7月16日写给肖邦的唯一一封信，"我亲爱的肖邦先生"这一称呼无可辩驳地证明了她是在写信给她的"从前的和始终不渝的情人"。这种爱情关系的证据显然可笑！如果她们统称之为"亲爱的某先生"的所有人都保持爱情关系，那么全世界的妇人加起来都不够用。

格林斯基先生承认"无法解释车尔尼茨卡夫人是通过什么方式得到肖邦致黛菲娜的信件"的。尽管车尔尼茨卡夫人先后声称将信件寄给了爱德华·甘什，后来又将原始信件存到某个银行，这些都被证实为假话后，在格林斯基眼中仍看不出来这位波兰妇人是一个撒谎者或者撒谎成癖的人。他承认"霍伊斯克并没有提供确凿的证据来证明这些著名信件的存在"。

我们在本书中经常引用的小说家伊瓦泽基耶维茨写过："关于这段牧歌式爱情公案，我们一无所知。人们所说的一切，均属传奇。(见《肖邦》伽里玛出版社)。当人们询问车尔尼茨卡夫人这些信的原件保存在何处时，她每次的回答都不同，并自相矛盾。这一切都有骗局之嫌。……这些信件的片段经不住稍稍深入一点的分析。这些通信只有业经证实的肖邦的信件组成：他怎么可能在写信给黛菲娜的时候，拷贝自己的信件呢？这么说来，我们很可能面对的是一种巧妙的伪造，而且有理由怀疑肖邦信件中可能还不止这些伪造……如果信件真的存在，有可能已经在1939年发生在华沙拉辛斯基官的大火中烧毁。"格林斯基写道："伊瓦泽基耶维茨透露出信件是在拉辛斯基家族的私人档案中。"奇怪的矛盾之处。

格林斯基还提出，第一个出版肖邦通信的奥皮恩斯基(Opienski)，即使他没有暗示过黛菲娜的信件，"但他还是深信它们的存在的"，可他并没有给出任何证据来证实这种想法。他承认信件没有署名，可并不为此感到吃惊，事实上肖邦在所有信件上都署名"肖邦"或"F"。

至于肖邦创造的新词，因为它们不属于当时的用词，以及有关舒曼发疯致死的预言，格林斯基简单地归结为肖邦有足够的天才来发明一些词语，也拥有算命的天赋：真荒唐可笑！

最后，格林斯基总结道："看起来很有可能(?)信件真迹目前落在匿名收藏家手中(?)，他们耐心等待结果，一切的努力都是为了使这份通信获得正式承认。一旦时机成熟(?)就能兑现肖邦的这部分珍贵记忆。"

我也在等待那些信件手稿的到来。此时，鉴于上述我已陈述的各种理由，我认为假设其为骗局，比真有其事的说辞可能性要大得多。

第九章　我的忧愁

肖邦当时正要出门旅行，这个计划多少有点勉为其难。他天性乐于家居，想到要离开他那套以女性的细致来精心布置的、位于安亭街38号的巴黎寓所[①]，就更不乐意上路[②]。有一段时间，他和一个童年朋友生活在一起，他叫亚历山大·霍夫曼，是个大夫。这个朋友离开后，来了另一个童年朋友，也是一个医生，杨·马图钦斯基，他是医科大学未来的教授。不幸的是，他很年轻就死于肺结核。可怕的疾病损坏了这两个朋友的健康。当马图钦斯基也逃出华沙到达巴黎的时候，肖邦很是快乐，他得到了家乡和家人的最新消息。马图钦斯基大夫给家里寄去了一则颇乐观的纪实：

> 我到后的第一件事情就是去肖邦家。实在难以形容彼此对分开5年之后的重逢有多么快乐。他长大了也结实了：我都认不出他了。肖邦现在是这里的第一钢琴家，他钢琴课很多，每堂课收费不低于20法郎。他作了很多曲子，作品深受欢迎。我跟他住在一起，在安亭街5

---

① 下面是肖邦在巴黎的各个住处的概述：1831年，鱼锅大道27号；1832年，牧羊人城4号；1833—1836年：安亭街5号；1836—1839年：安亭街38号；1839年：特隆舍；1840—1841年：皮卡尔街16号；1842—1849年：奥尔良广场(圣拉萨尔街34号)；1849年：大街74号(夏佑高地)；1849年：旺多姆广场12号。

② 在肖邦生活在巴黎的18年间，他没去过一次浮日山区，未去过父系的摇篮马兰维尔村，也不写信给他的两个生活在那里的姑姑。奇特的无动于衷！

号。这条街离医科大学和医院有点远，但我跟他呆在一起的理由很充分。对我来说，他就是一切！我们晚上去剧院消磨时间，或者参观游览，不然就呆在家里静静地消遣。

去德国旅行

马图钦斯基把他父母的计划告诉了肖邦，他们要去卡尔斯巴德洗矿泉浴。假如他肯去，他们兴许能在那里见到儿子。这个前景让肖邦倾向于听从费迪南·希勒的建议，他正要去艾克斯-拉-沙佩尔参加下莱茵省的音乐节：为什么不陪他一起去呢？优柔寡断的肖邦这次作了决定。两个朋友听了几场音乐会(莫扎特的交响乐《丘比特》，贝多芬的《第九交响乐》，亨德尔的一部清唱剧)，遇到了门德尔松。后者写信给母亲：

> 肖邦和希勒明显完善了他们的技巧。肖邦是当今钢琴家中第一人。他的触键方法给我们的惊喜可以跟我们在帕格尼尼琴弓下所体验到的相媲美。美中不足的是，两个人身上都巴黎味十足，装出一副绝望的样子。他们夸大情感。可我正好是另一个极端，结果我们彼此恰好互补。我呢，看上去真像一个迂夫子，他们则是十足的公子哥和保皇派年轻人①……

他们三人一起去了杜塞尔多夫，门德尔松在那儿任音乐总监。他把两个旅行者介绍给沙都，当地的艺术研究院院长，他的学生们像门徒跟随先知那样围着他。肖邦看上去惶惶不安。

希勒写信给母亲："接着，钢琴打开了，我先弹，然后是门德尔松，最后轮到肖邦。只弹了几个小节，沙都的眼睛就睁大了：他从未听过如此独特

---

① 1795—1799年法国督政府时期说话做作、衣着奇特的保皇派年轻人，口头禅是拖长了腔的"这——真不可思议"。——译注

的演奏……”

第二天，肖邦和希勒坐船去科布伦茨，门德尔松陪他们到科隆后，就和他们分手了。他们满载莱茵河畔美景的记忆，回到巴黎。

一到巴黎，肖邦看到几封家信。这些信总在担心他的身体，不断希望得到他的消息，永远不知疲倦地对他详述家庭纪事。这种对遥远的故乡的追忆让弗里德里克激动到极点：“我眼里含着眼泪，无法控制自己，我把自己的灵魂留在那边了……”

耐着性子和满怀敬重，他收到的是父亲考虑周全的意见。他总为远方儿子的缺乏远见而操心。心知他生的是一个艺术家，尼古拉·肖邦以诗的形式叮嘱他：

在尽情娱乐的年纪，如果命运对你微笑
珍惜你得到的恩惠，并提防它的变数
别受它蒙骗，让你的神智永远清醒
节制你的喜好，来远离贫困的日子！

他不久前由于借款给米哈伊尔·斯卡贝克刚吃过苦头（二万多弗洛林，再无可能索款，人已亡故[①]）。作为父亲，他完全有理由劝诫弗里德里克作点合理的积蓄。伊莎贝拉嫁给了巴尔辛斯基，只有父母孤零零地生活在华沙，离开两个女儿虽不远，可毕竟远离他们的儿子。他们渴望和他重聚：这会有可能吗？

那段时间，有一个念头困扰着肖邦。在华沙，他的朋友中有沃德辛斯基三兄弟，安东尼、费利克斯、卡齐米日，三兄弟都是肖邦寄宿学校的学生。玛丽亚是他们的妹妹，她留在肖邦记忆里的印象是温柔和倔强。这家人逃

① （原文为拉丁文——译注）米哈伊尔·斯卡贝克自杀身亡。对如何偿还尼古拉·肖邦的这笔债务，他在遗嘱中未作任何交待。

离华沙后，在日内瓦安顿了下来，他们邀请他去那里。年轻人之间保持了相当有规律的通信。肖邦借口好久没有写信，机智地打破了他这边的沉默。他写信给费利克斯·沃德辛斯基说：

> 你一定在想，弗里克[①]是陷在他的糟糕情绪里了，不然为什么不给玛丽亚和我回信呢？如果不是我刚从莱茵河畔的旅行回来，如果此刻我手边没有这项不可能推迟的工作，我真要去日内瓦了，去面谢你可敬的妈妈，接受她的邀请。可命运如此多舛，完全不是这么回事。你妹妹真是太可爱了，她给我寄来了她创作的一支曲子。我真无法描述自己的快乐，当天晚上，我在这里的一个沙龙里用小玛丽亚的这个悦耳的乐思作了即兴演奏。遥想当年我们在皮泽尼宅邸的房间里跟她玩藏猫猫，我今天自说自话地给我值得敬重的同行玛丽亚小姐寄去刚出版的一首小圆舞曲，但愿跟我收到她的变奏曲相比，能给她带来百分之一的快乐。替我向她致意，优美地并充满敬意。你吃惊吧，还得悄悄嘀咕："上帝，她真长大了！"

总有几场音乐会可以打发日子。1834 年 12 月 7 日，在柏辽兹举办的一场音乐会上，肖邦弹奏了他的《f 小调协奏曲》的小广板。三周之后，他和李斯特在普雷耶尔音乐厅演奏了四手联弹的两支二重奏。第二年初，他在公众面前两次露面，第一次和希勒，第二次独奏。1835 年 4 月 5 日，他参加了一个为波兰流亡者举办的音乐会，与科奈莉·法尔孔、努里、恩斯特、多鲁斯、潘塔雷翁、李斯特和阿贝内克同台演奏。这天，肖邦颇受冷遇，但他在那个月底音乐学院音乐会社为阿贝内克举办的一次盛大音乐会上报了一箭之仇，演奏了他的《平稳的行板[②]和波洛乃兹》。然而，他或许会为如此

---

① 肖邦昵称。

② 肖邦的钢琴曲作品第 22 号的标题，作于 1834 年；肖邦将它与降 E 大调辉煌波洛乃兹放在一起。——译注

"炫耀自己"感到遗憾，并决定往后尽可能少对别人的请求作让步。

这期间，沃德辛斯卡夫人又一次向他发出邀请：为什么弗里德里克不来日内瓦？但愿他对沃德辛斯基家的友谊如初：他一直拥有他们的友谊！换了别的时候，肖邦自会前往。在1835年7月从父母寄来的一封信中得知他们到了卡尔斯巴德，当时他正遵马图钦斯基的嘱咐，由温琴佐·贝利尼[1]陪同在昂甘[2]洗温泉。他本来还以为父母在华沙，刚寄去两首新出版的作品，在维也纳就开始作曲的《b小调谐谑曲》(作品第20号)，和《四首玛祖卡》(作品第24号)。这样，他就急着赶去与他们会合了。

重逢

他离家远走已5年了！1835年7月30日，尼古拉·肖邦和他的太太离开华沙，先在斯奇茹夫他们的朋友维西约洛夫斯基家作几日的停留，再乘坐驿车继续他们的旅途，抵达布列斯劳，从那里于8月12日取道布拉格，8月15日到达卡尔斯巴德，先住在金玫瑰旅馆，莫扎特最小的儿子弗朗兹-格萨维尔刚离开的地方。而弗里德里克自8月4日上路，朝卡尔斯巴德方向马不停蹄地赶路，与父母同一天抵达。在那里，弗里德里克·德·图恩伯爵、作曲家德撒沃以及和波兰女钢琴家玛丽亚·希玛诺夫斯卡联姻的扎瓦德茨基一家，他们都急切地等着他的到来。8月16日凌晨4点，扎瓦德茨基把弗里德里克的父母叫醒，和他们一起去把他们的天才儿子从床上折腾起来。肖邦于是重新打点行李，搬到金玫瑰与父母同住。重逢的喜悦中，尼古拉·肖邦挤出时间给留在华沙的两个女儿草草写了几句，报告消息。弗里德里克给姐妹俩在信末加了附言："我们的快乐无法述说。我

---

① 肖邦对《清教徒》和《诺尔玛》的作者(指贝利尼——译注)极为热爱。他们的友谊非常短暂，因为贝利尼不久就辞世了，年仅34岁。人们对肖邦的意大利化，已经有很多评论。从中得出结论说他模仿美声唱法的 Tempo rubato，还是不准确。舒曼写道："这里只有一种对南方风俗的轻度倾心。一旦歌唱结束，依旧是整个萨马特人的特点，让和声闪烁其间的强烈独创性支配一切。"

② 巴黎附近的一个小城。——译注

们拥抱，再拥抱。父母亲还是老样子，就是老了点。我们去散步，牵着母亲的手，谈着你们。一起吃喝，互相安慰，大声喊叫：我快乐到极点。我把你们紧贴在心口，用快乐窒息你们！”一下子，弗里德里克天生的兴高采烈又回来了，巴黎式的矜持之冰融化了。这正是他的家人熟悉的肖邦：性格夸张、充满爱意、快乐满溢，不仅因为和父母重逢感到幸福，而且也因为在此能遇到那么多的同胞而高兴，因为沙皇的间谍一直在国外追捕波兰革命运动的参与者，而卡尔斯巴德则是俄国警察远不可及之处。

他在卡尔斯巴德度过的三周里，为父母和朋友们演奏，也创作了《C大调玛祖卡》（作品第67号之三），《降A大调圆舞曲》（作品第34号之一），以及一首献给德撒沃的《升c小调波洛乃兹》（作品第26号）。1835年9月6日，父母和儿子一起去特普利兹，他们在那里度过了几天，从那里又去了德山城堡，在法朗索瓦·安多南·德·图恩·赫本施坦家盘桓。9月14日，尼古拉和他太太上路返回华沙。弗里德里克在图恩家多住了一周。9月19日，他回到巴黎，中间在德雷斯顿停了一下，和沃德辛斯基一家人相聚。这家人是在他们回波兰的路上，决定作此停留的。

玛丽亚·沃德辛斯卡

除了这家人的长子安东尼留在日内瓦，沃德辛斯基全家热情地接待了弗里德里克。似乎玛丽亚的三个兄长——如果不算父母的话——都对妹妹和他们寄宿学校同学的婚事颇有期待。他们不在乎贵族的偏见，明知其家族的族徽已经蒙尘，并非不清楚其父母声称属于一个“显赫的家族”的时候颇带夸张。弗里德里克有才华，很优雅，在巴黎跟罗斯柴尔德家族和恰尔托雷斯基家族都有走动，他将是一个很可接受的内弟。他在德雷斯顿与沃德辛斯基一家度过的一周没有任何意外，他们一起庆贺朋友重逢。1835年9月26日分手后，在回巴黎的路上，肖邦在莱比锡弯了一下，同舒曼和刚被任命为“莱比锡爱乐乐团”音乐总监的门德尔松相会。他先去拜会了维克家的朋友亨丽叶特·沃特，随后到弗里德里克·维克家。克拉拉·舒曼的父亲脾气很坏，为肖邦没有先来拜访他而生气。克拉拉用她的和蔼可亲来弥补父亲的坏脾气。她为旅行者演奏他的两首《练习曲》和舒曼的《升 f 小调奏鸣曲》，当时她还不是舒曼太太。肖邦在舒曼面前演奏了自己的《降 E 大调小夜曲》，为此舒曼在《音乐新杂志》上写道："他的演奏风格，正如他的作品，是唯一的；他的演奏风格彻底征服了我……我并不怕把他称作一个成熟的演技天才……我为终于遇到一个真正的音乐家感到极度的快乐。他让我们听了他的几首新练习曲。肖邦正式向我承诺今年冬天会到莱比锡听我的《交响练习曲》的演奏，我将为了向他表示敬意而演奏……"

离开莱比锡之后，肖邦在海德堡停留，拜会了他学生阿道夫·古特曼的父亲。10 月中旬回到巴黎。他看到玛丽亚·沃德辛斯卡写来的几乎是温柔的信，很带感情：

> 我们多么遗憾和您分手！每次提及"她的第四个儿子弗里德里克"的某个细节，我母亲都忍不住掉泪，我的哥哥们也都若有所失。我们反复弹奏您的圆舞曲①：我很乐意演奏它，它让我们回想起刚刚离开我们的兄弟。我将它装订成册。妈妈跟我只谈您和安东尼：如果您知道他对您有多么忠实！……我们不停地遗憾您不叫肖宾斯基，因为这

---

① 这里指的是降 A 大调圆舞曲，作品第 69 号之一，也称作告别圆舞曲。有关这首著名的圆舞曲，人们随意议论，冠以最错误的说法。人们记住的是纯属想象的描述，却全然与事实不符，这些描述来自玛丽亚·沃德辛斯卡的侄子沃德辛斯基伯爵："这是一个温暖的 9 月的夜晚，依然像一个夏日那么辉煌。楼下门外，驿车正在等候，桌上有一束玫瑰，玛丽亚拿起一支，递给弗里德里克。他脸色极为苍白，眼里满是灵感，恰似他听到了在内心盘旋的歌声。此时，他走近钢琴，即兴弹出一支圆舞曲。玛丽亚稍后将其称作'告别圆舞曲'。"人们相信听到了，在两个恋人爱情絮语中，不断重复的钟声，在路石上碾过的车轮，它们的声音盖住了压抑的哭泣声。数周之后，玛丽亚收到了寄自巴黎的誊写好的圆舞曲。我见过这份珍贵的手稿。只有在上方有这样一个简单的题赠："献给玛丽亚小姐"，下方"德累斯顿，1835 年 9 月"（摘自《弗里德里克·肖邦三部小说》）。

这一切，事实上只是小说而已。肖邦有可能在德累斯顿创作了《降 A 大调圆舞曲》。但是，首先它没有题献给玛丽亚·沃德辛斯卡，而是献给夏洛特·德·罗斯柴尔德。正如肖邦经常所做的那样，他亲笔写上了玛丽亚的名字，作为友好的纪念。他的某些作品有好几份手抄曲谱流传，在题词的地方，可以读到不同的名字。题献给一个特定之人，同一部作品会签名赠给几个他所认识的人。还要补充一句，肖邦生前并没有让人出版这首称作"告别圆舞曲"的曲子，因为他认为该曲平庸！

样的话，法国人就不能够作为同胞与我们争荣耀……再见，一个童年朋友不说漂亮话。妈妈、我父亲和哥哥们很亲切地拥抱您……您把钱包里的铅笔拉在这里了：我们充满敬意地为您保存，像对待一个圣物。再见！

这封信自然打动了肖邦的心。同样，安东尼·沃德辛斯基抵达巴黎也给他带来了极大的快乐。后者写信给留在德雷斯顿的母亲：

> 你说得对，妈妈，弗里德里克没有变：他只是更漂亮了！我们每天都见面。我们去了巴黎歌剧院和意大利歌剧院，去听鲁比尼、拉布拉什、坦布里尼和格里西演出的《清教徒》。还有一天，弗里德里克（勒迈特，不是肖邦）和妙不可言的德加塞合演的《罗伯特·马凯尔》，哦！妈妈要是能在明年春天和费利克斯同玛丽亚一起来这里就好了！……弗里德里克从琴凳上站起来并说："别忘了写上，我对他们都爱到极点，对，真的，爱到极点……"

塔尔贝格

这时突然出现了一个插曲：塔尔贝格到了巴黎。他的名声那么响，让李斯特都感到害怕，他当时和达古夫人住在瑞士。李斯特立即赶往巴黎向他的热那亚对手挑战。太迟了！塔尔贝格刚打点好行装。但李斯特还是开了两场音乐会，分别在埃拉尔剧场和普雷耶尔剧院，目的是为了在他的拥戴者面前抹去对塔尔贝格的记忆。他失算了，效果不佳。可他必须面对被雷翁·埃斯居蒂耶[①]称之为"擅长三度之人"。为此，他得等待来年。1836年，两人的争锋在四场竞赛中展开。第一场，李斯特演奏了《幻想交响曲》变奏曲，大受欢迎。3个月之后，塔尔贝格在意大利歌剧院获得了极大

① 他是活跃在当时法国音乐界的人物，1837年和兄长马里-皮埃尔-伊夫创办了《法国音乐报》，1842年共同创立了埃斯居蒂耶音乐出版社。——译注

的成功，李斯特租下了歌剧院进行反击：两个小时下来，他重新征服了听众，他们不再知道该偏向哪一边。决胜赛在贝尔吉奥约索公主的沙龙里，在她举办的一场慈善音乐会上。这一次两个对手当场对峙。塔尔贝格演奏了他的《摩西幻想曲》，李斯特弹了他的《尼奥贝幻想曲》。作为老练的外交家，公主机智地总结了公众印象："塔尔贝格是世上第一钢琴家。李斯特是唯一的。"至于肖邦，当他被问到塔尔贝格的才华的时候，他仅满足于讥讽道："他胜出一筹的，是那些带钻石的衬衣扣子！"肖邦非常乐意戏谑塔尔贝格在钢琴上的演奏，模仿他的动作，将两只手扔向键盘的两端，在中音区用两个拇指交替来表示旋律。他对觉得好玩的听众说道："他这样不是像在准备去猎鸽子吗？"肖邦眼神精到，说话不留情面！

肖邦的身体状况变得微妙了，我们应当对他的等待不行动加以责备吗？他急切地期待玛丽亚那边消息——或者由于作息饮食方面的疏忽，总之他病了。他发烧，咯血。马图钦斯基尽可能地给他治疗，并努力防范流言蜚语。巴黎流传起有关他的疾病的闲话。华沙惊恐了：他是不是已经去世了？1836 年 1 月 8 日，《华沙快讯》报道了一则令人安心的消息："我们敬请众多的朋友，和欣赏弗里德里克·肖邦的才华的诸位注意，几天来关于肖邦去世的消息是完全没有根据的。"父母在远方吓坏了。《辩论日报》上刊登的一则关于弗里德里克·肖邦作即兴表演的报道，让他们放下心来。他们要求儿子认真治疗，也给马图钦斯基去信作同样的要求。对肖邦准备再去德雷斯顿旅行的计划，尼古拉·肖邦写信给他儿子，并未暗示婚嫁的期待：

> 无论如何，去西班牙是个好主意。但不管怎样，让我们一起来筹划吧。如果能顺利成行，你找不到比你母亲更好的陪伴（我可以跟她分开几周[①]）。但你必须身体健康，带着钱：那么在途中开几场音乐会，旅行的开销就有保证了。这是唯一途径，能让你再去德雷斯顿，看到

① 最后肖邦夫人并没有实施这个计划。

让你感兴趣的人，如果你最初的印象不变的话……

一个月之后，沃德辛斯卡伯爵夫人写信给弗里德里克：她怂恿肖邦给这个“疯子安东尼”以节约和明智的忠告。她还说：“玛丽亚经常用波兰话提到你：‘我为不能看到我哥哥和肖比纳[①]而感到难过’，其实她还哭了！我们什么时候还能再见到你呢？或者，至少，你给我们写几句话，告诉我们你这个夏天来不来……”

啊！肖邦真的被难住了！舒曼和门德尔松也催他去莱比锡参加下莱茵省的音乐节！加上李斯特请他在离开巴黎之前去埃拉尔剧场参加一场音乐会！肖邦答应了李斯特。1836 年 4 月 9 日的音乐会很成功。李斯特出色地演奏了肖邦的几首《练习曲》（作品第 25 号）。他们两人双钢琴弹奏的李斯特《大圆舞曲》受到了观众热烈欢迎。音乐会的第二天，肖邦修改了几首新作的校样：尚未刊行的《f 小调协奏曲》（作品第 21 号），《两首夜曲》（作品第 27 号），《g 小调叙事曲》（作品第 23 号），《两首波洛乃兹》（作品第 26 号），《平稳的行板和波洛乃兹》（作品第 22 号）。1836 年 7 月，这些曲子均已在市面上出售。肖邦能出发了，不是去德雷斯顿，而是去马里昂巴德。

从马里昂巴德到德雷斯顿

肖邦从安东尼·沃德辛斯基那里得知，沃德辛斯卡伯爵夫人和她的两个女儿决定在马利昂巴德过夏天。7 月 9 日，她们下榻在白天鹅旅馆。肖邦 7 月 19 日自巴黎出发，于当月的 28 日抵达，经历了一次疲劳的旅行，途经斯特拉斯堡、纽伦堡、拜洛伊特、舍伯和多尔尼。他同沃德辛斯基一家下榻在同一个旅馆，并骄傲地登记在“巴黎地产拥有者”[②]栏下！7 月 28 日到

---

① 此处为肖邦的昵称。——译注

② 旅店住客登记表中，有限定身份的“地产拥有者”（proprietaire foncier）一栏，此处 foncier 通常用指地产和不动产，也可作禀赋、天才解，因此肖邦把自己的身份登记在此栏中，意即“禀赋在身”，这样理解比较符合他的心性，尽管他一辈子都不是地产拥有者。——译注

8月24日之间，他度过了四周短暂的幸福日子，只是我们对这段时间的细节知之甚少。我们只知道肖邦——总是那么爱玩笑，快乐，恶作剧不断，充满了幽默——身体不好。一场感冒更把未来的肺病患者的身体变弱了。马里昂巴德的天气——白天干热，晚上骤冷——对他的身体不利。海德勒医生看护他。玛丽亚·沃德辛斯卡正在马里昂巴德“晕染着色”一幅水彩画，要等回到德雷斯顿再制成水印画。画上的肖邦不是看上去很苍白和备受折磨吗？由科奈莉·帕纳斯在马里昂巴德绘制的另一幅肖邦的肖像画，证实玛丽亚给“我亲爱的大师”[①]（她这样称呼弗里德里克）所画的像很写真。

两个年轻人片刻不离。“他不再写信给任何人，每个晚上都陪着她，如果不在客厅里弹琴，就在花园里和年轻的女郎一起，在静静的夜色中散步[②]……”在这几周的幸福中，肖邦创作了两首练习曲，作品第25号之一和之二（这第二首练习曲铅笔手稿上留有肖邦的亲笔“玛丽亚心灵画像”），和两首歌曲（第二首“相契”[③]，采用了维特威茨基的歌词，里面有一句很奇特的话：“你嫁给了另一个人，但我，却爱过你”）。他还构思了其他几首曲子。他们用互相约定的字眼——灰色时刻——来表述他们间的真情吐露。

8月24日，肖邦和沃德辛斯基一家人回到德雷斯顿，他们在一起呆到9月16日。在他离开的前两天，他问玛丽亚是否愿意成为他的妻子，并请求沃德辛斯卡伯爵夫人的认可。他得到了两个肯定的回答，但伯爵夫人，很可能为弗里德里克的身体状况担忧，让他承诺保守秘密，直到她获得丈夫的首肯。

肖邦回到巴黎，心中充满了希望。他在莱比锡稍事停留，见了舒曼，并为舒曼弹奏了他的《g小调叙事曲》。舒曼写信给乐队指挥铎尔纳：“在他所有的作品中，我觉得这首是最天才的。在想了好一会儿之后，肖邦对我说：‘这让我很高兴，因为这是我最喜欢的一首’。他还给我弹奏了一系列新

① 原文为拉丁文。——译注

② 引自霍伊斯克《肖邦》。

③ 原著最后19首歌曲的歌词，涉及同一首诗，但表述不一样，此处译文也相应采用不同的表述。——译注

作——练习曲,夜曲和玛祖卡——全都无可比拟。可克拉拉与肖邦相比更是一个演技天才……”

永别

在他告别德雷斯顿的同一天——9月16日——沃德辛斯卡伯爵夫人给肖邦写了一封措辞暧昧的信:“如果波西米亚的空气充满鸦片,波兰的空气恐怕被毒芹污染了。什么前景等着玛丽亚!谁知道一年之后她是什么样!……请相信我的善意。为了使我们的计划得以实现,为了考验你们的感情,有必要进行防范。再见,你要在11点睡觉,一直到1月7日,你要喝树胶水。你要像斯科泽夫斯基那样回到马里昂巴德,回到我们身边。当心你的身体,亲爱的弗里切克,我整个心灵为你祝福,正如一个爱你的母亲。”

在卡齐米日·沃德辛斯基回到华沙后写的一封信里,他给肖邦带来了他父母的好消息,玛丽亚留言附笔:“我们为您的离开很难过;刚过去的三天对我们来说像是三个世纪:您也一样吗?您为您的朋友感到一点遗憾吗?是的,我替您作答,我想我没有搞错,至少我需要相信如此。我对自己说,这个肯定的答复来自您……别了,再见。啊!如果能尽早该有多好!”

与此信同时,玛丽亚给肖邦寄来了她为他绣制的拖鞋,让他冬天暖脚。没有更好的礼物,他收下了它们,可他期盼的却是别的表示。

一切就这样结束了,没有一个明确的字眼。沃德辛斯基一家人回到华沙,在那里呆了一段时间,然后就回到他们的斯乌热沃领地。他们与弗里德里克的父母见过几次,任何人都没敢提及遥远的恋爱者萦绕于心的事情。肖邦的天性如此,他并不在“未婚妻”面前坚持,也不在沃德辛斯卡伯爵夫人面前提及。巴黎和斯乌热沃之间的信件来往越来越平淡。1837年2月3日,玛丽亚写信给弗里德里克:“没有什么新闻要告诉您,只是暖和了……”,肖邦寄去他对“玛丽亚小姐的尊敬”,一直到稍后玛丽亚最后写给肖邦一封淡漠的信:

我只能给您写这几句,对您给我寄来的漂亮本子表示感谢。我收到它的时候多么快乐,无法用言语表达。请您接受我对您的感激。请相信我们全家对您永远忠实的留恋,特别是您最糟糕的学生和童年朋友。别了,妈妈温柔地拥抱您。

永别了,别忘了我们

玛丽亚

莫雅-比耶达(我的忧愁)

结束了。可怜的爱情没有开花就凋零了。肖邦没有回复这封信。在他后来写给沃德辛斯卡伯爵夫人的几封信里,提到过对"玛丽亚小姐"的记忆,充满尊重。他在沉默中投降,没有能力再走近一步,去征服一个女人。正如他让康斯坦斯从手中溜走,他将玛丽亚抛向她的命运。这个蠢女人后来嫁给了约瑟夫·斯卡贝克,"因为他是一个伯爵,漂亮小伙,还是村里的邻居"。但斯卡贝克是先天性无能者,玛丽亚将以"未曾完婚"为理由提出离婚,后来嫁给了她的财产代管人拉蒂斯拉斯·奥尔毕萨夫斯基,同他一起去佛罗伦萨生活。直到生命的终结,她一直在弹肖邦为她在普雷耶尔琴行挑的钢琴。但肖邦的作品——她并不真正喜爱——却再没有碰过。

肖邦这边,他把玛丽亚的几封信和沃德辛斯基家人的其他信件,加上一朵干玫瑰,作为他的已逝去的爱情见证,全都收在一个信封中,在上面写了几个字:莫雅-比耶达(我的忧愁)。他从此再没有暗示过不忠实的爱人。

到底发生了什么呢?一个平庸的女郎对兄长们的童年朋友模模糊糊地产生了爱情。她有音乐才分,欣赏他的才华,而且可能在等待来自肖邦的一种确切的感情表述,才肯彻底作决定。这真是不了解他,以为他在这方面有能力作决定。肖邦不作决定,他是要人去争取的。他总是错误地相信,一个暗示就足够了,一个计划的雏形等同于一种明确宣布。因此,他完全不了解女人们不确定的和讲求实际的心灵。总之,他在玛丽亚面前的表现，正如他从前面对康斯坦斯。他等待着，糊里糊涂地希望着，没有很多激情，那么当然也没有结果。没有任何人比我们的弗里德里克·肖邦更缺乏雄性。他的男性冲动，全部投注到他的音乐中去了。走出音乐，他没有令人信服的愿望。他生活的兴趣很可能在别处。我们每个人对自己生存中哪些是重要的或次要的，并不知道得很清楚。这样的举止肯定会让犹豫不定的年轻女郎感到失望，她们期待自己的伙伴有决断，正因为她们自身并不具备这种能力。

加上沃德辛斯基“伯爵[①]”对他太太在“灰色时刻”所设计的方案，或许并极有可能作如下反应：“见鬼，你们为玛丽亚向我提这个小钢琴家？她能期望一段比这更光鲜的姻缘！假如他有个更好的身体和更多的野心，那至少还说得过去！可是不：他憎恶音乐会，只要有一阵穿堂风吹过后背，他就会感冒。不，一百个不同意！”玛丽亚对父权的反对很可能只有微弱的抵抗，蓝色和玫瑰色的梦就此消逝。肖邦继续给沃德辛斯卡夫人写信，就像任何事情都没有发生一样，他的自尊心未受伤害。他的“爱情”却已凋谢。

① 事实上，这个家族的贵族身份颇为可疑，他并不拥有这个能满足其虚荣心的头衔。

第十章 桑

一个人即使并不真正喜欢女人，也未必能逃脱她们的掌控。玛丽亚·沃德辛斯卡刚从一场并未真正经历的感情迷雾中淡出，乔治·桑的身影就出现在地平线上了。不，不在雾中——这个能干的女人！——而是闪亮登场！

对于桑，几乎所有的历史学家都语调偏激。他们或者崇拜她的一切，像安德烈·莫罗瓦，直至原谅她最不可饶恕的错误，或者像波德莱尔，将她撕得粉碎。我们会试着公正对待她，尽管颇有难度。她值得受到公正对待。

只有将她的位置摆正，才能解释桑，正如莫罗瓦所言："生于 1804 年，介于两种社会阶层之间，也处于理性的 18 世纪和浪漫的 19 世纪的边缘。"下面就是，**如其所是**[①]，用她自己思考、写作和看待世界的方式来评判。

自画像

我们知道她很矮(1.50 米)。一头浓密的黑发遮住大脸盘，下巴肥厚，嘴巴丰腴，大眼睛常常露出沉思的神情，目光坚定。长得俊俏吗？不，她这样说："我只有过清纯，从未有过美貌。我的线条轮廓虽然不错，但我从未想过要让它们富有表情。开始我并未意识到，几乎在摇篮里我就爱做梦，

① 原文为拉丁文。——译注

因此让我从小看上去笨拙。到处都有人对我这么说,这或许是真的[①]"。看上去笨拙?可能。但承认这点就很聪明。

尽管桑并不美艳动人,但颇有魅力,这是肯定的。经历过桑的男人们,为数众多,他们对这些颇为敏感,谈论过,也记录过。只有我们的传主除外,一旦涉及描述一位女郎或者一个妇人,他就成了瞎子。我们来看看两幅描述桑的画像吧?1832年她是儒勒·桑多的情人,维尼这样描述她:"一个年方25岁的女子,模样像博物馆里著名的犹滴[②]。黑发卷曲,垂到衣领,发型像拉斐尔的天使。她的眼睛大且黑,透着几分神秘,也像最美妙的意大利头像上的眼睛。她的面部表情严肃且平静。脸的下半部分不讨喜,嘴长得不好。举止不优雅,谈吐生硬。表达方式、用语、说话的声气和话题的放肆,都是男式的[③]……"

我们知道,那天桑去铎法尔家吃饭,穿着紧身半截裤和带流苏的靴子;再说,她可能习惯性地模仿贝里人的口音和说话方式[④]。5年之后,她与肖邦的情人关系即将确定之时,巴尔扎克把这位多产的女小说家描写成"写作的母牛",这是一幅友好的、一针见血的并且无疑是有洞见的全身像:"我看到同行乔治·桑晚饭后穿着睡衣,叼支雪茄,坐在空荡荡的一个大房间的火炉边上。她脚上是漂亮的带毛边的黄色拖鞋,雅致富有风情的袜子,一条红裤子。这是气质。至于外表呢,她的下巴双了,像个胖教士。尽管她历经磨难,却没有一根白发。茶褐色的脸没变,美丽的眼睛还是那么透亮。当她陷入思考的时候,神情还那么笨拙:她的全部表情都在眼睛里,我曾这样对她说过。她在诺昂住了一年了,很伤感也拼命工作。这算是一种

---

① 引自乔治·桑所著《我生活的故事》。

② 美艳的以色列女英雄犹滴计取敌军元帅的首级,是段千古佳话,备受历代艺术家青睐,以此为主题的画像无数。——译注

③ 引自阿尔弗莱德·德·维尼(Alfred de Vigny)所著《一个诗人的日记》。

④ 她在1837年写信给朋友杜特耶:"你忘了去给达古找 * 一所房子(别说是我讲的)。想办法为米拉贝拉公主(我对她怀有最卑微 * 的奴仆般的敬意)要张象牙椅,她美妙的屁股 * 能坐在上面丈量被称作诺阿尔 * 谷的乐园小径……"(* 带贝里乡下口音。——译注)

大隐退，摒弃了婚姻和爱情，因为在这两种状态中，她只有失望。适合她的男性难觅，这就是一切……她并不可爱，像个男孩，也是艺术家，她高贵、大度、忠实、端庄；身上有明显的男人气，因而[①]不大有女人味……她品德高尚，社会风气正好与这些品德大相径庭……她是一个出色的母亲，受孩子们崇拜；可她把女儿索朗日打扮成小男孩，这并不好。她在道德上像 20 岁的男子，因为她内心十分质朴、纯洁，只在外表上是艺术家……她属于那些在事业上和智力上均强有力的灵魂，在现实的纷争中很容易上当受骗……总之，这是一个男人，她情愿做的那种男人，从而走出了女人的角色，而不再是女人。一个女人招人，而她却拒人。加上我很男性，假如她让我产生这种观感，在跟我相似的男人身上也当引发同样的感觉：她永远不会幸福。一个女人永远只能爱一个比她优越的男人，或这个女人昏头涨脑到如此地步，竟错认为身边的男人真比她强[②]"。

如果肖邦以同样的眼光看待她，他犹豫不决的时间或许会更长。但肖邦不是巴尔扎克，他差得远着呢。除了在希勒面前用过一个令人不快的字眼，他对这个将与之分享 8 年生活的女人，没给我们留下一行字，一次私房话，一幅关乎性格或外表的素描。

从性格上和外表上描绘桑，能确切地说些什么呢？有不少可说道的。她的男性化行为方式；她挑战习俗的男孩行状；她在大街上抽雪茄的架势，挽着一个男孩的胳膊，帽子朝后戴的作派；她身着男式长裤，在她那个时代，一个女人如此打扮被视作很出丑；她的农民式说话方式。这些都体现出一种勃勃生机，也是她在乡下度过童年的结果。她在诺昂附近乡村里跟异母兄弟希波利特·夏蒂隆[③]一起骑马远足。这个看似有文化的女人，骨子里是个十足的乡间女郎。

---

① ergo，原文为拉丁文。——译注

② 引自巴尔扎克所著《致陌生女人的信札》。

③ 他是乔治的父亲莫里斯·杜班和一个农妇的私生子，她姓夏蒂隆，希波利特娶了艾米莉·德·维勒纳夫。他生活在诺昂附近的蒙吉伏莱村。

她的斯拉夫血统——其先祖萨克斯元帅是封德诺瓦战役的获胜者，由于他的关系，她是奥古斯特二世，萨克森选帝候和波兰国王的直系后裔——颇能解释她天性中人道和社会诉求的倾向。我们不甚看重这一层，对此往往报以微笑，这点却让她在俄国备受称道。她将对果戈里、陀思妥耶夫斯基、托尔斯泰和屠格涅夫产生深刻影响，因为这些俄国人欣赏的，是她特殊的思维方式和作派，不受任何羁绊的天赋，对西方成规毫不在乎的态度。桑身上有很突出的基辅罗斯艺术特征[①]。

她是天主教徒吗？“我并不这样看[②]。”是信仰基督吗？是的，至少当基督教义导向社会主义的时候。她最终是在政治和社会活动中找到了她的宗教：助人、爱人、操持，这是她的神学美德。[③]激情和慷慨使她变得高贵。她年轻时代在巴黎奥古斯丁女修道院，经历过一场神秘的危机——“倾泻而出的泪水浸透了我的脸：我感到我爱上帝……”——她从中汲取了宗教激情的禀赋和爱好。

尽管婚姻并不吸引她，因为这个属于田野的女郎，这个充满乡土气息的仙女，这个酒神巴库斯的女祭司不能想象一个男人会成为她的主宰，但她还是按照当时的习俗，嫁给了她并不了解的卡齐米尔·杜德旺。她先是抱着一种完全怀疑的态度去爱他，最初的身体接触肯定令人失望，因为从乔治·桑给她异母兄弟希波利特的建议可以推断。1843 年正是他要出嫁女儿雷奥蒂娜前夕：

> 设法制止你女婿在婚礼的初夜对你女儿粗暴相向，因为在脆弱的女人那里，很多不幸并没有其他的原因。男人们不懂这种欢娱对我们

---

① 托思妥耶夫斯基写道：“人们知道，在俄国，临近 40 年代中叶，乔治·桑是那类西方作家中最光彩夺目、最坚定、最完美的领军人物之一，他们从否认血腥的法国大革命一切实际的成果开始，直至认为必须在不同的方向、以不同的方式来继续那种在流血中开启的事业，而人性的改造应当是彻底的和全面的。在这点上，乔治·桑是走在这种变革的前沿的。”

② 引自乔治·桑所著《我生活的故事》。

③ 这里以桑的神学美德，来对应宗教上提倡的三神德“信、望、爱”，颇有揶揄口吻。——译注

不啻一种受难。因此告诉他，要节制他的快感，等待他的夫人一点点地被他牵引着明白其中的奥妙，并回应他。一个什么也不懂的可怜孩子，如果觉得自己是受到了一个粗暴之人的强奸，这种惧怕、痛苦和厌恶最会令人恐怖。我们把她们像圣女一般养大，然后却像对待小娼妓那样拱手交出……

失败的婚姻

这封信道出了桑在新婚之夜的隐情：一场没有回报的考验。毫无疑问，这个结实的、爱自然远胜于爱男人的女郎，她的期许丝毫没有兑现。她并不因此缺乏对丈夫的爱，相信爱和耐心能导致夫妇间的和睦，但她却不再相信能拥有心醉神迷的分享。那夜的身心摧残，使她染上了纠结一生的性冷淡。索朗日·桑对阿道夫·布里松这样承认，“我母亲有热情的想象力，性欲却冷淡”。基于这点而去追逐不可能的爱情，永远需要奉献自己，却又不断地自我放弃，两者间只有一步之遥——因而越是靠近目标，地平线却往后退走。她几次越过界限，认定“婚姻只是在结婚之前才是宜人的”。她和卡齐米尔分手之前，是一种不相沟通的模式。她徒劳地追逐梦中人而耗尽精力。他们中哪一位是合适的、真正的、唯一的，哪一个真会理解她，珍惜她，让她颤栗？一个都没有。这正是《莱丽雅》的要旨，作品第一次探讨了女子性冷淡的主题。桑写道：“我身上的欲望，是灵魂的热忱，它先使感官能力瘫痪，然后再予以唤醒。这是一种野性的疯狂，它制住我的头脑，并只聚集在那里。在意愿的强力攻势下，我的血凝固，无能为力、可怜兮兮。那么，只有死去。”在这样一个性冷淡的女人和肖邦之间，由于性冷淡而贞洁，出现在我们面前的将是这样一出爱情二重奏！

能带给桑狂热期盼中的幸福的，并不是体贴人的奥雷里安·德·塞兹[①]，或斯蒂凡·阿加松·德·格朗萨涅（他可能是索朗日·桑的生父），也

① 她和他之间只是捏捏手，还有在一个小径的转弯处，他印在她颈上的一个轻吻。

不是被称作“我的小儒勒”的胖儒勒·桑多(虽未给她一份完整的爱,却把姓氏的一半给了乔治),或厚颜无耻和用情不专的梅里美。可是,出现了缪塞。

威尼斯情人

他们相遇在《两个世界杂志》的一次晚餐会上。之前,桑听说过这个浪荡公子的行径。他本人在第一次遇见桑时,也远没有被征服。然而是他采取了主动,“简单又愚蠢地向乔治承认迷上她了”,桑也即刻春心荡漾了。鉴于阿尔弗莱德脸色有些苍白,她带他去了意大利。几天之后,桑就染上了糟糕的热病——天下没有不糟糕的热病!——长了好些包,变丑了,躲在屋里写作不能见人:即使在威尼斯天空下,也得活人!缪塞看着她,觉得丑陋,便泡在夜总会里,追逐女郎,精疲力尽地回到住处,伤人的话语从他嘴里蹦出来:“乔治,我搞错了,我请你原谅,我不爱你……”桑茫然失措了。或许她对此尚不介意,但在备受高热煎熬的时候,缪塞的话却极粗暴地侮辱了她:“要是早知道,我会像对别人那样,给你往柜子上扔 20 个法郎走人!”太卑鄙了,这真是那个诗人说出来的话吗?他曾为她编织过这些极美的诗句:

我什么都不想知道,不管田野是否花开
遑论人的虚幻结局
也不想这宽阔的天空明天是否照亮
它们埋葬的一切

我只对自己说:“此时,此地,
某一天,我被爱着,我爱,她真美”
我将这珍宝深藏于不朽的灵魂里
携此去见上帝

对于上述所引粗鄙的责难，桑用什么来反击呢？哦！她小心翼翼，绝不无理相向。于是，有天晚上，她正守护病倒在床的缪塞，一个年轻的意大利医生也在场。她仔细审视这个偶然的同伴，盯着皮耶特罗·帕杰罗：天哪！还真是个漂亮小伙！他的举止有点幼稚，就算是吧：必须鼓励他！向他频送秋波，收效不大。那么，桑不犹豫了，她走到写字台前，因为笔墨才是她最有把握的诱惑武器。给帕杰罗写信，正如人们所说的那样，把事情挑明：

> 你是我的帮手还是主人？你能宽慰我认识你之前遭遇的不幸吗？你会知道我何故忧伤？你懂得怜悯、耐心和友谊吗？我会成为你的女伴还是奴隶？你要我还是你爱我？当你的激情得到满足的时候，你会感谢我吗？当我让你幸福的时候，你懂得向我述说吗？爱情的欢娱让你呼吸急促昏头涨脑，还是会将你抛向神奇的心醉神迷？离开了所爱之人的酥胸后，你的灵魂会比肉体延续更久吗？

她把信递给帕杰罗，他读着，不明就里——他有理由看不懂！——因为，说到底，他什么也没要求，生平第一次置身如此境地，一个妇人向他提出如此不容置疑的问题。他看着她，真的“呼吸急促昏头涨脑”，可并没有表现出象征激情的亢奋。此刻，不耐烦到极点的桑加上一句，当作收件人的称呼：“给愚蠢的帕杰罗！”，再次把这挑逗人的信笺递给年轻的医生。他走投无路，终于俯首听命。

酒神女祭司

威尼斯插曲为我们解读桑的晦暗心灵打开了一扇窗，称她为“诺昂好夫人”显然是句反话。这个未来的可爱祖母，是一个不择手段之人，她那些优秀品质带有明显的缺陷：能量大，具有男性意愿，为达到目的不遗余力，不惜使用奇特的方式。首先，她撒谎像呼吸一样容易。文学为她提供了手段，不仅仅为谋生——她作为一位讲求实际的女性靠这种手段谋生，毫无诗意的元素[①]——而且，这种方式总被说成是“为家庭”[②]，这种辩辞无休无止、让人生厌。每时每刻，她都在为自己的行为做辩解，哪怕再无借口好找。她比任何人都懂得怎样让别人承担她自身的过失，怎样艺术而巧妙地变换事件的色彩。如果她成了某人的情妇，那是为了拯救一个可怜的孩子，没有她，他仅余三个月的寿命！如果她斩断了某种私情，那是因为像她这般纯洁的灵魂不能再在如此泥沼中遭罪！她让别人享受，自己却毫无感觉：那又怎样！她从不掩盖事实，除非为了不让一个伤口恶化，不得已而为之！她从不屈从于自己的利益，甚至也不屈从于自己的欲望，上帝在命运的崎岖之路上引导她前行，眼睛盯着头上闪烁的十字架！在《我生活的故事》中——这是一本不知羞耻的长篇连载小说！——难得有几页不提救世主，虽然她并不信仰。在这点上，她啰啰嗦嗦，极不真诚，听任俗不可耐的本能的牵引。当她突然陷入一种尴尬的境地时——同她丈夫、同缪塞、同肖邦——她就凭空捏造信件、记忆乃至整段故事。她绝对不怕伪造文书。而当她发泄了恼怒，并以为消除了后顾之忧时，却被抓住破绽——比如在发表了把肖邦写进去的小说《卢克莱齐亚·弗洛利亚尼》，或者在以她的方式描述她和缪塞的关系的《她与他》——之后，她会傲慢无理地否认，却不能令人信服。“诺昂好夫人”是一个泼妇，或者说是一个肆无忌惮的假小子。让我们还是回到帕杰罗。

这个在《我生活的故事》中平静地声称“我是女人中最纯洁的……”女人，在上述情境中，并不表现得像个娼妇，却像……一个男人那样，没有能力约束自己突发的冲动。正是在这里桑泄露出她不为人知的秉性——尽管只有很少一点！也正是在这里，我们明白了缪塞道出的冷酷的全部真相：“你不是一个情妇：你只是我的母亲……”话虽苦涩，却清楚明确。

---

① 参见亨利·纪尧曼撰写的《桑和缪塞的情爱》（普隆出版社），人们会从阅读这份无情的诉状中获益良多。

② 原文为拉丁文 pro domo。——译注

……只是我的母亲！难道她曾经是，并可能是别的角色吗？来自布尔日的米歇尔，是瓦卢阿地方一个可怜的樵夫的儿子，顽强和雄辩的共和党人，人虽丑陋却带着智慧的美，“把她完全降伏了”，但她却离开了，未能将永远沸腾的心中满溢出来的东西给他，甚至不知如何给他。政论家古斯塔夫·布朗什，植物学家及诗人查理·蒂迪耶，在她生活中几乎没有留下痕记。1836 年，她在法律上同丈夫分开，理由是“他的粗暴、他的荒淫生活、令人无法忍受的放纵”，可主要原因是她偶尔看到了卡齐米尔的遗嘱，他在文件中用难听的字眼指称她。当肖邦出现在她眼前时，她正跟孩子们的家庭教师，一个克里奥尔人[①]有私情。他的名字叫费利西安·马勒费耶，他在她感情的天平上也没有分量。

大鼻子一家[②]

1836 年 10 月，桑从瑞士回来，她和李斯特及达古夫人一起度过了夏天，一个诙谐的日内瓦人皮克泰少校作陪。他们各自都有俏皮的绰号。李斯特和玛丽·达古在那里自称**学者**；李斯特叫做呆子；玛丽一会儿叫做米拉贝尔[③]，一会儿是阿拉贝尔[④]，或者公主；桑和她的孩子们是大鼻子一家，这个说法出自他们的长鼻子。在旅馆登记册上，无所顾忌的桑这样填写：

> 旅行者名字：大鼻子一家
>
> 居住地：大自然
>
> 从何处来：上帝那里
>
> 到哪里去：天上

---

① 克里奥尔人(Créole)，指安的列斯群岛等地的白种人后裔。——译注

② 法文中 piffard 指大鼻子人，皮弗艾尔(pifaëls)是桑自创用来戏称自己的家人之词，意思是大鼻子一家。——译注

③ 黄香李，于法国洛林等地的植物。——译注

④ 阿拉伯美人。——译注

出生地:欧洲

身份:闲逛者

身份证日期:永远

发证机关:公众舆论

三个月的哲学讨论,使李斯特[1]沉迷其中。桑先回巴黎,李斯特和他的伯爵夫人还要待到11月份。李斯特一回到巴黎,在拉菲特街的法兰西旅馆安顿下来后,就经常和肖邦见面。他们两个人四手联弹,或在双钢琴上演奏,聊天,交换看法。其实玛丽·达古既不喜欢桑,也不喜欢肖邦。家世出身、对上流社会的爱好、她自己信奉的女性主义,都使她和那位滔滔不绝的女小说家全然不同。她不信任桑的真诚,尽管后者发自内心地表示"当女人沉默之时,我让女人的声音振聋发聩"。桑是一个女人?别扯了!她是一个男人,愿意的话,一个杰出的男人,但是一个男人!反过来,达古夫人又暗中嫉妒乔治的才华,自己也尝试写作,并私下在为一部小说作准备。对肖邦,这位夫人更多的是怜悯,而不是真诚的友谊,她并不避讳讥讽的言辞:"肖邦?撒上糖面的一只生蚝!",或者还有:"他那里,只有咳嗽是经久不变的。"李斯特微笑着,由她说去。啊!女人哪!

相遇

我们不知道桑和肖邦第一次相见的确切日期。能肯定的是,地点在法兰西旅馆,时间是1836年深秋。弗朗兹和玛丽邀请了几个朋友。桑和马里亚尼夫人[2]同往,肖邦和费迪南·希勒结伴。乔治带着她的两个孩子,三个人都穿长裤,此举令礼仪捍卫者肖邦反感。他在离开法兰西旅馆时对希勒说:她真让人讨厌,这个桑。这真是一个女人吗?我怀疑……

---

① 对那些误以为桑爱上了李斯特的人,桑直言不讳地回答:"我并不比喜欢菠菜更喜欢他……"

② 马里亚尼伯爵夫人嫁给了一个意大利流亡者,艾玛纽埃·马里亚尼伯爵。她活泼、风趣、乐于助人、饶舌、会伤人。卡洛塔·马里亚尼是乔治·桑和玛丽·达古的忠实的朋友。

而桑，则在目击此次会面的马里亚尼夫人耳边轻声说道：这个肖邦先生，像个姑娘？

这两句话，比长篇大论更有说服力，道出了两个未来恋人彼此间确切的第一印象，也解释了他们之间的爱情氛围。借助角色的调换，他们的自然性别变换了，不由自主地扮演着对方的角色，桑成为保护者，肖邦则是被保护人。这样，由于偶然的组合，出现了一对角色倒错的伴侣！桑心甘情愿地表示："我必须作出选择：呵护或死亡"，她选择了活下去！至于肖邦，一句话也不流露，他的全部经历表明，他一方面需要被选择，另一方面也需要受人呵护。一个强有力和有决断的人之陪伴，实现了他天性中隐秘的心愿，他曾经在写给提图斯的下意识的激情澎湃的信件中表述过，此刻又把他引向一个男性化女人的强有力怀抱。这样，超出他们的意志，彼此的命运圆满了。

1836 年 12 月 13 日，肖邦在安亭街 38 号家中，召集了几个朋友。那天有密茨凯维奇、海涅、希勒、居斯廷侯爵、欧仁·苏、梅耶贝尔、德拉克罗瓦、皮克西斯、贝尔耶尔、乔治·桑和卡洛塔·马里亚尼，还有几个波兰人——弗拉基米尔、波托茨基和他兄弟贝尔纳、格日玛拉、聂姆采维奇和刚从华沙来的音乐家约瑟夫·布洛佐夫斯基。肖邦和李斯特四手联弹，演奏莫舍莱斯的《降 e 小调奏鸣曲》。玛丽·达古第一次来肖邦家，对品味高雅的室内装饰大为赞赏。晚会快结束的时候，努里唱了《魔王》。这天晚上，桑特意穿上了波兰色彩的衣服——白色连衣裙系上猩红色的腰带，配上带肋形胸饰的上衣——沉思着，倾听李斯特和肖邦的双重奏。"她全神贯注，这个被征服者非常优雅地将自身灼热的天才带入这次演奏会……她将肖邦比作自然的低语，自然凭借他的音乐来引导那些才智之士进入某种神秘仪式。她倾听着，比较着[①]……"桑在离去前，似余兴未尽，邀请肖邦与李斯特和玛丽·达古一起去诺昂，他们这一对已经答应第二年春天前往。从此时起，她的心已被俘获。但肖邦的心还未作任何承诺。他谢绝了邀请，脑子里转

① 引自李斯特所著《肖邦》。

着别的计划，此外对玛丽亚记忆尚未淡去，他或许还心存幻想。

伦敦

他会接受库斯廷侯爵的邀请吗？音乐家的身体令侯爵担忧。“您只有一个决定要做：让您自己像一个孩子和一个病人那样被人照料：请来埃姆斯住上三个月，到我家来，莱茵河边上！”肖邦对侯爵的殷勤开始感到厌烦，拒绝了。他在巴黎度过了 1837 年的冬天。夏日来临，他对卡米尔·普雷耶尔的盛情邀请让步，随他去了伦敦。两个朋友在那里与一个刚到伦敦安顿下来的波兰人重逢，斯坦尼斯拉斯·科斯米安是肖邦的童年朋友。这时肖邦得到沃德辛斯基一家人不离开斯乌热沃的消息，为此颇感不安，因为这样的话，在一个德国疗养城市再次相逢的日子就得推迟。同时他写信给在伦敦生活过的尤利安·封塔纳，信写得温柔、诙谐：“但愿所有的魔鬼来把你带走，谁让你对我说这里的烂泥都干了呢！这里漂亮的烂泥是灰色的！我回头再告诉你，我对这里煤灰色意大利式的天空留在我鼻子上的印象，我的鼻子简直受不了这种像立柱般沉重的灰色空气。你可以告诉杨诺（比亚罗布洛茨基），在这里适度游嬉是容易的，前提是不能久居。各种玩意儿都大得出奇！便池巨大无比，却没有可尿尿的地方……这里，一切都那么奇特，却清一色的单调，一切都那么有教养，一切都洗了又洗，却黑得像绅士的屁眼儿……。我亲你两颊。”和他的童年朋友，只有和他们，肖邦用的是中学生的放肆口吻。

伦敦的钢琴制造商布罗德伍德曾为贝多芬提供过好几架钢琴，他也向肖邦推荐了几架，后者在琴上作了试奏，效果极好。肖邦曾动过念头，从伦敦途经荷兰去德国，因为提图斯·沃伊切霍夫斯基说过想见他。后来肖邦放弃了这个计划，于 1837 年 7 月 22 日回到巴黎，因沃德辛斯卡太太一封“极为伤感的信[①]”而难过。他整个夏天待在空寂的巴黎，沉浸在他的忧愁

---

① 很不幸的是，此信已丢失。

中。还有一个意外插曲，他拒绝了沙皇驻巴黎大使帕佐·迪·波尔戈伯爵向他建议的俄国帝国宫廷钢琴家的称号："即便我没有参加1830年的革命，我的心和那些参与者是相通的。因此我把自己看作是一个流亡者，鉴于此，我不能允许自己接受任何一个别的称号……"

1837年10月，《练习曲》第二册刊行（作品第25号）。1838年，肖邦出版了《四首玛祖卡》（作品第33号）和《三首圆舞曲》（作品第34号）。同年2月25日，肖邦受邀去宫廷演奏，有他不喜欢的路易-菲利普在场。他创作的曲目和即兴演奏都使他大受欢迎，国王赠他一份私人礼物。出于皇家特惠，奥柏[①]也应邀出席了演奏会，事后他对肖邦说："肖邦先生，您的琴声让我放松！"还有比这更让人受用的赞誉吗？三周之后，肖邦在巴黎和鲁昂公演了两场。第一场，他和阿尔康、齐默尔曼、古特曼八手联弹贝多芬的《第七交响乐》改编曲。另外的那一场，是他应朋友安东·奥尔洛夫斯基的邀请，在鲁昂参加一场义演。听了他的《e小调协奏曲》后，勒古维在《音乐杂志》上撰文恭维：

> 为了帮助他的波兰朋友，肖邦克服了他对公开演出的厌烦。毋庸置疑，他获得了极大的成功，真是难以置信！迷人的旋律，风格上无法描摹的精致，忧郁的、激情的创意，触键和作品的诗意，直达人心，激发想象力，让五百个听众惊叹不已，并深为感动。往常这些作品只魅惑那么八九个幸运之人，他们通常在心醉神迷中倾听，并持续数小时……醒醒吧，肖邦！但愿此次胜利对你成为决定性的一步！别过于内向，让你的天才之光照耀众人吧！展示出你本来的真实，结束那场令艺术家们分裂的争吵吧！从今往后，如果人们还想知道谁是当今最伟大的钢琴家，到底是塔尔贝格还是李斯特，让整个世界都对那些听

---

① 奥伯出身于跟皇家关系深远的艺术家家庭，祖父曾是路易十六的御用画家，本人是当时法国音乐流派的代表人物，以歌剧著称，于1839年成为路易-菲利普的皇家音乐会主席。——译注

到过你弹奏的人说："肖邦！"

可是肖邦生性爱好亲密的气氛，并不去实现勒古维的愿望，宁肯把帕格尼尼请到家里。他为这个意大利名人演奏，长达几个小时，后者在陶醉中聆听他的琴声。

这段时间，桑不耐烦了，烦躁不安，用直白的话语表达对这个不知好歹之人的兴趣，他顽固地忽略她的存在。1838 年 1 月 2 日，她写信给达古伯爵夫人，用自创的隐语来掩饰自己的感情："大鼻子可能在一月底去巴黎。大鼻子将真心实意地握住梭邦[①]的手，因为呆子，也因为梭邦：因为梭邦非常乖。"稍晚些时日，五月里，她更正式地写信给德拉克罗瓦，邀请他来家里听肖邦在小范围内演奏钢琴："这种时候，他真的非常出色……"大约与此同时，她写给马里亚尼夫人的一封信，反映了她真实的心态："您知道，恋爱的季节里乍阴乍晴。一周中重复很多的是与否，如果和但是。常常在早上说：真的，这太不可饶恕了，为的是到了晚上却变作：事实上，这真是至福。等我的晴雨表标明某种状态，即使不稳定，至少确定，我再认真给您写信。我毫无怨言，但这不是让人满足的理由……"

显然，肖邦在犹豫，在躲避，在推迟他的决定，因为，说到底，他实在没有任何想做决定的愿望。他沉浸在忧郁之梦幻中，而不愿建立一种幸福生活。有一纸写给阿尔伯特·格日玛拉的便笺，"向他紧急讨教，此事却不会令他的朋友为难"，很可能事关他的犹疑不定。

也正是在这个时候，为了促进事态进展，桑写信给这同一个格日玛拉。她跟他关系密切，此外她还把他称作"亲爱的夫婿[②]"。这封信事关重大，它勾勒描画了她复杂心灵的全部微妙：

---

① Sopin，乔治·桑自创词，用来称呼肖邦。"呆子"是李斯特绰号。下文在法文中夹带英文词，也是乔治·桑的一种表达方式。——译注

② 桑将格日玛拉冠之以"夫婿"之名，因为"肖邦是他们所共有的小家伙。"

一封信

1838年6月寄自诺昂，

让我们最后一次明确地将问题提出来，因为我未来的行动，将取决于您对此的最后答复。既然必得走到这一步，我恼恨自己踌躇再三，上次在巴黎的时候没有当面询问您。看起来我即将得到的答复会使我诗意的浪漫失去光泽。而且，事实上，它已经变得暗淡，或者更确切地说，苍白了很多。可是管它呢！

请好好听我说，而且明确地、毫不含糊地、干脆地回答我。他愿意，或应当，或以为应当去爱的那位佳人[①]，对成全他的幸福而言是个合适的人选，抑或她会增加他的苦难和悲伤？我不问他是否在爱，或他是否被爱，或者比起我的爱来得更深或更浅？鉴于我所亲历，也鉴于他所应体验到的一切，我知道个大概。我想知道的是，为了他的安宁，他的幸福，最终为了他的生命的缘故，我们中的哪一个，他应忘却或抛弃？这生命在我看来太飘忽，太脆弱，不能承受剧烈的痛苦。我不愿意充当坏天使的角色。我不是梅耶贝尔(笔下)的贝特拉姆[②]，而且我丝毫无意跟他的童年女友相争，假如她真是一个美丽纯洁的爱丽丝[③]；如果我知道，在我们孩子的生活中存在一种纽带，在他的灵魂中拥有一种情感，我永不会俯身去呼吸属于另一个祭坛的芳香。同样，他也很可能会躲开我的第一次亲吻，如果他知道我形同已婚[④]。我们两个人谁都没有搞错，我们听凭吹过的风在瞬间把我们俩带往另一个疆域。尽管如此，在经历了这种天上神界的激昂和遨游九霄之后，我们还是回到了人间天地。可怜的鸟儿，我们长了翅膀，可巢却筑在尘

---

① 这里所指，显然是玛丽亚·沃德辛斯卡。

② 是梅耶贝尔的歌剧《恶魔罗伯特》中撒旦的儿子之名。——译注

③ 是梅耶贝尔的歌剧《恶魔罗伯特》中罗伯特的乳妹，象征纯洁。——译注

④ 一方面，桑虽然与丈夫分居，但仍有婚姻束缚，另一方面她在诺昂和马勒费耶像夫妻一样生活在一起。

世。当天使的歌唱将我们唤升之时，家庭的呼唤却让我们滞留于此！我呀，未曾想全身心地投入激情之中，虽然心底里仍然常有易燃的火苗。我的孩子们给我力量来抗拒让我远离他们的一切，采取一种最有利于他们的教育、健康、安宁等的生活态度。因此，由于莫里斯的疾病等因素，我不能够常住巴黎。还有，出于感情和荣誉，我永远不会离弃一个杰出的、完美的人[①]，我们在一起生活已近一年，只有此人，从未有过一次，哪怕一分钟，因其错误而让我受折磨。这也是唯一一人，完全并绝对地将他自己奉献于我，对过往无憾，对未来无保留。而且，这是一个如此善良和纯正的天性，我能随着时间去理解和知晓一切。这是一块可塑的蜡，我在上面印上了我的徽章，当我想要变更其烙印的话，只要稍加防范加上耐心，我便能成功地做到[②]。可是今天却不能够这样做，他的幸福对我是神圣的。这就是我的实情，我是深陷其中，差不多被困住了手脚，只能期盼我们的小家伙去把他那头的链锁打碎。如果他把他的命运交到我手中，我会感到惊恐，既然他已经接受过生命中的另一位，我替代不了他可能为我而舍弃的那个角色。我相信我们的爱[③]只能在它产生的条件下延续，即每当幸运之风将我们吹向对方的时候，偶尔我们还能去星际畅游一番，然后我们分手，继续行走人间，因为我们是人间造物，上帝未曾允许我们肩并肩地完成朝圣的旅程。我们只应相遇在天上(!)，我们在那里将要经历的瞬间是如此美妙，乃至值得在人间捱过一辈子。

我的责任已然明确。我虽永不言弃绝，却能有两种不同的方式去实施：一种是尽一切可能远离C(肖邦)，绝不寻找机会占据他的思绪，再不跟他单独相处；另一种则相反，尽可能地接近他，同时不损害M

---

① 指马勒费耶。

② 未来的事实将推翻这个说法。

③ 此处“我们的爱……”证明，如果有必要，乔治·桑可以不说实话，因为在《我生活的故事》中，她肯定地说对肖邦从来只有友谊。

(马勒费耶)的安全,在他的闲暇和至福中向他温柔地致意,偶尔将他圣洁地拥抱入怀,当上天的风愿意载我们飞升,让我们在空中漫步。我会采纳第一种方法,假如此人正是能给他带来纯粹的和真实的幸福之人,能细心照料他,能够安排、调节和稳定他的生活,假如最终他的幸福取决于她,而我的存在乃是一种障碍;如果他的灵魂出于谨慎而过分地、或疯狂地,或明智地拒绝以两种不同的方式去爱两个不同的人的话,如果某段时日我与他共度的八天会妨碍他内心在一年内余下的时间里感到幸福——那么,是的,我向您发誓,会努力让他忘记我。

我会采纳第二种方式,假如您能对我确认下面两种可能哪一种为真:或者他的尘世幸福可能也能够在并不持久的贞洁的激情和温柔的诗意中获得,或者家居幸福对他来说是不可能的事情,而婚姻或与婚姻相似的某种结合对这个艺术家的心灵乃是一个坟墓,那么必须不惜一切代价让他远离那人,甚至帮助他克服其虔诚的审慎。差不多正是在此处——我会指出在哪——我的推测是站得住脚的。请告诉我,我是不是搞错了;我相信此人清纯可爱,值得去爱和受到尊重,因为像他这样一个人只能爱纯洁的和美好之物。但我相信您为了他的缘故,会对婚姻表示怀疑,日常的维系,物质的生活,闲杂事务,打点家居,总之这一切似乎远离他的天性,与他缪斯的灵感相反。我也因此替他担忧,但关于这点,我什么都不能肯定,也不能说什么,因为我对他周围的许多关系绝对不了解。我只看到他这个人被太阳照着的一面。请您在这点上给我指点迷津。最重要的是我得知晓他的看法,以便确定我的态度。我完全依照我的口味,在这个意义上安排我们的浪漫,却不了解,绝对一点都不了解他实际的生活,他对我也一无所知,他可以忠实于自己宗教的、世俗的、诗意的、艺术的想法,对此我不会要求他对我作任何解释,而且彼此做法一致。然而无论什么场合,在我们生活的某个地点和某个时刻,我们会去赴约,我们的心灵会臻于幸福和卓越的极限。因为,我并不怀疑,当我们怀着纯正的爱的时候,我们是在比较好的存在中，远不是在犯罪，我们临近上帝，接近这种爱的源头和家园。我的朋友，可能正是在这点上，您最终要让他明了，这些并不妨碍他的责任、忠诚和宗教奉献的理念，这样您或许能让他心里觉得舒坦。

我最为担心的，最会令我难过的，或者让我甚至决定为他去赴死的，乃是看到我自己变成他心灵深处恐惧和悔恨的对象；不，我不能够（除非在我之外，她对于他是致命的）置身于跟另一个人的形象和记忆的竞争之中。我太尊重此等权益了，或者更确切地说，这是我唯一尊重的权益。我不愿意向任何人盗取任何人，除非将被俘者从狱卒手中，把牺牲品从屠宰者手中，以及将波兰从俄国手中解救出来。因此，请您告诉我，是否有一个俄国的幻象在追逐我们的孩子；那么我会请上天假我全部的阿尔米德[①]般的诱惑力，来阻止他投身进去；但如果这是一个波兰，请由他去吧。没有任何东西可以跟祖国相比，一个人拥有了那一个，不能再有另一个。这种情况下，我对他就如同意大利，可以观赏，春日里可以在那里娱乐，但并不停留，因为那里阳光多于居住和饮食之必需，而生活的惬意在别处。

还有最后一个假设，我有必要对您说。或许他一点都不爱童年女友，对缔结某种束缚确实感到踌躇，却受责任，家庭荣誉，或者别的什么原因，驱使他作出一种绝对的自我牺牲。如果是这样的话，我的朋友，请作他的保护天使。我丝毫不能介入，但您却有义务；请把他从过于苛责的良心审判中解救出来，把他从自身的美德中解救出来，不惜一切代价阻止他牺牲自我，因为在这类情形中，并非由于他在过去有所受益，就得将自己的未来奉献出去。

如果他的心跟我一样，能包含两种不同的爱情，一种可以说是生活的肢体，另一种将是生活的灵魂，那么最好，因为这样的话，我们各

① 人物出自塔索的史诗《被解放的耶路撒冷》，一名具有魔力的穆斯林女巫师。——译注

自的处境将与我们的感情和想法相协调。正如每日里都不是美妙无比，我们并非每一天都充满幸福。我们不能每天都见面，并非每天都拥有神圣之火，可毕竟会有美好的日子和健康的激情。

至于占有和非占有的问题，在我看来，与眼下让我们操心的问题比起来，是次要的。虽然问题由于其本身的性质是很重要的，这是一个女人的全部生活，她最看重的隐私，参得最透的理论，最神秘的风情。至于我，我会对您直说，我的兄弟和朋友，在这个重大秘密上所有对我评头品足的人，他们的评语真是奇怪。因为在这点上，我既没有秘密，也没有理论，或教义，或定见，或立场，或自认有强力，或唯灵论的做作，说到底并没有任何事先安排，或习惯使然，而且我相信自己没有假信条，既不放纵也不矜持。我更多地是相信直觉，它们总是高尚的[①]。我有时会看错某些人，但我对自己的判断从来不曾失误。

我变换了20次念头[②]。我笃信忠诚，相信忠诚高于一切，我宣扬它，实践它，苛求它。人们忘记了忠诚，而我亦然。然而我并没有感到愧疚，因为我在背叛中总是受制于某种宿命，一种追求理想的本能，使我远离不完美，而趋近完美。我经历过不同的爱：艺术家的爱，女人的爱，姐妹的爱，母亲的爱，修道者的爱，诗人的爱，还有什么？所有这些都是完全真诚的。我自身进入这些不同的阶段，正如圣伯夫所言，就像太阳进入它的黄道十二宫。

迄今为止，对所爱我从来都是忠诚的，完全忠诚，这意味着我从未欺骗过任何人，并且我从来也没有停止过忠诚，如果不是由于别人的错(!)造成的重要原因而扼杀了我心中的爱的话。我并非一个天性多变之人。相反，我非常习惯于只爱那个爱我之人，太不易于激情澎湃，太习惯于生活在男人们中间而忘记自己是女人。说真的，我对这小家

---

① 女小说家有一种自我美化的强烈癖好。

② 和情人！

伙在我身上引发的情感有些困惑,也有点沮丧。

这就是我想说明之处,即想对您谈谈这个占有问题,在某些人看来是忠诚问题的核心。原则上,我相信新的纽带的完全确立并不加重错误;但是事实上,占有的结果可能会使依恋变得更人性,更强烈,更具支配性。这甚至是可能的,甚至是必然的。这就是为什么,当我们愿意生活在一起时,不能违反自然和真实,在一种完全的结合面前退缩;但是当我们被迫分开生活的时候,多半出于谨慎,结果是出于责任和出于真正的德行(即牺牲)而放弃。但愿这种牺牲是对我违背誓言的某种救赎!

我说到牺牲,如果看到这个天使遭受痛苦,我心里会很难受。他到现在始终都很有勇气,但我不是一个孩子。看得出来,人间的激情让他迅速成熟,而我们分手的时间已到。这就是为什么,我在临走的前一天夜里,不愿跟他在一起,几乎将他亲手奉还给您。

既然我对您开诚布公,我想对您说,他只有一件事情让我不快,即他禁欲的理由并不合情理。至此,我觉得出于对我的尊重、出于羞涩,甚至出于对另一个人的忠诚而弃绝是很美好的。所有这一切均是牺牲,因而也是力量和贞洁。正是他这方面令我受诱惑和最吸引我。所以,在您家里,临到分手的时候,他似乎为了抵挡最后的诱惑而对我说出的那两三句话,没有回应我的愿想。他似乎以虔信者的方式,蔑视人性的非礼,为他自己受到诱惑而脸红,生怕多一次表白会玷污我们的爱情。我对以这种方式来面对爱情的最后皈依,总觉厌烦。如果这最后的皈依不像其他一样圣洁、一样纯粹、一样忠实,弃绝的美德就不复存在。肉体之爱这个词,人们用它来描述只有在上天才有名称的那种情感[①],这让我不快,让我受到冒犯,它既不道德也同时是个假理念。难道对天性高尚的人来说,真的存在一种纯粹肉体之爱?并且对于天性真诚的人来说,一种纯粹智性之爱?难道曾经有过连一次亲吻都不

① 真的,桑太夸张了!

存在的爱情，和没有感官快感的爱情之吻？蔑视肉体，在那些只知道有肉体的人中间是明智的和可取的。但对所爱之人，如果一个人放弃肉体，不应使用蔑视这个词，而必须使用尊重这个词。再者，他并未在此使用这些字眼。我记不太清楚了。我觉得他说的是，某些行为会败坏记忆。他说了一句蠢话，是不是？他并不真的这样想？究竟哪个不祥的女人的肉体之爱给他留下了这种印象？那么他曾有过一个配不上他的情妇？可怜的天使！那些在男人面前贬低生命中最值得尊重和最神圣之事，神性的秘密，普天之下生命中最严肃和最美妙的行为的女人们，须得把她们都吊死。磁体亲吻铁质，不同性别的动物互相依附，植物屈从于爱，而人是唯一的，在这个地球上，从上帝那里接受了天赋，能把动物、植物和金属的物质感受升华到神圣，在人那里，触电般的互相吸引变成了一种感知的、理解的和有智力的诱惑，只有人注视着这个同时在心灵中和肉体上实现的奇迹。可人们在提起这些时如同对待一种龌龊的需要，居然怀着蔑视、嘲弄或者羞耻！这真奇怪。结果是必然会有修道院和不洁之所，用这种方法来将精神和肉体分开。

这是我的最后通牒。如果他幸福或者因她而能幸福，那么由他去吧。如果他会不幸，那么阻止他。如果他能因我而幸福，而她也能让他幸福，那么我也能在我这方面这样做。如果他不能因我而幸福，和她在一起并非不幸，那么我们必须互相避开，而他必须忘掉我。除此四种，别无可能。为此我会坚强，我向您保证；因为事关他，即使我自己并不具备美德，我对所爱则无比忠心。您请对我把事实说明白：我寄希望于此，并等待着。

至于小家伙，如果他愿意，他就来诺昂；但这样的话，我需事先得到通报，因为我会将M(马勒费耶)支走，或者到巴黎，或者到日内瓦。找借口容易①，他永不会猜疑。如果小家伙不想来，也悉听尊便。他惧

① 口是心非(表里不如一)的绝好例子！

怕这个世道，害怕某种说不清的东西。我尊重所爱惜的人身上那些我并不明白的事情。我呢，在出远门之前，我会在9月份去巴黎。我会根据您的答复跟他妥善相处。如果您对我提出的问题没有解决方法，请尝试着从他那里得到答案，在他的灵魂中寻找，我必须知道所发生之事①。

乔治·桑

顾虑重重

这是一封令人吃惊的信。莫罗瓦曾断定“所有的女人在类似的场合，均以同样的方式行事”，我们要让他对自己的言辞负责。不是的，绝对不是这样的：没有女人如此，有时男人却如此！正是在这点上，桑再次表现出如此鲜明的男性气质。

我们从上述信中可以明显地读出，桑和肖邦还不是情人。女小说家在这里确实提出了“信任问题”，她无疑行事谨慎。如果他收到的是写给帕杰罗的那种信②，肖邦说不定已经逃到世界的尽头去了。他一如常态，既不肯定，也不否定。一次稍嫌热烈的亲吻让他警觉。可以肯定，由于桑敦促他迅速加深关系，他立即予以抗拒。首先，他喜欢桑吗？这是一个没有澄清的秘密：永远不会得到澄清。而后——更重要的问题是——一个女人，不论哪一个，能够让他产生肉体的激情吗？除了发生在维也纳③的一次不幸的性经历——而且还很可疑——如果我们倾向于认为他跟黛菲娜的“爱情”故事不存在，至少不肯定，肖邦没有遇到过值得被他爱的女人。他可能还是处男之身？如果我们好好审视一下他复杂性格中来回兜圈子这一面

---

① 当然，格日玛拉让她明白，肖邦的婚约已经解除，随后女小说家出发去巴黎。

② 见前文第十章“威尼斯情人”一节最后写给帕杰罗的信。

③ 见前文第六章中肖邦信件中有关特蕾莎的事件。

的话，这个假设似乎很有可能成立。那么在桑面前，当他被逼到墙根脚下时[①]，他犹豫、支吾其词、提到他的“原则”、畏惧人言，天知道还有什么别的？这种私情瞒不过他父母，他遥远的家人，这种可能性很显然把他吓坏了。此外，一个女人进入他的生活，不管是谁，一个亲密的、探询的、警惕的人，介入他的生活，想在他工作中和住处维持秩序，去变更、审核和改变一切——多么可怕！这样做会不会得不偿失？啊！肖邦真陷入两难中了！这个亚马逊女人会将脆弱的灵感之线——或者更简单地说遐想的爱好——干脆掐断吗？总之，肖邦请求一段考虑的时间。桑同意了，但她将这段时间用来布下埋伏，这个淳朴的波兰人，一个“美貌的天使，颇似一位修长忧郁的妇人”，不管是否情愿，会掉进去。桑揣度一切，深至她追逐的这个男人的女性本质。

一切都预谋好了，要让肖邦像一只昆虫那样，恰好掉入她用违禁偷猎者的狡猾为他设置的各种陷阱里。这样做的时候，这个“用语词包裹的[②]”女人写下的这封信，向我们透露出，她的口是心非就像一种卫生保健，只要脑筋一转，就总是能找到原谅自己，甚至自我夸耀的方法。她一点都不傻，不会蔑视俗世的财物和肉体的愉悦，但她将它们巧妙地运载到“天上”，让它们在那里无所作为。性冷淡的肖邦，远比她更清楚地知道，主体上属于人间的这些愉悦，跟他的乐于漫游的心灵翱翔其间的“奇幻的空间”并不相干。在那里，一切都纯净，一切都美好，完全不受人类污垢的侵蚀。这个不懈地写作的女人，“这个结实的文字女工，在同一天夜里，结束一篇小说，又开始写另一部，不妨碍写 20 卷《我生活的故事》，我对此感到诧异不已[③]……”说到底，她懂得什么是一个艺术家吗？她的文学能养活孩子，能在诺昂设宴待客，她感到自豪，她的创作更是出于职业，出于习惯，出于日常生活必需，而不是出于发自内心的需要。在肖邦不安的心灵中有多少

① 如此，人们可以比较最冷淡的和最火热的情事。

② 引自居伊·普尔塔莱斯所著《肖邦或诗人》。

③ 引自科莱特所著《薄暮星辰》(*L'Etoile Vesper*)。

"但是"啊！他的生命，万一不是转向幸运，而是归于籍籍无名呢？我的姐妹，我的姐妹，你们在哪里？而你们，亲爱的父母，深思熟虑的父母亲，我只能用隐晦的方式向你们咨询！我们出身的家庭，有时让人厌烦，但这个家庭了解你，这是一种与生俱来的了解，比所有的心理分析都高明，它能像母猫闻小猫仔，它敏锐的嗅觉不会出错。

假如一个人在某些方面诱惑你，在另一些方面支配你，那为什么必须蜷缩在她身边，如同公牛把自己强加给母牛，公狗跟母狗交配？为什么？窗户上的一块玻璃片不比一阵穿堂风更有价值吗？多么愚蠢的骄傲，那从洞穴时代继承下来的，促使男人去诱惑女人，动物性地结合在一起，甚至无涉生殖的需要？重要的难道不是去爱，并满足于此吗？提图斯，提图斯，我投以纯洁之爱的人，和你，没有任何东西来打破这种既不需要证据又不要求承诺的情感的美妙！"将会发生什么呢？只有上帝知道……"肖邦写给格日玛拉的这个便条没有注明日期，再次泄露了某种不确定性。下面的话跟贪得无厌的乔治所期盼的现实很接近："昨天，晨曦[①]淹没在雾霭中，我希望今天能有太阳……"

我们永远不会知道"太阳"究竟是在哪天什么时辰升起来的。很可能在 1838 年夏天的数月中。而且肖邦这方面并非没有顾虑。至于桑，她很明晰地预见这场艳遇，而且她知道在接下来的数年内，她将更多地决定而不是等待，更多地奉献而不是收受。她的命运如此，在生活中，她跟那些彩绘玻璃上的人物相似，人们将捐赠者[②]的形象或象征物固化在那里并盛赞其慷慨大度。

1838 年夏天，桑是在巴黎，在肖邦身边度过的。她不敢把他带到诺昂去，因为在那里马勒费耶的嫉妒追逐着她，他后来完全知晓了自命不凡的

---

① 肖邦宁愿叫桑的真正名字"晨曦"(Aurore)，而不叫她"乔治"。他甚至将"晨曦"翻成波兰文"朱特晨卡"，意思是"破晓时分"。

② 很多哥特教堂中，把对本教区或教堂行善的捐赠者的形象刻画在彩绘玻璃或其他画作、雕塑中，以资纪念和赞颂。——译注

亚马逊女人[1]的不忠实。她声称能同时接受两个骑士的效忠，他们彼此不会得知对手的存在。纸糊的城堡某一天会倾塌，这是很可预料的。如果它倒塌的时日更早些，马勒费耶绝对不会为肖邦的一首《叙事曲》给他写一封感情充沛的信。

① 达古伯爵夫人于1月1日寄自佛罗伦萨、写给皮克泰少校的一封相当恶毒的信中，为我们描述了"可怜的马勒费耶病倒了，为虚荣受到伤害而生病，看穿了一切，不抱任何幻想，彻底醒悟，怀着世上一切的绝望"，他曾有一次在乔治的心里被演员博卡奇所排挤，他对肖邦的天才充满热情，给他写过一封称颂备至的信（见下文），然后他产生了怀疑，直至到肖邦的门口去监视，桑每晚都去那里，他在发现了玫瑰花瓶后，发疯似地吼叫，想着要去杀人，被格日玛拉劝住；而"乔治却正和肖邦谋划出行，将完美爱情置于帕尔马受难者的阴影中……"乔治·桑设计巧妙的计划，即她能玩弄其所有的爱情于股掌的设想，破产了。

第十一章　马略卡

秋天到了，正是作重大决定的季节。一段时间以来，年纪轻轻的莫里斯·桑风湿病频频发作，令他母亲不安，想替孩子找一个比巴黎气候更温暖的地方。正好桑的三个朋友（部长蒙迪扎巴尔，领事马里亚尼和歌唱家弗朗切斯科·封特拉）都对她夸耀巴里阿利群岛中马略卡岛的天空和温暖的气候。这次旅行对女小说家很有诱惑："我为什么要去经历这场灾难呢？因为我想去旅行。什么主题？唉，我的上帝，为了旅行。[①]"可问题来了：要不要带肖邦？不知道马略卡的气候是否适合他。"我作计划和准备时，每天都见到肖邦，我因为他的天才和性格而温柔地爱着他[②]。他曾数次对我说，如果处在莫里斯的地位，他本人不久也就会康复的。我信以为真，可我搞错了。我在旅行中并没有把他放在莫里斯的位置上，而是把他放在莫里斯身边"。在浪漫时代，一个女士和一位先生出行，也带着孩子，这样爱情之旅就变成了家庭出行，道德上不就无懈可击了吗？

作为负责的好母亲，不是两个，而是三个孩子的母亲，桑让戈贝尔大夫为肖邦作了检查。大夫确诊他并非肺结核患者，"他说，如果您让他呼吸新鲜空气，散步和休息，您就救了他。除了不太出错的格日玛拉，我们当时都

---

① 引自乔治·桑所著《马略卡的一个冬日》。

② 啊！这些情事终于用半遮半掩的词汇道出！

充满信心。不过我还是请肖邦好好掂量他精神上的勇气，因为几年来，他只要一想到离开巴黎，离开他的大夫，他的社会关系，他的寓所，甚至他的钢琴，就会感到恐惧。他这人受制于习惯，任何一点变化，即使很小，也会成为他生命中一个极可怕的事件”。[①]

借助历史所拉开的距离，我个人对这个场景却另有看法。桑脑子里有了去巴里阿利群岛的想法，她就会去。她可能很容易就说服了肖邦，比她自己的说辞容易得多，因为他很难抗拒耳边的喋喋不休。一场出乎意外的旅行，加上上述三个朋友令人迷醉的描述，解除了肖邦的反对。只要是别人带着他，而他不必做任何决定……

出发

1838 年 10 月 20 日，桑带着她的两个孩子上路了，肖邦自己另走一路。或许为了掩人耳目，他和蒙迪扎巴尔一起到了马德里。他在乘坐了四夜驿车之后，到达佩皮尼昂，“新鲜得像朵玫瑰，粉嫩得像棵萝卜[②]”。从那里他们一起上了“费尼西安”号船——内战使陆路交通暂时中断——走水路从汪得尔到巴塞罗那，在该城呆了八天，住在“城里一家夸张地叫作‘四国酒店[③]’的极可恶的小旅馆里”。旅行者在加泰罗尼首府度过的一周用来参观古迹。然后乘坐一艘名叫“马略卡人”的小观光船（绰号“农民号”，因为船头有个本地人头像），第二天清晨一点半，抵达帕尔马。遭遇的第一个失望，就是这段时间根本没有旅馆可下榻。桑记述道：“在帕尔马，必须有人引荐，并向当地 20 个最显赫的人宣布，提前几个月通报，才有指望不露宿野外。”蒙迪扎巴尔和马里亚尼却没有提醒他们！找了好久，他们才在“马利纳街”找到两个算是带家具的房间，或者不如说不带家具。倒霉的是，这栋房子里有一个修桶匠，“噪音很大。不过我们还是觉得很幸运，每个人有

---

① 引自乔治·桑所著《我生活的故事》。

② 引自乔治·桑《致卡洛塔·马里亚尼之信》。

③ 引自乔治·桑所著《马略卡的一个冬日》。

张行军床，上面铺一个薄得像石板片的软垫，一把麦秸垫椅子，说到食品，胡椒和大蒜不限量……帕尔马的一个套房由绝对光溜的墙壁组成，没有门窗。不用玻璃，如果你想要得到这种舒适的话(此乃冬天所必需)，就得让人去定做窗框。每个房客离开的时候，带走窗户，窗框，乃至门上的铰链。后面的房客不得不另装，除非他有兴致顶着风过日子，而这种情调在帕尔马司空见惯[①]”。虽然时值 11 月，马略卡岛上的燥热可跟巴黎的 6 月相比，桑开始泄气了。

帕尔马

令人惊奇的是，肖邦从一开始就受了吸引。1838 年 11 月 15 日，他写信给尤利安·封塔纳：“我到了帕尔马，在棕榈树、柏树、仙人掌、橄榄树、桔树、柠檬树、芦荟树、无花果树、石榴树中间倘佯，总之巴黎**植物园**暖棚里的那些树，这里应有尽有。天空的颜色是青绿色的，海是天青石色，山是翠绿色的，空气像天一样纯净。全天都有太阳。所有人都穿着夏装，因为天很热。夜里，我们好几个小时听到的是歌声和吉他。阳台极大，爬满了葡萄藤。城墙是阿拉伯人修建的。城市和这里的一切，总的来说透着非洲风情。总之是一种令人称道的生活！爱我吧！去看看普雷耶尔，因为钢琴还没有运到。你不久就会收到前奏曲的谱子[②]。我可能会住进一个修道院的漂亮内庭，这是世界上最美的一栋建筑物。我会有大海，高山，棕榈树，一个条顿人的老墓园，一个清真寺遗址[③]，千年橄榄树。啊！生活，我活得更充沛，我靠近世上最美的东西！”

就这样，跟桑所担心的正相反，肖邦未显出丝毫不适应！也一点都不“笨手笨脚”，他为安顿大家尽心尽力。特别是他去官方办公机构向政府递

---

① 引自乔治·桑所著《马略卡的一个冬日》。

② 这就否定了有关全部前奏曲谱写于马略卡的传说。肖邦只是满足于重新研读它们，或者也还完成了某些停留在草稿阶段的前奏曲。

③ 肖邦在这里编故事了，在瓦勒德莫萨并没有清真寺的痕迹。

交的四个旅行者的正式证件。短暂的美好日子，参观卢亚·德玛尔、大教堂、皇宫和圣多明我修道院的废墟，中世纪古城里带拱廊的街道，老城由于它的纵横交错的静静的街面而美妙动人，主要通道环绕四周，临街的房子用格窗装饰。不久，令人沮丧的事儿就接踵而至。

他们因为受不了楼下修桶匠和他的助手发出的地狱般的噪音，像伏尔甘和他的独眼巨人发出的声音，旅行者接受了搬到"松风"的建议，那是坐落在首都近郊埃斯塔布里门茨小村落里的一栋宅邸。房东是个富裕的布尔乔亚，家具配置和该地区所有的别墅相同：行军床或者上了漆的木床，麦秸垫椅子，粗木桌子，石灰白墙，带玻璃的窗户（堪称豪华！），像主人画像那样配上框架的丑陋的水印画。这就是戈迈兹先生提供给桑和肖邦的住处。

在那里，他们发现了马略卡的乡村，非常富饶，有"极其美味"的土产。勤劳加上不违农时的耕种能让产量增加十倍。但是马略卡农民很懒惰，拖拖拉拉，"悲惨也贫穷：只知道祈祷，唱歌和劳作。他们从不思考"。他们不会施肥，乡间小路也没有。没有这些便利，那些需要运输的农作物的种植——无花果、杏仁、桔子——就衰败了。没有养殖业，不养马，缺少桑树，因此没有丝绸产品。透过住处的窗户，旅行者看得到梯田上的农作物，牧场水草不肥沃，长满柏树的丘陵，一道激流，几间茅草房，北面靠山，南边临海。这个岛上主要的产出是将猪养肥并出口，这是一种容易饲养的牲畜，吃橡栗、根茎和角豆树果实，当地盛产这些食物，猪群自由放养。桑写道："多亏了猪群，所有乡村的细部变得有趣，文明开始进入这个岛屿，不久前这里还是荒蛮之地。"光荣属于带来文明的猪群！

好季节过得非常愉快，可戈迈兹先生的房子不是为冬天准备的。在这个充满乡村气息的天堂里度过了三周之后，雨季来临，开始了两个月的大雨瓢泼。适合夏季居住的墙面太薄了，潮气把墙面石灰泡得像海绵一样。没有壁炉，装热木炭的简易火盆冒着令人窒息的烟。肖邦开始咳嗽，桑担心了。肖邦幽默滑稽地给封塔纳写道："这两周我病得像一只狗，尽管气温18度，但我还是着凉了。三个医生来看我，一个闻我的痰，另一个敲敲打打想知道我从何处吐痰，第三个给我触诊听我怎样吐痰。第一个说我会死，第二个说我正在死，第三个说我已经死了。费了好大的劲，我才逃脱了放血、发疱药和裹身疗法。感谢上苍，我重新成了我自己。再就是，我的病影响到我的前奏曲……”

为了试奏尚未完成的前奏曲，肖邦租了一架可怕的马略卡小钢琴。他工作，丢弃，重写，增加，删除——隔壁房间里，桑同时在攒着《斯皮里底翁》的稿纸，这是她所写的最令人厌倦的一部作品——她不知疲倦地写信，跟巴黎的朋友们通着消息。见鬼，她哪里挤得出时间来谈情说爱呢？至少远离能让她避开密友间的流言蜚语。满怀恶意的达古伯爵夫人，在背后说三道四，在她写给卡洛塔·马里亚尼的一封信里谈到“巴里阿利群岛的旅行！当乔治为此耗尽钱财的时候，我总是对她说，要我是您的话，我还宁愿是肖邦——至少可以不被宰割！他们在巴里阿利群岛会住得长吗？以我对他们的了解，他们同居一个月之后就会互相憎恶，因为这两个人的天性截然相反……”

不，他们并不互相憎恶，只是搬走了。在离帕尔马十多公里的山上，他们找到了出租的房子，在一座废弃的夏尔特尔修道院里，有两个“修士独居单元”，两套三居室和一个花园，租金低廉，月租 35 法郎。虽然“松风极不舒适，他们离开这个别墅实属不得已，它的墙面已经变得像海绵一样。而在一封粗暴的信中，戈迈兹则以西班牙方式向桑声称，她“收留”的那个人“染上”了一种令人厌恶的病症，还会威胁到她的子女。必须立即从他的宫殿里搬出去。肖邦的咳嗽让闲话四起。法国在帕尔马的领事弗勒里先生给旅行者提供了过渡性的接待，让他们暂时忘却了遇到的麻烦，以便应付未来的烦恼。1838 年 12 月 15 日，带着必需的家具①，他们上山，有的走着去，有的坐着一头极不舒适的骡拉车，经过布满石子的坡路，来到瓦勒德莫萨②。

---

① 因为那个时代，马略卡没有任何带家具出租的房子。房客得购买，然后赔本出售他所使用的一切。而且当地市场上很少可供购置的东西。桑写道：“如果我们过分奢侈到想要一个便壶，必须写信给巴塞罗那。”

② 桑写得很精确：“当地的车辆分两种：一种是随处可见的车辆，某种旧式两轮公共马车，没有任何弹性；还有一种叫比尔卢乔，四座敞篷车，里面有半脚深(18 厘米)的垫脚羊毛。这两种车都非常原始。”

瓦勒德莫萨

修道院建于15世纪，1835年的革命刚把此处的修道士驱散。这年8月15日，弥撒刚完，修士们互相拥抱，然后重新穿上俗家衣裳，就各奔东西了。随后修道院被政府征用，附属建筑出租。那个时候，哥特式的修道院还在，一所老教堂，一个修士墓地，以及曾经充当过皇家猎鹰饲养场的一个古老塔楼。墓地中间，一棵巨大的槟榔树，一棵欧洲夹竹桃和几棵柏树围着一口带尖拱顶棚的井和一个白色十字架。在这个夏尔特尔修道院里，一切都还笼罩在革命的恐怖和劫掠之下。然而，当桑和肖邦在散步走廊对面、靠近芳香扑鼻的内庭的一个修士独居单元内安顿下来时，修道院内修道生活的气息尚存。

新来者选中的到底是哪两个独居单元，从来都没人确切知道。根据桑的叙述，人们只知道这是两个连在一起的修士独居单元——各带三个大房间——"房顶装饰很雅，光线通过最靠里雕饰精美的玫瑰花窗照射进来，这些花窗上布满了不同的图案"。这些房间墙壁厚重，靠一个光线很暗的走道与内庭隔开。"居室外有两个炉灶，能做饭，可惜通风不好！门上一个挡雨披檐伸向花园，为正在煮饭的修士遮挡雨水。三间屋子朝南，对着一个花圃，高高的外墙将临近的花园挡开①。"

这个"修士独居单元"里几乎没有家具。永远乐观的桑细细道来，"无可指责的行军床，床垫子不柔软，虽然价格比巴黎还贵，却是新的而且干净；宽幅而且舒适的印花布棉被；就像在农民茅草屋里所常见的那样，有几张桌子和几把麦秸垫椅子，还有一个舒适的白漆木质长沙发……"除此还得加上一把哥特式大椅子，是教堂圣器室管理人借给他们的。这把椅子给这个独居单元添加了其古老的修道室特征，"贴在墙面的纸上写满了拉丁文祈祷词，也不断让人想起原先的居住者"。肖邦专用屋子的角落里，搁着可怜兮兮的马略卡钢琴，让桑想起布费②(Bouffé，1800—1888)的琴，他是

---

① 引自巴托莫·费拉(Bartomeu Ferra)所著《肖邦和乔治·桑在马略卡》。

② 法国剧作家和著名演员。——译注

《可怜的雅克》的作者。肖邦只能对付着用，一直用到预订的普雷耶尔钢琴到达，后来的这架琴更体面，但只在他们离开的前几天才运到。

1838—1839 年的冬季特别冷，也很严酷：风暴、迷雾、阴天。雨下个不停，旅行者只能困居在各自的房间中。“风在冰冷的走廊里呼号，大雾将景致全裹住了，像一块潮湿的裹尸布”。这场滞留真是可爱！只要有一丝的阳光，夏尔特尔修道院里令人惊奇的美景就呈现眼前，可好天却那样地稀少！肖邦对这个绝妙之处的描述，让人脊背发凉：

> 你可以想象，我在岩石和大海之间，住在巨大的被废弃的修道院内的一间修道室里，修道院的大门比巴黎任何一扇能过马车的大门都大。我在这里，没有呢子外套，也没有白手套，跟平时一样面色苍白。我的房间形状像一口大棺材，积满灰尘的厚屋顶，一扇小窗对着花园里的桔子树、棕榈树和柏树。对着窗户，摩尔风格雕花玫瑰窗下，一张行军床。床边上，一张老桌子，那种方形斜面书写桌，写东西很费劲，上面还搁了一个带蜡烛的铅制烛台。在这个斜面桌上，有巴赫的乐谱和我难以辨认的笔迹。寂静……可以大喊大叫……老鹰在我们头上盘旋。总之，我在一个相当奇怪的地方给你写信[①]……

夏尔特尔配备的“服务”很简陋。某个玛丽亚·安东尼亚，从西班牙的贫困中逃到这里，租下一个修道室，盘剥夏尔特尔修道院的房客。她天生就是一个强取豪夺之人，向房客提供服务，并收取不合理的费用：“我从来没有见过比这张伪善的嘴更贪婪的，也没有见过更灵巧的手指会伸到滚烫的锅里去舀，还不会灼伤，更没有见过如此富有弹性的喉咙，能吞下客人的食糖和咖啡，一边还哼着感恩歌[②]。”两三个马略卡妇女稍稍帮忙做一点清

① 1838 年 12 月 28 日写给封塔纳的信。

② 引自乔治·桑所著《马略卡的一个冬日》。

洁。一个圣器管理人管着修道院的钥匙,负责在空无一人的走廊里巡夜。一个药剂师的药房里有蜀葵和狗牙草,要价吓人。还有,从前修士们的一个老仆人,喝得不省人事,夜里在内庭里游荡,在空无一人的漆黑的小教堂里用凄凉的声音背诵祈祷词,把我们的四个旅行者吵醒。看到天蒙蒙亮,该是多大的安慰啊!即便是个雨天,也比这样凄惨的夜晚好得多!

不管天气如何,桑和她的孩子们都出门散步。雨天并不能阻止他们,被水淹了的道路和一阵风就能让大树叶上落下的无数雨滴,也拦不住他们。靠了这种强体健身疗法,莫里斯恢复了健康,变得很结实。在夏尔特尔修道院居住期间,只有一次,肖邦同意随桑及孩子们一起远足,去山坡上的三一隐修院。回来的时候他那副精疲力竭的样子看着都让人害怕,桑发誓再也不拽他出门了。

《雨滴》

"可怜的大艺术家是一个让人讨厌的病人。他完全丧失了信心。虽然在忍受病痛方面他相当有勇气,却不能战胜他想象中的忧虑。内庭在他眼里充满了恐怖和幽灵,即使他身体好的时候亦是如此。他不肯说,我得去猜。晚上十点多钟,我和孩子们夜间出去探险回到废墟的时候,发现他脸色煞白坐在钢琴前,眼神惊恐万分,头发竖起①"。肖邦被某种遥远的梦幻的翅膀带到了"别处",他愣了半天才认出是亲近之人,用奇特的声音喊道:"啊!我还真当你们都死了②!"换了我们今天的一个大夫,会诊断出这是一

---

① 引自乔治·桑所著《我生活的故事》。

② 从这个可能是准确的叙述中,产生了降D大调前奏曲,作品第十五号,被称作《雨滴》的传奇故事。根据桑的说法"肖邦看到自己淹死在一个湖中;沉重冰冷的雨滴有节奏地落在他的胸前:当我让他听这些有节奏地落在屋顶上的雨滴的声音,他拒绝承认听到它们。他甚至对我用带模仿的词语来解释表示愤怒,他用尽全力来反对(而在这点上他有道理)幼稚地用耳朵去听这种模仿。他的天才中充满了自然神秘的和声,他以音乐思维中相应的绝妙表述来体现,而不是对外部声音缺乏独创的重复。他那天晚上谱写的音乐的确充满了滴落在夏尔特尔屋顶上的雨滴,但它们在他的想象和他的歌唱中被代之以自天而降的落在他心田里的眼泪。"人们不能够更准确地定义肖邦,这个音乐家,仅仅是个音乐家的肖邦。在一个舞文弄墨的女人眼里,音乐这门世界上最抽象的艺术,必然会含有语言能表述的相应文字和图像。

种良性的类精神分裂型体质，即把和现实世界的接触抽象化。“我在奇幻的空间里行走”，肖邦这样写道，他并不知道自己给艺术创作的现象作出了最准确的定义，即逃避到一个封闭的空间中，跟我们生活其中的具体世界没有任何关联①。

桑接着写道：“然后他努力想要笑一笑，并给我们弹奏了他刚刚谱写的美妙的东西，或者更确切地说，这些可怕的或者撕心裂肺的念头，在一个时辰的孤独、忧伤和恐惧中把他擒获，他却并不知晓。正是此时他写下了这些最美的短章音乐，他谦虚地称之为前奏曲②。这些是杰作。其中有好几首的灵感来自他耳边的挽歌和在幻觉中见到的已故修士，另外一些却是忧郁和温馨的：那是在阳光灿烂和身体健康的时候，伴随着孩子们窗下的笑声，隐约可闻的吉他声，湿润树荫下的鸟语声，看到柔弱的玫瑰在雪中盛开时创作的。还有几首来自阴郁的悲伤，在迷醉你耳朵的时候，搅碎你的心。”

1839 年 1 月 22 日，在解关时花费不菲的普雷耶尔琴终于运抵，肖邦在这架琴上一丝不苟地修改完成了他的《前奏曲》，将它们寄给了卡米尔·普雷耶尔。靠着封塔纳的中介，普雷耶尔现在成了肖邦在法国和英国的出版商。肖邦为《前奏曲》在法国和英国出版索价 1 500 法郎。同时他还提供了《F 大调第二叙事曲》，两首波洛乃兹，A 大调和 c 小调，和《第三谐谑曲》。这第二“组”作品，他索价 4 000 法郎。除了这些曲子，可以肯定，《e 小调玛祖卡》（作品第 41 号之二）和两首《夜曲》（作品第 37 号）都是在马略卡谱写

---

① 从病理学的观点来看，肖邦是精神分裂症患者，还是类精神分裂症体质，或者只是神经衰弱患者？精神分裂症患者的主要征兆是跟外部世界切断联系，病人只生活在一个内部世界里。而类精神分裂症体质的人具有能将自己从环境中隔绝的能力。神经衰弱患者则表现为精神的游移不定，具有直觉的和非理性的判断倾向。

以肖邦病态的性格为例，这里是肖邦的一个学生，施特莱舍夫人的证词，她的闺名是弗里德里克·穆勒，肖邦曾将《协奏曲快板》题献给她：“我经常听到他以绝妙的方式弹前奏曲。有一次，他沉浸在自己的演奏中，完全脱离开这个世界。这时他的仆人轻轻进来，将一封信搁在谱架上。肖邦停住了，发出一声喊叫，头发都竖起来了，如果没有亲见，我绝不会相信此事。但这只持续了一小会儿。”

② 我们前文中已经提到过，肖邦在马略卡只是复核了而没有谱写《前奏曲》。

的，而且《葬礼奏鸣曲》也是在那里就有了雏形。我们能理解为什么这样的场景会给肖邦灵感，因为最初几周过去之后，他停止了抱怨，可身体并不因此有所改善。桑写道："真奇怪，一种真正的苦痛并不比一个小磨难对他打击更大。至于他可悲的身体，他在险象重重之下英勇地接受下来，却为并不那么要紧的小起伏而备受煎熬。这就是那些神经系统过度发达的人都会遭遇的故事，也是他们的命运。"看得很准，也写得聪明。

瓦勒德莫萨的村民对这几个被放逐者丝毫不存敬意。恰恰相反，他们不仅不满足于在买卖中施行敲诈，由于这几个外来者缺乏宗教情感而深感冒犯——桑和肖邦礼拜天不去教堂——还把他们当作异教徒、犹太人和伊斯兰教徒，对他们进行食品封锁，拒绝卖鸡蛋、鱼和蔬菜给他们，或者干脆索价极高。这就使得外来者不得不通过法国领事①去帕尔马购买生活用品。不管从何处购得，按西班牙口味来做的这些食品，实在令这几个巴黎人倒胃口。仅有一只最简陋的炉子可供烹饪，它冒烟多而加热少，他们得点着安息香来驱散厨房气味。这些不幸的人，有些夜晚只能像鲁宾逊·克鲁索埃那样吃白煮食品。

有时，一个瓦勒德莫萨村的年轻人梵尚·科罗姆来跟肖邦共度夜晚。他带着提琴，把马略卡舞蹈节奏教给肖邦——这些舞蹈是在一个狂欢节的夜晚，村民们以他们特有的方式过节的时候，跳给法国人看的。一晚上的消遣而已……

离去

初春降临，但并不能改变避寒过冬之人的心境。他们在度过了各个方面都令人失望、对肖邦的身体极为有害的两个月之后，决定离去，于 1939 年 2 月 11 日下山走了。桑这方面，在离开夏尔特尔时悲喜交加："我本来

① 这些农民不久前刚由于驱逐教士而"受了惊吓"，桑的社会理念只能跟充满激情地忠实于自身传统的老百姓发生冲突。她的男式服装，雪茄，小索朗日打扮成男孩的穿着，激怒了所有的人……帕尔马的妇女们远远避开"这个古怪的女人，居然敢和情人在一个不允许自由恋爱的地方安顿下来"。

可以在这个迷人之地，只和孩子们一起，呆上2—3年……”

惨败

在离开帕尔马的前夜，很可能是坐着一辆双轮带篷小推车从瓦勒德莫萨来到帕尔马的肖邦，咯血不止。大家最终登上了“马略卡人号”。病人在简陋的病床上度过了讨厌的一夜，由于蒸汽船往巴塞罗那运载的一群猪而无法入睡。至此，桑对卡洛塔·马里亚尼承认“她再也不会踏上西班牙的土地了”。她浑身风湿痛，看上去老了十岁。肖邦的身体也非常凶险地恶化了。权衡一切，这次旅行是彻底的惨败。在马略卡岛上度过的97天给四个旅行者留下了苦涩的回忆！爱情在那里受益了吗？在离开帕尔马之前写给马里亚尼夫人的一封信中，桑让人这样理解：“我们彼此更接近了，我们在此愈觉幸福。只要心在一起，有什么可抱怨的呢？”

马赛

在巴塞罗那，虽然桑性格坚强，也几乎崩溃：她的两个孩子很疲倦，这另一个孩子忧伤且病弱……第八天，她在港口发现一条法国战舰米利亚格勒号。她写信给舰长，从他那里获得登舰的许可并就诊舰上的大夫。在大夫治疗下，肖邦停止了吐血。坚强地忍受了36个小时海上颠簸后，他们一行四人于2月25日抵达马赛。桑写道：“如果再多呆上一个月，他会死于忧郁和厌恶，而我也要由于怒火和愤慨死在西班牙。”桑还在对这番灾难性的逃离喋喋不休的时候，肖邦已经给封塔纳写信，重复他对最新作品付款条件的明确指令，要求对方将他临出发前留在写字桌抽屉里的遗嘱烧毁，不要看。他最后说：“我咳嗽，可人们还一点都没有把我当作肺痨患者。我不喝咖啡和酒，只喝牛奶。我穿得很暖，像一个大姑娘。”几天下来，格维耶尔大夫的细心照料，加上对着老港口的波伏旅馆的舒适，气温暖和，发疱药、药片和洗浴，“除此之外，我的天使的无微不至的照料，让我能起床了，虽然腿还消瘦……”

远离巴黎，肖邦和他的代理人封塔纳和格日玛拉之间保持了复杂的通讯，多是有关钢琴曲目的出版方面的指令，还吩咐他们分别将它们交给普罗布斯特，施莱辛格和普雷耶尔。他总结道："你想怎么样呢？犹太人永远是犹太人，德国佬就是德国佬！怎么办呢？跟他们谈生意，我必须仔细……"桑那边则催促马里亚尼夫人去找布罗兹，"替她谈妥《莱丽雅》出版事宜。我接下来就指望他寄给我的钱对付日子了。肖邦那边，他的工作出成果了，会有大笔的钱……"

这时，那不勒斯一条蒸汽船把努里辞世的噩耗带到了马赛。这位伟大的男高音歌唱家对那不勒斯人的态度感到绝望，跳窗摔死在石铺路上。他的遗体被运回到马赛，在山顶圣母院的葬礼上，肖邦弹管风琴，以舒伯特艺术歌曲《星辰》的主题作即兴演奏。桑写道："听说肖邦要演奏，听众云集教堂。人们期待他发出震耳欲聋的声响，至少弹坏 2—3 个管风琴栓……可这是一架什么破管风琴哪！音不准，刺耳，出声就走调。虽然如此，我们的小家伙尽力而为了。我藏在管风琴下面，透过栏杆看到这个可怜的努里的棺材。让我更觉难过的是看到他的太太和孩子们……"这里桑和肖邦再一次对远离巴黎或者诺昂感到不耐烦。肖邦写道："马赛是丑陋的。所有的文学渣子都追着乔治，音乐方面的追着我……一个破败的城市，并不古老，它有点让我们生厌……"桑这方面，她感到不快，因为"在这个充斥着商人和市侩的城市里，智性生活完全不存在。我们从一个小客栈搬到另一个。除了季风，天气相当不错。肖邦不能呼吸冷空气。季风起的时候，我们就用屏风隔挡开，各忙各的工作。太阳刚出来，我们就在两道护城墙间散步，身上沾满灰尘。我们在这里的生活很单纯，简单到极点。什么都会累着肖邦。尽管如此，他的家人无需担心……"

在华沙，肖邦家人为得到的消息而深感不安，朱斯蒂娜夫人谈到有可能前往探视。儿子的信让她安心，她打消了出行的计划，留在生病的丈夫身边，因为他难以自理。至于弗里德里克，他被情妇细心照料着，在写给封塔纳的信中用复数称之为"我的天使们"："如果你像我目前了解她那样认识她的话，会更喜欢她”。桑用相同的语汇来称赞她的情人：“这个肖邦是个天使。他的善良、他的温柔和他的耐心有时让我担心：我觉得这是一个太纤细、太美好、太完美的造物，难以长久存在于我们这个粗笨的和沉重的人间。在马略卡，他病得死去活来，却创作出充满天堂气息的音乐，而我如此地习惯于在天上看到他，似乎他的存在或他的死亡对他并无区别。他自己并不知晓自己到底在哪个星球上，对于我们眼里和感觉到的生活，他没有任何概念……”这份爱情证书互相映衬，是巴里阿利群岛上旅行的结果：塞翁失马，焉知非福！

第十二章　诺昂

乡间的宁静

他们绕道热那亚，途中经历了一场可怕风暴，走陆路于 1839 年 5 月 22 日到达诺昂。桑把她自己的马车从沙隆叫到阿尔勒去等候，返程之旅舒适愉快。肖邦喊着："终于到了！大家都觉得好。美好的乡村：云雀，夜莺。只缺你了，我的灵鸟[①]！"

透过"客友房"的数扇窗户，弗里德里克看得见诺昂宅邸周围连成一片的树荫，再往外是贝里乡村景色，"平坦，延绵，单调却迷人"。

诺昂地处贝里地区中心地带[②]。宅邸算不上城堡，却是一栋路易十五风格的殷实大宅院。用 19 世纪的眼光去看，它宽敞，舒适，布局合理，坐落在一个浓荫掩映的大院中，有种令人放松的气氛，适宜艺术创作和构思。临近有一个农舍和一座罗曼式教堂。主宅带两个附属建筑：一个石铺地面的大院，一边是马厩和农具库，另一边是羊圈；外面用矮墙围住的小墓园是家族故去者安息之处，它天然淳朴。正如大自然能使激情变得温柔，没有它的照拂，死亡这个生活的另一侧会显得阴森惨淡。

---

① 写给阿尔伯特·格日玛拉的信。

② 需说明的是，往这个方向去的火车要等到 1846 年才有，而且它还只是到维耶尔松（Vierzon）为止。从维耶尔松到沙多鲁（Châteauroux），从沙多鲁到拉沙特尔（La Châtre），人们只能靠坐驿车或简陋的公共马车旅行。

这所大宅院很适合居住。四周是草坪、鲜花和树木，它体现了那些几代人延绵不断地居住其间的大宅邸所特有的魅力。“沙龙呈路易十五风格，墙面用波斯花枝图案装饰，餐室里用的是灰色调细木护壁，厨房里摆满铜炊具，楼梯漆成仿云石，走廊通向蓝室、黄室、女主人室、孩子室。顶层有个阁楼，是专为德拉克罗瓦和他的学生莫里斯·桑所用的一间工作室。一切均散发出童年芬芳，一种亲切的度假气息。花瓶里鲜花不断，图书室里到处是书，乡村碗橱里餐具充盈，宅子里高朋满座。过往之客或者留下一幅画，一个小摆设，或者用雪茄在桌上烫出个印，在书页空白处用铅笔画上一道。在向你敞开诺昂的同时，桑向你出示她本人及其家庭的记忆。晴天戴的旧草帽和雨天远足用的牧羊人斗篷搁在一起，手杖、靴子甚至木屐，在石板地面上静候散步者。还有篮子，平底那只是为鲜花准备的，桑对旧手套和剪枝钳运用自如，正如她的羽毛笔。此外，在诺昂，桑不再像在城里那样穿着打扮，一副纨绔的神情。她工作时穿上一件蓝布褂子，用一块色彩鲜艳的花布头巾把黑色发辫系住，俨然一个劳作者，勉力去耕耘一个章节[①]”。

在诺昂门厅前，有一个小小的洗衣槽，绕着它可以演《勿以爱情为戏》[②]这出戏。布拉西尤斯和布里丹娜在它的挡风檐下说着话，布鲁什修女在近边跳下驴子，头发梳着小髻，攻击严守教规之士。佩尔迪康会从树丛中突然冒出来，拿着手杖，卡米尔蒙着眼睛，停在枝叶浓密的树丛中一条小径的尽头。这是缪塞在威尼斯着手写的一出喜剧的理想场景。我们前面已经叙述过当时在威尼斯的奇特氛围，在这出喜剧的第二幕，他老老实实地重复了桑写的一封信的结尾：“……是我生活的经历，而不是一个虚构人物的故事，因我的骄傲和我的烦恼而作！”在创作者眼里，一切都是养分和收益，甚至连他们的焦虑在内。既然不能够把这个场景演给作者看，某一天晚

---

① 引自菲利普·尤利安所著《诺昂的客人》(肖邦：天才和事实)。

② 作者为缪塞，是他的戏剧作品，该作品几乎是他一生的巅峰之作。——译注

上，桑不无残忍地心生奇想，将肖邦这个出色的演员和天才模仿者打扮成佩尔迪康，以当下爱情之镜，重现已逝爱情之境。

在她携肖邦返回诺昂的时候，她在卧室一扇窗的背面写下了日期：1839 年 6 月 19 日。她这是回到家里，被“她的三个孩子”包围着。肖邦向来看重礼仪，生怕对别人敞开他的私生活，他在家信或给友人的信中，对情人的称谓多有遮掩：“桑夫人……我的女东道……这家女主人”，桑却正相反，用的皆是温柔和怜惜的词语：“希普，肖普，希贝特，肖宾斯基”。

夏日的一天

肖邦对乡村并不敏感，至少对自己从中获取的乐趣并不张扬：“我并不适合住在乡间。然而，我在这里呼吸到新鲜空气……”在诺昂附近的散步，他是在桑及其友人和访客陪伴下，为了节省正在恢复中的体力，骑在驴背上，权作愉快的例行公事去完成的。乔治家宾客盈门，餐桌上少于十来个食客的日子不多。这年夏天，客人中有一个玛丽·多尔瓦，激情、暧昧、热情豪爽，暗恋桑，天生的雨果作品诠释者，总之与肖邦所喜欢的女性类型正好相反；艾玛纽埃·阿拉格，人称毕涅；德拉克罗瓦、罗利纳，加上个性鲜明、善讲故事、爱追女人的格日玛拉。当然还有桑的同父异母兄弟希波利特·夏蒂隆，他喝得醉醺醺，是个衣冠不整的乡绅，亲切善良，很依恋乔治，感激肖邦能牵住不知餍足者的心。弗里德里克同这位同父异母内弟保持了一种很友好的关系。这个事实与玛丽·德·罗兹埃尔的诽谤正好相反。她是肖邦的学生，手指功夫好，却有蛇蝎之舌，喜好含沙射影。

诺昂的生活节奏让每个人按各自的喜好来调节。桑在女主人的义务、好母亲的责任和文学合同的严酷统治之间分配时间。诺昂的负担重[1]，来此的客人多，她只能靠自己的笔耕和丈夫支付的赡养费维持开销，加上些

---

① “诺昂每月需要 4 000 法郎的开支才能维持，在巴黎我只需一半就够活了。”

不足道的微薄收入。于是她得不惜代价地写作，像她自己所说的那样“下蛋”。让我们插上一句，还毫不费劲。这个活力四射的女人的墨水瓶里淌出的墨汁写成一部又一部的小说，这还不算她数量极多、极有规律的通信。

肖邦起身很晚，悠闲自在，写上几封信，思绪散漫，把时间耗在梳妆打扮上，在房间里独自进午餐，工作，5点钟才下楼。如果天气好，大家到阳台上晚餐。天阴或下雨时，桑和客人就在大餐厅里用餐。虽然不能跟那个时代吃喝无度的行乐主义相比，餐桌上食物颇丰，从来不会少于一道汤，一份头道，两盘肉食和一道甜食。晚饭后，肖邦多半会坐在钢琴前，只要不给波丽娜·维亚尔多伴奏或者和跟他学琴的索朗日·桑四手联弹一首曲子，他就弹琴或即兴演奏。桑正在写小说《康素爱萝》，一个天才女歌唱家的故事，波丽娜·维亚尔多是桑的模特儿。

桑自己有音乐天分吗？她学过弹琴，喜欢去音乐会和上歌剧院。她当然能辨别肖邦的天才。加上她谈到肖邦的时候，从不讳言，充满热忱，以真诚的虔敬呵护情人的天才。有时她也会在浪漫情绪的裹挟下，说得过分，希望将肖邦的钢琴曲改编成交响乐，实属多余：“会有那么一天，人们把他的音乐用交响乐演奏，无需对他的钢琴谱子作任何变更，而所有人都将知道这个天才，宏大、完整、学养深厚，能与最伟大的大师们的天才比肩，他从他们那里吸收养分，其独特性比巴赫更美妙，比贝多芬更有力，比韦伯更富戏剧性……”

对桑所作的比较我们无需当真，因为口说无凭，我们却也不能责怪她。肖邦的音乐没有必要交响化，他的音乐只为钢琴而作，而且本质上只与他个人有关，正如同某些交响乐谱不能够简化成键盘音乐一样。她从来不放过任何一个机会来标榜弗里德里克的才华，或者敦促他工作。在诺昂的一天晚上，她在他面前大谈乡村的宁静和自然的奇迹：

——您说的这些，多美啊，肖邦说。

——您觉得吗？那么，把它变成音乐吧。

于是，肖邦即兴演奏。乔治·桑站在他身边，一只手放在他肩上，低语道：

——加油，多么柔美，天鹅绒般手指！

很自然，作为一个女作家，桑把音乐视作文学和诗意感受的记录，她不会主动承认声音的艺术有它自己的语言，它并不或很少借助于其他艺术。虽说如此，她从不给肖邦无谓的建议，哪怕这建议并不太离谱。一个不像她那么聪明绝顶的女人恐怕难免会这样做。下面这个场面简直就是一幅极尽渲染意味的招贴画：她坐在肖邦的钢琴边上编织，他正试奏一曲夜曲或一首玛祖卡。桑不仅没有妨碍肖邦的工作，而且以自己的榜样不停地鼓励他。难道她不比任何人更清楚，一种智性的工作需要宁静和精神的集中？在诺昂，一切都根据这种高级劳动所必需的便利而妥帖安排。肖邦一定在那里处于最适宜于他的创作活动的静心冥思的境地。总之，正是在那里，他整理或誊写冬季已在构思的草稿，它们往往被随手记录在手边的纸片散页上。

他的身体怎样呢？桑常去问诊的戈贝尔大夫，在他们出行马略卡期间已经过世。在诺昂，是帕贝大夫给肖邦看病。他觉得肖邦"胸部完好，并肯定说他会慢慢地恢复健康"。1839 年夏，桑在信里多次把她的客人兼情人的消息散布出去[①]："诺昂的生活对他很适宜……尽管我觉得他并不太需要我们为他提供过多的安静、孤独和规律性……他永远'闲话多多'……总是时好时坏，准确地说从来不坏，也并不好。我相信可怜的孩子注定是要带点永恒的伤感忧郁：幸亏他的情绪一点都没有变坏。只要觉得有点力气，他就快乐起来了……"。肖邦自己提供的有关他们两个人的身体的消息，

① 这些信很多很频繁！除了文学创作之外，桑每天要写十多封信。

简短而坦率："我身体不好，她在生病……她整夜胃疼，然后卧床不起[①]。"

我们在上面提到"她的客人兼情人"。问题是，最初的热情过去之后，肖邦是否还配得上这个称呼。从 1847 年 5 月 12 日桑写给格日玛拉的一封信来看，的确可疑："七年来，我在他和别人之间，像个贞女一样生活。我未老先衰，并不作什么努力也不觉牺牲，我对激情太厌倦了，不抱任何幻想，无药可救……我也知道不少人谴责我，有人说我以感官的暴力使他精疲力尽，另一些人说我的出轨使他心灰意冷。我相信你知道实情。他抱怨我的缺乏激情令他绝望，而我确信如果我做法相反正好就会要他的命……"还有一次，桑指责肖邦在她的女仆怀里找安慰，以抗议她那些有益于健康的严格措施。我们能从中得出什么结论呢？很少，因为桑是一个最不坦诚的女人。以美德装扮自己，洗刷自己的过错，并把责任推卸到别人身上，她在这些方面登峰造极。她的作品是一篇冗长的辩护词，交付给一个不知疲倦的辩护律师。而根据我们对肖邦性格中的复杂性的了解，以及基于比较罕见的事实，即肺部感染病症并没有在他身上引发任何感官方面的亢奋，人们常猜测他在女人面前缺乏性欲。恰恰在这点上，能证实桑的说法。这样我们就很能想象，自 1839 年夏天开始，他们的爱情变成了友谊。谁知道呢，即便只是为了装装门面，或者出于向女士献殷勤的需要，肖邦是否时有反抗的表现？

葬礼奏鸣曲

1839 年夏天，他在诺昂所投入的工作，种类繁多。他为了自己，开始对巴赫作品的巴黎版本进行勘误，更正刻印者和众多演奏者接连不断地流传下来的谬误。更重要的工作，是他在瓦勒德莫萨草稿的基础上，创作并誊写《葬礼奏鸣曲》[②]。令人好奇的是，对这首激越迅猛的曲子，他在写给封塔

---

① 桑一生中肠道总是出问题，最后死于肠梗阻。

② 即《降 b 小调奏鸣曲》，因内含葬礼进行曲乐章而得名。——译注

纳的信中，用了完全冷淡的词汇来描述，好像漠不关心的样子：“我写了一首《降 b 小调奏鸣曲》，其中有你熟悉的进行曲[1]。这首奏鸣曲包括一个快板，一首降 e 小调谐谑曲，一首进行曲和一个短短的终曲：我的手稿可能有三页。在进行曲之后，左手和右手一齐反复……”

真有种恍如在梦中的不真实感。怎么，这就是那首飓风般的曲子？它像一幅生命力饱满的大型壁画，并昭示了未来的四段曲式。肖邦正是在这种地方显出原形，他是纯粹的音乐家，绝不是文学家。“文学”让他反胃，连那些用来称颂他自己作品的文字在内[2]。对他来说，音乐是个封闭的空间。当德拉克罗瓦这个多才多艺的艺术家请他评点各种艺术的时候，肖邦不发表意见。他呆在自己的梦中，不停地用自己的方式去阐释，并且不愿意“其他人”介入，哪怕只是为了说些赞美之词。他正是这样描述他的《葬礼奏鸣曲》的。可是，他生命最后第二个夏天的某一日，1848 年 8 月 29 日，他在曼彻斯特一个沙龙里演奏了这首《降 b 小调奏鸣曲》。在弹完谐谑曲之后，他逃开了，然后才重新出现在宾客之间。在进行曲之后，用双手齐奏结束终曲。在《曼彻斯特卫报》第二天的报纸上，友情出席的记者，为这种突然的中断感到吃惊：“肖邦感到不舒服了吗？”人们当时这样猜测。真相将在 1848 年 9 月 9 日一封肖邦写给索朗日·克莱桑热的信里[3]透露，这时离肖邦谢世还有 13 个月：“我经历了一次奇特的遭遇，当时我正在英国朋友面前演奏我的《降 b 小调奏鸣曲》。我大体正确弹完了快板和谐谑曲，正要开始弹进行曲时，看到打开的琴盖里突然出现了那些妖魔鬼怪，当年它们曾在夏尔特尔修道院一个阴森惨淡的夜晚出现过。我不得不出去恢复一下神智，之后我接着弹，什么也没说……”。肖邦不谈他的音乐，他先是创作，然后活在其中。

肖邦的《G 大调夜曲》写于同一时期，跟他的《g 小调夜曲》配对，它们构

---

① 肖邦作于两年前。

② 我们已经看到他是怎样对待舒曼用文学语言对他年轻时代的《变奏曲》的热情评论的。

③ 私人收藏。这封我在伦敦购入的手稿，据我所知，从来没有出版过。

成了作品第 37 号,《四首玛祖卡》是作品第 41 号。还有另外三首玛祖卡,B大调、降 A 大调和升 c 小调,肖邦觉得它们“美妙,犹如在日渐变老的父母眼里,最年轻的孩子都是美好的”。除了钢琴,还是钢琴,眼前永远是钢琴!肖邦收到寄自波兰的、亲爱的提图斯·沃伊切霍夫斯基的一封信,他在信里建议他创作一部清唱剧:为什么他自己不为那些教士们建造一座修道院内庭[①],而去开蔗糖厂呢?提图斯结婚了,第二子命名为弗里德里克:时光流转,熟悉的脸庞渐渐远去,慢慢失去了他们的魔力,那是多少欢乐和秘密痛苦的根源啊!在巴黎,密茨凯维奇的太太发疯了,必须把她送进精神病院:痛苦、遗憾,幻影……

关于肖邦工作的方式,桑留下了一份很有趣的叙述,真是很精到:

他的创作是自发的,奇迹般的。他不需要寻觅,也没有预感。灵感落到他琴上,突然降临,完整,美妙无比——或者一次散步时脑子里旋律显现,他会扑到琴上,急不可耐地想要听到它。自此开始了最令人同情的劳作,我从未参与其事。他不懈地努力,犹豫不定,极不耐烦,为的是重新抓住他听到过的旋律的某些细节和他构思出来的整体。为了能记录下来,他对这一切极力追索,为不能清晰地寻回灵感而遗憾。他说,这种遗憾让他陷入某种绝望。他能连着几天把自己关在房间里,流着泪,来回踱步,折断他的羽毛笔,重复或一百次地变动一个小节,一次次写出来再抹去,第二天在一种坚韧不拔和绝望相混杂的执著中重新来过。他花六周时间写一页,然后回到刚开始就勾勒出的那样……

桑很少修改,而肖邦则是一个“涂改不止的人”,徒然追寻稍纵即逝的完美。他比任何人都知道得更清楚,与其说作品活在想象中,不如说活在风格中。而“唯有最后的努力能抹去用功的痕迹”。得让那些涂了指甲的美妇们在视谱的时候,对着这首夜曲或者这首玛祖卡,说出:“啊!这可是自然而然流出来的,我也写得出来!……”

---

① 与此同时,约瑟夫·艾尔斯纳顽固地向他呼吁写一部歌剧!

五月的一个夜晚

诺昂的重要消遣活动是木偶戏。乔治·桑亲手制作布娃娃，它们是不会说话的演员。这种消遣的主意是肖邦第一个想出来的。开始是玩字谜游戏[①]，即兴诗，独幕剧，肖邦借此重温在华沙和姐妹们一起游戏的童年记忆。他是个好演员，出色的模仿者，能轻松自如地模仿奥地利皇帝，潦倒的老犹太人，或者恋爱中的外省妇人。他对这门艺术烂熟于心，先把基本原理传授给桑家的索朗日和莫里斯，然后指导周围的人。在他的指导下，临时演员们演戏或跳芭蕾，他用钢琴伴奏。他也为桑的木偶提供同样的服务："他驾驭它们时得心应手，凭他自己的想象，从轻松愉快到严肃，从荒诞到庄重，从优雅到激情四射[②]……"。这些淳朴的节目为午后的时光添加了色彩。

我们会相信莫里斯·罗利纳的叙述吗？他生动地讲述了一个故事，肖邦在诺昂，李斯特在场。不，他们从未同时在那里出现过。李斯特和玛丽·达古最后一次去诺昂是在1837年，那次肖邦拒绝了桑的邀请，是在伦敦和巴黎度过的夏天。那么可能罗利纳编造了我们将要读到的故事，要么他把实际上在别处见到的场景搬到了贝里：

> 5月的一个夜晚，临近午夜，朋友们聚在大客厅里。李斯特弹着肖邦的一首夜曲，总喜欢按他习惯的方式渲染这首曲子，添加了里面本来没有的颤音、震音和延音。肖邦几次作出不耐烦的表示，最后实在按捺不住了，他走近钢琴，沉静地对李斯特用英文说道：
>
> ——求你了，亲爱的，如果你抬举我，想弹一首我的曲子，请按谱子弹，或者弹点别的：只有肖邦有权修改肖邦。

---

① 猜多音节词。该词每一音节由一个谐音的单音节词代表，这些单音节词分别由谜面中各句话暗示出来，谜面最后一句揭示谜底为某方面的事物。比如，我的第一个音节是一个贵金属（金子 or），我的第二个音节是天上的居民（天使，ange），我的整体是一种美味水果（橙子，orange）。

② 引自乔治·桑所著《最后的篇幅》。

——那好吧！你自己弹吧。李斯特说，站起来，有点愠怒。

——愿意效劳，肖邦说。

这时候，灯被一只莽撞的蛾子飞来扑灭了，有人想重新点灯。

——别！肖邦嚷道：相反，吹灭所有的蜡烛，对我来说月光就够了。

他就这样演奏……整整弹了一个小时。

我不想对您详述到底怎么样。听众置身一种无语的心醉神迷之中，屏息静气。当魔幻师结束之时，所有人的眼睛里都满盈泪水，特别是李斯特。他搂住肖邦，喊道：

——啊，我的朋友，你说得对！像你这样天才的作品是神圣的，想变动它简直是一种亵渎。你是一个真正的诗人，而我只是个卖艺者！

——算了吧，肖邦激动地接过话茬。我们各有各的风格，就是这么回事。你知道得很清楚，世上无人能像你那样演奏韦伯和贝多芬。瞧，求你了，把贝多芬的升c小调柔板[①]给我弹一下，可得认真弹，像你愿意的时候所能做到的那样。

李斯特弹了这曲柔板，将灵魂整个地投入其中。这不再是一曲哀歌，而是一场悲剧。

肖邦以为自己这天晚上使李斯特黯然失色，他说"噢，看他多恼火"，有点沾沾自喜。李斯特得知这句话后，则以他那种艺术家的诙谐来回敬。下面就是四五天之后他玩的花招：

大家在同一个时间聚在一起，也是临近午夜。李斯特请求肖邦弹琴。推托再三之后，肖邦接受了。这时李斯特要求把所有的灯和蜡烛都吹灭，然后拉上窗帘，以便让屋子里漆黑一团。大家照办了，以为这是艺术家的一种任性。可肖邦正要坐到琴凳上去的时候，李斯特在他耳边说了一句话，占了他的座。肖邦实在猜不到他的朋友想干什么，

① 指贝多芬《月光奏鸣曲》第一乐章，持续的柔板，升c小调。——译注

悄无声息地坐到一旁。于是李斯特按顺序把我们提到的肖邦在几天前那个夜晚所弹的曲目，弹了一遍，但他把对手的风格和演奏技巧模仿得惟妙惟肖，乃至乱真。事实上所有的人都懵了。

同样的迷幻，同样的情绪，再一次地体验。当这种心迷神醉达到极点之时，李斯特迅速擦亮一根火柴，将钢琴上的蜡烛点燃了。听众们惊讶地喊道：

——什么！是您？

——你们亲眼所见。

——可我们还以为是肖邦！

——你看，这个炫技高手边说边站起来，李斯特在他愿意的时候能成为肖邦，可肖邦能成为李斯特吗？

这可是一个挑战，而肖邦不愿意或不敢接招。李斯特报了一箭之仇。

失和

1839 年 8 月到 11 月间，桑对玛丽·达古的友谊经受了一次严重考验①。错在马里亚尼伯爵夫人，她把玛丽·达古写的一封相当尖锐和恶毒攻击桑的信，冒失地拿给桑看了。桑受到伤害，不再给玛丽写信。对方担心了，提到她的心地纯洁——“我徒劳地在良心的最深处搜寻，找不到任何错误造成的阴影②”——因此要求三人对质。桑考虑再三，向马利亚尼夫人咨询该选择哪种方式决裂。在见面之前，她选择了写信给玛丽·达古，这封信写得漂亮之极：“您的痛苦和您的抱憾只能泄漏出怨怼和仇恨。是的，仇恨，我可怜的玛丽！别试图对您自己抱幻想，您对我恨到骨髓里。您一直恨我。为什么？我对此并不怀疑，世上存在那些本能的反感，想抗衡都

① 引自《诺昂记忆》(《费加罗》增刊，1876 年 10 月 22 日)。

② 她找的方法和地方不对！

无济于事。现在,您对我发火,这也在情理之中。这是我给您的第一封也是最后一封告诫之信。敬请您原谅,正像我原谅了您对我所作的冗长的训诫却并未知会我那样……”

收到这封书信,玛丽·达古实难消化。由于无法推脱掉她本人要求的三方会谈,她去了,不露声色,感到桑伤心更甚于怒火,两个女人拥抱言和。可是在“重归于好”的第二天,十分嫉妒桑并讨厌肖邦才华的玛丽·达古,她把他看作李斯特的一个对手,既看不住自己的舌头,也管不住自己的笔头——又开始散布尖酸刻薄的言论。流言蜚语中,有“玛丽·多瓦尔对桑的友谊很可疑,她发疯地爱上她了!”也有“桑和肖邦这一对,他们很快就要散伙了”,还诽谤说桑恨她:“我们不再见面了……”;责备肖邦知道她生病了,却不来问询。李斯特避免攻击,试图原谅“肖邦的笨拙”[①]。一切都无法挽回。巴尔扎克在《贝雅特丽克丝》中,以隐讳的方式叙述了李斯特和玛丽·达古的爱情生活,并影射了发生在同一个时期的肖邦和桑的艳遇。该书出版后,一次他在歌剧院遇到波托茨基的时候,嚷嚷道:“哎呀,我让两个女人失和啦!”尽管李斯特天性善良,并具有骑士性格,听多了伯爵夫人的讥讽挖苦,也感到自己对肖邦的友谊产生了动摇,尽管他对音乐家肖邦仍保持着一种充满热情的赞誉。

寻找住处

夏日将尽,如何在巴黎过秋的问题困扰起肖邦来了:需要保留在安亭街的住房吗,或者搬到离桑更近的地方去?她的家现在代替了他的家庭,流放者除此之外,无枝可依。桑这边呢,她也想在巴黎安顿下来。她让格日玛拉为她找一套房子,有可能的话靠南边,哪怕房间小点,客厅一次不能接待一打以上的人也无妨。至于肖邦,他先让封塔纳定下特隆舍街 5 号的

---

① 如果我们相信李斯特和肖邦共同的朋友、大提琴家弗朗肖姆所言,李斯特的耐心事出有因:李斯特利用肖邦不在的时候,曾带过一个女人去肖邦的住处;这件事造成了两个音乐家之间的“冷淡”;李斯特利用一切机会设法打破这种僵局。

一套住房，万一在拉菲特街上找不到位置更好的一处住房的话，也将就了。正是从这个时候开始，差不多每天，肖邦给他忠实的封塔纳下达指令，后者丢开钢琴家的职业，扮演起管家的角色："选一种斑鸠灰色调的墙纸，要亮光纸，带暗绿色边……尤其不要看上去俗气！我喜欢珍珠色，你知道的……让一个细木匠修好我的床和写字台……想着给我找一个仆人，如果有可能的话，找一个勇敢诚实的波兰人……让人把椅子修一修……把搬家用车的钱付掉……尤其是，想着薄纱窗帘……餐室里的红沙发可以放到客厅里去，只要做个沙发套，用白色面料，跟椅套差不多就行了……别忘了我的手稿，去看我的出版商，尽你所能……现在，必须为桑夫人找到一个合适的住所，比如克里希路上和布朗什街附近新开辟的巷子里的一个公馆，或者靠近罗莱特圣母院，一直到殉道者街都可以[①]，房租约 2 000 到 2 500 法郎，地板地，看上去要新，无需再作任何装修。带前院和花园。尤其要安静，寂静，邻居中不能有铁匠。要朝阳，光线好，不要有味道，没有烟气。视野好。上帝啊，行动起来，别懒惰(!)可怜我吧，你赶紧行动！去杜邦家，向他预定一顶适合我的轻便帽子……去我的裁缝多特勒蒙那里，要他立即为我缝制几条深灰色的裤子，不要条子，很简单好穿的那种。加上一件黑丝绒背心，带点适度的花纹(或者用单色呢绒)……我给仆人付费不想超过 80 法郎，尽可能谈到 60 法郎，我花销太多……上帝保佑，在我住的楼里，可别有吹号的人，或者其他这类乐器！爱我，听从你自己的灵感吧。"

那些温柔的浪漫主义者，在给他们亲近之人分派苦差事的时候，往往会有些特别精准的指令！想象一下可怜的封塔纳，一封封来信，把他支到这里，支到那里，东跑西颠，要随时向远方的发号施令者如实汇报，加倍努力地办理各种手续，总还生怕做得不够好？最后，他找妥了两套房子。在毕卡尔街 16 号，两栋带花园的小楼，来安顿桑和她的孩子们。为肖邦找的

---

① 在附言中，桑提出了其他能住的街名，像维尔纳伊街，勃艮第街，波纳街，拉卡斯街，还画了一幅理想公寓的草图。

是特隆舍5号的一处住房。肖邦感谢他,宣布他将于10月11日抵达,并明确告诉他,“他的同伴”即桑,非常高兴!至于他,除了前面已经提到过的手稿,他还带来了《升F大调第二即兴曲》(作品第36号)。之后,他向出版商施莱辛格出售了三首练习曲中的两首,作为最初24首的补充,用于《钢琴家基础练习法》。

肖邦很快就不喜欢特隆舍街的住房了,觉得光线暗,潮湿和不卫生。他挨到11月初才搬去毕卡尔街。桑和索朗日占据了其中一栋小楼,肖邦和莫里斯住在另一栋楼里。体面就这样保全了。巴尔扎克为我们描述了这个同居住所(直到1842年):“乔治·桑住在毕卡尔街16号,靠花园的一边,一栋朝街面的房子的车库和马厩楼上。她有一间餐室,配了雕花橡木家具。小客厅呈奶咖啡色,待客的沙龙里搁着几个漂亮的中国瓶子,装满了鲜花。总有一个鲜花盛开的小花坛。家具是绿色的,一个餐具柜里装满了小玩意儿,有几幅德拉克罗瓦的画作,和卡拉梅塔为她画的像。一架出色的直琴,方形,花檀木质地。另外,肖邦总在那里。她只抽卷烟,不抽别的。桑下午4点才起床,肖邦正好上完钢琴课。到楼上她家里去,要通过像磨房里才有的那种又窄又陡的楼梯。她卧室颜色是棕色的,床由两个铺在地上的垫子组成,像土耳其人那样。她那两只漂亮小手简直是孩子的手[①]”。

肖邦回巴黎不久,在银行家列奥那里遇见刚到法国的钢琴家莫舍莱斯。肖邦演奏了他的降《降A大调前奏曲》和《葬礼奏鸣曲》,古特曼演奏了他老师的《升c小调谐谑曲》。莫舍莱斯惊叹不已:“他演奏技巧的独创性极为迷人;最难的转调轻松自如,**弱音**处理那么巧妙,以至于不需要任何剧烈的**强音**来表现对比……”

圣克鲁宫的音乐会

早年曾作过路易-菲利普副手的佩尔图伊伯爵,在国王面前对两个钢

① 写给韩斯卡夫人的信。

琴家的才华夸奖备至，以至他们受邀在圣克鲁宫为国王一家演奏。1839 年 10 月 31 日，《音乐杂志》报道了这场音乐会：上来先是莫舍莱斯所作四手联弹奏鸣曲。肖邦在弹了练习曲和夜曲之后，用格里萨[①]的《疯女》主题弹了即兴曲，莫舍莱斯则根据《魔笛》主题即兴演奏。两个音乐家为这次合作取得的成功感到"情同手足般的幸福"，可数日之后，肖邦止不住地说了句俏皮话。他从国王那里得到一个镀金的银杯，而莫舍莱斯的礼物是一套旅行用品。肖邦说："就像用另一种方式对他说：快走开吧！"在晚会期间，佩尔图伊伯爵坚持让肖邦创作一部歌剧，肖邦却另有计划，微笑着说："啊！伯爵先生，还是让我创作钢琴音乐吧：这是我全部的本事！"

一个秋夜，肖邦回忆起一年前在踏上马略卡土地之时经受的考验，他直截了当地对尤利安·封塔纳[②]说道："在巴黎多好！我的上帝，我们在帕尔马真是糟透了！我差点在那里丢了小命……"。令人奇怪的是，肖邦从未对乔治·桑提起过这次旅行。马略卡是他们共同故事中的一个悲惨插曲，爱情不计在内。因此他们从不提及。一页翻过去了。

肖邦的一日

肖邦醒来的时间不定。这点让乔治·桑受不了，她是一个生活有规律的人，钟点调得极准，而且在别人睡觉的时候工作。她身体结实，能以一种别人很难承受的方式来安排生活。

回头说肖邦。他在自己的小楼里睡醒过来，外面的鸡鸣声伴着罗莱特圣母院的钟声。他像一个公子哥那样精心打扮自己。在房间角落的长镜里打量自己一眼，做个鬼脸：消瘦得近乎干瘪——1 米 70 的个子，43 公斤。在巴黎生活的 18 年间，他总共看过 25 个大夫[③]，他们在他身上找到十多种

① 圣奥梅尔教堂的执事，人们有那么一段时间，还以为他是《马赛曲》的真正作者。

② 据乔治·马蒂亚斯所述，他是阿尔弗莱德·科尔托的师长之一。

③ 本书前面第七章曾提到，仅在巴黎肖邦就看过 14 个大夫。这里的 25 个大夫，可能是指 18 年间各地问诊过的大夫总数。——译注

病症：肺结核，慢性喉炎，持续性贫血，乏力，肤色苍白，消化系统脆弱，精神衰弱症[①]。病人肖邦在“私人关系中令人绝望”，这点几乎无可怀疑，桑下面这段话或可作补充：“他的灵魂卓然高贵、细腻、无私；他的为人罕见的忠诚、正直，在欢乐中他格外聪慧，在他的王国中，他的才智凸显出严谨和完满。可遗憾的是，他的情绪少有地不稳定，他的想象力突出地多疑、怪诞，没有一个人比他更神经过敏而难以满足。”临床诊断与心理观察的结论相符，证实了这是一个病态之人。

他无所事事地呆着，抑制住“对纸张笔墨本能的痛恨，作曲时除外”，写几封信。临近中午，他教一到两堂课，快速吃完午餐，独自进餐或者和一个亲近的朋友一起用餐——格日玛拉，封塔纳，弗朗肖姆，维特维茨基——然后接着上钢琴课到下午 5 点，或者在两个学生之间，他能抽时间进展一点手头正创作的一首作品。他虽然在巴黎修订、改动、标注和修改作品，但他并不创作，而是把需要长时间投入的工作留到春天和夏天去做。我们已经说过，肖邦对待教学的态度细致、严谨，堪称典范，他最后一批巴黎学生中有一位名叫马蒂亚斯，他说：“如果学生不能达到他的要求，他会生气，吹胡子瞪眼，掰碎铅笔。有一天他抓起一把椅子，扔到地板上。可相反，如果他得到了所追求的音质，既柔和，又像彩虹那样丰富多彩，他的声音就会变得扣人心弦，充满爱意：‘这多好，我的天使！’[②]”在 1840 年，被“肖邦先生”称作“我的天使”，岂不让人觉得三生有幸？

肖邦常常自己坐到钢琴前作示范，在某个疑难处指点方法，演示细微差别、指法和重音的处理。他不属于那些对学生指手画脚的大师：“照我说的去做，别模仿我！”有时他会延长在琴上的时间。一天，他在女学生弗里德里克・穆勒（结婚后成为施特莱舍夫人）面前背奏《平均律钢琴曲集》中的十四首前奏曲和赋格。看到年轻女郎为之倾倒，肖邦只是简单地说：“这

---

① 这种当时尚未被命名的疾病已经存在。

② 引自乔治・马蒂亚斯所著《尚未披露的记忆》(A.科尔托收藏)。

是不会忘记的”。没有任何记忆比音乐记忆更可靠。“这是我的世界，我白天黑夜都跟它须臾不离……”

他跟那些亲密友人共进午餐，不管在他家或在“外省兄弟”餐馆，他就在这时给他们分派大量活计。他毫不费力地将那些生活琐事交给他们去办，这些人对他既欣赏备至，又忠心耿耿。谁又能让一个魅力十足的病人失望呢？

这里要提一下肖邦的虔敬。人们在这点上所知甚少，而我们的主人公，低调如常，并未提供任何信息。有一点可以肯定：由一个沉浸在天主教热忱和教义中的母亲养大的肖邦，在巴黎并不进教堂。李斯特作证说“他祈祷”。就算是吧。不管怎样，他从未表现过，哪怕仅仅暗示过他的信仰。桑徒劳地把他描述成“充满天主教信念”之人——确定无疑的是，她从未鼓励过他重返“孩提时代的美好信仰”——他要等到生命行将终结的时候，才接受天主教圣事，而他本人对此也并未明确要求。

大部分时间里，他和桑及其孩子们一起用晚餐，有时还有他情妇的几个朋友。之后，他经常在一个以他为主角的沙龙上度过晚会：去朗贝尔公馆的恰尔托雷斯基家、萨皮赫公主家、詹姆斯和贝蒂·德·罗斯柴尔德家，或者黛菲娜·波托茨卡家，如果她在巴黎的话；常去的还有施托克豪森男爵家、博沃公主家、普拉特伯爵夫人家、诺阿伊夫人家。卢贝茨基、沃里茨基、朗彼茨基、拉吉维尔、康斯坦丁大公爵，这些人都和他亲近。在这些上流社会沙龙里，人们自然而然地把肖邦视作王子。

他在沙龙里演奏什么呢？在微光暗影中，那些年轻女郎的白色连衣裙流光溢彩。他很少在这种场合演奏大部头作品，却宁愿弹他的圆舞曲，玛祖卡，夜曲，练习曲和苏格兰曲。一首首短曲，充满激情和幻想，能体现出巴黎夜晚的优雅情调。他称之为“用音乐讲述小巧的故事”。有时他即兴演奏，反复试验，寻找他的“蓝色音符”，即恰到好处的音色或者确定的音响，在周围的气氛和他的灵感之间构建某种神秘的联接。一旦找到，音乐就会奔泻而出，就像从摩西权杖下涌出的泉水。

也有些夜晚，他状态不好。柏辽兹在他的《回忆录》里，李斯特在他的《肖邦》中均提到过，某一次，他们的朋友丝毫没有弹琴的愿望。但女主人在给客人们提供了一顿并不丰盛的晚餐之后，却不管这套。她执意坚持，带着撒娇和请求的声调："肖邦先生，哦！肖邦先生，您会弹点什么的吧？"肖邦为了求太平，假装被说服了，事实上，他也弹了点什么……

"肖邦先生，真是美极了，可太短了，得再弹点……"

"哦，太太，"肖邦用一种很歉意的声调说，"可我只吃了那么一丁点！"

情绪好的时候，他就弹琴，无需别人相求，一直弹到精疲力尽。他眼睛圆睁，两颊紫胀，呼吸变得急促。大家都能感觉到他的生命随着这种激情的音乐在消损，而他不愿停歇，别人也无意打断。燃烧着他的热忱也感染了听众，这时只有一个方法能把他从钢琴边拽开：就是请求他演奏《葬礼进行曲》这段音乐。最后一个小节弹完，音乐会就此结束，因为此曲之后，他再没有什么可说，恰似他祖国的天鹅之歌。

当他置身流亡同胞中时，他会沉浸在童年和少年时期的回忆中，呼吸遥远故国的气息：谁知道呢，虽说不涉及天才的本质，远离故国是否会激励他的天才迸发呢？"留在波兰，他可能会满足于只当一个大音乐家①……"在巴黎，想象力所滋养的东西，在华沙的日常生活中可能会枯竭。在这里，思念着，接触着一小批移民，共同的话题是对波兰的遥想，会把现实变得更美。在他那些焦虑不安的同胞面前，肖邦感到某种使命感。他的同胞潘德列夫斯基对他有这样的赞语："他在无意中成了出色的走私贩，以他的音乐谱稿，让被禁的波兰主义飞跃国境线，成了波兰人的祭司，把处于溃败状态中的、不复存在的祖国的圣事带给他们。"李斯特写道，人们清晰地感觉到，他的奏鸣曲中的《葬礼进行曲》"并非为一个英雄的死亡而哭泣，却是为被征服的一代人而作，留在他们身后的只有女人，孩子和祭司……"

他弹完了，站起来，一声叹息发自胸腔，琴盖啪地合上。所有的视线都

---

① 引自阿尔弗莱德·科尔托所著《肖邦面面观》(阿尔班·米歇尔出版社)。

集中在肖邦身上。与他的音乐所营造的思乡情调形成鲜明对比，人们熟悉的这个苍白青年的外表消失了，眼前却是他扮作一个冷静的英国人或者一个可笑的老妇人的模样。还是这个肖邦，在赚到了这些人的眼泪之后，又会让人笑意满盈。他的座右铭是：鲜活多样。他不比自己所膜拜的莫扎特更过分，只是像他一样歌唱，尽情消遣而已。歌唱的灵鸟来自一个无人知晓的国度。他说："别跟我提那些从来不笑的人，他们是靠不住的……"

如果肖邦不出门，他就会出席桑那里的一个晚会，或者自己在小楼里待客。从这个小楼到那个小楼，只要穿过一个花园。不在同一个套间，却同处一栋楼里。

他能在情妇家里见到什么人？圣西门主义信徒皮埃尔·勒鲁、路易·布朗、拉斯帕耶、米歇尔·德·布尔日和布朗基，这些人代表了女小说家沙龙里"政治"那部分。拉蒙奈以他的《信者箴言录》，有时会带来某些基督教社会主义的色彩。桑被她那些朋友的想法所征服，写道："民众倾向于完全信任资产阶级。资产阶级应不会滥用这种信任。他们不会迷失方向，听信那些背信弃义的主张，无益的惊恐，虚假的谣言和反对民众的阴谋。只要中产阶级作出表率，民众将会公正，冷静以及善良。"生性慷慨、有乌托邦倾向、不信教的桑信仰了一种社会宗教，这种宗教找寻自己的祭司，而她奉献自己去实践真正的神圣使命。巴尔扎克是皮卡尔街 16 号的另一个常客，他正在写《人间喜剧》，一针见血地从三个角度讽刺法国资产阶级，在这三个方面，资产者最遭人诟病：金钱，谎言和特权阶级的傲慢。肖邦或者出于天性低调，更可能出于与生俱来的无动于衷，对于桑的社会活动及其朋友们的信念，充耳不闻。相反，我们的音乐家更受那些艺术家的吸引，诸如海涅、德拉克罗瓦、巴朗什、阿拉戈、波丽娜·维亚尔多、圣伯夫、密茨凯维奇、柏辽兹和李斯特、玛丽·多瓦尔、奥坦斯·阿拉尔。

海涅以他的幽默迷倒了所有的人。他从前曾经迷恋过桑，眼下他保留了前情人的做派和客套——这并不妨碍他给这家女主人起绰号，把她叫做散发魔力的女巫——也不介意和肖邦一起开玩笑，说她"比波兰更像波兰女人"[1]。和音乐家一起,他每天重复一种兴趣盎然的闲聊,某种典型的超现实主义话题,即使在当时这个思潮尚未出现。他总回到某个"欢笑的林中仙女"话题上,询问她的近况,打听"她是否还把银色的轻纱裹在绿色的秀发上,总那么令人恼火地卖弄风情"。肖邦玩着游戏,机锋相对,询问"长着长长的白胡子的海神是否还一直怀着可笑的爱情在追逐淘气的水泉女神"。对此,从不乏急智的海涅,用在诗的世界里才能辨明的美妙仙境作答:"玫瑰还在那里燃烧,带着永远的骄傲?树木还在那方轻歌曼吟,月光之下依旧和谐朦胧?"然后,俩人在只有他们能解开的密码中,齐唱那遥远的国度里,《漂泊的荷兰人》传奇中那已消逝的故事:"它们在哪里?我们的香草,我们的郁金香,我们的风信子,我们的海泡石烟斗,我们的陶瓷杯?阿姆斯特丹!何时我们再见阿姆斯特丹?"他们喊叫着"风暴正在船只的粗大缆索中呼啸"。就这样,两个诗人,尽管他们所用的语言迥异,彼此理解,尽在不言之中。

希勒,梅耶贝尔加上柏辽兹,和肖邦一起,构成了四人音乐方阵[2]。年迈的聂姆采维奇在肖邦高声诵读的《历史歌集》中,重温了古老史诗的兴味。他表情阴郁,一声不吭,密茨凯维奇称他为"北方的但丁",活生生勾勒出一个在静穆中倾听的形象。至于德拉克罗瓦,正相反,他能言善辩,和肖邦没完没了地就艺术进行探讨。面对一个专家,这个塔列朗的私生子不停地提问题。肖邦的回答有时简直就是悖论:"在我看来,贝多芬被巴赫纠缠不休……莫扎特,他当然工作勤奋,但他比贝多芬更少疑虑,总想循着一条整体思路,因而对那些最初的设想不能作彻底的更改……建立音乐逻辑的是什么?主要是对位和赋格:你搞懂了赋格,也就懂了所有推理和结论的要素。真正的科学并非外行眼中区别于艺术的那部分知识,而是艺术本身。至于灵感,它就是富有天赋的理性本身。贝多芬看上去晦涩和缺乏整

① 波兰在这里是阴性名词,用拟人化手法开玩笑。——译注

② 19世纪初拿破仑一世宫廷流行的一种正方队形舞蹈。——译注

体性的地方，正是他偏离永恒法则之处，莫扎特则从来不这样。至于柏辽兹，他是喧嚣的铜管乐作者，他拼贴和声，尽其所能地填满小节。记住莫扎特所言：'强烈的激情永远不应当由于表达过度而让人反感。即使在可怕的场景中，它也不应损害耳朵，而不再成为音乐'[①]"。奇怪的是，肖邦和德拉克罗瓦都被贴上了浪漫艺术家的标签，这多半是由于他们生活的时代，而不是他们所属的流派，他们俩都表现出了明显的古典趣味。德拉克罗瓦写道："看哪，肖邦多么生逢其时，他多么善于用别人所实现的进步来创造自己的音乐。他多么崇拜莫扎特，可又绝少相像之处！"

美学观点

另一个讨论的话题是：到底哪个更有价值，是未成稿还是成品？肖邦的一些朋友，包括格日玛拉，认为他的即兴演奏比他完成的作品更大胆。那是幻觉！德拉克罗瓦回击道："人在一个刚耸立起的建筑和一个业已完成的建筑面前的感受有所不同，前者的细节还没有体现，而后者却添加了装饰和已经装修完毕。一个人面对废墟也会有同样的感受，那些残缺的部分给人某种更强烈的冲击。在那里细节被抹去了或者残缺不全，刚起的建筑亦是同样，人所看到的还只是粗胚，那些装饰线脚和已雕饰部分也仅仅模糊可见。完成的建筑把想象力局限在一个范围内，不让它走得更远。一件作品的雏形尤其令人觉得可爱，可能是由于每个人都可以按自己的想象完成它。当科雷乔[②](Corregio，1494—1534)说出名句"我也是画家"[③]的时候，他想说的是：'这是一件美丽的作品，但我会注入某种它本来没有的东西'！艺术家在完成一幅画时不会糟蹋它。他只是在丢弃初稿中不成熟的东西，同时把自己的个性更充分地体现其中，全方位地展现出他本人的才

---

① 摘录自德拉克罗瓦的《日记》。

② 意大利画家，擅长油画和壁画，兼具弗洛伦萨画派和威尼斯画派的特点。——译注

③ "Anch'io son' pittore!"原文为意大利文。——译注

华，但也包括其自身的局限性[①]”。

什么是理想之美？什么是艺术中的真理规则？这种真理存在吗？肖邦和德拉克罗瓦向自己提问。他们在《唐璜》这部作品面前达成了一致意见：美是诸要素的融会贯通，是优雅、表达、滑稽、恐惧、温柔和调侃的完美契合。艺术自有其童年时代，创造力旺盛期和衰败阶段。在莫扎特和希玛罗萨生活的时代，数一数就可以找出大约四十来个音乐家，他们似乎都出自同一流派，他们的作品充满了美。因此，贝多芬和罗西尼尽管天纵英才，也不能以他们的艺术手法拯救作品。艺术家通过手法取悦观众，他也会因为手法而变得过时。

说到底，音乐是想象力的狂欢。在这个领域，如同在别的领域一样，造就杰出人物的，从某种意义上来说，不是轻而易举地完成作品的能力，而是他的洞察力。美是一种持续不断的灵感迸发的结晶，是不懈努力的结果。艺术家应该辛勤劳作直至不见斧凿之痕，因此鲁本斯的作品看似简单，并不说明他疏于劳作。美的极致意趣盎然，也是对现实的理想化表述。美的作品只要打上真情的烙印，便永不会过时。天才是强有力的创造，而不是像柏辽兹那样靠偶发性，到头来，他的那些最好篇章，“也不过是一团唬人的混乱”。

两个朋友也达成一致，如果一件事情让你烦恼，就不要去做它！不要不惜一切代价去贪新骛奇。完美的艺术是要让人相信他们从未听过夜莺的婉转，并让夜莺以自己的声调去自由地啼鸣。尤其是不要囿于陈词滥调。要像斯格纳莱勒[②]那样，用自己的家常话。别以为造出些故弄玄虚的新词，就能带来新观念。总之，宁愿作些篇幅短小的作品，它们既不累作者，也不累观众。别怕模仿别人，这是通向独创性之途。那些追求完美的艺术家，通常会一无所获。

---

① 摘录自德拉克罗瓦的《日记》。

② 莫里哀戏剧中人物，这里取依据自己的判断力行事之意。——译注

只真正相信感觉，这就是一切。在音乐中，用外在的声响替代创意，这是衰退的明证，是对艺术的否认。在这点上柏辽兹和门德尔松又一次错了！整晚整晚地，肖邦和德拉克罗瓦就这样聊个没完。

有时候，对话成了独语：比如说，除了音乐话题，德拉克罗瓦会谈论雕塑，绘画或者文学。这时候，肖邦退缩了，在沉默中回避，几乎不敢对他朋友承认，这些艺术在他眼里没有真正的重要性，总之无关紧要。或者当他对它们很不了解时，拒绝谈论。难道这是一种短视？不是，这是一个充分认识到自身局限的灵魂的纯洁处。肖邦的世界是绝对音乐的。这对他已经足够，从某种意义上来说，他的天才大大拓展了这个音乐世界的前景。

肖邦在他的沙龙里接待过许多桑的朋友，这些人后来也成了他的朋友。但他的波兰同胞更是主客，常来的有密茨凯维奇，他是法兰西公学的教授，还有黛菲娜·波托茨卡和她的姊妹博沃公主，当她们在巴黎的时候。黛菲娜歌唱，肖邦为她伴奏。巴黎的夏日就这样度过。因为这个1840年的夏天，桑算了一笔账，她手里没有4 000法郎的进项，不够在诺昂“维持开销”，因此宁愿不离开首都。她忍受着《科西玛》这出戏的失败所带来的苦涩的失望，肖邦则满足于在索朗日陪伴下，乘马车去布洛涅林子里兜风。她跟女中龙凤的母亲一样是天生的骑士，她的骑术让那些在埃罗寄宿学校的同学们吃惊，跟她哥哥恰成鲜明对照。莫里斯是个有点萎靡不振的小伙子，在素描和绘画方面有天赋。他是德拉克罗瓦的学生，高兴的时候，经常造访大师的画室。桑训斥他，禁止他接触“堕落的社会，玩偶，愚蠢的阔少，和其他花钱的消遣”。他闲逛不成，恐怕只能陪肖邦出席拿破仑遗骸安放仪式，因为勒古维送给肖邦两张1840年12月15日典礼的票。对人群厌恶之至的音乐家很可能未去观摩，因而失去了一个难得的观察机会，而维克多·雨果凭他那种从不出错的记忆，留给我们一系列极富色彩的图像。那天冷极了，下着雪。

> 皇帝的柩车出现了。一直躲着没出来的太阳，也在同时出现。效

果出奇地好。

远远看去，在雾气和阳光之间，在香榭丽舍大街树木的灰色加土红色背景中，透过那些形同幽灵的白色大雕塑，慢慢地驶来某种金色的山峦，在一片喧闹声中渐渐显现。简直可以说，这辆柩车的身后拖着整个城市的欢呼喝彩声，就像一个拖着浓烟的火把。

柩车慢慢前行。人们开始能分辨形状。

出现了96个军团长官高举96个省份的大旗。这个方阵异常美丽，在方阵上方翻卷着一个旗海。人们还以为是一片巨大的大丽花阵在行走。

两束巨大的旗帜在柩车前后极度夸张地摇摆，这些是欧洲各国的旗帜。柩车由16匹马拉着，它们外表吓人，身上披挂着的白色羽毛覆盖着马身，从头到脚裹着金色马帔，只留下两个眼睛可见，给它平添了一种难以描摹的幽灵马的模样。

对话很简单，却庄严。儒安维尔亲王对国王说：

——陛下，这是皇帝拿破仑的遗体。

国王回答说：

——我以法国的名义接受它。

然后他对贝特朗说：

——将军，请在棺木上放置皇帝的光荣佩剑。

并向古尔戈说道：

——将军，请在棺木上放置皇帝的帽子。

莫扎特的《安魂曲》效果甚微。美妙的音乐像韶华已逝的妇人。噢，音乐也会起皱：几乎难以称之为艺术……

假如肖邦没有出席这场圣典，而读到这类报道[①]，他会只看到最后一句

① 但他不会读到，因为维克多·雨果的《所见实录》(*Les Choses Vues*)是很久之后才刊行出版的。

话，这恰会引起他一种冷冷的愤怒：居然有人这样看待神圣的莫扎特？可肖邦自己，居然会不熟悉甚至完全忽略与音乐无关的一切？显然，伟人并不全面，人们会说他们只有一个侧面，另一个侧面则消失在阴影中，让他们失去判断力。

精灵的画像

或许是到了勾勒我们主人公的体态和精神画像的时候了。

关于肖邦的外表，我们前面的叙述已经提到过许多细节。很显然，1840 年时他已经是一个肺结核患者，极其消瘦。李斯特描述道："他的机体本质上是弱不禁风的。他周身和谐，忧郁的眼神中精神气质胜过梦幻的恍惚。他柔和恬淡的微笑带着甜美，气度优雅沉静，金发泛着光泽，鼻子显出鹰钩，待人接物、举手投足颇有贵族气，人们自然而然地视他如王子。他的姿势柔美，变幻多样，说话总压低嗓音，常常气促，身材不算高，肢体单薄。"肖邦的几幅画像，即使在某些细节上有所不同，跟李斯特的描述却吻合。

精神层面上，有两个肖邦，波兰人和法国的客人。

同样，在一个躯壳里，存在两个差异很大的造物：一位是天才艺术家，光彩炫目；一位是生活中的常人，叫人可怜。

总体来说，两道互相绝缘的屏风把我们的主人公分成不均匀的两半。

一边是"身着黑衣的异乡人"[①]，另一边是一个快乐和注重精神的人。如此神秘以至别人猜不透他叹息的根源和他快乐的缘由。缪塞笔下的那些人物都呈现出令人不安的二重性。

为了更好地理解这个特殊的个性，让我们回过头来，将肖邦再次放在他青春年华的背景中。

"我是纯粹的马佐夫舍人"，他这样自豪地声称。这点比他的想象更加真实，在一生经历中，很少有人比他更深刻地体现出家乡氛围、家庭习惯和

---

① 语出缪塞《十二月之夜》中"诗人"一节，其精神气质与肖邦相似。——译注

属于波兰人的行事方式。

一个感情外露的、淘气的、快乐的、爱嘲讽的、擅长恶作剧、消遣和各种“滑稽剧”的孩子，后来变成了一个忧郁者。偶尔，已经磨蚀的热情会重现，令他再去作个模仿者——演员博卡什曾经不无幽默地说他错失了真正的事业，他应当去演喜剧——这个模仿者在成年之后再现了少年时的多面手形象，那些在他 12 岁上认识他的人都说“他是一个具有各种天赋之人”。

正是这个受宠的小伙子，被柔情环绕，在一个女性的世界中长大，在那里他养成了戒不掉的醉心打扮的习惯和室内装饰的趣味。他母亲和姐妹们宠着他，他父亲为他感到骄傲，并不去想如何培养这个太有天赋、太精致、太敏感的孩子的男子气，他对这个孩子的极度尊重和发自内心的温情使他心慈手软。在跟姐妹们的接触中，他习惯于生活在闺房里，这是很多其他男孩完全不了解的一个世界。这在他身上同样也唤起了对诱惑和微笑的偏好以及敬重妇女的天性。这种敬重在未来的某一天，将会变成一种过度的拘谨。一个姊妹不是一个女人吗？正是如此，但危险也在这里！桑确信，他的母亲“是他真正爱过的唯一女性”，而母亲对他推崇备至，给他灌输了坚定的天主教原则，弗里德里克尽管“生性保守”，后来却特别轻而易举地将其舍弃了。失去信仰？并不是，而是无动于衷。

这个天赋超常的孩子学业上很优秀，却并不特别用功。只有一个例外，他为之注入了一种狂野的能量：他在艺术学习上投入了全副精力，虽天生体弱却注意力集中，目的是为了克服具体的困难，这是一种排他的、狂热而澎湃的激情。从童年开始，音乐调动了他全部的毅力。在琴键或音乐稿纸面前，只有在这个时候，肖邦才表现得斗志旺盛，跟他虚弱的体质形成鲜明对比。

他越是生活在华沙的气氛中，越是渴望逃离，去别处证明他的才华，尽管在故乡已经得到认可，他对此有清醒的意识，却从未忘形于虚荣。因此他出走，知道应当走，明知无论走到哪里都将承受痛苦。他坚定地走向荆棘之途。

在斯图加特，在悲惨的消息突然降临之际，就出现了悲剧。长久以来被礼节习惯所禁闭的感情的闸门打开了。在两个噩梦之夜留下的文字中，肖邦终于向我们敞开了他秘密的天性，他在日记里记载的文字同他创作的充满狂热激情的乐曲里的气息相吻合。必得等到华沙起义，与俄国暴君以命相搏，才能让一个极含蓄，永远能控制自己的年轻人，摘下面具，现出他的原形：一个受苦之人，一个极度敏感之人，一个激情之人，不用语言表达自己——这次是个例外——而用音符。他真正的天性，只托付给他的音乐。从此之后他再也没有用一个字或一句话，对他承受的伤痛有所暗示：一个无力、脆弱的人，对身处危险的祖国无力一援其手的苦痛。正是在维也纳和在斯图加特(第二十四首《练习曲》,《第一谐谑曲》,a 小调和 d 小调前奏曲)，他清楚地预见到了自己的使命。可怜的孩子唯有这一种方式，即用充满爱国主义的作品，来表达他心中对故乡的激情。这种复仇的冲动，但愿他能通过音乐感染他的听众，但愿音乐能唤起他在法国每时每刻都会遇到的流亡中的波兰人。

肖邦一到巴黎，就重新封闭自己像合上的贝壳一样，他再不流露丝毫旅途中遭受的可怕创伤。跟一个未知的城市的接触，同那些说着同一种语言，心理上却完全陌生的人们打交道，一个刚刚经历过革命洗礼的民族的生机勃勃的表现，这些都能把他从忧郁中引开。他旁观，什么也不参与，他浸润其中，不与人交流，他的不安消融在事件的进展之中，而这些事件跟他本人毫无关系①。他一开始就习惯于隔绝，具有某种从心理上拒绝的意味。任何人都不应进入他的秘密。他被引介给很多人，认识了很多人，却没有结下一段真正的友谊。生活在巴黎的波兰人是他仅有的亲密之人。面对别人，他扮演孤单无援的角色。他多次明确表示希望“一整天不见任何人”。依照科尔托很公正的说法，“他出借自己，但从不奉献自己”。从像李

① 引自李斯特所著《肖邦》：他并不介入任何行动、悲剧事件、亲密关系、各种结果。他对任何人都不曾发生过决定性影响。他没有对任何一颗心实施过专制统治，没有在任何命运上放置过征服之手。他什么也不找寻：他不屑于有任何诉求。

斯特那样的“同行”那里，他所得到的远甚于他所给予的。自私吗？不是的，是无动于衷。他只介意欧洲的一小片土地，却撕心裂肺地挣扎出来。但愿别人不要求他在别处扎根！他所到之处，只扮演异乡过路客的角色，一个虚位以待之人，接受馈赠，自己却并不安排生活。“在巴黎，他不再是一个谋事之人，而是一个承受之体”[①]。他耽于在忧郁的迷雾中丢失自我，沉溺于萎靡不振的一切便利中，“人一旦有时间去想，就能染上这种病症……”。取悦于人的愿望在他身上超过被爱的需要。因此他的朋友居斯廷写道，“人们不仅爱他，而且还因爱他而爱自己”。可怜的肖邦，还要充当零落散布的各种情感的黏合剂！

我们已经花很长的篇幅谈过他在感情方式的特殊性：纯洁、退缩、生怕泄漏自己的感情、在女人面前怀有与生俱来的羞涩。这正是他在格拉德科夫斯卡事件中的表现，也是在沃德辛斯卡插曲中的态度。除了梦中所想，唯一一个让他有过性经历的女人是乔治·桑，他丝毫不觉得受她吸引，彼此的天性是如此地对立，但他无力抗衡对方的愿望。桑表面上很富诗意，骨子里却很平庸乏味[②]，她直截了当地写道：“我还没有遇到过肺结核病患者：我的上帝，多么刺激人！”不幸的肺病患者作为候选人就像掉入陷阱一般跌进这个女人的怀抱，形如折磨男人的妖妇的利爪。只不过她并不吃掉他。肖邦并未选择，不作决定。他被选择，别人为他作了决定[③]。

他意识到自己性格的软弱，因为他的敏感洞烛幽微。分析这种特殊的弱点却分明又加重了他的忧伤。为了改换面目，他待人亲切的态度和天生的魅力卓有成效地起着作用。尚未有“调情”[④]这个字眼，肖邦已知如何去做，正如“郁闷”这个词尚未流行，却已经在他身上有了具象。桑证实道：

---

① 引自阿尔弗莱德·科尔托所著《肖邦面面观》。

② 参见 H.纪尧曼所著《桑和缪塞的私情》。

③ 一次，但不能两次！在情感冒险中，这是肖邦的秘密守则。正如在他生命临近结束时，对他很是忠诚的简·斯特林让他明白一场婚姻会令她高兴之时，他写信给学生古特曼：“如果说我准备跟她结婚，不如说我准备跟死亡结婚！”

④ Flirt，spleen 这是两个传入法国的英文词。

“30岁之后，他依然容易点燃激情，有时会在一个晚会上同时对几个女人着迷，一出门，就都给忘在脑后了。”但凡别人不要求他屈从于“肉体的粗糙的物质性”，也不苛求对其性倾向给予明证，肖邦随时可以给人造成幻觉。“他所找寻的，并非情妇，而是充满爱意的陪伴”。让我们找到恰当的字眼：这是姊妹！啊！但愿他能满足于在露德维卡和提图斯之间的温馨生活经历，露德维卡对肖邦怀有一种如此温柔的感情，而提图斯则象征一种男性魅力。对后面这点，肖邦自己却全然没有意识到。

至少，任何人永不能猜到他内心深处所感！靠了一种很外在化的和蔼可亲，辅之以一种深刻的冷漠，他自身独特的性格迫使他出色地表演这场难度很大的游戏：“正如他带有一种很可爱的礼貌，人们可以视作一种礼节性的善意，在他身上其实只是一种冷冰冰的蔑视，甚至是一种不能遏制的厌恶[①]”。这种伪装也没有逃脱李斯特这个匈牙利人的鹰眼，他早早地就将这种天性的真相挖掘出来，“它有千百种细微差别，互相交错纠结，以一种令人无法解读的方式一个接一个地变换角色”。这样，李斯特用复杂的语汇，出色地解释了眼前这个肖邦。他的行为方式并非出于音乐，而是出于搞音乐这个行当：“与其说音乐会耗费他的体力，不如说它干扰了艺术家的易感性。他自愿放弃那种名声显赫的成功，在我们看来，是掩盖了他不堪内心受扰的心态。他怀有一种明显的超级优越感，可能外部世界并未能给予足够的反响或折射，使他能确信已完完全全地被人赏识。他缺乏大众的追捧，他很可能自问，那些精英沙龙上热烈的掌声，能在多大程度上替代他力求避开的公众？很少人懂得他，但就是这少数人能充分理解他吗？一种说不清楚的不满，可能针对他自己，暗中损坏着他的健康。人们看到他几乎被赞誉所冒犯，那些不着边际的称道简直令他恼火。他觉得自己不仅掌声不多，更是被鼓错掌。他自己太机灵太爱讽刺，不可能让别人有可乘之机来嘲讽他，因而并不显露出自己是不为人赏识的天才的神气。在表面上

① 引自乔治·桑所著《卢克莱齐亚·弗洛里亚尼》。

的满足和优雅举止之下，他将一种很可理解的骄傲掩藏得如此彻底以至于人们几乎注意不到它的存在。这也不无道理，他的音乐会不多的原因（尽管后来稍多），与其说是因为体质羸弱，不如说因为他宁愿逃避公开露面，因为他在这种场合中不可能获得本应属于他的全部赞辞。他尽管身体病弱，但在授课这样繁重的体力活动中，或者他在家数小时弹琴时经受了足够的考验[①]。"

这种以面具遮掩真实存在的退却，桑以卡罗尔王子为模特，在《卢克莱齐亚·弗洛里亚尼》中作了准确的描述：

> 这种神情不是古代贵族家族后裔所特有的那种雄扬与勇毅，这些后裔只知道吃喝放歌和列阵搏杀。也不似那双翼的粉色天使般的甜柔。它很像中世纪那些理想中的人物：美貌的天使，颇似一个修长忧郁的妇人，纯洁无瑕如奥林匹斯山上年轻的神祇，并且，为了使这个理想人物完美无缺，他又独具一种表情，温柔又严肃，纯真又热烈。
>
> 他的思想最是单纯，他的感情最是执著、专一，且一丝不苟地忠诚。但他只了解他的同类，其余人皆是些观念，令他烦扰，他想方设法予以排除。他不能面向一个与他不一样的人，因为怕自己终不免会和这个活生生的个体相冲突，生抵牾。现实令他不愉快，他使自己避免置身于对抗之境的秘诀是看不见也听不到那些烦心事，所以他宁愿生活在幻想之境。他能做到这点，先是有意为之的习惯，随后变成根深蒂固的积习。那些跟他想法不同的人，在他眼里变成了幽灵一般的物种。很奇怪，他虽然性格如此，居然有朋友。他倒是天生有一种讨人喜欢的秉性。气质上不如他精致的人，喜欢他优雅的礼貌。他们对此很是敏感，却天真之至，体察不到这是在履行某种义务，跟诚挚不沾边。他更是和蔼可亲的，而不是充满爱意的。

---

① 引自李斯特所著《肖邦》。

> 在生活的细节中，他富有魅力。所有形式的善意，到他身上就变作罕见的优雅。当他表达他的感恩心情时，则以一种深沉的激情流露，来加倍地偿付友谊。
>
> 他情愿想象自己一日日临近死亡，在这种念头驱使之下，接受一个朋友的关怀，并在这个朋友面前掩饰来日无多的感受，这些日子必得好好享用。他呈现出惊人的勇气，如果说出于年轻人的勇敢无畏而拒绝接受临近死亡这个现实，至少他以一种掺杂着苦涩的甜蜜来轻抚死亡的等待[①]。

这幅画像细腻得令人不快，却很有可能是准确的。让我们尝试着作些细微的辩证。这位如此个性化的艺术家，这个革新者，对于跟他的艺术无关的一切，却只人云亦云而已。强调这点至少令人惊奇，也会使读者感到意外吧？他判断力狭窄，对别人了无兴趣，先入为主地自信满满。他对同时代的音乐家毫不感兴趣，门德尔松，舒曼，柏辽兹，甚至对李斯特本人，他都不予任何关注。在他看来有价值的，只有过去的杰作和他个人的作品，而对自己的作品又从未表露过任何自傲的评语。这位伟大的浪漫派人物，是一个根深蒂固的古典主义者[②]。

他爱花；因为讨厌阅读，几乎什么都不读；对书写深恶痛绝；怕受骗上当；对形而上学漠不关心；拘谨到令人起疑；良好的教育限制他流露出尖刻，却不能遏制盛怒，“怒气冲冲的肖邦是骇人的[③]”；惧怕“隐情暴露”，尤其怕人在华沙蜚短流长；具有某些动物的本能，擅长抹去自己的痕迹，例如将脚印弄乱，总之这是一个迷失在城里的外省人的举措；有人求他作慈善的时候很慷慨；只要涉及出版他作品的合同，就狮子大张口；他意识到自己秉

① 引自乔治·桑所著《卢克莱齐亚·弗洛里亚尼》。

② “他将浪漫主义的狂热和暴躁推到一边。他受不了极端事件和过度狂热。他只是在极窄的意义上喜欢莎士比亚：他认为那些个性过于写真，话语过于逼真。”摘自乔治·桑所著《卢克莱齐亚·弗洛里亚尼》。

③ 乔治·桑《通信集》。

承了一种难以相处的性格："如果我像一只毒蘑菇那样让品尝之人中毒，那可不是我的错[①]"！这些就是他的性格中需加以补充的特征，其特殊性从病理上及从远离故土这个事件上能找到解释。司汤达说得有道理，"某些伟人传记的一部分须得由他们的大夫来写"。毫无疑问，多病的体质容易令肖邦极度脆弱。

我们难道不在冒险，用这种我们认为真实的色彩来绘制这幅画像，从而有可能在读者心中降低对肖邦的热烈崇拜之情吗？而本书的初衷正好相反，是想激发，甚至增加这种情感。这种担心是多余的，只要读者也承认，在评点像肖邦这种特殊人物时，哪怕只是为了达到心理学意义上的清晰，而随心所欲地将人和艺术家分开，这将是一种曲解。如果肖邦不是我们大家所知的天才作曲家，他很可能就是一个可爱的人，性格上有些阴郁，相当累人，这里有他的朋友兼同胞密茨凯维奇，在 1846 年肖邦和桑关系破裂之时，对乔治·桑的赞辞为证："可怜的女人是一个毫无怜悯之心的刽子手的牺牲品"。但是作品在那里摆着，以其绚丽的永恒之光保护着作者，并使其高贵。

"我在奇幻的空间里行走……"怎么能要求这个探险家[②]，走向冒险的历程，自己并不知道所向何处，却为我们带回了财富，怎么能要求他除了天才，还具备平衡的天性，既不容许有不完美，也不能有性格上的些许瑕疵？那种"金子般的性格"，只为本人添彩，绝少对人类有益。他是音乐本身，除了音乐别无所长。他从一切中汲取音乐，并首先从疾病中汲取，正是这疾病似乎使他缺乏活力，不能从事这项事业。强健的体魄，"这身强力壮者粗

---

① "……尤其是一种冰冷的谦恭，他最让人受不了。因为他想要理性面对并使自己受现实生活的制约，而他从来没有弄懂过其中的奥妙，也不能定义它的原则。于是，他找到了一种精神方法，一种错误的和出色的方法，来折磨他所爱之人。他爱嘲讽，故作高傲，装腔作势，厌恶一切。看上去他是为了好玩而去很轻柔地咬人，可造成的伤害却深及肺腑。或者，假如他没有勇气去反驳和嘲笑，他就让自己沉浸在某种不屑一顾的沉默中，陷入一种令人难受的赌气中……"引自乔治·桑所著《卢克莱齐亚·弗洛里亚尼》。

② 原文为德语。——译注

鲁的冒犯”[①]惹肖邦厌烦，像一道伤口般令他痛苦，而这痛苦中有着优雅。正如从外表极粗糙的矿石提取精华，他从失却的健康中剥离出的，是神秘又精巧的感情载体。这种苦痛也把他孤立起来，造成冥想的癖好，说到底它在他周围营造了适宜于创造的退隐气氛。

如此体弱的人，却是一个极有天赋的创造者，这难道不令人感到惊奇吗？自知脆弱，他将全部精力，如小灯盏中的油料，聚集到他认定责无旁贷和受到威胁的事业上。这种压倒一切的活动，在这个身体欠佳，这个永远疲惫不堪的人那里，激发出令人惊奇的能量。一切都为最本质的事情而牺牲：友谊、娱乐，爱情，休息，甚至健康。一切的愉悦都让步于这个最高的、令人呕心沥血的快乐，那就是美的孕育。这是一种选择，在无谓的欲念和能使愿心化作有益之果之间，一种令人称奇的选择。这个咯血的斗士为自己是否能看到战役的终结而忧心忡忡，这个在很多不甚重要的事情上表现无常，一旦涉及本质就坚定不移的人，难道他不让人顿觉身形伟岸吗？

……我的脆弱温柔的心，充满了勇气，
……为它所希冀之事！[②]

普鲁斯特和肖邦

穿越时间的横亘，当我们论及肖邦的时候，不由得联想起马塞尔·普鲁斯特。这两副面孔兄弟般地相似，他们并肩而行。像肖邦一样，普鲁斯特生活在窒息的恐惧之中。由于传统药物不见疗效，普鲁斯特采用了一种几乎难以置信的生活方式，只有这种方式能稍稍延长他的生命，即终年卧床。他精确地计算了他的工作所需要的能量和维持生命所必要的消耗。为了保持平衡，他只吃必不可少的食物。他面对稿纸陷入沉思，床头柜上

① 科莱特用语。
② 安娜·德·诺阿伊。

一盏灯，百叶窗全部关闭。与其说他活着，不如说他想象着生活。他想象着他的过去，他将过去重现，并美化。行动能力丧失后，他在创造中得了补偿。疾病一方面折磨着他，将他禁锢在某处，另一方面有助于他的思想的形成和表述。他对他的恶疾了如指掌，对那种能有效刺激他的痛感既惧怕又渴求。他借作品中一个人物之口说出："忍受痛苦吧，承受被称作神经质的人的痛苦吧。您是这个可悲的和出类拔萃的家族的成员，是世上之盐①。我们所了解的伟大作品，均来自那些神经质之士。是他们，而不是别人，缔造了宗教，并留下了杰作。世界永不知晓欠他们多少，尤其不知道他们为了献身于伟业所受的痛苦。我们欣赏优雅的音乐，美好的画作，千百种风雅之事，但我们不知道那些创作者付出的代价有多大，多少无眠、眼泪、突如其来的哭泣、哮喘、癫痫，这一切中最糟糕的是对死亡的恐惧……维克多·雨果说过：'青草年年长，可孩子却夭亡'。而我，我想说，艺术的无情规律是，轮到我们自己死亡的时候，已遍尝人间苦难。但只要青草密密地长，由我们留下的那些丰硕的作品所滋养，而不曾被遗忘侵蚀，则后世之人前来安享草地上的午餐时，丝毫不必在意长眠地下的人②。"

普鲁斯特和肖邦何其相似！两个都是病人，他们的生命都受到威胁，均承受着那些创造者们身上常见的焦虑——流芳百世。两个人都跻身上流社会，对社交生活怀有同样的兴趣和厌恶——他们所弃绝的感官愉悦依旧诱惑他们，而所遇到的虚浮浅薄之辈却令人厌恶。浅薄的表面下深藏的严肃，白日工作后需要消遣的本能。他们有相似的滑稽感和模仿力。在琐事上一样纠缠不休。在朋友关系中既极度热情又表面客套。人们抱怨普鲁斯特笔下的人物虚荣，某些头脑混乱之辈甚至对肖邦不满，认为他的某些主题矫揉造作！观察自然和揣摩爱情足以让普鲁斯特描述乡村景色和以不朽的手法表述激情。而如果肖邦假装对他周遭一无所见——"他拒绝

① 《圣经》马太福音5:13，指社会精英阶层。——译注

② 引自马塞尔·普鲁斯特所著《追忆似水流年》。

接受现实中的一切”——难道不是因为他的内在世界足够丰富，乃至可以忽略周围的一切吗？最后，这两个人在他们生命的终结上也相像，普鲁斯特修改《追忆似水流年》直到昏迷的那一刻，然后他丢开了，他完成了他的作品，他可以死去。肖邦在1848年将手稿重新整理之后，只加上一句：“现在，我说了我想说的话。此外，我连他们在家乡怎么唱都不知道……”次年，他故去。他的使命完成了。如同一个换下岗的士兵，自忖再无用处，便消失在夜幕中。

因此别去用我们昏聩的眼力评判这些伟大的特立独行之士吧，别拿庸众的尺度衡量评定他们。如同那些在尼禄的花园里变作活火把的奴隶，“他们在黑暗中燃尽自身，而我们的路已被照亮[①]”。如是，肖邦显得既悲惨又光彩照人。人们对他所知道的一切，最终归结成那句话，简单又深刻，简·斯特林在他死后上刚合上他的双眼时所说：“他跟别人不一样……”

1841年

1841年是肖邦生活中最幸福、最具创造性的短暂时期。虽然他有几次咯血，偶尔天气不佳时不得不足不出户，他的生活有规律，授课很多[②]。他开始大量作曲，享有一个很靠得住的好名声，在沙龙中称王，和多位才智之士保持了令人羡慕的关系。与桑在《我生活的故事》中所叙述的相反，肖邦是在诺昂度过了第二个夏天之后回巴黎，于1841年11月2日才搬到她租下的皮卡尔街16号，两栋小楼中的一栋中去住的。有关这种亲近方式，肖邦未予置评，他对父母有关他“女朋友”的询问不置一词。对即将去诺昂小住的姐姐露德维卡，他也不作任何吐露。其他方面，从1841年开始，不再涉及爱情问题，却葆有友谊和惯习。肖邦只需要关爱。而桑也适应了她的“贞女”状态，这允许她将自己置于祭台上，并自称“圣女和受难者”。她借

---

① 弗朗索瓦·莫里亚克。

② 在桑的建议下，肖邦把教课费升到30法郎。缪塞老夫人，《夜晚》作者的母亲，请肖邦教她女儿钢琴。也是怪事，缪塞和肖邦，应当能相处得很好的这两个人，只在法兰西喜剧院相遇过一次。

此能忠实于惊人的自我阿谀，在她那里，这是一种高于一切的本能。

在1841年冬天，肖邦第三次为王室演出，并于4月26日，与女歌唱家达摩索-辛蒂和大提琴家恩斯特同台，在普雷耶尔音乐厅，开了一场他平生最为出色的音乐会。他在音乐会上演奏了刚出版的作品中的四首：《叙事曲》(作品第38号)，《谐谑曲》(作品第39号)，《玛祖卡》(作品第41号)和《第一波洛乃兹》(作品第40号)，加上一组前奏曲和作为返场曲目的两首练习曲。演奏激情四射。勒古维本应评述这场音乐会，但李斯特正好路过巴黎，要求此番荣誉。肖邦对勒古维表示他的遗憾：

——我更愿意由您来写……

——您这样想的吗？李斯特的一篇专稿，这可是一笔财富，他会为您打造一个美丽的国度……

——是啊，在他的帝国里！

值得提一笔的是，肖邦在巴黎报章上，为李斯特或其他同行，从未写过哪怕一行字。

可李斯特，他已经把达古伯爵夫人引起的不和忘在了脑后，后者自私，爱找茬儿、很令人厌倦。他气度高贵地写了一份对肖邦充满赞誉的评论，写到"听众皆是社交界精英，由出身贵族、富裕家庭，富有才华和美貌的上流社会人士组成。肖邦成了一个哀歌诗人，深刻、贞洁、梦幻。他作品中的一切，都显得一气呵成，激情迸发，突然而至，气度自由且高贵，这正是天才作品的特色"。

《法国音乐报》上，1841年5月2日的文章，将肖邦的艺术和舒伯特相比较(肖邦对他的推崇颇有保留，认为在他的一些艺术歌曲中存在某种令人吃惊的"过度的现实主义"特征)："他们中的一个为钢琴所作正是另一个为人声所写。肖邦是杰出的情感钢琴家，他做梦，他哭泣，他温馨地、柔情地并忧郁地歌唱，表达着一切最高尚的情感。可以说他是一个钢琴流派和一种作曲流派的创始人。肖邦是一个独特的钢琴家，不应该也不能够把他和任何人相比……"说得好，切中肯綮！

玛丽·达古在音乐会前，出于一贯的恶毒，散布了阴险的谣言："一个不怀好意的小集团想尽办法要让肖邦复活……桑夫人被李斯特的辉煌声誉搞得厌烦，敦促肖邦在普雷耶尔家开场圈内朋友音乐会，禁止旁听[①]……桑夫人恨我，我们不再见面……"

事实上，桑聪明得很，她一言不发，而且藏起来不露面，但她将利爪磨快，在她的名为《贺拉斯》的小说中提供了前女友的一幅美丽肖像，小说中人物的名字叫德·夏依伯爵夫人：

> 她瘦骨嶙峋得吓人，牙齿很成问题，但有一头绝好的头发，总是精心梳理，很有品位。她的手指修长且干瘪，但白得像石膏，戴满了世界各地产的戒指。最后，她拥有一种人们称之为不自然的美貌……她每样东西都读一点：一种装出来的智慧。
>
> 她跟年轻女人相处时，有一种令人无法忍受的傲慢，不肯原谅朋友们为了金钱而结婚。除此，她接待年轻的文人和艺术家还算友善。她在他们面前随心所欲地摆出一副女贵族的姿态，假装只看重美德。最后，她身上有一种造作的贵族气，像其余的一切，像她的牙齿，她的乳房和她的心……

在那个时代，人们以写小说或者回忆录的方式来互相攻击诽谤。巴尔扎克已经在《贝雅特丽克丝》里描述过"爱情的苦役犯"，指李斯特和玛丽·达古。后来在他们关系破裂之后，达古夫人将李斯特在《奈丽达》中撕得粉碎。桑将写成《她和他》，强忍着《他和她》[②]，发表《卢克莱齐亚·弗洛里亚

---

① 不是禁止旁听，而是关起门来的音乐会。这里是有微妙区别的。音乐会的消息一传出，尽管票价昂贵，所有座位马上就被抢购一空。

② 为保罗·德·缪塞在其弟阿尔弗莱德·缪塞死后发表的，一篇替死者正式辩护的作品。——译注

尼》,推出《贺拉斯》。《贺拉斯》如同一颗炮弹出膛,落在李斯特眼皮底下,给他一个机会,抽出一支瞄准玛丽·达古的箭,因为后者在他眼里开始变得难以忍受:“无可怀疑,桑夫人描述的正是您的画像,那位德·夏依夫人身上造作的神气,造作的美貌,造作的贵族气……”击中要害!在另一个场合,李斯特认为“桑和肖邦很可笑。我为他们提供了一个愉快的晚会,但我并不认为,他们得作任何解释。这种情形下最好的对策,是微笑以待,并用更私密的方式去击伤对方。请您在这点上放心,由我来对付……”这番话恐怕只是为了平息他漂亮女友的怒气,李斯特从未将他的计划付诸行动。

1841年冬季伊始,肖邦从他姐姐露德维卡信中得到了玛丽亚·沃德辛斯卡嫁人的消息,她嫁给了弗里德里克的教父之子约瑟夫·斯卡贝克。“斯卡贝克希望娶一个能管束他的太太,而她本人根本无需受约束:事实上,他在这种出乎意料的选择中所得到的,跟她失掉的一样多……”肖邦一如既往地只是收录消息,并不作任何反应。

肖邦在普雷耶尔音乐厅音乐会受到好评之夜,华沙报纸上刊登了老阿达尔伯特·齐夫尼逝世的消息,是他将巴赫和莫扎特的作品介绍给了年轻的肖邦。有那么一刻,肖邦计划去波兰,到普鲁士占领区,俄国人留下的自由区去——随后他放弃了这个打算。波兰难道不是总在他脑子里,在他心里占据最重要的位置吗?他和密茨凯维奇难道不是永不知疲倦的歌手吗?一个以《先人祭》和《塔杜施先生》——另一个以《波兰叙事曲》和《玛祖卡》,他们难道不在同一种爱国激情里震颤,这种激情由于远离而更激越吗?密茨凯维奇在同斯洛瓦茨基赛诗时,难道找不到即兴的诗句致远方的波兰吗?自1840年12月以来,他在法兰西公学占据了斯拉夫文学主席的位置,那时这种文学被视作富有异国情调。他会说12种语言——其中法文说得和法国人一样好——令听众着迷。他在听众中看见混杂在学生中的圣伯夫、拉马丁、拉蒙奈、蒙塔朗贝、米什莱、桑和肖邦。后者听到同胞责备自己宁愿在沙龙中消磨时间,而不去写歌剧来为提高波兰的声誉服务。密茨凯维奇的极端神秘主义让肖邦感到不愉快,鉴于此,他们的关系从未超出过某种谨慎的友好。肖邦满足于在他同胞的作品中借用些许灵感，比如密氏的《叙事曲》或《波兰舞曲》[①]。

1841年对肖邦来说，是创造力旺盛的一年：《第三叙事曲》、《塔兰泰拉》、《包列罗舞曲》、《f小调幻想曲》、《升f小调波洛乃兹》、《协奏曲》的快板[②]、《两首夜曲》（作品第48号）和《降A大调圆舞曲》（作品第42号）。这些曲子都是在那一年创作的。

1841年6月中旬，他们出发去诺昂，打算在那里待到11月1日，一共四个半月。这年夏天，波丽娜·维亚尔多和她丈夫一起来乔治·桑家住了15天。她是玛丽布朗的姊妹，两姐妹是西班牙男高音马努埃尔·德·波波罗·维森特·加西亚的女儿。她丈夫路易·维亚尔多是勒鲁的密友，后者是桑家的朋友。肖邦在为女歌唱家伴奏时获得了最大的乐趣，他在自己房间里一架刚刚运到的普雷耶尔钢琴上伴奏。波丽娜则设想将波兰人的某些玛祖卡和练习曲改编成声乐作品。

除了作曲或者在桑的客人陪伴下消遣娱乐之外，肖邦把时间花在实用的通信上。虽然他痛恨写信，在麻烦朋友替他办事方面却本事出众。封塔纳——他于年末离开巴黎去美洲——整个夏天住在肖邦位于特隆舍5号的公寓里。他在那里收到多得吓人的信件：支付租金、付钱给看门人和花店老板、购买手套、安息香型肥皂、不同的香水、托考伊葡萄酒、鹅肝酱，甚至一只用来挠头的象牙小手，顺便付钱给丹当，他为肖邦塑了一个胸像，做了两份拷贝。还有几本书，等等。还是这个封塔纳重抄肖邦的手稿，将他忘在巴黎的物品寄去，跟普雷耶尔讨价还价，收信，寄信，找一个新公寓，由于未果而准备搬到皮卡尔街去住，查找切尔尼切夫公主名字的正确拼法，因为肖邦刚谱写的第25首《升c小调前奏曲》（作品第48号），准备题献给她。还要在音乐出版商之间充当中介，雇一个新的贴身男仆，为桑的小楼

---

① 肖邦的第二叙事曲，应当受密茨凯维奇的《希维德什扬卡叙事曲》启发而作。

② 可能是为钢琴和乐队谱写的第三协奏曲的雏形，只停留在第一乐章。

通风透气，在那里点火和薰香，确保床单干燥，房子彻底打扫过，储藏室里有足够备用的木头。这个幸运的人没有时间烦恼，他的时间表被精确地排得满满当当！因此，我们能理解他逃向美洲的原因……

一部小说

1841年诺昂之夏，下过几场暴雨，加上一场心理上的风暴。玛丽·德·罗兹埃尔是肖邦的学生，索朗日·桑的钢琴老师和桑的朋友，看上去挺忠心耿耿，却不知深浅，迷上了安东尼·沃德辛斯基。这个沃德辛斯基不是正经人，是肖邦"未婚妻"之兄，向肖邦借了些钱，还忘了还债。他成了玛丽·德·罗兹埃尔的情人。一想到他的学生和玛丽亚·沃德辛斯卡的兄长均被请到诺昂来做客，肖邦显然感到很不愉快。桑按她的习惯，以为能把各种头绪安排妥帖，于是搅乱牌局，把"希普，希普"也就是肖邦推出来充当恶人。她极度虚伪地写信给玛丽·德·罗兹埃尔："我们这里有一种反对您的情绪，我都不知道该怪谁。这种情绪跟什么都不搭调，简直像一种病态……他对您怀有恶意……就因为我对您的友谊，以及我捍卫您的独立权利的方式，他对您横加指责……如果我没有见证这三年中缔约和毁约的病态举措，我会什么都弄不明白……"遗憾的是，是桑而不是肖邦，对友人采用缔约和毁约的做法。

当然，肖邦有足够的理由不信任玛丽·德·罗兹埃尔，并在写给封塔纳的一封信中对她评价苛刻。不管怎样，她很大程度上是咎由自取："她不知好歹至极，爱管闲事，在一切方面搬弄是非，而且不是第一次这样做，是一只把自己当作牛的青蛙①！私下说说，这是一头令人无法忍受的猪，奇怪的是，居然还会钻到我的园地里刨，寻找松露②，一直寻到我的玫瑰中。什么都不能跟这种人说，因为她极不知趣……"

---

① 源于拉封丹寓言，喻竭力想仿效比自己更强大之人。——译注

② 松露被盛赞为"厨房的钻石"，欧洲人将松露与鱼子酱、鹅肝并列"世界三大珍肴"。传统上猪最擅长找到地下的松露。——译注

然后，在直截了当地表达了自己对女阴谋家的看法之后，肖邦责备封塔纳——可多么婉转！——擅自将丹当塑的两个胸像之一送给沃德辛斯基。他对大小事务都很细心，肖邦生怕桑知道情人将自己的胸像送给前未婚妻的家人，会感到别扭。肖邦从不撒谎，他从来不耍诡计，更不会得理不饶人。显然，这位天生的贵族和这位现实的平民之间的结合格外地不平衡！表面上对很多事情浑然不在意的肖邦，在这个1841年夏天，终于睁开了眼睛。桑出于疏忽向他出示了上述她和玛丽·德·罗兹埃尔之间的通信，尤其是这封，超出了最起码的慎重。之后她写道："我不明白您何以**谴责**我在**谴责**您，我是赞同您并发自内心地同情您……请记住我什么也没有说……"饶舌者和什么都要写的人，总有一天会变成他们自己言辞和文字的牺牲品。

人是何等复杂，高贵的情感跟损人的冲动竟能如此比邻而居！秋天将至，桑为了装修而滞留诺昂，而将"她的小肖邦"托付给马里亚尼夫人，怎么能不被这种母鸡护雏般的呵护而感动呢："请人给他的房间通风，备好热水供他漱洗，准备好他早晨的巧克力和下午的汤，尤其别让他睡得太晚，叫他的波兰仆人给他的午餐准备一小份肉汤炖菜，一块排骨。他现在身体良好，需要吃饭，睡觉。万一他生病了，我会丢下一切去照顾他……"同样的建议也给了玛丽·德·罗兹埃尔："我强迫肖邦去重新教钢琴，离开对他的健康已无益处的乡下，这里的大房间冷得吓人……如果他在健康方面表现轻率，请向我告发……"而肖邦对于病中的桑也同样关怀备至。饶舌的德·罗兹埃尔写信给安东尼·沃德辛斯基："昨天，桑夫人一直卧床到晚饭时分。这时候看得出肖邦在看护病人方面做得多么好了，勤勉热忱，灵活和忠诚。尽管他性格不好相处，她找不到另一个希佩特……"另一个细节：肖邦从巴黎给桑寄去的短笺上签名——出于玩笑或真诚？——"您十分卑微的，肖邦"，他还在附言中向莫里斯·桑致意："布里①，衷心地拥抱你"。后来，桑会在她的前情人和儿子之间搅起一场纯属想象的互相憎恶。但在

① 即莫里斯，乔治·桑的儿子。——译注

当时，桑与两个孩子和肖邦之间的关系很友爱。若没有这个偶然出现、让他融入其间的家庭，肖邦的际遇会怎样呢？

1841年末，肖邦跟家里所有的人互贺新年。给他捎去"家乡"的千百种新闻：一个外省首府的各种小道消息把两姐妹的信塞得满满的，她们在远方继续崇拜赫赫有名的兄弟。尼古拉·肖邦给儿子经济上的忠告，他建议儿子对李斯特耐心些：没准桑和玛丽·达古之间的不和睦会波及两个男人之间的友谊？事实上，李斯特在给肖邦写信的时候——很可能是在试探他——称他为"我亲爱的前友人……"肖邦稍有内疚，但很快就释然了。尼古拉·肖邦因病不出门，咳嗽得厉害，他太太偷偷地给弗里德里克写信，她负有3 000弗洛林的债务，而她拒绝让丈夫知道这笔欠款的存在，她亲爱的儿子如能把母亲从这种窘状中解救出来，那就太好了。在温柔地提出这个要求时，朱斯蒂娜加上了成百种虔诚的告诫，还有同样多的对身体的忠告：你怎么样？好好看病了吗？

尽可能地好，但哪怕一点穿堂风，或者刚有点疲劳，机器就失灵。弗里德里克得了淋巴结炎。他受到了诊治——连同马图钦斯基，他也一样是肺结核病患——医生是他们的同胞拉齐鲍夫斯基大夫，还有给桑看病的顺势疗法医生莫兰。

受到1841年4月26日音乐会成功的鼓舞，肖邦病弱的身体稍有好转，就又开了场音乐会。音乐会于1842年2月21日在普雷耶尔音乐厅举办，由波丽娜·维亚尔多和大提琴家弗朗肖姆友情出演。肖邦为两个朋友伴奏，并独奏了他的一部分作品：三首玛祖卡，《降A大调第三叙事曲》，《三首练习曲》（作品第25号之一，之二和之十二），四首夜曲，《降D大调前奏曲》，《即兴曲》（作品第51号）。音乐会大获成功。《法国音乐报》报道了这场音乐会，写到"乔治·桑及其两个女儿"一起出席，因为他们将她侄女奥古斯蒂娜·布罗特误认作是索朗日的姊妹。在华沙的露德维卡·延杰耶维奇来信[1]取笑

[1] 她在信中写道自己刚从沙发尼亚回来，在那里她和孩子们度过了假期。在沙发尼亚，人们还对弗里德里克记忆犹新，"皮图斯一家身体很好……"

这种笔误，尽管弗里德里克一贯守口如瓶，远方的家人消息毕竟灵通。尼古拉·肖邦借这次搬家的机会，隐晦地询问儿子："你换了住处：如果别的人不换，你不会孤单吗？"什么都瞒不住。在同一封信里，父亲为弗里德里克频繁更换仆人而感到惊讶。他怎么会料到，桑作为蛮横的女主人，正是造成这些不断解雇仆人的原因？诺昂对于肖邦的仆人是致命的[1]。

德拉克罗瓦

在诺昂度过的1842年春天还是给肖邦留下了幸福的记忆。在那里驻留的德拉克罗瓦写信给皮埃莱："场所宜人，主人们为了取悦我，再亲切可爱不过。如果我们不为午餐、晚餐、台球或散步聚到一起，就待在自己的房间里阅读或躺在沙发上自得其乐！有些时候，从朝向花园的窗户里能听到正在房间里工作的肖邦。一阵阵乐音传来，和夜莺的歌声与玫瑰的香味交织在一起。我犹如在修道院里。我们等巴尔扎克的到来，他没来，我对此并不生气。这个饶舌鬼会打破这种懒散的和谐，我恣意徜徉其间……我跟肖邦没完没了地私下倾谈，我非常喜欢这样，他是一个具有罕见直觉的人。他属于那样一小部分人，让你欣赏，也值得看重……"

桑写道[2]：

> 在两个艺术家之间，存在一种趣味上的一致性。两个人都是公子哥儿。他们同样喜欢优美的方式，优雅的举止，高贵的想法，他们的心灵相通。事实上，肖邦不理解德拉克罗瓦：他敬重，亲近并尊重这个人，却讨厌画家[3]；德拉克罗瓦能力上更多样化，他欣赏音乐，品位很正且精致。他听肖邦没够，他悉心体会他，从心里喜欢他。肖邦接受他，

---

① 杨·马图钦斯基于1842年4月20日在巴黎逝世。肖邦看到自己的朋友一动不动的样子，极受刺激，大声哭泣起来。深思熟虑的桑加快后事的处理，4月21日举办了葬礼，一周之后，大家出发去诺昂。

② 《印象和记忆》。

③ 这种说法嘛，显然十分夸张！

也被他打动，但当他面对朋友的一幅画作时，他痛苦不堪，因为找不出一个词儿。他是音乐家，只是音乐家。他的想法只能用音乐来表述。他灵感无穷，很优雅也很聪明，但他对绘画和雕塑真是一窍不通。米开朗基罗让他害怕，鲁本斯让他起鸡皮疙瘩。一切在他看来怪诞的都令他反感。他将自己封闭在最循规蹈矩的狭窄空间中。奇特的例外！他的天才是天下最有独创性，最具个性的。但他并不愿意人家这样对他说[①]。说真的，德拉克罗瓦在文学上的品位也是最古典的和最注重形式的。

莫里斯在吃甜点的时候嚷嚷着要德拉克罗瓦为他解释倒影的秘密，肖邦听着，因惊讶而瞪大了眼睛。大师用绘画的色调和音乐的声响来举例比较。音乐的和谐并不只是在和弦的构成上，还在它们之间的关系中，在它们之间有逻辑的连续上，在它们的传递行进中，在我有时称之为声响的反射中。那么，绘画也非如此不可。'倒影的映像'把我们扔向无穷，德拉克罗瓦对此知道得很清楚，但他远不能论证它……

"请允许我尽我所能来表达意见"，肖邦在座位上兴奋地说：

"请允许我在进入倒影之前呼吸几口。关于倒影说得够多了。这很精妙，对我来说很新鲜，可这有点像炼金术。"

"不"，德拉克罗瓦说，"这是纯化学。色彩分解并重组……"

肖邦不再听他说。他走近钢琴，未在意别人在听他。他即兴弹奏，盲无目标。他停下来。

"可是，可是，还没弹完呢！"德拉克罗瓦喊道。

"我都没开始，什么都抓不住……只有倒影，阴影，起伏部分，无法以固定成形的乐思体现。我找颜色，可连线条都勾描不出来。"

"一个不来，您就找不到另一个"。德拉克罗瓦接着说，"而您会同

---

① 这里，桑看得很准！

时找到它们。”

“可是如果我只找到月光呢?”

“您会找到一个倒影的映像”,莫里斯接口。

这个说法让神样的艺术家感到高兴。他接着又弹,不像重新开始,因为他的线条很模糊,不确定。渐渐地,我们眼里充满了柔和的色调,与听觉捕捉到的甘美悦耳的抑扬声相吻合。然后,蓝色音符出现了,把我们带入透明的蔚蓝夜色之中。轻云变幻成各种梦幻般的形态,它们布满天空,聚集在月亮周围,月亮洒下乳白色的光斑,唤醒沉睡的色彩。我们在仲夏之夜进入梦境,等待着夜莺。

一曲美妙的歌!

大师知道自己在做什么。他对那些自诩能以模拟和声让人与物说话的人付之一笑。他不会这般幼稚。他知道音乐是人的一种印象,也是人的一种宣泄。是人的灵魂在思考,是人的声音在述说。是人在体验到激情的时候,借其一抒情怀,而不是试图以声响来阐发这种感情的缘由。这些缘由,音乐并不能够明确表述,它不应自逞其能。这就是音乐的伟大之处,它不用苍白平庸的语言来表达。

除了德拉克罗瓦,维特维茨基和受宠的玛丽·德·罗兹埃尔都住在诺昂。从7月27日开始,桑和肖邦打破惯例,回巴黎去找一个新的住处,因为他们实在对皮卡尔街厌倦了。封塔纳已经离开:他们得自己去找……

奥尔良广场

有个想法在诱惑他们,即作家与艺术家聚在一个共同社区里生活。恰好有一个机会,有一套在二楼上的大公寓,另一套带一个客厅和一个房间,分别在奥尔良广场的5号和9号(位于圣拉萨尔街)。马里亚尼夫人住7号,波丽娜·维亚尔多、当丹、齐默尔曼、阿尔康和亚历山大·大仲马构成了这个“小雅典”。

我们只需穿过一个绿树成荫，铺着沙石地面，永远干净的大院，就能聚到一起，有时在她家[1]，有时在我家，也有时在肖邦家，只要他打算给我们听音乐。我们发明了只做一道炖菜的法子，大家都在马里亚尼夫人家一起进餐，这更经济，也比各自在自己家里吃更愉快：各人的自由比傅立叶主义者的法伦斯泰尔[2]更能受到保障。肖邦为自己能在奥尔良广场拥有一个单独的漂亮沙龙而高兴，他能在其中作曲和做梦。可他喜欢交际，他自己的小天地只用来教课。他的创作和写作都留到诺昂去做。莫里斯在我楼上有自己的公寓和工作室。索朗日在我边上有一个可爱的小房间。莫里斯恢复了他的工作室，而我重拾《康素爱罗》，像上了磨的驴。

肖邦虽在诺昂没住多久，却带回《第四谐谑曲》(作品第 54 号)，《第四叙事曲》(作品第 52 号)，《降 A 大调波洛乃兹》(作品第 53 号)，《第三即兴曲》(作品第 51 号)，《三首玛祖卡》(作品第 50 号)和《a 小调玛祖卡》(无作品号)。他在教课上花很多时间和精力。梅耶贝尔几个月前给他送来了一个 8 岁的小盲女钢琴家，被认为是个“天才”。德・兰兹是《贝多芬的三种风格》的作者，他在《我们时代的伟大演技高手》一书中，叙述了认识肖邦的经过。李斯特给了他一张名片，作为介绍给他朋友弗里德里克的通行证。肖邦有戒备心，让人说他不在。德・兰兹坚持求见，肖邦出现了，这是一个中等身材的年轻人，消瘦，浑身透着忧郁，带有巴黎人最优雅的举止：我从来没有遇到过比他更有吸引力的人。

——什么事？您是李斯特的一个学生吗？

——李斯特的一个朋友，我希望有幸能在您指导下弹奏您的玛祖

---

① 指在马里亚尼夫人家。上述描写摘自《我生活的故事》。

② 即共同生活区。

卡。我已经跟李斯特学过几首……

——真的！请把您给李斯特弹过的弹给我听听，我还有几分钟时间。

我弹了《降B大调玛祖卡》，加上了从李斯特那里学来的一种演奏手法。

——这种弹法不是您自己的，我说对了吧？肖邦对我说。他给您做了示范，他真的什么都得碰……那好，说定了，我会给您上课，每周只有两堂课……您读什么书？

———我喜欢乔治·桑和让-雅克超过所有别的作家！

他微笑了，他在这个时候美得出奇：

——是李斯特教您这么说的，我看得出来。您已经受了调教，再好不过。看来我们合得来[①]……

另外一天，德·兰兹谈到他在马里亚尼夫人家度过的第一个晚会，有桑和肖邦在场。

桑不说一句话。我坐在她身边。肖邦在旁边转悠，就像鸟笼里受了惊吓的一只小鸟。

——您有一天会去圣彼得堡吗？我对乔治·桑用世界上最可爱的语调询问。在那里人们那么爱读您的书，您被那么多人热爱？

——我永远都不会低头到一个奴隶制国家去！

她站起来，动作富有戏剧性，以一种全然男性的姿态穿过沙龙，走向火苗烧得很旺的壁炉。她从工作服口袋里取出一根特拉毕科大雪茄[②]，朝着沙龙嚷嚷：

① 这种关系颇令人怀疑。德·兰兹专爱讲别人的坏话，对他的声明，我们多有保留。

② 哈瓦那产雪茄。——译注

——弗里德里克，费蒂布斯[1]！

肖邦温和地朝她晃过去，手里拿着一个费蒂布斯。

——在圣彼得堡，她开始说话，我可能根本就不能在沙龙里抽雪茄！

——在任何一个沙龙，夫人，我从未看见有人抽雪茄！

裹着皮头的花剑！[2]

1843年夏天，桑和肖邦从5月22日至11月1日都在诺昂。波丽娜·维亚尔多和德拉克罗瓦陪伴在桑的左右，肖邦骑在驴背上，沿着克兹河出游，桑从那里回来的时候，搜集了新的素材，准备用在小说的各个章节里。肖邦旧事重提，对乔治·桑老情人俱乐部中一个不甚重要的人物，演员博卡奇表现出嫉妒，真是怪事！他还爱着我吗？她这样想。他太内向，太多疑，真是倒霉！

可相反，他像印第安人那样谨慎，给朋友的信中用的是密码：例如，他称桑为“伴侣”，马里亚尼夫人为“西班牙女人”，皮埃尔·勒鲁为“红发男人”。到了8月中旬，他回过巴黎几天，去见他的出版商，并将索朗日带回到诺昂来。夏末过得很平静。肖邦比桑早一个月回到巴黎，奥尔良广场那边“非常简单的小日子”重又开始。肖邦誊写夏天的手稿。他的一个同胞，叫做波德翰·扎莱斯基的，某天晚间前来造访。肖邦正像他喜欢做的那样，为几个亲密的朋友弹琴。

他脸色苍白，生着病，可快乐依旧，肖邦热情地接待我，并开始弹琴。不可能说出他弹的是什么，也不可能写下他怎样弹奏。生平头一次，我如此深切地感受到音乐的美，以至于我泪流满面。我抓住了体

① 原文为拉丁文，原意为弦乐器，这里是指点火柴的装置，1830年代欧洲使用的一种点火器。——译注

② 意指不伤害对方的攻击。——译注

现大师激情的所有细枝末节，而且我完全记得住每个曲子的主题和特性。他首先弹了一首出色的前奏曲，然后是摇篮曲，接着是一曲辉煌的波洛乃兹，最后，专门为我，弹了一首即兴曲，这首曲子唤人想起那逝去的歌声，欢乐与悲伤，其中融入了挽歌的调子。他以《波兰将永存》做结束，使用各种方式来演奏这首曲子，先是斗士般的刚烈，然后是儿童般的纯真，再后是天使般的圣洁。拿这首即兴曲来写一本书都可以。

刚一离开琴键，肖邦为了掩饰他自身的激动，也怕听众太深地陷入激情中，他就开始模仿。糟蹋时髦的钢琴家，取材可谓丰富，他滑稽地模仿他们的腔调，说话，举止，和他们的弹法。在《生意人》这本书里，巴尔扎克提到了这种消遣。莫舍莱斯记道："谁想得到，肖邦除了他的多愁善感，还有戏剧才能?"博沃公主说，在维也纳，人们还真以为看到了奥地利皇帝本人。李斯特写道："他的五官变得不可辨认，他对它们作了最奇特的变形。可是，在模仿丑恶和奇形怪状的同时，他从不丢掉天生的优雅。"

1844 年春天，肖邦参加了一场由查理·瓦伦丁·阿尔康组织的音乐会。他和阿尔康，加上皮克西斯和齐默尔曼，一起用两架钢琴八手联弹了贝多芬的《第七交响乐》片段。

父亲之死

这年的 4 月份，肖邦内心受到了沉重的一击：他父亲死于华沙，享年 73 岁。逝者的女婿巴尔辛斯基，给他内兄写了一封感人的信，陈述了一家之主的高贵，无奈，冷静，当他离开人世时，还祷告上天，祈愿他远方的儿子在已承受如此多的磨难之后，能勇敢地承受这份痛苦："他睡过去了，简单之极……"伊莎贝拉和安东尼·巴尔辛斯基把肖邦夫人接到他们家。请弗里德里克不要担心："他需明白，全家人的健康只建立在他的幸福上……他应当知道，父亲临死之前，要求家人在他死后将身体解剖——为的是避免那些在棺材里醒过来之人的可怕命运[①]”。最后，请你相信，“爸爸走得很坦然，带着欣慰，相信他会继续活在孩子们心里，因为他用自己的心培养了他们。他深怀爱意地认定感情的结合，父亲的爱，一个小家庭成员彼此间充满柔情，却又在根本上坦诚，这一切，都让他确信我们会享有人间至福……”

露德维卡在诺昂

“希普”的痛苦让人可怜，为了安慰他，桑很聪明地把露德维卡·延杰耶维奇请到诺昂来，并把她兄弟的情况预先告诉了她：他看上去病恹恹的，但是感谢上帝，“他的胸部健康，器官上没有受损(?)。请来这里看我，并相信我像一个姊妹一样爱您。您的丈夫也将是一个朋友。我只是请您让小肖邦，您的兄弟好好休息，我们就是这样称呼我们伟大的肖邦的。这样他就能够上路陪您来贝里[②]，因为有 80 英里的路程，对他来说是挺辛苦的。”

弗里德里克和延杰耶维奇一家在巴黎待了几天，他对姐姐姐夫礼遇甚周。他们一起去了法兰西剧院听拉舍尔的演出，去歌剧院看《清教徒》，拜访波兰朋友，去马图钦斯基的墓地献花。露德维卡结识了她兄弟的朋友：列奥一家，弗朗肖姆一家，马里亚尼一家，玛丽·德·罗兹埃尔。肖邦在家里为新来者办了一个招待会。

然后他们坐上了前往诺昂的驿车。姐弟俩的相聚将是短暂的，三周时间太短，却留下了不少见证。他们俩都为重逢“幸福得发疯”。此外，露德维卡和桑看来相处甚欢，这个姐姐在即将看到这位在家信中委婉地称作“你的女保护人……”的时候，不知怎样的好奇。这个称呼其实是恰当的。菲利普·朱里昂写道：“第一次，肖邦从客人的角色变成了这家的主人，对他不合常情的处境没有表现出丝毫的尴尬。夫妇俩被安顿在他房间隔壁

① 尼古拉·肖邦的这一临终愿望，五年半后弗里德里克也重复提出，除非别人错把父亲用法文写的字条认作是儿子的?

② 肖邦前往巴黎迎候他姐姐和姐夫。

的工作室里。孩子们暂时从钩心斗角中摆脱出来，他们喜欢这对夫妇的淳朴乐观。索朗日和肖邦四手联弹，卡拉桑特教莫里斯波兰语。夜间，乔治·桑朗读《魔沼》[①]，肖邦挽着姐姐的手在院子里散步，谈说童年情景。他此时最感幸福，长久都没有这种享受了。有天晚上，大家都到大院里去跳舞。”

8月底，是出发和离别的日子。弗里德里克陪伴旅行者一直到巴黎，然后他再回诺昂过两个月，对桑心怀感激。她安排的这些“重逢”对他身体的好处远比世界上任何药片都灵。这阵波兰风有助于他呼吸。肖邦写信给姐姐：“女主人的一个表姊妹[②]住在我们的套间里。当我进去的时候，我会在那里寻找，看看你们有什么东西拉在那里，而我只看到沙发旁边我们喝巧克力的地方，有卡拉桑特画的速写。我把你留下的几样纪念品留在自己房间里。桌上，你绣的小拖鞋包在薄纸中，钢琴上放着小铅笔，它本来在你包里……”肖邦的灵魂仅仅跟回忆，跟童年情景连在一起，失去的天堂，偶一再现。桑在写给露德维卡的信中说得很准，她的出现“排解了他灵魂中全部的苦涩，让他变得坚强和充满勇气”。肖邦对桑在初秋拟定的诺昂改造计划也很乐观，它会让诺昂变得更舒适，“院子里会有一个大草坪和成片的花卉。台球室里会开一扇门通向待建的橘园……”眼里心里充满了这个美好的夏天的情景，肖邦回到巴黎。

马里亚尼夫人搬走了，法伦斯泰尔的习惯中断了。下着雪[③]，肖邦晚上从奥尔良广场到主教城街，穿梭之间着了凉。他又一次“修订”夏天的工作成果：《b小调奏鸣曲》（作品第58号），题献给勒·佩尔图伊夫人，和《摇篮曲》（作品第57号）。他还选了一种面料让女裁缝为乔治·桑缝制一条连衣裙。他的女保护人很体贴，这点毫无疑问，可她有时也累人，有机会过几

---

① 第二年，桑将手稿赠予露德维卡。《魔沼》是题赠给肖邦的。

② 这里指奥古斯蒂娜·布罗特。

③ 肖邦写信给留在诺昂做收尾的桑：“您的小花园整个变成雪球了，变成白糖，变成白天鹅，变成抹上了奶油的奶酪，变成索朗日的胖手，变成莫里斯的白牙……”

天单身的生活丝毫不让他沮丧:“我昨天晚上去弗朗肖姆家吃饭,挨近壁炉,穿着我的肥大厚重的燕尾服。他着粉色衣服,看上去清新,暖和,光着腿。我面色发黄,蔫儿巴巴的,发冷,穿了三条衬裤……您的老丑角。肖邦。”

这两个同伴之间的温情从来没有如此强烈过。他们之间笼罩着一种令人愉快的和睦,由彼此的体贴谅解和许多细小的让步构成。彼此都尊重另一个人的工作,休息和习惯。虽则基础并不牢靠,这个不真实的家庭看上去能长久下去。

但暴风雨已经临近。

第十三章　感情风暴

1845年底，玛丽·德·罗兹埃尔写道："这里爱情不再"。此刻，爱意仍浓，肖邦对桑无微不至。而她，从诺昂写信给肖邦，他比她先回到巴黎："爱我，亲爱的天使，我亲爱的幸福。我爱你"。

摩擦生隙

什么事会在这两颗相爱的心里撒下紊乱的种子？不是一件事，而是好几桩。每一桩本身并不严重。但小小的不满积攒起来，最终后果就严重了。

1845[①]年，索朗日·桑17岁了，她哥哥莫里斯21岁。母亲这样描述她的孩子们："莫里斯漂亮且善良，索朗日俊俏并恶毒。"这话不幸而言中。

索朗日很爱炫耀她那种男性的美。她骑在马上很迷人，性格难弄，多变，用我们今天的话来说，有点"疯丫头"的味道。似乎为了把事情做绝，她母亲先把她送进修道院，后来又将女儿不慎托付给了玛丽·德·罗兹埃尔，后者被安东尼·沃德辛斯基始乱终弃。桑对玛丽的要求是，把索朗日与男人隔离开[②]。玛丽尽力而为。当然，索朗日的性格并不因此而有所

---

① 原著此处为1847年，疑是印刷错误。按莫里斯1823年出生日期推算，应为1844年；按叙述逻辑推算，应为1845年。——译注

② "到了某个阶段，她们不再是小女孩，必须注意某些表述方式在她们的小脑瓜里会引起的反应，以及在意她们听到的话语。即使无关紧要，也不要说任何有关男性的话，这就是我要求于您的全部谨慎。"引自《初次发表的乔治·桑致玛丽·德·罗兹埃尔的信》。

改变。

莫里斯“棕色头发，肤色略带茶色，颧骨红润，一撇小胡子日日梳理，颇为自负，像他父亲那样有点大男子主义”，桑是这样写的，就像那些寡妇，谈儿子的时候，像在说丈夫。很明显，她更爱莫里斯，不大喜欢索朗日这个竞争对手。索朗日很明白这点，觉得受了侮辱和伤害。

这时候，桑生出一个念头，将他们的一个远房表姊妹奥古斯蒂娜·布罗特安顿在家里，她在音乐学院学过一点音乐。年轻姑娘美貌，温柔，不张扬，莫里斯被迷住了。两个人合伙对付索朗日，带给她千百种小创伤，与其说是明显的伤害，不如说是藏而不露的残忍。肖邦在这种情形下是什么态度？他对两个孩子感情都很深。他在写给母亲的信中，“我拥抱小仿菲们[①]”。他们开始闹意见的时候，他很明智地不介入。然而桑却把他描述成“比往常更爱戏弄人，更起劲地在别人头上找虱子。我看着好笑，德·罗兹埃尔小姐被他作弄到哭，索朗日以牙还牙……”这个评语看上去有欠公道，除非“好夫人”手里的证据，是指肖邦因为皮埃尔·勒鲁和维克多·伯里总围着她转悠而生的嫉妒。或许，莫里斯已长大成人，开始对母亲的朋友肖邦产生嫉妒，尽管肖邦从未有过想在两个孩子身上施加任何所谓父权的想法。

文字游戏

一粒沙子可以搅得一架运行良好的机器失灵。肖邦那些走马灯般更换的仆人，总在桑的佣人中搅得混乱不堪。1845 年夏天，某个叫杨的波兰人，引起了冲突。他法语讲得很糟，对法语中的微妙差别一无所知，还以为说一个女佣“丑得像头猪”只算是小讥讽，还说她的“嘴长得像屁股”。别人问他“有没有木头”？他回答说“他出门了……”，如果人家问他“苏珊在家吗”？他一字一句地说“没有”。除此，肖邦还写信给家人，“他不讨孩子们

① 指乔治·桑的孩子们。

喜欢，因为他太刻板，只知道机械本分地干分内的活儿。或许，为了求太平，我不得不辞退他[①]……”

厨房里的口角，小肚鸡肠的争执！

肖邦并没有为这点小事感到不快，他写信给家人，依然是千百种家长里短：门德尔松为他夫人塞西尔向他要一份音乐手稿；一连串的暴风雨将原野变成了一大片泥泞之地，平时那么平缓的安得尔河，也变成了激流；他收到一份请柬，邀请他去波恩参加贝多芬纪念像的剪彩。他说什么也不会去，对这些典礼没有兴趣，那些伟人被这类活动弄得面目全非，就连他们的习惯也不被尊重，“他们在波恩兜售地道贝多芬式的雪茄，可他肯定从来只抽维也纳烟斗。人家已经卖出了那么多曾经属于他的办公桌和书架，不由得让人怀疑这位田园交响曲的作者经营过很大的家具生意……”。维克多·雨果有桩倒霉事，他被戴了绿帽子的丈夫告发，在毕亚·德·欧奈夫人的床上被警察捉奸。为了争取不被关押，雨果不得不穿着睡衣，对逮捕他的警察出示挂在脖子上的徽章：“我是雨果子爵，法兰西贵族院议员，此头衔享有不受逮捕的特权……”肖邦捎上一句，“但他不是非强奸者”[②]。他最爱玩文字游戏和偷换概念，还汇报了另外几则消息：“说到雨果的艳遇，一位女士对女友说，‘他被发现在床上明目张胆[③]……’另一个长舌妇，对赛马很在行，希望看到六把小椅子[④]。第三位夫人是音乐爱好者，想最终知道格莱兹老头的烟草到底是什么玩意儿[⑤]。还有，一个天真的妇人问道：戈德伏瓦·德·布庸，人们这么称呼他，他在当时是被消费得最多的

① 事实上，1845 年 11 月底，肖邦回到巴黎的时候，辞退了杨，用一个法国人替代，“他在我的降 A 大调圆舞曲的父母家已经服务了 7 年”(这里指奥尔弗家)。

② 法语不受逮捕和不可强奸者是同一个词根，词尾分别是被动态 inviolable 和主动态 invioleur。——译注

③ 法语中 flagrant 这个词原意是明目张胆，跟过失一词 délit 用在一起，表示当场被捉奸在床。过失(délit)(过失)和在床上(dans le lit)看上去相像，却完全是不同的意思，这里肖邦在玩偷换概念游戏。——译注

④ 英文的障碍赛马 steeple-chase，不是法文的六把小椅子 six petites chaises，但两者发音相近。——译注

⑤ 法文格莱兹老爹的烟草(ce tabac du père Golèze)，跟拉丁文《佩尔戈莱希的圣母悼歌》(stabat de Pergolèse)发音相似。——译注

长官吗[①]?”还有一则在肖邦笔下很罕见的消息,因为科学和政治通常令他无动于衷:“巴尔的摩和华盛顿之间的电磁电报的结果令人赞叹。常常是这样,下午一点钟接到在巴尔的摩发出的指令,三点钟那些货物和包裹在华盛顿就备妥待发了”;其他消息,诸如奥尔良公爵在一次马车车祸中丧生,他的骑马雕塑在卢浮宫广场上剪彩,夜里塞纳河上有折纸比赛等,不一而足。

索朗日

在这种不和睦的缝隙中,肖邦透露出一丝不安:“今年,我感到身处一种怪异的气氛中……我生活在不真实的空间里……不知道为什么,但我并没有做任何有价值的事,尽管我手里不缺活儿,不像露德维卡和卡拉桑特在这里的时候那样无所事事地晃悠。我经常整天或整晚待在房间里。可必须在回巴黎前完成那些手稿,因为我不可能在冬天作曲。昨天索朗日打断我的工作,要我给她弹琴。今天她拉我去看别人砍树。我刚跟她散步回来,坐的敞篷车……”

看到他和女儿这么亲密,桑开始有点不快了。有谣言说肖邦已向她女儿求过婚。当然这是“谣传”,她热心辟谣,防止传播,可毕竟有点烦人。波丽娜·维亚尔多、阿道夫·古特曼和德拉克罗瓦这些常客的到来能分散注意力。肖邦这样谈论德拉克罗瓦:“这是最令人称奇的艺术家!我跟他度过了非常快乐的时光。他崇尚莫扎特,对他的歌剧十分熟悉。”虽然抱怨工作得不好,肖邦写了《三首玛祖卡》(作品第59号),构思了《船歌》、《为大提琴和钢琴而作的奏鸣曲》、《幻想波洛乃兹》和两首歌曲。“我不大弹琴,因为我的琴走调,作曲更少……”另一方面,桑预感到:“肖邦开始对我丧失信任”。她经常生病——总是下腹疼痛,最终将死于这种肠功能低下——肖邦虽是个忠实的看护,却得出一个公道的结论:“人的身体越好,越是受不

---

① 布庸bouillon在法文里有汤的意思。有一种洞房汤,是专门调制给新郎新娘喝的滋补汤剂。——译注

了那些轻度不适”。他呢，只要天气稍凉，就剧烈咳嗽。他写道：“我会比那些身体比我好和比我更年轻的人活得更久！我相信死不了……”他就这样勇敢地给自己加油！

肖邦 11 月底回到巴黎。他去剧院，去歌剧院，听玛丽·多瓦尔演唱丹纳里所作的一出“平庸”的悲剧，给家人寄去新年礼物。他重新开始教钢琴。可惜，费里希特头年春天在 15 岁上死了。路易·布朗[①]有天来找肖邦，说著名宪法派人物戈德伏瓦·卡凡涅克的儿子快咽气了，他想再听一次音乐。“肖邦很有风度，热心为我效劳。我将他带到卡凡涅克家，那里的钢琴很糟糕。大钢琴家开始弹奏。突然他被大声的哭泣打断。卡凡涅克在他的病床上欠起身，满脸泪水。肖邦很困窘地停了下来。卡凡涅克夫人朝儿子探过身去，用不安的眼光询问。他努力恢复常态，想微笑一下，用弱弱的声音说：‘妈妈，别担心，没什么，真是太孩子气了……’啊！音乐被理解，这是多么美好！”

1846 年春天里有个计划在酝酿中，如果桑能在第二年夏天挣到足够的钱，她就和肖邦一起，带着孩子们去意大利度过冬季最冷的 3 个月。这计划后来泡汤了，“因为孩子们最终还是更喜欢乡村”。

《卢克莱齐亚·弗洛里亚尼》

桑在《法国快讯》上发表了她最新的一部小说《卢克莱齐亚·弗洛里亚尼》的时候，曾寄希望于借此发一笔财吗？在这部作品中，她亲自登场，在肖邦边上当仁不让地扮演了一个好角色，却将卡罗尔王子描画得苍白无力。卢克莱齐亚是意大利著名女歌唱家，在经历了充满爱情的生活之后引退乡间，专心养育孩子。不能说她是一个高等妓女，奉献了一切却毫无所获（人们在此读到了桑版爱情福音书！）她遇到了一个敏感、温和的青年，加上美貌，身体羸弱，纯洁慷慨，但他完全拒绝对不幸之人平等相待，拒绝接

① 《1848 年的革命史》中陈述了这件事。

受人能在尘世获得救赎的想法，像瓦格纳和桑所信仰的那样。桑和肖邦在理念上的一切分歧，都威胁到卢克莱齐亚和卡罗尔的结合。

卡罗尔迷上了卢克莱齐亚，而她也为他奉献自己，同时像对“一个病猫仔”一样照料他。几周明朗的幸福之后，卡罗尔难以相处的性格开始影响他们之间的和谐。

> 一天，卡罗尔嫉妒前来化缘的教士，另一天他对乞丐吃醋，以为是一个乔装打扮的献殷勤者。再有一天就是对仆人起疑心，家里别的仆人虽然一样受宠，这一位在回主人话的时候却显得太大胆，不合常情。再后是流动商贩，然后是医生，加上傻瓜一样的堂兄弟。卡罗尔甚至嫉妒孩子们。我用了什么词，甚至？应当说尤其……正是他们，事实上是他真正的对手，弗洛利亚尼真正在乎的是孩子，她对孩子们和对他一样在乎……

显然，“诺昂好夫人”绝不费心思去为这些出场人物作掩饰，或者遮掩日常生活的真实性。她怎么会以为，像人们所说，肖邦在这里看到的只是想象呢？她是对的，肖邦假装在卡罗尔王子的清晰画像中看不出他自己来。一天晚上，桑在肖邦和德拉克罗瓦面前朗诵《卢克莱齐亚·弗洛利亚尼》，后者对儒贝尔夫人吐露真言：“听她朗读的时候，我简直受尽折磨。刽子手和牺牲者同样令我吃惊。桑夫人看上去绝对轻松自如，而肖邦不停地对故事表示欣赏。我们一起待到半夜。肖邦想陪我离去，我抓住机会想打探他的印象。他难道是在我面前演戏吗？不，真的，他没明白过来，音乐家还在热情地称颂小说[①]……”

在两个情人周围，任何人都没有片刻怀疑这个所谓虚构故事的真实性。李斯特、巴尔扎克、勒鲁、马里亚尼夫人、玛丽·德·罗兹埃尔、海涅[②]，

① 卡洛琳·儒贝尔《记忆、信札和通信》。

② 海涅写信给他的朋友洛伯：“她（乔治·桑）在一部写得绝妙的极可恨的小说里，带侮辱性地虐待了我的朋友肖邦。”

没有人上当受骗。奥坦斯·阿拉尔写信给圣伯夫:“我没对你说,我对卢克莱齐亚有多愤怒。桑夫人在将钢琴家们当作祭品的同时,以那些厨房里的下流细节,加上不能自圆其说的冷酷,用一个酷似的形象将肖邦端到我们面前。女人对床笫背叛怎么抱怨都不算过分,这种背叛致使她们远离所有情人。奈丽达[①]在她的激情中是可以原谅的,而卢克莱齐亚在她冷酷的恼怒中却没有托词。一个如此美好的天才怎么会产生这么蠢的念头?”

为了要把事情弄清楚,奥坦斯把问题提给桑本人。这样一来,桑又一次被人逮个正着,她的自我辩解很拙劣。她假装莫名其妙,别人怎么会以为她把自己的生活写成小说呢?弗洛利亚尼有四个孩子,她只有两个(可笑的证据!)。最好的证据难道不在这里吗?她在肖邦眼皮底下工作,随情节的进展把小说念给他听,可他居然没有认出自己来?不,这不是他,这不是她:“我绝对不认识什么卡罗尔王子,或者我在15个不同的人物身上了解他们,正如各种典型的集凑人物性格的小说[②]……”我们已经说过,桑撒起谎来跟呼吸一样方便。

而肖邦就是高贵本身,哪怕对他最亲密的朋友,也拒绝提供武器去攻击一个他曾经爱过的女人。即便被别人当傻子,也活该。别人对他的行为表示不理解——然而两年之后,在一封寄自苏格兰的信中,可以看得出他完全猜到了情妇的意图:“我从来没有诅咒过任何人,可我实在是走投无路了,我相信,如果我能够诅咒卢克莱齐亚,我会感觉轻松一点……”

桑受了何种诱惑,会去刊布这本小说?现成的故事顺手拈来?或者,“巴黎式”的丑闻会让她的小说走俏?再或者,想让音乐家知道,爱情的时代已经过去,必须考虑分手?日后她无视最基本的事实,将分手的责任推到肖邦身上。在这个多面的女人那里,这段历史永无水落石出之日。

但事实明摆着,她对肖邦的依恋已成过去。她用善变戏法之人的狡

---

① 指达古伯爵夫人在和李斯特分手后撰写的一部小说《奈丽达》中的女主人公,即作者自己。——译注

② 只要有人肯将《卢克莱齐亚·弗洛里亚尼》里的卡罗尔王子的画像和桑在《我生活的故事》中对肖邦性格的描述两相对照,就会发现,这两幅肖像在严格意义上是重叠的。

猾，“等鱼上钩”。出自她手的不同信件之间自相矛盾，对皮埃尔确认一件事，再对保罗否认，只有一个原则不变，这个原则神圣不可侵犯，即不停地抬高自己。从历史角度来看，她应当是最伟大的，最纯洁的，最高贵的，不可触犯的，某种意义上是世俗的圣女。生活在魔鬼和平庸之辈之间，只能使她更具美德！桑夫人是一个说谎成癖之人，这并不是说别人应忽略她真正的优点。但她的虚伪让人恶心。

最后一个夏天

肖邦在诺昂度过了1846年夏天。最后的一个夏天令人沮丧：

> 整个夏天是在黑谷里鲜为人知的地方散步和远足中度过的。我没有参加，因为只会更加疲劳，也无甚乐趣。我疲倦得很，也烦闷。我的性格受到影响，年轻人跟我在一起并不开心[①]……

年轻人，指的是索朗日，莫里斯和奥古斯蒂娜，三个人受激情折磨，也情绪多变。莫里斯很可能成了奥古斯蒂娜的情人[②]。为了避免娶她，他提到了父亲的严厉。桑了解儿子的怯懦，对他加以训斥。为了给奥古斯蒂娜某种补偿，她力主她嫁给泰欧多尔·卢梭[③]，并声称将从自己的著作权中拨出10万法郎作为姑娘的嫁妆。索朗日打乱牌局，叫人对卢梭说奥古斯蒂娜爱着别人，如果她嫁给他，只是为了报复。卢梭突然感到不安了，开始退缩，桑试图“重新逮住”他，却没有成功。因为在这个夏天，她比任何时候都更紧地把周围人的木偶线牵在她手中，对这点，她堪称专家。

她写信给卢梭：“有些心怀极可怕的念头的人以为，在收留和拯救了一

① 桑马上就反驳肖邦：“至于肖邦，他的身体今年比往年更好，他的神经平复下来，当然他渡过了难关，结果是他的性格也变得较好和更平衡。”(1846年9月20日致马里亚尼夫人信)

② 至少索朗日这样认为。

③ 巴比松画派的重要画家。——译注

个天使般的孩子之后，我会败坏自己的名声。这个心地高贵的可爱之人，觉得被爱得不够深，她出于天性骄傲，拒绝了我儿子的求婚[①]。那些嚼舌之人把她看作一个爱玩小诡计的女子，说她跟我和睦相处就是为了令一个诚实的男人上当。可她一旦说出自己的苦衷，日后没准真的成了莫里斯夫人[②]……”最后，卢梭避开了，而奥古斯蒂娜“镇静如初，像雨后的玫瑰”。

结婚计划

可又有一桩节外生枝的事情：秋初，索朗日宣布跟诺昂附近的一个年轻庄园主费尔南·德·佩奥克斯订婚。桑写道：“我女儿是莫普拉家族里的艾德梅[③]，是这伙人中最出色的，却听任自己迷上贝尔纳·德·莫普拉这种没受过多少教育的人。因为他温和，听话，天使般善良，加上俊美如天神。可他是一个林子里长大的人，穿着打扮像个看猎场的，长发像野人，身无分文还是个正统派[④]。我本没打算找这种贵族，保皇党人，猎野猪者，没法在巴黎混的人当女婿。得了，反正我们喜欢他，他也爱我们……”

肖邦支持这个婚姻，他喜欢费尔南。相反，他很严厉地批评莫里斯对待表姊妹奥古斯蒂娜的行为。莫里斯脾气火爆，公然对抗：不得已的话，他会离开诺昂。桑写道[⑤]：“事情不能也不应当这样。肖邦受不了我的正当的和必要的干预。他低下头，说我不再爱他。8 年的充满母爱的感情投入居然换来这样的冒犯之语！但可怜的受伤的心并未意识到他在胡说八道……”

可当时，桑未必用这种方式来自我调节。然后，她第一次对肖邦说出了难听的话：

---

① 说得轻巧，更何况根本是子虚乌有！

② 根本不会！

③ 《莫普拉》是乔治·桑一部重要的小说，其中女主角名艾德梅，以索朗日为原型。——译注

④ 保皇派中，拥戴波旁王朝长支的那一派。——译注

⑤ 《我生活的故事》。

“您姐姐比您强一百倍!”

“您说得很对”,肖邦这样回击,他崇拜露德维卡。

看来,是桑在着手弥合裂痕,战术家称之为“撤退”。她写道:“我伤心的时候,肖邦的友谊从来不是一个避难所。我真实的力量来自我的儿子。”她永远站在这个亲爱的儿子一边:“莫里斯被肖邦以出其不意的方式,在一个无关紧要的问题上,伤害到了。过了一会儿,他们互相拥抱言和,但沙粒已经掉进平静的湖里,慢慢的,石头也一块接一块地掉进去了。肖邦经常毫无理由地被激怒,有时对良好的愿望也表示愤怒。我看到邪恶在加重,并扩展到我别的孩子,很少波及索朗日,肖邦偏爱她,只有她一个人没有把他惯坏,可是却伤到奥古斯蒂娜,带着骇人的刺痛。如果说肖邦对我表现出忠诚,体贴,优雅,听话和尊重的话,他对我周围的人却没有放弃性格上的暴躁①。”

1846 年 11 月,肖邦离开诺昂,不知道他再也不会回来了。16 年前,他并没有意识到跟波兰永别。一扇扇的门在他身后关闭,他并不知道这是最后一次。

桑和孩子们将在诺昂一直待到 1847 年 2 月。一方面,“好夫人”并没有为她跟肖邦的疏远感到生气,况且她还有别的计划。

刚到巴黎,回到奥尔良广场,肖邦就设法提供各种服务,将保暖的衣物寄到诺昂去,做别人交待的事,去搭配好那些他剪了样品的布料,购买糖果、香水,等等。多少温柔的信笺寄到薄情寡义的女人那里!“但愿您过得快乐,身体健康。您需要什么服务的时候,写信来。暖暖地在您的沙龙里多好,诺昂的雪多么可爱,年轻人闹狂欢多么好!您还有足够的曲目来给哑剧配乐吗?尽可能地给自己多些娱乐。祝你们大家身体好,过得快乐。我呢,尽我所能地过”。每封这样的短笺后面都带着给孩子们的附言。

---

① 《我生活的故事》。

难道还有更好的证据，说明在这1846年底，肖邦还爱着桑，依恋、忠实、尽心，与她的看法正相反，细致地为他们提供多种与他的天才绝不相称的服务？再说，夏天的伤口已经愈合，他一点都不怨恨三个孩子。可在事后，桑却编造出了一个阴谋，肖邦将为此付出代价，可她却认为自己会全身而退。

解除婚约

1847年2月，桑和索朗日回巴黎过了两个月。桑忧心忡忡：什么时候把女儿嫁给佩奥克斯？之前她曾希望是路易·布朗或维克多·德·拉普拉德作她女婿。肖邦在写给家里的信中说[①]，"当大家都聚拢到巴黎准备签婚姻合同的时候，索朗日宣称不再想结这个婚了"。发生了什么事？

克莱桑热

是这样的，雕塑家让-巴蒂斯特·奥古斯特·克莱桑热登场了。实话说，一年前他给桑写过一封可笑的信，信中充满激情，要献给她一尊雕塑。不管来自何处，桑对恭维特别敏感，便把他请到巴黎家中。他是退役的重骑兵下级军官，流浪艺术家，胆大鲁莽之人，债台高筑，粗暴，对情妇动粗，并把她们肚子搞大，却具有一个大雕塑家的天赋。克莱桑热将桑的塑像做成大理石，要求索朗日给他当模特儿。她母亲称之为大公主的索朗日因此经常去克莱桑热家。肖邦对桑提出警告：这个展出那些不成体统的塑像的艺术家，并非索朗日的理想丈夫。如果她随了他，"那么他也会照样将她的屁股雕出来展示"。桑认为他勇敢、有学问、活跃和有抱负，这是她的事情；而肖邦以他从不失误的灵敏嗅觉，很快就猜出真相。克莱桑热是个有才华的冒险家，还是个粗俗之徒，他唯一的能耐就是懂得如何打动索朗日的心

---

① 随着肖邦跟桑的关系的冷淡，他跟家庭的关系则更牢固。痛恨写信的肖邦，给家人寄去了一封封长信。

和撩拨她的感官。必须不惜一切代价阻止这场荒诞的婚姻。肖邦这个爱做梦的人,在这件事情上看得很清楚,他试图让桑睁开眼睛。可惜!她执意要闭上眼睛。这种情形下,这个聪明的女人表现得像个傻女人,她低着头,将女儿送进马蜂窝,急不可耐地要摆脱索朗日。

她写信给莫里斯:"就这样,这场婚姻决定了,因为这个男人想要,他想干什么都能如愿,当下此刻,他就在这里,不睡,也不吃喝。他在这里三天了,没睡上两个小时,而看上去精神不错。这种自愿的紧张,不倦不歇,令我吃惊也让我喜欢。我看到了也确信你妹妹不安的灵魂能得到拯救。她大步朝他走去……"

桑对一个女友承认,自己同意他们结婚,是因为她得知,如遭拒绝,克莱桑热计划干脆将索朗日劫走。她本人难道没有迷上未来的女婿?很多人都这样看。不管怎样,她受了吸引。而且她厌烦肖邦的告诫,写信给莫里斯:"别对肖邦透露半点消息:这跟他无关,而且到了快越过卢比孔河的时候[①],那些'如果'、'但是'只能添乱……"对于别人告诉她的那些对克莱桑热不利的传言,她干脆不予理睬。5 月 20 日,索朗日嫁给了克莱桑热[②],第二天桑写信给玛丽·德·罗兹埃尔:"我女儿昨天结婚了,嫁得很好,对方是一个善于献殷勤的男子和一个大艺术家,叫让-巴蒂斯特·克莱桑热。她很幸福,我们大家也一样……"

而肖邦呢,别人拿他怎么样了?从冬季开始,正如他所说,他过他的小日子,试着阻止那些不祥的决定,尽量减少冲突,总之表现出尽可能的低调。他工作,每天最多教 7 节课,阿里·舍费尔、温特哈尔特,莱赫曼和科

---

① 恺撒在战胜高卢后,向共和国宣战,与庞培决战,一场决定性战役发生在渡过卢比孔河之后,这里指破釜沉舟。——译注

② 桑是在克莱桑热的催促下行事的,后者成功地让她跟他一样急切,正如这封于 5 月 7 日写给莫里斯的信所证实的那样:"快点,莫里斯,快点,你将在 12 日或 13 日收到这份最后的要求:必须马上就走,有没有你爸爸都行,带上他的认同和指令,以便拟定结婚合同。来这里,局面已经让人受不了了,快来……你的老妈。"印制了两份通告,其中的一份中,乔治·桑宣布索朗日和克莱桑热先生结婚。另一份上:"索朗日·桑小姐荣幸地向你们宣布她和克莱桑热先生结成连理。"

尔贝格给他画像，他当模特，为维厄丹弹琴，同弗朗肖姆和一个大提琴家一起，为“我非常喜爱的”的波托茨卡夫人演奏，弹的是他的《三重奏》和他《为大提琴和钢琴所作的奏鸣曲》（这之后黛菲娜到了尼斯），为提图斯·沃伊切霍夫斯基可能来巴黎空欢喜一场，不安地注意到桑邀请克莱桑热——而不是他肖邦——去诺昂。此外，婚礼之前的 15 天，在过了一个还说得过去的冬季之后，他病倒了：1847 年 5 月 2 日，一场非常严重的哮喘发作[①]将他击倒了。在诺昂，桑为此不安。她就此给格日玛拉写了一封信，是一篇虚伪到家的杰作，堪与 10 年前写给同一个收信人的另一封信配对。

撒谎的女人

> 我相信他会在一个小旮旯里，由于不知情，不了解和什么都不能建议而难过[②]。但他的建议难以在现实生活中给予重视。他从未看清过事实真相，从未在任何问题上理解过人的天性。他的灵魂整个是诗意的，也整个是音乐的，他只能为他自己的事情受苦[③]。此外，他在我家务事上的发表意见，对我的孩子以及从他们的角度来看，都让我丧失一切尊严和爱恋[④]。
>
> 请你跟他谈谈，让他明白，总体上他应当放弃对他们的关注。如果我对他说克莱桑热（他并不喜欢）值得我们去爱，他只会更加恨他，并招惹索朗日的恨[⑤]。这一切困难且微妙，我实在没法让这样一个病弱的灵魂趋于平静并回归正常。他生气，因为我们想让他恢复健康。在身心两方面摧残这个可怜的人的疾病，长久以来能把我折磨死[⑥]，我

---

① 他仆人对先生的“樱桃”广为传布，他以此自嘲……（发作 crise 被念作樱桃 cerise，多了一个字母。——译注）

② 另一通谎话。在写给小仲马的另一封信里面桑表示肖邦是“她的另一个自我”，并且她很乐意听从他有关她孩子的建议。在眼下这种情形下，她并没有向肖邦咨询，生怕他对这场婚姻持不同意见。

③ 正好相反，肖邦对别人跟自己不同这点很认同。

④ 如果她听从他的忠告，会避免一次轻率之举。

⑤ 一旦克莱桑热娶了索朗日之后，肖邦对雕塑家表现出一种真正的友谊。

⑥ 而她将好好地活下去，我们大可放心！

眼看着他日渐消损，从未能对他有所助益，因为他对我怀有那种令人不安的，嫉妒的，和多疑的感情，这正是他忧伤的原因。7年来，我在他和别人之间，像个贞女一样生活[①]，我未老先衰，并不作什么努力，也不觉牺牲，我对激情太厌倦了，不抱任何幻想，无药可救……如果在尘世间有一个女人，能激发他最绝对的信任，这个人就是我，可他从未明白这点。我也知道不少人谴责我，有人说我以感官的暴力使他精疲力尽，另一些人说我的出轨使他心灰意冷。我相信你知道实情[②]。他抱怨我的缺乏激情令他绝望，而我确信如果我做法相反正好就会要他的命。你看，这种悲惨的友谊将我置于怎样的处境，只要有可能，我在任何情况下都会将自己当作他的奴隶，不对他露出我对孩子们的偏爱，这种偏爱是不能够表现出来的，也是让我有罪恶感的。在这种情况下，想要保存那份我应得的、来自孩子们和朋友们的尊重，就变得格外微妙和重要。在这方面我的奇迹般的耐心让我自己都不能相信。我成了受难者，但上天却无情地和我作对，似乎我有大的罪恶要赎[③]，因为在所有这些努力和牺牲面前，我给予绝对贞洁的和充满母性的爱的那个人，濒临死亡，成为对我过度依恋的牺牲品[④]。

心地正直的肖邦

肖邦给桑和索朗日的两封短笺，寄自巴黎，写于5月15日和16日，正

① 桑故意忘记了她勾引博卡奇和同画家保罗·德拉罗什的恋情。两个人都有理由让肖邦激怒。别忘了提图斯·沃伊切霍夫斯基的判断："我真是白费劲，难道让弗里德里克在华沙的起义中免遭残杀，就是为了让他倒在桑的利爪下吗？"还有，银行家列奥所说："肖邦并不知情……"

② 可我们并不知道什么。怎么才能调和肖邦的这些"苛求"，而桑自己，在她的恋情之初，抱怨肖邦在完成"只有在天上才有名称的这些神圣之事"上，表现得有失风度？他们肉体上的和谐持续了多少年，多少月？基于桑对那些密友的倾诉，我们认为，从1839年夏天开始，自马略卡回来后，他们的肉体之爱就结束了。可是说肖邦恳求桑重建他们的"关系"则纯属想象。总之，肖邦是一个微不足道的情人，而"爱情女吸血鬼"（居斯廷侯爵）在这点上完全有理由失望。

③ 不，但一系列大大小小的过失！

④ 这就证实了儒勒·桑多的判断："这个妇人是一座坟墓……"也证实了爱德华·甘什的断言："桑完全配得上被归成莫里哀的塔尔丢夫的同类。她的虚伪或者谬误让人目瞪口呆。"

好与这封写于诺昂，注明1847年5月12日的信相反。你在肖邦信中找不到“诺昂好夫人”所指责的恶毒的语言和尖酸苦涩，她日复一日地，却越来越难以证明那种令她感到安心的指控。肖邦给桑的信：“刚收到您亲切的信，欣喜不可言表，对所有您周围令您忙碌的琐事细节的精彩描述也令我极有兴趣。您的朋友中，除了我，没有人更真诚地祝愿您孩子的幸福，这点您是知道的。我请求您将我的这个意思转告给她。在您的能力和活动中，愿上帝总站在您一边。愿您平静和幸福。您忠实的肖邦”

肖邦写给索朗日：“我已经请求您母亲大人转达我对您的未来的最真诚的祝愿，此刻我禁不住向您表达，您的可爱的信让我多么高兴，您显得那么幸福。您现在处在幸福之巅：这正是我所希冀，愿您永远快乐。我发自灵魂深处地祝愿您永远幸福。肖”

这两封费了好大的劲写成的信，流露出恼恨还是简单的批评？是不知趣吗？想要控制索朗日的内心吗？真的不是。虚伪吗？更说不上。在他内心深处，肖邦从来没有同意过索朗日的婚事，对她母亲在这件事情上的表现也并不赞同。他只是承认既成事实，认为他没有必要以裁判自居，而且怀着极大的真诚，编织出一种假想的幸福前景，祝福这对年轻夫妇。

婚礼

还有他正病着①。无论如何，他不可能前往诺昂去参加5月20日索朗日的婚礼。两天前，杜德旺男爵赶来签署了他女儿的婚姻合同：作为嫁妆，她得到巴黎纳尔伯纳公馆②，这就保证了她能有每年6 000法郎的年金收

① 桑于1847年5月8日写信给玛丽·德·罗兹埃尔：“我很吃惊：肖邦曾病得很厉害。公主(恰尔托雷斯卡)昨天写信给我说他已经脱离危险了。我担惊受怕极了。我一时恐惧不已。在目前的情势下，我不能离开我的家庭，就连让莫里斯装装面子，使他妹妹免受恶意的猜测也做不到。您酌情将我的情况告诉肖邦。我都不敢给他写信，我生怕让他激动，我也怕索朗日的婚姻很不合他的意……”。

② 5月8日，即婚礼前的15天，桑写信给索朗日和克莱桑热。她解释说，没有可能通过将诺昂抵押出去，也不可能将其一部分给索朗日。有了纳尔伯纳公馆(价值20万法郎，从中得减去5万法郎的抵押金)索朗日需得知足，至于纳尔伯纳公馆的5万法郎的抵押金，新婚夫妇可以“免费”住在诺昂作为补偿。

入。索朗日并不是以杜德旺的姓氏结的婚，而是以桑为姓。乔治扭伤了脚腕，当天上午是别人抬着她进的教堂。翌日清晨 4 点，杜德旺男爵就回古耶里去了，而索朗日和她丈夫前往贝尚松。桑总结道："从来没有任何婚礼比这更不愉快了"，这并不妨碍她在给查理·彭希的信中发布另一种见解："索朗日昨天结婚了，嫁给了好人家，一个会献殷勤的男人和一个大艺术家。她很幸福，我们大家也都快乐。杜德旺先生是一个奇怪的父亲，一个总是酒足饭饱，爱虚荣，假惺惺，心怀恶意。但愿饱食终日对他的消化不是负担。现在，好不容易刚成全了这桩好事，便要开始着手另一个，把奥古斯蒂娜嫁给泰欧多尔·卢梭[①]……"

纸糊的城堡

桑的快乐，由她精心编排的幸福像一个纸糊的城堡，塌陷了。奥古斯蒂娜既没嫁给莫里斯，也未嫁成卢梭。至于克莱桑热，于 1847 年 6 月 25 日，结婚五周后，就收到了岳母的一封信，她在信中不加掩饰地责备他："在巴黎，我发现索朗日斯文扫地。她重又变得恶毒低劣，心怀丑陋愚蠢的嫉妒。你不但没有将她提升到你的水准，反而让她又成为一个小女孩，狡猾，懒惰和不坦率[②]。她对我说了些伤感情的话，语气上觉得出她在恨我"。她责备女婿负债，用度没有节制，没有任何重要的订单，多次对她撒谎，酗酒，等等。请他别对诺昂有任何指望。总之，如果不是决裂的话，已是失和。谁在这件事情上看准了呢？肖邦。

在写往华沙的一封长长的家信中，肖邦提到他的预感被证实："从一开始，我就不喜欢索朗日的母亲把他捧到天上，也不喜欢母女俩几乎每天都去他的工作室给胸像当模特儿。母亲令人钦佩，但她缺乏基本常识，这个米开朗基罗第二的一切缺陷，她都当作了天才的表现。然而，桑夫人投入

---

① 又是一个化为泡影的梦想！

② 索朗日是有些借口可找的，再说也有出处（跟她妈相像）啊！

心力的一切总会有好结局，即使乍一看似乎不可能。她本人，工作非常勤奋，身体却顶得住，而且写了那么多本书之后（超出 90 本），她的眼睛完好如初。所有的人都喜欢她，她一点也不穷，还做很多善事：嫁女儿时，她没有办婚礼，却捐了 1 000 法郎给教区的穷人，我们在家乡这么称呼他们[①]。可她也难免并不总说真话：这对一个女小说家来说是可以原谅的……这桩婚事在巴黎认识克莱桑热的人听来挺新奇，他们知道他肆无忌惮，是一个粗鲁之徒和酗酒之人。他最近展示的一尊雕塑刻画了一个裸体女人，其姿势比猥亵更过分，结果为了作成这个姿势，他定是将蛇缠绕在了雕塑的一条腿上。看到这条腿扭曲的模样，真让人害怕。雕的是一个被包养的女子，在巴黎很出名。因此很多人都感惊讶，像索朗日这样的年轻人会对这种艺术家动真情，他展示的作品充满淫欲，或者不如说猥亵露骨。我向你们担保，下一次作品展上，公众会有机会欣赏他的新作，用的是他太太的肚子和乳房……在桑夫人回到巴黎之前，为了让我自己恢复一点体力[②]，我去郊区凡尔赛附近的阿伏莱城阿尔布莱希家小住。如果你们有人打算今夏出门旅行，我可能会去莱茵河畔等着相会。多么遗憾，提图斯被他的工厂绊住了！再提一次索朗日不理想的婚姻，10 年来我每天都见的这个女孩，我经常替她在母亲面前说情，这件事让我很难受。新郎的父亲也是个雕塑家，住在贝尚松，没有来。我为佩奥克斯叫屈，他真是挑不出毛病。至于我的音乐，我会马上出版《为大提琴而作的奏鸣曲》[③]，加上新谱写的玛祖卡[④]。我去了阿里・舍费尔，莱赫曼，温特哈尔特这几个人那里，他们正在给我画像。这些肖像中的任何一幅都没有露德维卡手中的，出自桑夫人之手的那幅更像我……你们知道发现乙醚[⑤]这件事情了吗？这之后，还没有

---

① 肖邦真的很善良。《卢克莱齐亚・弗洛里亚尼》并没有让他睁开眼睛。显然，他对桑的感情依旧如故。

② 桑并未将返回巴黎告诉肖邦。她在巴黎稍作逗留就又出发去诺昂，没有见肖邦。

③ 作品第 65 号，题献给奥古斯特・弗朗肖姆。

④ 作品第 63 号（B 大调、f 小调、升 C 大调），题献给劳拉・佐赫诺夫斯卡。布莱特科普夫与黑特出版公司也刊行了三个圆舞曲，作品第 64 号。

⑤ 乙醚 ether，用于外科麻醉。——译注

任何事件足够重要能让人们转移注意力。”

还有一大堆说给家人听的无关紧要的新闻，简直就是巴黎时事纪要。这时，他的朋友维特维茨基濒临死亡。这个诗人在他离开华沙的时候，曾寄信给他，鼓动他为他曾经的祖国增添荣耀。他的消失意味着肖邦的波兰朋友小圈子里缺少了一位重要的人。

暴力相向

大约在 6 月底——上述桑写给克莱桑热的信中提到——年轻的夫妇自他们的新婚旅行回来，在诺昂住了几天，爆发了闻所未闻的冲突场面。桑在写给玛丽·德·罗兹埃尔的信中抱怨索朗日：“自生下她，我就受她的累。这个冷酷的，忘恩负义的和尖酸刻薄的孩子直到结婚前一直在做戏，她丈夫帮腔，比她更加出色。可是刚一获得独立和拿到钱，他们就扔掉了假面具，以为能控制我，想耗尽我的家产和由着他们的心意来折磨我。我的抵抗让他们恼火，刚过的 15 天里，他们表现出令人发指、闻所未闻的蛮横无理。那些争吵的场面简直难以想象，也没法描述，我被逼无奈，不是将他们请出家门，而是把他们扔了出去。这些场面简单来说是这样的：这里差点发生命案，我女婿对莫里斯举起一把锤子[①]，差点杀了他。幸亏我挺身出面阻止，打了克莱桑热一个耳光，而他对我当胸一拳[②]。如果没有正好在场的教士、朋友们和一个仆人的伸手劝架，拿着一把手枪的莫里斯会把他当场杀死……这对魔鬼夫妇昨天晚上走了，债台高筑，在厚颜无耻中洋洋得意，在此处留下了让他们永远抬不起头来的丑闻。总之在三天之内，我在自己家里就像处在杀人犯的威胁之下。我再也不愿接待他们，他们永不能够再踏入我家门。事情到了叫人无法忍受的地步。天哪，我做了什么，

---

① 索朗日刚对他宣布说，自己知道得很清楚，他曾是奥古斯蒂纳的情人。

② 一出可爱的家庭内幕场景！稗史将桑的故事补足，这是女小说家和雕塑家之间的对话：桑说“先生，我会把你放进我的一本小说中，很多人会认出您来的！”克莱桑热回敬道：“夫人，我会把您的屁股雕刻出来……而全世界会认出您来！”可谓妙趣横生！（引自 J.B.克莱桑热的《回忆录》）

让我生了这么个女儿!”

她在信尾承认对肖邦只说了一部分真相,生怕他出现在灾难中,并由于痛苦和震惊而痛不欲生。事实上,她设法瞒住肖邦从索朗日和德拉克罗瓦那里了解到的实情,是因为她很难承认在这件事情上肖邦看得很准而她自己完全搞错了。战无不胜的桑无论如何不能承认哪怕一点错!

这时,两封信交错而过。一封是桑写给玛丽·德·罗兹埃尔的,请她去取巴黎奥尔良广场的公寓钥匙,以防克莱桑热夫妇踏进门槛:“他们把诺昂搅得鸡犬不宁,但凡他们在广场上闹个丑闻,我就再也不能回去:再说,我料定他们很快就会闹翻……”另一封信是索朗日写给肖邦的,寄自拉沙特尔。她在回巴黎的路上,生怕乘坐布罗瓦的驿车太累,请求肖邦把他自己的车借给她。对此肖邦很乐意允诺。但出于礼貌周全,他把自己的决定告诉给桑。

对这封客气的信,桑回答了一封尖刻的信,很不幸,我们无法找到,但德拉克罗瓦记在他的《日记》中了:“今早肖邦来此,我正在吃饭,他对我说起收到的信。应当说信写得很骇人听闻[1],流露出残酷的激情和长期受压抑的不耐烦,两者的对比几乎显得滑稽,却涉及了一个如此悲惨的话题。信的作者不时地以女人自诩,长篇大论充斥其间,像是从一部小说或者一份哲学训诫里借来的。”

肖邦永远富有骑士精神,拒绝投降。他磊落地对桑重申,他常在桑面前为她的孩子们说情,不偏不倚,确信她本人“会永远爱他们,因为这是世上唯一不会改变的感情,不幸会将这种感情遮蔽,但不会使它们变味”。难道这不幸大到足以桑不许别人说出女儿的名字,并阻止她关心此刻正需母

① 在这封肖邦读给德拉克罗瓦听的、已经遗失的信中,桑(肖邦自己说的)宣称,如果他肖邦不能保证不再提起索朗日的名字,她就不会容忍他重返诺昂。总之,乔治不惜一切代价想避免承认她促成索朗日和克莱桑热的婚姻是一个错误,尽管有很多不利于后者的信息在流传。她宁愿跟肖邦决裂而不肯忏悔自己的错误。此外,那段时间她成了莫里斯工作室的同学、年轻的维克多·伯里和欧仁·朗贝尔的情妇,“她不愿在家里有太多头脑清醒的证人”(A.莫罗瓦,《莱丽雅》),肖邦首当其冲。

爱照料的女儿[1]。肖邦总结道:"面对这样一个严峻的现实,它触及您最神圣的情感,对涉及我的一切,我将不予回应。我等待着,永远如一,您的忠实的,肖。"

决裂

对这封态度坚定,却很礼貌、充满敬意和依然爱恋的信,桑对自己的全盘错误大发雷霆,以一封决裂信作答。这里是她写给肖邦的最后一封信,在此完整引述,1847 年 7 月写于诺昂:

> 我昨天要了邮车,想在这个坏天气里坐敞篷车出发。我自己病得很重,准备哪天去巴黎去打听您的消息。您的沉默已经让我对您的身体状况担心到这个地步。这段时间您是仔细考虑好了,您的回答很平静。
>
> 这样好,我的朋友,现在做您内心想做之事,以本能作您良心的代言。我完全理解。
>
> 至于我女儿,她的疾病并不比去年更令人不安,我的热忱、照料、命令和祈求都从未能让她约束自己不要像一个愿意让自己生病的人那样行事。
>
> 她不会乐意说需要一个自己所讨厌和恶意中伤的母亲的爱。她用残酷的话语玷污了母亲最神圣的行为[2]和这个家。您愿意听这一切,也可能还会相信。我不会投入这种性质的争斗:这让我极厌恶。我宁愿您成为一个敌人,也不愿您为一个来自我的身体,并用我的乳汁喂大的敌人作辩护。
>
> 好好照料她,既然您认为有必要为她效劳。我不会恨您,但您要

---

① 索朗日怀孕了。

② 看来,在一切情形下,桑自己可笑地要自己攀上祭台!

明白，我以一个受到侮辱的母亲的身份来保护自己，从今往后，任何人都不能让我无视权威和尊严。我受够了被蒙骗和当牺牲品。我原谅您，从此后绝不会对您作任何谴责，既然您的陈述出自真心。它让我有点吃惊，可假如您因此感到更自由和感觉更好，我不会为这种奇怪的态度大转变而受折磨。

永别了，我的朋友，愿您很快从全部病痛中恢复，我为历时 9 年的专一友谊会有此种奇怪的结局而感谢上苍。请想着偶尔给我些您的消息。

再没有必要重提其他事情了[①]。

桑对她所有的朋友以完全另一种语调来解释这种冷冰冰的反应。首先她离开自己租用的奥尔良街 5 号的公寓，搬至 3 号，但她从未住过，因为怕碰到肖邦。在玛丽·德·罗兹埃尔面前，她担心肖邦的身体：其余的一切令她兴趣索然，她不必为自己的感情而遗憾。1847 年秋天，她干脆向卡洛塔·马里亚尼抱怨，借口是"肖邦公开站在索朗日一边反对她母亲，却对事实一无所知[②]，这证明了对我的极端忘恩负义。我猜想，为了能让他如此彻底地转变，索朗日必定充分利用了他嫉妒和多疑的性格，她和她的丈夫可笑地污蔑我**爱上了**一个年轻人，或对他有种专一的友谊，您一定听说过此人[③]。在这种不幸的局面中，肖邦的这种背叛只是一个枝节问题。我向您承认，他摆脱我对他生活的照料，这并未让我生气。他的性格变得越来越乖

① 至此，我们比较能理解为什么桑后来像沙漠的狐狸那样，急于抹去肖邦引起的爱情的痕迹。音乐家去世两年后，小仲马在俄国和波兰边境城市里发现了桑致肖邦的信件。肖邦的姐姐露德维卡将这些信从巴黎带回了波兰，并把它们留在了朋友家。小仲马把他的发现告诉了桑，她于 1851 年 10 月 7 日写信回复："既然您有耐心阅读了这束信札，里面有不少啰嗦的词句，在我看来没有什么价值，只对我内心有些意义，您现在知道一种怎样的母爱的温情充满了我生命中的 9 年。当然，这里面没有秘密，像对待自己的孩子那样，我看护并安慰了这颗高贵的和不可痊愈的心灵，对此我并不脸红，而只觉得自豪……"。可我们，我们为不能读到这些信件而深感遗憾，她让人把信烧毁了。

② 他洞察一切！

③ 指维克多·伯里。如果肖邦听说了这则传闻，则绝不是从索朗日·克莱桑热那里得来的消息。

戾，经常在我所有朋友和孩子们面前发疯、闹情绪和生嫉妒。莫里斯也开始对他感到气愤。看到风雨欲来，我利用了肖邦倾向于索朗日的机会[①]，让他在那里生气，不做任何努力争取他回来。三个月来我们之间没有片言只语，我不知道这种感情冷淡的结果是什么。我不会有任何举动去恶化，也不作努力结束这个局面，因为我一点错都没有(!)我再也不能，不应该也不愿再掉进这种看不见的暴政之中，它通过不断的讽刺挖苦，经常很过分，直至剥夺我呼吸的权利。可怜的孩子甚至不顾种种外在的礼仪，他本来自己是信奉这种原则和恪守这种习惯的。男人，女人，老人，孩子，一切在他看来都是憎恶的对象，狂暴的、失去理智的嫉妒的目标……别人会编造出一个受害者，会津津乐道地想象，在我这个年纪，43 岁，我为了一个情人把他赶走。我对此一切不在乎。让我深受打击的是我女儿的凶恶程度。她只有需要我的时候才会回来找我，我知道这点。但这种回归将不会是温柔的，也没有决定性的意义。”

大扫除

三周之后，她接待索朗日，“清纯，美貌，身体很好，没有一丝悔意，就差让我请求她原谅”。她轻描淡写地提到“女儿、女婿以及肖邦对她横加侮辱的话”。桑作了大扫除。她把肖邦的三角琴退还普雷耶尔，第二年处理掉了那架练习琴，因为她不愿意“肖邦替她买一架钢琴，而他却恨她”。然后，作为一个好的家庭主妇，她将一切扫除一清。她写信给波丽娜·维亚尔多：“1847 年 12 月，世上存在着某种尊重和感恩心，使我们不再有权利审视对我们来说已经成为神圣的造物。而肖邦，远没有保留这种宗教情绪，丢掉并亵渎了这点……上帝原谅一切，因为他了解我们的冲动和我们精神上的弱点。因此存在一种永远真实的宗教，它指点我们对同类应采取的行动，正如上帝对待我们。我因而从内心深处原谅肖邦，就像我原谅索朗日

① 就是一个借口而已！

一样，还有更罪恶的疯到极点的女婿，原谅脆弱的和轻佻的格日玛拉，还有像蠢鹅一样的玛丽·德·罗兹埃尔。”每个人都受到了训斥，而桑又一次从泥沼中出来，其他每个人都深陷其中，而她却纯洁无瑕，形象高大，大人大量，战无不胜。她拒绝以“仇恨和愤怒来回应肖邦的仇恨和愤怒”。她在巴黎经常跟索朗日见面，却始终感到她“心如顽石，断无柔肠”。

代人受过

让我们来总结一下：桑本来希望肖邦在一切家务事上按照她的态度、她可笑的迷恋乃至态度上的突变行事。但愿他盲目地跟随着她，最好亦步亦趋。她不能原谅的是，她一叶障目的时候，他居然看得清清楚楚。他们关系的破裂是出于一种感觉受到侮辱之下的愤怒，对此她负有全部责任。无论之前还是之后，肖邦针对她从未说过一个不中听的字眼，对此她不予理会。波丽娜·维亚尔多写信给她解释也无济于事，“说肖邦和索朗日结帮中伤(乔治)是完全错误的。相反，这个亲爱的和卓越的朋友只关注并为一个想法而备受折磨，这就是这个不幸的事件已经并还会继续对您造成伤害。我在他身上并没有发现哪怕一点点变化，他总是那么善良，那么忠实，一如既往地崇拜您，只为您的快乐而高兴，为您的忧愁而难过。以上天的名义，亲爱的宝贝儿，永远别听信那些殷勤不怀好意的人跟您说的那些闲话”。路易·维亚尔多也向她保证，在任何情况下，肖邦都从未缺少过对桑的敬重，此番努力却亦属徒劳：“您听，这就是他极其坦率地向我们说明的：‘索朗日的婚姻对她、对她的家庭、对她的朋友们来说是一个大不幸。女儿和母亲都被骗了，但意识到错误时却已经太晚了。两个人都犯了错误，为什么只怪罪一个呢？女儿愿意，并一心想要这个并不相称的婚姻，母亲却认可了。难道她没有一点儿错吗？像她那么富有才智和经验之人，她难道不应当为一个年轻女孩指点迷津吗？女孩受到比爱情更让人恼恨的诱惑。如果她自己也看走了眼，就不能对共同犯下的错误毫不留情。而我，从内心深处为她们两个人感到可惜，我尽量去安慰其中的一个，因为只有这一个我有权接近’。您看，这既非一个敌人的手段，也不是一个敌人的语言。怕是带恶意的嘴在你们之间挑弄是非：但愿上帝保佑您！”

一切都非常明白，但却不能动摇桑的花岗岩般坚实的骄傲。为了使她那部自我拔高的伟大作品趋于完美，她必须在所有的事情上都有理。肖邦为此付出了代价，正如常言所说，他代人受过。桑知道得很清楚，归根结底她的前情人在整个事情上是有道理的。承认这点将意味着她在自己面前承认失败。

说到底，她抓住了一个机会来结束这种情人关系，这种关系已经不再给她带来什么益处。她扮演了令人钦佩的病人看护这个她所喜爱的角色——一切都说完了，需要想别的事情了。对索朗日的婚姻的错误判断，桑是犯了错，8 年前当她将自己的生活跟肖邦联系在一起的时候就犯了错：他们彼此并不合适。对这一切，肖邦完全意识到了，他在家书中写道：“人们可以相信，她想一次性地摆脱她女儿和我，因为两个人都妨碍她。由于不能完全断绝孩子的消息，她跟索朗日保持了通讯联系，这样她的母爱就会平息一段时间，让良心受麻痹。她将认为她是公正的，她会宣布我是她的敌人，因为我站在她女婿一边，她目前已经受不了他了，唯一理由是他娶了她女儿；然而，我尽我所能阻止过这场婚姻。奇特的造物，尽管她极为聪明！某种疯狂占据了她的头脑。她打乱了自己的生活方式，也糟蹋了她女儿的生活。对儿子也一样，结局会很糟：我有预感，我担保如此。为了说服自己，她想要从那些对她好的人那里，那些信任她的人那里，那些从未对她造成哪怕最小的苦恼的人那里，发现某种罪恶，而她自己不能受损害，因为他们是她灵魂的镜子。这就是原因，她不再给我写一个字，这就是她今年冬天不回巴黎的原因，也为此她在女儿面前对我只字不提。我并不遗憾帮她度过了她生命中最微妙的 8 年时间：这些年里她女儿正在长大，这些年里她养育了她儿子。我对我所承受的一点也不觉得遗憾，但我为她女儿叫屈，这个如此精心照料下长大的美丽植物，免遭了多少风暴的侵袭，而后却被母亲的手出于粗心轻率而折断，一个 20 岁的女人犯这种错误尚且说得过去，但一个 40 岁的女人却不行。曾经却已经不再的一切，无需再作考量。

“再后来，当她回忆起往事的时候，桑夫人从中能找回来的，只有一个对我的良好记忆。此刻，她处于某种最怪异的母爱亢奋状态中，扮演着一个比现实中的她更完美、更美好的角色。这是一种热病，没药可治，特别是当这种热病所控制之人拥有一种充沛的想象力，置身一个危险的境地……”

肖邦“实例”

对事态所作的这种心理分析是客观的，无可挑剔地准确。如此说来，这个迷失在他的梦幻世界里的肖邦，也会有脚踏实地的时候？这个耽于幻想者难道拥有敏锐的观察力？而这个在各个层面上表现出色、不会出错的和圣女般的桑，难道也会出错吗？感谢上帝，她永远有能耐将自己的错误淹没在大量墨汁之中。因为，对用整部《卢克莱齐亚·弗洛利亚尼》来叙述她同肖邦的爱情故事并不满意——大肆编造的同时，只有她能做得到，她又宣称这本拙劣的小说既未受自己也未受肖邦的启发——后来她认为有必要，在 20 卷《我生活的故事》中，头脑冷静地回到“肖邦实例”上来。那时她的愤怒已经消失，当然她并不承认有任何错处：这本她生活的故事本身就是一个例子，我们无需对此怀疑。而且她必然能找到准确的线条来描述肖邦的性格：“某一刻他对感情的温柔和命运的微笑敏感之极，也会连续几天，甚至几周为一个毫不相干之人的笨拙或现实生活中一些细微的挫折而气恼。奇怪的是：一桩小事情对他的打击跟一种真正的痛苦相比还更大些。他在现实的危险中勇敢地承受着悲惨的身体状况，却为那些微不足道的情感挫折而可怜地坐卧不安。这就是所有那些神经系统过度发达的人的故事和命运”。的确，她犹豫了很久才把自己和肖邦联系在一起，在做母亲的义务和女人的本能之间分派自己。最后，她让步了，将肖邦视作“预防药”（原文如此）来抵挡其他激情，她不愿再去尝试：多一种义务在她看来是多一种运气，她怀着某种宗教热情奔向苦修的境界(!)命运把她推到肖邦的怀抱中：她如今身在其中，甚至没有意识到身不由己(!)。一切并非都是玫瑰色的，因为肖邦“格外吹毛求疵，碰到最小的阴影就以他的幻灭感令人难受。原则上很谦逊，习惯上很温和，本能上很暴躁，充满了他自己并不察觉的骄傲”。因此桑对肖邦的长期友谊，从未在她伤心时成为一种依靠：事实上他从来不曾理解让“好夫人”感到难受之事。“当我在他身边出手干涉一桩重大家事之时，肖邦不能忍受我正当的和必要的干预。他低下头，说出我不再爱他的话[①]”。

这一切中有真实的东西，加上许多虚假。肖邦性格的某些特征被很好地观察到了。余下的，人们惊叹桑的绝妙天才，她善于将事实颠倒过来对她自己有利。我们在某些打过仗的国家元首回忆录里能看到这种反常，敌对国永远对争端负有完全的责任。这里，桑忘记了是她自己下了断绝关系的判决，是她到处写信对肖邦作了很不公正的谈论，而后者放弃了谈论和写信。他所犯的错充其量是保留了对索朗日的友谊。很明显，桑和肖邦都不是完美之人，但肖邦生来就有的一个主要优点却是桑所缺乏的：高贵。在前任杜德旺男爵夫人和这个出身农民的卑微教员的儿子弗里德里克·肖邦之间，他是王子，而她是平民。除了彼此外表，肖邦表现出一种坚定的性格，而且在事实面前不妥协——而桑，天生的撒谎者，不管结果如何，总是在设法让事实对自己有利。可惜，她说得很多，跟各色人等有大量的通信，并且她证实了谚语所说：“言多必失。”

① “像通常那样，我被自己愚蠢的心愚弄。正当我度过了六个不眠之夜，为他的身体辗转反侧之时，他却正忙于在和克莱桑热夫妇一起想象着并说着我的坏话。这很好。他的信带着一种可笑的尊严，而把自己当作一个好父亲那样的喋喋不休的训诫，事实上给了我一个教训……我觉得肖邦很了不起，他同这个打过我的克莱桑热见面和交往，只是因为我从他手里抢下了对准莫里斯的锤子。肖邦，所有人都对我说是我最忠实和最可靠的朋友！这真令人赞赏！”

第十四章　孤独

事实上，索朗日嫁给了一个有才华的无耻之徒，此人却有可能很爱她。在艰难时刻，她转向肖邦，从她青春期开始之日，她就同他生活在一起。母亲抛弃了她，父亲虽然在加斯格涅的家里接待过她，却未对她表示出任何温情。索朗日时年19，唯一的救援是在丈夫的家庭里找到的。她向肖邦借了500法郎，但她很快就还了。第一次在母亲身边重获恩宠的尝试以失败告终：只要她跟丈夫决裂，就能回到诺昂。不然，就去过你的好日子去吧[①]！莫里斯依然是自我中心和明了一切，又殷勤备至；说到底，她离开诺昂时，比她没嫁人时更伤感得多[②]。

悲惨的总结

肖邦病倒了。他窒息，头疼，"等着霍乱降临"，年终过得很抑郁伤感。尽管他身体经常不适，我们的主人公继续教课[③]。他甚至将授课数量加倍，因为他从今往后不再有别的生活来源：不再有诺昂，夏日里再无摆脱经济

① 之后，桑在巴黎经常和索朗日见面，但却没有乐趣，母女之间的感情已经被破坏了。

② 很快，克莱桑热和索朗日就不得不以极便宜的价格变卖了纳尔伯纳公馆。由于未付抵押利息，法庭受理了债主的申请，变卖了公馆。这时桑相当大度地为女儿提供了3000法郎的年金。

③ 特别是给卡勒尔吉夫人上课，"她琴弹得非常好，从各个意义上来说，在巴黎上流社会获得了极大的成功"。

困扰的可能，更无机会在乡间安静地作曲。难道就是因为这个原因，肖邦的音乐创作日见减少，事实上接近枯竭？他糟糕的身体每况愈下，从另一方面也能解释这种递减。对家人，他继续对巴黎生活场景和动态作纪实性报道。其中在一封信的结尾处，带着嘲讽多于恶毒的口吻，提到了他从前的灵感启示者在文学上不枯竭的高产："我读了她的小说《弃儿法郎索瓦》（人们称之为乞儿的，是那些通常由医院支付费用、交给贫穷的女人养育的私生子）。人们也在谈论她的《回忆录》[①]：桑夫人宣称这将更是一部由艺术、文学等引发的思想和思考的集子，而不是一般意义上的回忆录[②]。事实上，还不到时候，因为在老去之前，亲爱的桑夫人将会有很多的艳遇，有些美妙，也有些丑陋[③]！"

波德莱尔所作的肖像

如果我们比较一下波德莱尔稍后写下的文字，上述看法实在不算什么：

> 桑这个女人是不朽的贤明之士。她一贯是道学家，不过她以前的作为却是反道德的。而她从来也不是一个艺术家。她有那种著名的流畅的文笔，深得资产阶级青睐。她愚蠢、笨拙、饶舌。在道德理念上，她的评判水准和情感体验，与长舌妇和风尘女子的水平相当。有几个男人居然会迷恋这种茅坑，这恰好证明本世纪男人们水准的降低。
>
> 她借口说真正的基督徒不信地狱。桑这个女人是站在好心人的上帝一边的，就是那些长舌妇、恶仆们的上帝。她有很好的理由来取

①② 这里当然是指《我生活的故事》。

③ 肖邦离开之后，桑周围有一帮莫里斯的朋友在转悠：记者维克多·伯里、画家欧仁·朗贝尔、版画家亚历山大·芒索、还有奥冈特等。这些快乐之徒将桑带到意大利：跟缪塞之旅的小小回味……桑作了这个或那个同伴的情妇吗？或者甚至是这四个人的情妇？这是可能的，也可信。已经投身于政治新闻界，具有社会主义倾向的桑，的确有能力同时献身于好几种激情！

消地狱。

魔鬼和乔治·桑:她被魔怔了。因为魔鬼说服了她,让她信赖自己的好心肠和良知,目的是让她说服所有其他粗人去信赖他们自己的好心肠和良知。我在想到这个蠢货的时候,会情不自禁地出于厌恶而颤栗。如果我撞见她,会控制不住自己地想往她头上扔一个圣水缸。乔治·桑属于那些喜欢装扮成老天真的人,永远不愿离开舞台。

这个评语特别苛刻,但不无明察。不少朋友并不像波德莱尔那样严厉,却也拖长他们的访问间隔,或减少书信。他们中有玛丽·德·罗兹埃尔、德拉克罗瓦、格日玛拉。维特维茨基已经过世,古特曼在旅行,封塔纳定居在美国,黛菲娜·波托茨卡住在尼斯。

肖邦呢,他也很孤单。1847 年的整个夏天,他都在巴黎度过,只在阿弗莱城作了几日逗留,然后在费里耶尔城罗斯柴尔德家住了几天。诺昂的夏日常驻已成过去,他不再作曲。他的身体明显地越来越糟,咳得厉害,受高烧之苦,1847 年底过得很抑郁:天冷,下雪,“外面的天气和我的心都很阴沉”。

肖邦的敏锐

得不到来自肖邦的直接消息,桑在 1848 年自诺昂写信给她儿子莫里斯:“报上说,肖邦离开之前要开一场音乐会。你知道他要去哪里吗?是去华沙,或者只是去内拉克①?”三天之后,肖邦写信给他姐姐露德维卡:

普雷耶尔、佩尔图伊、列奥和阿尔布莱希说服我开一场音乐会。8 天以来票已售罄。音乐会将于本月的 16 日举行(1848 年 2 月)。只卖三百张票,每张票价 20 法郎。全巴黎上流社会的人都会来听。国王让人买了 10 张票,王后 10 张,蒙邦西耶公爵也买了 10 张,尽管他们家

① 即去杜德旺男爵家。奇怪的假设!

刚遭受丧失亲人之痛，任何人都不会出席。人们已经准备订第二场音乐会了，但我或许不会开，因为这场就已经让我烦了。

桑夫人一直呆在乡下，和伯里、她儿子以及奥古斯蒂娜·布罗特。后者被嫁出去了——这一回千真万确——嫁给伯里的一个朋友，住在图勒小城里的一个绘画教师。她没有给我写一个字，我也没有写。她让房东出租她原先的住房。索朗日住在她父亲家里，她丈夫住在巴黎：他们没钱。可爱的蜜月！这期间，她母亲在《辩论》上刊登了一个引人入胜的连载小说。她在乡下女儿的婚房里上演喜剧[①]，尽可能地设法遗忘或自我排遣。只有当她的心让她太难受的时候，才会醒过来，而现在是大脑支配着这颗心。而我，我对这一切画上句号了。愿上帝指引她，保护她，因为她分辨不出阿谀恭维和真正的依恋之间的区别。此外，某些人在我看来只是阿谀献媚者，而她的幸福或许正是在我看不出来的地方。不会再有人能够跟随那么一个爱拐弯抹角的、如此任性的心灵。一生中某种意义上规规矩矩的8年家庭生活，已经太长了。上帝允许孩子们在这些年里长大。如果不是我，她儿子和女儿或许早就不和她在一起，而住到他们父亲的家中去了[②]。可能这些正是她的生活、她作为作家的天赋、她的幸福的必要条件。但愿你不要因此而难过：时间是一个了不起的医生。直到今天，我还没有回到我自己，因此你们收不到我的信，因为我把刚开始写的一切都烧了[③]。而我们之间（即桑和肖邦之间），我们只是长久不见面了，彼此没有任何战斗、争吵。而且我没有去她家，因为她的条件是要求我在她女儿的问题上保持沉默。

这封信澄清了肖邦的态度和他的心理状态。对那些质疑他的智力的人来说，这封信是最好的回击。他分析事态的敏锐，判断问题的适度，不断

---

① 在木偶剧院边上，莫里斯让人在诺昂盖了一个真正的剧场。

② 的的确确，肖邦在这八年跟桑共同生活期间，不停地扮演了一个调停者的角色。

③ 谁知道呢，这些不为人知的信中，是否有些是写给桑的？

地在桑和她孩子们之间充当调停人，堪称榜样。许多人在经历感情破裂时，会**假装无所谓**——甚至事实上当这种破裂并非解脱时，他们也会故作轻松地表示“噢，总算摆脱了”——以便自欺欺人。肖邦却在事后承认受了伤害，感到失望，但不遗憾，因为如果要维持这种关系，他或许会被迫有失诚实。可能生平第一次，桑碰到一个不理会她的人——不喊不闹——这个人是个透明的精灵，苍白的卡罗尔，她不无温柔爱怜地称之为“希普”、“希佩特”的那个牵线木偶。在这场艳遇中，桑真的以为，一边是强有力的、无可指责的、不会犯错误的女人，另一边是线条纤美的、易于掌控的、逆来顺受、女性的柔顺藏于支离病体中的艺术家。这种艳遇终结之时，肖邦的性格、天生的男子气概、性格中的高贵却显现了出来。产自贝里的亚马逊女人的心理洞察力又一次出了差错。

尽管身体状况糟糕，他已虚弱到不再能爬楼梯，得坐在椅子上由别人抬上楼，肖邦仍勤奋工作。他准备自己的音乐会，授课频繁：“我先得给年轻的罗斯柴尔德小姐上课，再给一个马赛来的女学生，然后给一个英国女士，下面是一个瑞典女士，到 5 点钟接待新奥尔良来的一家人，这是普雷耶尔推荐的。在列奥家吃过晚饭后，到佩尔图伊家出席晚会，然后，如果睡得着的话……”

孤苦伶仃

啊！1848 年的医学还处于初级阶段，多么不幸，肖邦的两个肺都坏得厉害，可心脏和肠胃还很健康，却只能沦落到去“吸顺势疗法小瓶”的境地。一百年之后，人们能将他的珍贵的生命延长若干年！毫无疑问，疾病在双重打击下迅速发展，一方面是病理上的恶化，一方面是丧失了一份友谊的悲伤①。

① 肖邦提到他的这位已永远分离的女友，虽隐去姓名，却充满痛苦的真挚，比照桑的绝情，差别何其大！桑在写给住在巴黎的莫里斯的信中说：“如果你有东西需要交给肖邦，只需简单地告诉他的门房；如果你碰到他，跟他打声招呼，若无其事的样子‘您好吗？还好啊，那就太好了！’别多说，你接着走你的路。除非他避开你，那你也以此回敬。如果他向你打听我的消息，告诉他我因为伤心而大病过一场。就这样跟他直言不讳，并用一种若无其事的语调跟他说话……”。在肖邦那里，一切都真诚。在桑那里，一切都是花招、蓄意谋划，陷阱被遮掩，圈套设置妥帖。并且她混淆了臆想的伤心和简单的失望之间的区别。

他按习惯，用重复那些无关紧要的闲话来转移家人的注意力吗？他总回到那些地方，挥之不去，总之在那里他度过了幸福时光："我刚还收到来自诺昂的消息[①]，大家在那里身体很好，他们又在改造房子了，他们喜欢这样：变换，布置……延杰耶维奇一家认识的老仆人已经没有一个在那里了。所有这一切是由于来了一个表姊妹，她对莫里斯有想法，而小伙子乐得加以利用。至于我，我安安静静，尽可能地……"

总之，缺少了对他来说实为必需的一种对立面，正如岩石之于冲击它的波浪，肖邦的生活不再有意义。回到波兰去吗？这是承认失败。继续这种孤独的生存？超出了他的力量。他刚结束的那种生活的场景即便是"用纸糊"的，至少那是一种布景，一个玩偶剧场，在那里他有自己的角色和位置。如果他想找一个朋友，一个同胞，以便能在他身边"像从前那样尽情地流泪"，那也属徒劳。维特维茨基死了；恰尔托雷斯基一家属于上流社会；"人们知道我多么爱她"的那位黛菲娜·波托茨卡，正在收拾自己爱情生活的挫败；马图钦斯基在地下长眠；封塔纳在远处；"密茨凯维奇，普拉特一家，还有索毕昂斯基离开了我们"；密茨凯维奇正受某种神经紊乱的折磨，他在法兰西公学的继任者托维安斯基的教学使他陷入了一种神经衰弱之中。诺瓦科夫斯基当然在这里："多么勇敢的人，却那么愚蠢，愿上帝保护他！"奥尔良广场空寂无人：连马里亚尼夫人都搬家离开好长一段时间了。那个支持过、环绕过并鼓励过肖邦的波兰移民阵营，在死亡和淡漠中四散了。既然不再有什么角色需要扮演，他将自我遗弃，虽然他对此从未明确承认过。甚至在死亡抓住他之前，他的生活已经结束。

当然还有这个计划中的音乐会，简单的临时目的："它定于本月 16 日（1848 年 2 月）。我不需操心任何事情，只需在钢琴前坐下并弹奏。人们从布列斯特和南特写信给我的出版商，要求预留位置。如此的热心令我吃惊，我今天（2 月 11 日）该投入工作，这只不过是为了做到问心无愧，因为我

---

① 即来自索朗日的消息。

觉得比任何时候弹得都差。出于新奇，我将和阿拉尔、法朗肖姆一起弹奏莫扎特的一个三重奏。不会有免费入场券，也没有海报。普雷耶尔剧场很漂亮，它能容纳三百人。普雷耶尔总爱嘲笑我干傻事，可为了鼓励我弹奏，他会把楼梯布满鲜花。我几乎像在自己家里，我的眼睛尤其会认出朋友的脸庞。我这里的钢琴就是演奏用琴……”

巴黎最后一场音乐会

1848 年 2 月 16 日，周三，晚上八点半，肖邦开了在巴黎的最后一场音乐会。他已经有 6 年没有在首都开音乐会了。这是那场永诀音乐会的节目单：

第一部分

《莫扎特三重奏》，钢琴、小提琴、大提琴，由肖邦、阿拉尔和法朗肖姆先生演奏

咏叹调，由安多尼娅·莫利娜·迪·蒙蒂演唱

《夜曲》、《船歌》，由肖邦先生作曲并演奏

咏叹调，由安多尼娅·莫利娜·迪·蒙蒂演唱

《练习曲》、《摇篮曲》，由肖邦先生作曲并演奏

第二部分

《谐谑曲》，《为钢琴和大提琴谱写的 g 小调奏鸣曲》的柔板和终曲，由肖邦先生谱曲，并由作者和法朗肖姆先生合奏

新咏叹调，选自梅耶贝尔剧作《恶魔罗伯特》，由罗杰先生演唱

《前奏曲》、《玛祖卡》和《圆舞曲》，由肖邦先生谱曲并演奏

剧场座无虚席，楼梯和走廊布满鲜花，高雅的妇女，精选的公众。肖邦现身，很苍白，但坚定。他整套节目完成得无可挑剔，加上那些中间插曲，

持续时间相当长。幕间休息时，他在休息室还是发生了昏厥。这位迷人的浪漫派艺术家在巴黎的最后一次露面，这颗病弱却才华横溢的心灵的最后一次哀吟，只有最富旋律美的临终情景，即天鹅之歌能象征它。

2 月 20 日的《音乐杂志》用极度兴奋的语汇报道了这场演出：

> 钢琴家中的大天使的这场音乐会①实在难得，以至于不会像别的音乐会那样，敞开大门放所有想进的人进去。这场音乐会有张表格，每个人都得填上自己的名字，但并非大家都能获得珍贵的入场券。必须有靠山才能被接纳到圣殿中的圣所，去奉献自己的贡品，虽则这份贡品价值一个金路易。但这是去听肖邦啊，谁的钱包里不多一个金币来呢？
>
> 透明的精灵，实现了他的承诺，那是怎样的成功，怎样的热情！叙述他所受到的欢迎，他所激发的亢奋，尚属容易，难的是描绘演奏的奥妙，乃非此尘世所有。节目以莫扎特的三重奏开场，出色得几乎让人绝望，再也听不到如此美妙的演奏。然后肖邦演奏了练习曲、前奏曲、玛祖卡和圆舞曲。接着和法朗肖姆一起演奏了他美丽的奏鸣曲。别问我们所有这些长短不一的杰作，是怎样呈现的。我们事先已声明过，放弃用文字再现这千百种微妙变化的努力。这是一个绝无仅有的天才，外加同样完美的形式。我们只能说，他的魅力在听众那里没有一刻停息，甚至延续到音乐会结束之后。纵使我们有一支灵笔，它如同官员手指上熠熠闪光的玛瑙，用它，我们能追摹麦布女王②的温柔夜色中，那贵美绝伦的华辇，晶莹剔透的鞍辔，我们也至多能对这个纯然理想的天才描摹一二，他超然物外，纤尘不染……

居斯廷侯爵在写给肖邦的信中，给出了一种比较具体的印象："您在痛

---

① 指大天使 Ariel，亦被称作"上帝之狮"。——译注

② 麦布女王是爱尔兰神话中的人物，象征至高无上的权威。——译注

苦和诗意中更臻完美，您作品中的忧郁更深地打动人心；即使身处人群，犹如在跟您独处；这不是一架钢琴，这是一颗心灵——而这是怎样的心灵啊！在肖邦中，人们相爱，人们倾听自己。您把听众变成了一个朋友圈；总之，您始终如一——一切都说尽了……”

至于肖邦，他于2月17日写信给索朗日·克莱桑热，“巴黎病了……”诊断正确。6天之后，真的发生了起义。

一个朝代的结束

路易-菲利普王朝经受住了1837—1839年的动荡，却在1846—1848年的危机中覆灭。自1840年以来，基佐的政策受到激烈的攻击，被称作“反民族，依附于英国”。1844—1846年发生普利查德事件[①](Pritchard，1796—1883)期间，内阁仅获得几票多数。其时基佐尚能以同英国结盟得到好处来炫耀，但他的论据在1846年底，由于所谓的西班牙婚礼事件[②]，随着英法协约的撕毁，却再也站不住脚。

为了弥补与英国不再结盟所造成的损失，法国政府与保守的外国势力和解。梅特涅(Metternich，1773—1859)和尼古拉一世对基佐的建议予以关注，此外基佐在瑞士、意大利和德国同时提倡一种温和的改革政策——这种政策在法国本土更难得到支持，因为法国人对任何改革都持反对态度。拉马丁在波旁宫宣称，自西班牙婚礼以来，法国不得已“在罗马当皇帝派，在伯尔尼作神职人员，在皮耶蒙当奥地利人，在克拉科夫像俄国人，无一处像法国人，到处都以反革命的面貌出现”，这种局面显然同它数百年以来的传统相冲突。即将在法国爆发的革命，既是民族性的，也是追求自由的。事态的进展，令人想起查理十世王朝的终结，其情势出奇地相像。

① 被法国驱逐出境的英国驻塔希提领事，本人是神职人员，他反对法国在塔希提的领土渗透和天主教影响，该事件成为英、法两个殖民国之间利益冲突的象征。——译注

② 指同时举行的两场王室婚礼：一是西班牙女王伊莎贝拉和卡迪克公爵，另一个是女王的妹妹和蒙邦斯埃公爵的婚礼。

年迈的路易-菲利普预感到了暴风雨将临，他非但不妥协，反而态度强硬，不尊重议会体制。君主自己的儿子，儒安维尔亲王于 1847 年 11 月这样描写："不再有部长，他们责任全无，一切都归到国王一人手中，他破坏了我们的宪政体制。"对此，路易-菲利普回答说，他有一个重大的使命要完成，即在欧洲重建秩序。当时丑闻层出不穷，反对派把一部分统治阶层的失信嫁祸给政府。"保守派，进步派和共和派，正统派[①]和王朝左派成员，被社会主义争取过去的工人们，以及由于国王的专权而被排挤在政权之外的资产者，所有这些基佐的反对者们，说到底只有一个共同的观念，被波·德·罗梅尼[②](Beau de Loménie，1896—1974)一语道破天机：对当权者的利己主义有种说不清的厌恶[③]"。基佐的不妥协将加速事态的发展。当然，巴黎将又一次给外省定调。无人再捍卫它，王朝将倒塌，并非被国会颠覆，却成为巴黎的一小撮煽动者的牺牲品。

街垒和巷战

1848 年 2 月 22 日，为了抗议对改革者的一次聚会的禁令——这次聚会是在王朝左派、中左派和共和派的领导者们鼓动下组织起来的——街石被掀起来了，出现了枪击声。基佐第二天召集资产者国民卫队，这支卫队至此一直是政体最可靠的屏障。但 23 日早晨在前往他们派驻地段的路上，卫队向内阁喝倒彩，大喊："改革万岁！"国王在他期待的救援者背叛后，要求基佐辞职。虽然辞呈递交了，但大势已去。一伙巴黎人在外交部对基佐喝倒彩，部队开了枪：16 个游行者被击毙。他们的尸首被共和派头领拖着在巴黎展示，到处都是路障。失败了的路易-菲利普于 24 日早晨听任摆布，提出退位，表示不愿"让法国人无谓地流血"。几个小时以后，共和政府成立。一个王朝就这样终结了，虽然它曾给法国人带来了 18 年的和平，这

---

① 特指法国历史上波旁王朝长系拥护者。——译注

② 法国作家、历史学家，代表作为历史巨著《资产阶级王朝》。——译注

③ 引自菲利普·维吉耶所著《七月王朝》(法国大学出版集团)。

期间知识界很活跃，经济发展无可否认，教育和新闻也有长足进步。立宪王朝并没有在法国移植成功，政治虚伪加速了这个制度的灭亡。

在法国生活的各国移民对所发生的事件表示乐观。可肖邦是受到了国王青睐的，对此事的反应很负面。对君主化名斯密特先生逃到纽黑文一事，肖邦觉得糟糕透顶。拉马丁建议采用三色旗，他也觉得是个不祥征兆。或许新政府成员中有几个桑的朋友——路易·布朗、阿拉戈、马勒费耶——可桑比任何时候都更不愿意他们对她的前情人示好。此外，事态发展迅速。1848 年 2 月 28 日，路易-波拿巴离开伦敦，抵达巴黎，当年 12 月 10 日，他当选共和国总统。3 月 13 日，在维也纳，梅特涅被民众骚乱赶下台。全法国境内路障越来越多。阿费尔主教大人[①](Mgr Affre，1793—1848)想逮捕起义者，却被打死。7 月 4 日，夏多布里昂去世。而那时，肖邦已离开法国了。

重逢

音乐会获得成功后，肖邦曾一度想开第二场音乐会，时间是 3 月 10 日。全国范围内的事件让他打消了这个念头。1848 年 3 月 3 日，索朗日·克莱桑热告诉他，2 月 28 日她生了一个女儿，比预产期早了六周。第二天，3 月 4 日，他去戈多·德·莫罗瓦街拜访马里亚尼夫人。他在那里碰到某个埃德蒙·孔博，法国驻拉巴特[②]的副领事，他曾在阿比西尼[③]呆了很长时间，写过一篇长长的报道，为他赢得了“阿比西尼人”的绰号。肖邦在孔博的陪同下，离开马里亚尼夫人的客厅后，碰上了乔治·桑，她由莫里斯的一个朋友朗贝尔陪伴。肖邦写信给索朗日，

> 我跟您母亲大人打了声招呼，随后我问她多久没有收到您的消

---

① 巴黎大主教。——译注

② 摩洛哥的首都。——译注

③ Abissinie，后称埃塞俄比亚帝国。——译注

息了。

——大约一周吧，她回答我。

——您昨天和前天没有收到消息吗？

——没有。

——那么，我来告诉您，您是外祖母了。索朗日有了一个小女儿。我很高兴能第一个将这个消息通报于您。

我致意后，就下了楼。但是我忘了告诉她，您身体很好。我请孔博重新上楼，因为我自己爬不了楼梯，告诉她您很好，孩子也好。我在楼下等候阿比西尼人，可您母亲大人同时下来了，怀着极大的兴趣问了些关于您身体的问题。我回答她，您自己用铅笔，在生下孩子的第二天①给我写的几句话，说您受了很多罪，但看到小女儿，您就全都忘记了。她问我您丈夫是不是在您身边，我回答说您这封信的地址看起来是他写的。她问我身体如何，我回答说还好。后来我要求看门人开门。我致意后，就在阿比西尼人陪同下走回奥尔良广场的家了②。您母亲大人到巴黎已有几天，她就要回诺昂去。看上去她身体挺好。我想她在为共和派理想的胜利感到高兴……

怎么看这次冰冷的、社交意味的、神经紧张的“重逢”？很显然，两个前友人互相戒备，彼此观察对方的反应。毫无疑问，能亲口将一个更刺激她、而桑却不知情的新闻告诉她，肖邦对此感到了一种捉弄人的快意。桑怎样评论这次相遇呢？颇出人意料。她在《我生活的故事》中写了几句：“我在1848年曾与他有过短暂的相见。我握住了他颤抖的和冰冷的手。我想跟他说话，他躲开了。这下轮到我说，他不再爱我了。我让他避开了这种折磨，将一切交到上帝和未来的手中。我不应当再见他……”

---

① 孩子只存活了8天。肖邦将不停地劝导索朗日安静和勇敢。

② 后者写信给桑：“您真的有理由不去怨恨肖邦：我陪他回到家的时候，他非常悲伤和沮丧。”

果真如此的话——没有比这更确定的了——桑是想延长这场谈话的，肖邦则有一百个理由来快速和礼貌地避开这个曾带给他灵感的人。一场真正的对话将会有什么结果呢：重新勾起过去的不满，一场毫无结果的辩论？肖邦不是那种纠缠不休的男人。绝交信送交给他了，他退避三舍。他悲伤也好，快乐也好，跟任何人无关。事实上，3月7日，桑返回诺昂。她让儿子莫里斯当选了小城的市长。

出行？

幸亏有一封肖邦夫人写给儿子的信，日期是3月5日，从中我们得知，华沙《信使报》认为我们的音乐家有旅行的计划。巴黎刚结束一场流感，好多人都病倒了，他要去哪里呢？荷兰？德国？圣彼得堡？他母亲巧妙地问："可能到我们这里来吗？我们为你住在哪里发生了争执。巴尔辛斯基一家想给你腾出他们的住房。露德维卡想把她自己的给你住。这太像儿童游戏了，闹了好些肥皂泡……"

肥皂泡的命运是在日光下爆掉。不去荷兰，不去德国，不去俄国，也不去波兰。在此1848年4月初，肖邦还没有作任何决定。平时对政局漠不关心的肖邦，此时却第一次分析起国际事态了。

战略

他写信给生活在纽约的封塔纳，给他真正意义上的政治指令——全是对国事的看法：

> 别回到这里来，要等事情真正开始后才动身。"我们的人"聚在波兹南。恰尔托雷斯基第一个到达，但只有上帝才知道在出现一个新波兰之前还会发生什么。这里的报章在这个问题上只登些谎话。共和国在克拉科夫还没有宣布成立。奥地利皇帝还没有即位波兰国王，在对奥地利政府发出呼吁的时候，利沃夫的报章，与人们告诉我的消息

相反，并不要求他成为波兰国王。至于普鲁士国王，他绝不考虑放弃波兹南公国。他在国内显得很可笑，但波兹南的德国人还是对他发出了呼吁，宣称"既然这块土地是父辈们用鲜血换来的，而他们甚至连波兰话都不会，除了普鲁士政府，不愿要任何别的政府"。你看这简直是战争的预兆。可战争会在哪里爆发呢？我们不知道。一旦开始，整个德国会投入其中。意大利在打仗。奥地利人从米兰被赶走了，但在别的省份还有，还会有别的战斗。法国很可能会去支援意大利，因为有必要让某些人离开国土……一旦需要跟普鲁士人开战，俄罗斯人可就有苦头吃了。加里西亚农民已经给沃里尼亚和波多里亚这两个地区作出了榜样。可怕的事情必然会发生，但最终会有一个声名远扬和伟大的波兰出现：只有一个词，波兰。这样，即使我们急不可待，让我们还是等待各种牌好好洗上一洗，为的是避免毫无益处地失掉某些力量，它们或许会正好很有用。这个时刻临近了，但今天还没有到来。可能一个月之后……可能一年之后。这里，人们坚信我们的事业在入秋之前会明朗化……

这封信中，肖邦一点都不像桑所描绘的那个"对周围一切和所有人都无动于衷"的公子哥。相反，他表现出了对遥远的故乡命运的充满激情的关注。可是，为了搞清事态，和明白他所抱有的希望，让我们来看一下 1848 年初波兰的处境吧。

波兰发生什么了？

1831 年的波兰起义没起到任何作用，事实正好与那些不了解局势的传记作家的看法相反。作为胜利方的俄国占领者，施行了严厉的镇压：将领袖们处以绞刑，没收土地，往西伯利亚大量流放犯人。数以千计的贫穷绅士（贵族）连同他们的家人都被送往高加索荒原，其他人则被迫沦落到令人羞辱的自由农或商人的境地。俄国行政设施到处都替代了原有的波兰国家机构，俄语被政令规定为法院和学校必须使用的语言；维尔诺大学和华沙大学，以及科维缅涅茨高中均被关闭；第一批 2 300 名移民出走避难，别的人也陆续跟着离开，这些人被刚任命的华沙亲王帕斯科维奇和尼古拉(一世)的声明吓坏了，这两位统治者宣称，一旦发现有反抗迹象，俄国会毁掉华沙，并绝不重建。

1832 年，俄国曾赐予波兰王国一种建制上的地位，但其中最自由的条款从来没有在整体上得到过执行。波兰人既不再拥有议会，也不再有军队，但别人还是允许他们使用自己的语言、民法和原则上自治的一套行政管理系统。所有工作部门都对俄国人开放，他们占据越来越重要的职位。主教们受到严密监视，拉丁僧侣阶层在被兼并的领土上待遇极糟，以至曾指责过 1831 年起义的格利高里十六世，于 1842 年揭露了宗教迫害。

移民们的行动使得占领当局很不安，对他们的监视和惩罚也逐年加重和更加严酷，尽管上述移民内部，在他们追求的目标上已经出现了严重分裂。

恰尔托雷斯基亲王在巴黎居住在朗贝尔公馆，聚集在亲王周围的保守派跟国外联络员通讯联络密集，目的是挑起一场欧洲战争。他们关注农民命运的逐渐改善，目的是在关键时刻，农民中不要出现反对派。

相反，民主派却只把希望寄托在农民自己身上，要激怒农民，并引发局部暴动。

波兰年轻一代被流亡中的艺术家所吸引，像肖邦、科拉欣斯基，斯洛瓦茨基，特别是密茨凯维奇，他被迫在俄国的新西尔佐夫住了一段时间之后，流亡到巴黎。在巴黎，密茨凯维奇写下了《波兰朝圣者之书》，由蒙塔朗贝尔翻成法语。这是一份对受难者的告诫："我们跟处于荒原里的上帝的选民相似。耶稣曾经在犹太人中间出现，带着他那祭献和仁爱的律法。我们也会看到，我们的先知会降临并解救我们。各民族会被拯救，不是被古老的律法，而是由于受难民族的功德。你们是在为全人类的自由而战。"《朝圣者的连祷》让学生们读得激情澎湃：

圣父，曾经把子民从埃及的奴役中带出来，回到圣地，请把我们带回我们的祖国……

上帝之子，我们的拯救者，曾经殉道并被钉上十字架，再复活，并在荣耀中统治，请把我们的祖国从死亡中唤醒……

以那些在信仰和自由的战争中牺牲的战士之血，上帝，请解救我们。请给予我们全面的战争，为了全体人民的自由，我们请求你，上帝[①]……

起义

在波兹南，有一个民主党派的支部在活动(虽然弗里德里希·威廉四世在1840年推行了一条更为自由的政策)，极端分子决定组织一次全面的起义。一个马佐夫舍诗人，邓博夫斯基走遍全国，煽动贵族和农民。1848年2月21日到22日夜间，在克拉科夫，一个革命政府宣布起义开始，并废除劳役。5年前，凡尔赛波兰委员会曾派遣作家兼出色的军事演说家梅洛斯瓦夫斯基作为代表，前往支持邓博夫斯基的活动。

最精心策划的行动，有时也会反过来不利于策划者。梅洛斯瓦夫斯基和70位起义者，落到了警察手里。在塔尔诺夫，那些农民尽管被灌输了起义的理念，却反戈一击，将他们的鼓动者交给了奥地利人，以此交换诸多奖赏。400多个庄园被那些理应站出来保卫它们的人洗劫一空，1 500个贵族被杀。为了阻止农民的过激行为，邓博夫斯基高举战旗，向军队发起进攻。奥地利先头部队开火，邓博夫斯基遇害。若没有保守派和保皇派的干预，克拉科夫很可能会被烧毁。梅洛斯瓦夫斯基和7位首领，被判流放。共和国并入奥地利。但是卡利什的屠杀至少导致了一个良好的结局，即梅特涅的垮台。

---

① 密茨凯维奇作为大诗人，行动起来却像一个幻想家一样不现实。他的想法出格，想召集一个意大利军团去解救波兰，而斯洛瓦茨基也差不多同样不现实，居然倾向于劝诫某种解除武装！在这种情势下，肖邦的判断显得多么明晰！

此外，法国1848年革命也引起了一场声势浩大的舆论动员，不幸却很短暂。波兹南人放下了武器，波兰报纸被禁言，各种协会被解散。一群流亡者在奥地利参加了起义。加里西亚要求完全自治，那里的农民劳役被废除。而在匈牙利，帕斯科维奇镇压了反抗。除了在卡利什，起义都失败了。流亡者除了寄希望于拿破仑三世的登基和尼古拉一世的继位者亚历山大二世的仁慈，再无别的指望。就在这时，帕斯科维奇亡故，由戈尔恰科夫接替，他是一个自由派老军人，允许成立了一个由安德烈·扎莫伊斯基伯爵担任主席的协会，并允许华沙的学生经常光顾一所医学院和一所艺术院校，这两所学校都将负有重要的使命。除此之外，波兰又一次为它渴望的独立付出了沉重的代价，需在外国人面前低下头颅，那些外国势力垂涎于这个不幸的国家，其命运就是被侵占、被抢劫、被瓜分，就像野兽嘴里的一块肥肉。

1848年5月13日在伦敦，肖邦写信给格日玛拉，总结他的看法，或者他的苦涩之感，“苏尔切夫斯基将波兹南大公国的悲惨消息带到这里，科斯米安·斯坦[①]给我捎来了扎莱斯基的一封短信。不幸啊不幸！我的心不再有任何热望！”这是实情，肖邦自从离开波兰，唯一的心思就是参与到祖国的复活中去，既然不能用武器，那就贡献才智。一天夜晚，他重读科拉欣斯基的一首诗，谱了一首歌曲，道出了他作为流亡者的心声：

在高山之巅，他们背负沉重的十字架
他们在远处看到应许之地
和那千百盏小蓝灯
他们的部落正朝着有蓝灯闪烁的谷地而去
可他们，他们永不能抵达这个福地
他们永不会分享生命的盛宴

① 原文如此，疑是斯坦尼斯拉斯·科斯米安，肖邦童年朋友。——译注

再说，他们或许已被遗忘……

打倒杜德旺太太！

由于波兰革命的失败，肖邦有种被钉上十字架的感觉，这与桑自诩圣女贞德的自鸣得意相比，却更加实在。桑自称“我活着，我很坚强，我是活动家，我只有20岁！”由于不能站在火刑柴堆上，她就加入到革命的左派中，自称共产主义者，认定福音书是真正的共产主义论著，为政府起草政令，为《改革》撰写文章，他们将这些文章跟卡尔·马克思的檄文登在一起：“我们疯了，我们醉了，我们幸福，因为在污泥中沉睡的我们，如今在天上醒过来！”诺昂“好夫人”失去理智了。事态的发展使得她那种极度活跃的政治斗士的激情变得可笑。社会主义者跟民主派争战，保守派同时和民主派和社会主义者不和。拉马丁反复回味他的失败。至于诺昂的农民，被他们的女城堡主人奉承、捧到天上去的农民们，他们也对莫里斯和他母亲给予报复，在他们窗下聚集，高喊“消灭共产主义者！打倒杜德旺太太！”

肖邦在离开巴黎去英国的前夜，对他的朋友科斯米安说：“我的职业生涯是结束了。如果您村里有个小教堂，给我一口面包，我会为圣母去演奏！”

波兰，永远是波兰，只有波兰！

1848年4月20日，他踏上去英国的旅途。

第十五章　走向苏格兰迷雾

为什么要作此旅行？当时他的身体已被肺结核侵蚀，格外糟糕。他有时以为是哮喘，或者当作是神经痛①。不再能像从前那样去诺昂度过时日，那里的气候和安静对他的身体大有好处，于是他决定春天去伦敦。这是一个欠考虑的方案。

为什么伦敦？

他的理由呢？很多。1848 年的革命驱散了他在巴黎的很多学生，其中大部分都跨过了英吉利海峡。桑造成的伤痛尚未愈合：或许远离能使他淡忘那个忘恩负义之人？还有作为一个肺结核患者，他在疾病中作困兽斗，希望靠着坐上火车或轮船来逃避？种种原因，促成了此行。巴黎再也拴不住他。此外，他的学生简·斯特林及其姊妹艾斯金夫人，敦促他在伦敦或苏格兰定居下来，苏格兰是她们的家乡。他的巴黎友人们都鼓励他作这次

---

① 人们怎么给肖邦治病呢？按照当时的时兴方法。按照雷奈克（法国医生，听诊器的发明者。——译注）的一张在 1823 年为一个肺结核患者开的处方，可以看得出，治疗肖邦的方法就是完全照搬。雷奈克建议“到南部去换换空气，贴身穿法兰绒，用浸透了安息香的羊毛擦身，坐车兜风，喝软饮料、胶姆水、鸡汤和地衣冻”。这种疾病的细菌病因当时还不为人知，因此不能有效地治疗它。路易和克拉克医生是当时著名的肺结核专家，严格遵守雷奈克的医嘱。马图钦斯基在此之前也是用相同的方法“治疗”肖邦。在雷奈克之前，布鲁赛建议采用发疱药和反燃素，即烧灼剂、针灸、放血、吐根、痰剂、鸦片、金鸡纳霜、含硫磺的水、木焦油、砷剂，外加节食。被放血弄得身体虚弱，病人通常由于营养不良而虚弱。

旅行，疯狂程度堪与十多年前马略卡那次旅行相比。瓦勒德莫萨雨季讨厌的气候对他身体造成了损害，苏格兰的迷雾则将彻底摧残它。简·斯特林自己并没有意识到，对于肖邦，她将扮演死亡天使的不祥角色。

简·斯特林

她44岁，多愁善感，狂热，饱读《圣经》，为一种不知疲倦的热忱所激励，但有时很让人厌烦。她痴迷于肖邦，希望他解除抵抗并跟她结婚。加上她很富有，而肖邦不管生病与否，除了一堂接一堂地教课，再无别的收入。这一切都驱使两姐妹建议肖邦作这次对他来说是致命的旅行。她们向他介绍说，他在英国名气很响，而伦敦的绅士对钢琴家和钢琴教授两者都会疯狂，因此他在伦敦将会挣到比巴黎更多的钱。能在伦敦见他的出版商和很多演技高手，诸如莫舍莱斯、贝尔维尔·乌里夫人、索菲·博赫尔、费尔德、皮尔科赫特、乔森、贝尔奈特等人，他们已将他的作品介绍给了英国音乐爱好者——这一切都诱使肖邦作此决定，而绝非像桑所影射的那样，是出于将法国丢给革命的愿望，这种影射中伤实在恶毒透顶。说到底，1830年当他离开华沙时，他护照上难道不是写着要途经巴黎去伦敦吗？他在法国逗留了17年。现在，旅行的终点该到了。

而这是一连串历险的开始。口袋里装了点钱，是他在2月16日的音乐会上挣到的，革命让他的第二场音乐会泡汤，手头无法再宽裕点。他于1848年4月21日耶稣受难日抵达伦敦，途中在福尔克斯通休息了几个小时。他的两个护卫天使在卡文迪什广场本迪克街10号的一个公寓里等候他。一切都为他准备得舒适妥帖："她们想到了我早晨的巧克力，并把我的姓名缩写刻在信纸抬头上。尽管如此，我几天后要搬走，搬到离我的两个仙女近一点，住到皮卡迪里街区的多佛街48号去"，肖邦这样写信给格日玛拉。4月底的季节，天气阴沉。5月1日，太阳出来了，天空灰蓝色："今天早晨开始，我呼吸比较轻松了，可上一周，我很受罪……埃拉尔给了我一架琴。我还有一架布罗德伍德琴，另一架是普雷耶尔，一共三架琴。可对我有什么用？既然我连弹琴的时间都没有？数不清的拜访和约会，日子过得飞快。可我还得让人听我弹琴，他们建议我在爱乐乐团演出；可我宁愿放弃，因为想在这里获得成功，必须演奏莫扎特、贝多芬，而且最好弹门德尔松。加上他们的乐队，像他们的烤牛排或他们的甲鱼汤：给劲儿、刻板，别的无可恭维，而且只有一次排练——公开的！”肖邦的计划是，如果有可能，在女王面前弹一次，然后在沙龙里弹几次晨间音乐会，听众不要太多。他总是怕大音乐厅！

失望

那个时期，英国的音乐听众只是一部分上流社会的精英。这点并不比法国强，音乐还没有进入资产阶级和民众的习惯之中。除了一些歌剧院，有一两个音乐厅，音乐生活还寄寓于沙龙之中：必须在这些沙龙中露面才能“招徕”听众。肖邦写道：“这里，音乐是一种职业，而不是一门艺术。他们像演奏绝对美妙的作品那样，演奏一些很古怪的东西。想让他们对严肃的东西感兴趣是痴心妄想。资产阶级贪新骛奇，对那些机械性的东西吹毛求疵。上流社会听的音乐太多，以至于不能严肃对待。×女士……是伦敦最出名的贵夫人之一，我在她的城堡里住过几天，她被视为女音乐家。一天晚上我弹完琴后，她叫人拿来一种手风琴，一本正经地开始在这个乐器上演奏咏叹调，可怕之极。这些尤物都有点神经质。那些听说过我的音乐的女人们对我说：‘那么给我弹一下您的第二叹息吧……我很喜欢您的钟声’。他们所能找到的词儿是说，我的音乐像水在流淌那样……罗斯柴尔德老夫人问我值多少钱。因为我刚向萨瑟兰公爵夫人要了 20 几尼，就回答说：20 几尼。这位可敬的夫人于是对我说，我弹得很好没错，但她还是建议我少要点钱，因为在这种季节，要学会适可而止”。钱不容易挣到手，大老爷们吝啬得很，对艺术毫无真诚的热爱，这就是肖邦在这个国家待了两个月之后的苦衷。这里已不再是匹克威克的国度，而确确实实是大卫·科波菲尔的家园：一个比法国进步很多的国家，在这里妇女和儿童的劳动法已建立，这是无产者同工业资本主义的斗争中赢得的最初的胜利。但肖邦跟这种社会进步不搭调。

艺术家云集之处

根据柏辽兹的经验——他当时住在那里——伦敦是“艺术家云集之地”。塔尔贝格准备了12场独奏会。卡尔克布雷纳和奥斯波纳经常演出。哈雷正要在伦敦安顿下来。在考文特花园和海马科特，人们听维亚尔多·加西亚[①]，珍妮·林德[②]、拉布拉什、格里西、阿尔伯尼、皮西亚尼、马里奥和弗拉维奥。肖邦碰到了好几个从前的学生：诺维格、塔勒斯芬、林赛、斯罗佩。他抱怨生活的昂贵，住房每月需要花费24几尼。为了生活，他重操旧业，5月底的时候已有5个学生。

他拒绝了在爱乐乐团演出的邀请，这显然让英国人有点不快。为什么不肯演奏他的两个协奏曲中的一首呢？很有可能他是怕看到自己的作品被这个不闭门排练的著名乐队糟蹋掉。然而，公开演出一次，即使效果不能保证，也好过他这样在沉默中封闭自己，或者只在“茶会”上出现。这些茶会是肖邦亮相的机会，但却不能充分显示他的才华。病恹恹的身体不允许他劳累，对实施各种计划不利。他吐着血，靠柠檬和冰块支撑病体，对过于频繁的经常上下楼表示不满，最终只能在白天光线最好的时间里待在家，留点力气去上流社会那些社交场合，像在巴黎一样频繁。直到最后，肖邦一直保留了他的社交习惯。像他这样一个天生的贵族，把礼仪当美德，忘我当保健，安德烈·莫罗瓦曾这样说过，这离“装作满不在乎地死于沙龙”亦已不远。他在写给格日玛拉的信中说：“如果我能整天闲逛，从安娜家到凯菲家，如果我不吐血，如果我更年轻些，如果我不像眼下这样已经被

① 她在考文特花园唱肖邦的玛祖卡。

② 肖邦一次在有女王也在场的场合听过她的演唱，他写信给格日玛拉：“这是一个出色的瑞典人。并不是那些通常意义上的微光照亮着她，而是某种北极光。她唱《梦游女》时那么自信和肯定。她的轻声唱得平稳流畅、不绝如缕。”

友谊压垮，那么我还有可能重新开始生活……”，至少，能使生命延续下去。

在康斯勃罗公爵夫人家

在伦敦逗留的3个月期间，他在小范围内演奏了5次。两场是收费各为20几尼的晚会，三次私人音乐会：一次在康斯勃罗夫人家，一次在道格拉斯子爵家，一次在萨瑟兰公爵夫人的斯坦福宅邸。肖邦在家信中写道："斯坦福宅邸靠近圣詹姆斯宫，因其楼梯的华丽而著称。楼梯入口既不在门厅，也不在候见厅，而是在套房里，构成了一个大沙龙，布局恰到好处，又饰以绘画、雕塑、壁毯和昂贵的织毯，放眼望去，炫目迷神，让人大饱眼福。也兴许碰巧能见到钻饰璀璨、珠光宝气的女王，佩着嘉德勋章，仪态万方地拾阶而下，又随时止步，与人倾谈。如果让保罗·委罗奈兹看到如此场面，绘画中又会多一幅杰作……”接着是关于英国徽章图案的详尽报道。维多利亚女王和阿尔伯特亲王作为公爵夫人的宾客，在80个伦敦精英云集的晚宴后听了肖邦的演出。此次音乐会之后，有传言说女王请肖邦私人授课。肖邦更期待的是去王宫演奏的邀请，而不是教课，但邀请却没有来：肖邦为拒绝在爱乐乐团作为独奏家演出而付出了代价。

音乐会

肖邦开了几场公开音乐会。第一次，是在阿黛拉伊德·萨托里斯夫人家，她娘家姓坎布尔，是英国一个著名演员的女儿，在嫁给一个富有的英国工商巨子前一直是歌唱家。肖邦与她在巴黎结识。当晚，他和男歌手马里奥同台，钢琴曲目是夜曲、练习曲、玛祖卡、圆舞曲，最后是摇篮曲。《雅典娜》刊出了一篇倍加称道的文章：在伦敦还从来没有过如此高涨的、能跟这次音乐会相比拟的热情。

第二场音乐会，于1848年7月7日举行，在法尔摩斯伯爵家客厅里。肖邦带着令人惊讶的热情描述此人："……他是个狂热的音乐爱好者，很有钱，极有贵族气派，非常和蔼可亲。走在大街上别人很容易就会扔给他两个苏，家里成群的仆役都比他穿着体面……”。维亚尔多·加西亚夫人参加了音乐会，演唱了为玛祖卡改编的歌曲。两百位听众为两位艺术家热烈欢呼，两家报刊——这次皆成双！——《雅典娜》和《每日新闻》争相赞誉：“肖邦先生演奏了他的《平稳的行板和波洛乃兹》，《谐谑曲》（作品第31号），还有其他曲目，显出他极强的创造力。他的音乐精雕细刻，和声非常新颖，对位极为巧妙，充满天才的创造性。然而，从未有人像他那样表现出自发的冲动，艺术家完全听任自己想象的推动，沉溺于梦幻，于不知不觉中表现自己，也就是说，他的思绪与激情都通过他的灵感而呈现。他克服了极大的难度，却那么柔韧、自如、轻巧和精致，简直超出听众的想象。优雅的极致，各种调性的和谐表述，线条的清晰，都构成其演奏的特色，而他的音乐本身激起思想的自由，表述的多样性和某种浪漫的忧郁，看上去正是艺术家一贯的精神状态。”

有关“调性”之说，它只是在音乐谱写层面上有意义，可涉及演奏，则毫无意义：业余音乐评论家或许用该词替代了“音色变化”一词。文章写得很到位，像李斯特一样，他从本质上探讨了肖邦的作品，准确地评价了其演奏方式的实质。不幸的是，另外两份报纸《泰晤士报》和《音乐世界》，肖邦跟他们不对付，因为他们以为肖邦激烈反对别人怀念门德尔松，而后者是他们的上帝。因此在谈论肖邦的时候使用了全然不同的笔调：“肖邦的全部作品只是某种极度夸张和骇人的噪音的混合物，乱七八糟和肤浅之极……”。没有比这更愚蠢的了！

“我打发时日……”

当然，肖邦结识了卡莱尔，狄更斯、贺加斯和拜伦夫人。他就拜伦夫人写道：“我们彼此间似乎颇有吸引力。事实上，我们的对话像极了一只母鸡和一只小猪之间的交谈：她用英文咯咯叫，而我呢，像人家宰杀的一头猪那样用法文喊叫。我明白了为什么拜伦跟她在一起会烦。”很奇怪，肖邦在华沙中学里学过英文，却声称听不懂也发不出任何一个音。他难道忘记了吗？

总之，他又一次陷入不幸之中。首先，有关波兰的念头在伦敦折磨着他，正如在巴黎，他预感到自己的命运不会很快改变。他写信给格日玛拉："几百年之后，你的重重重孙通过一个业已改革的法国会使波兰获得自由，这之前可不行……"他在这点上看得不错。此外，他糟糕的身体不令他乐观，也不由他幻想："我极度烦躁，没法写完这封信。我为一种愚蠢的忧郁所苦，虽然我竭力忍耐，不知道该拿自己怎么办，真让我烦恼……我不能再悲伤或幸福，我真的不再有感觉，我只是打发时日而已，而且我耐心地等待着尽头……啊！但愿我能知晓，这病在下个冬季是否能让我在此了结！"

他从索朗日·克莱桑热那里能得到些有关桑的消息。她仍在继续撒谎，对波丽娜·维亚尔多写道："我不能以仇恨和疯狂来回应他的仇恨和疯狂"。她在内心深处——无论她在何种程度上自己成为这些恶意中伤的最可笑的受骗者——是如何评判自己的言行呢？这是个谜。肖邦这边，则不无道理地想，"乔治跟她女婿真合得来"。至于德·罗兹埃尔小姐，她曾被这些事件牵得那么深，她直言不讳地写信给肖邦的姐姐露德维卡·延杰耶维奇："感谢上帝，弗里德里克能走出这个泥潭。"桑在写给露德维卡信里佯装同情，但对后者已毫无意义。

苏格兰女人

那两个苏格兰女人呢？善良，关心人，但很累人，她们将肖邦"击昏"。加上简这个未知餍足的老处女，绝不放弃让肖邦娶她的幻想。她以为"用疲劳战可以得到他"，采用的是坚持不懈的钓鱼者的策略，一次又一次地抛出钓竿，直到鱼儿因麻木而一口咬住诱饵。在此让我们说明一下，维尔辛斯基认为简·斯特林"应当作了肖邦的情妇"的假设毫无根据，这跟她比较隐晦地尝试过想嫁给肖邦不是一码事。肖邦对此不予考虑："我宁愿跟死亡结合"，他在一封给朋友的信中这样写道①。在另一封信中，他明确表示

① 根据其他翻译文本，肖邦在并不隐射简·斯特林的前提下，写过这样的话，"我只剩下和死亡结婚了"。

了他的感情，或者更准确地说，是他的缺乏感情："她们很善良，可让人如此厌烦！她们每天都给我写信，我不回信。可只要我出现在哪里，只要有可能，她们会立即出现在当场。因此某人想到我会结婚。但是，为此必须感受到某种肉体的吸引力。可那个没嫁过人的女人跟我太像。我怎么能自己拥抱自己？我表示得很清楚，友谊归友谊，可友谊并不赋予其他权利。而且，甚至说，如果我爱上某人，而这是跟我所相似之人，正如我所希冀的那样，我也不会结婚，因为我们会没吃没喝的，也没地方住[①]。那些富裕的女子找的是有钱人，她找个穷人，也定然不会是残废人，而是会献殷勤的年轻人。一个人有权独自贫穷，但两个人一起穷，却是最不幸的事。我死在医院里没什么，但我不愿在身后把一个太太留在贫困之中。事实上，我自己觉得离棺材比较近，而不是婚床。我厌倦了。此外，我对你说这一切真是多余，你了解我在这个问题上的看法。"（此处，很不幸，有几个字被划掉了，可能对了解真相十分重要）。因此，肖邦在这封写给格日玛拉的信中继续道："我一点都不想结婚：我想家，想我的母亲，想我的姐妹们。还有我的心怎么啦？（好几个字划掉了）我几乎想不起来在家乡人们怎样唱歌了……"这个一直支撑他的记忆已然不再，他停止了谱曲。

走向苏格兰

简出于虚荣，检视自己的希望和已付出的努力，知道伦敦的"社交季"在此1848年7月底已告结束，因而建议肖邦在她们姐妹俩陪同下，去到她们在苏格兰的家。这是从雾霭走向迷雾，从不好到糟糕。那又有什么关系呢？骰子已经扔下，肖邦知道他来日无多。既然已无法在华沙走完人生，情势所迫之下，他已无法享有被他生命中"三个女人[②]"抚慰的最高恩典，那么死在苏格兰还是巴黎，已经没有区别。因此，朝更北处走去！7月底，他

① 无论如何，身无分文的肖邦，绝未设想过要娶一个富家女。

② 指肖邦的母亲和两个姐妹。——译注

合上箱子，坐上了从伦敦开往爱丁堡的火车。他将在那里待到8月29日，这是他预定要在爱丁堡开两场音乐会的日子。

庄园式小城堡

1848年8月6日，住了8天旅馆之后，他和仆人丹尼尔一起，来到卡尔德府邸，成了托比勋爵士的客人。他是一位68岁的老绅士，音乐爱好者，嗓音悦耳，爱唱苏格兰民歌，肖邦为他伴奏。庄园掩映在百年树荫之下，周围是大片草地，舒适宜人……“墙的厚度有8英尺，走廊见不到头，挂满了祖先的画像，一幅比一幅更黑更苏格兰味道十足——什么也不缺……每天早晨他们给我送来巴黎报纸。我处在静谧和安宁之中，我很好，住处离别人较远，让我能弹琴，做我喜欢的一切事情。我永远不会被打搅，这个国家的第一条规矩是不给客人任何不适。我房间里有一架琴，沙龙里还有一架。在英国城堡里生活，真的很惬意。图书馆、马匹、随从，加上仆役成群，应有尽有。”

住处很有魅力，但肖邦并不在此停留。百折不挠的斯特林让他在朋友和熟人面前“亮相”，就像展示一头珍奇动物。她拖着他从一个城堡到另一个城堡，真以为“换换空气”会对他的身体有好处。“她们让我参观最偏僻的地方，像基尔，那里既没有邮局，也没有铁路，没有马车(不可能带我在那里逛)，没有渡船，连听人吹哨吆喝的狗都没有一只……我孤独、孤独、孤独……临到夜里，好人丹尼尔把我抱上楼——我自己上不了楼——送我到房间，给我脱衣，安顿我睡觉，并给我留支蜡烛，这样我就能自由自在地喘粗气，做梦到晨间……”而这些梦确实并非晨曦之色。他在写给途经伦敦的封塔纳说：“如果我的身体更好些，我明天会到伦敦去拥抱你。我们可能并不能这么快就再次见面。我们就像老式钢琴①，时间和境遇让它们弹奏

① Cymbalums，指钢琴的前身，用小锤击弦。在波兰语中，cymbal也指傻瓜、蠢货。这给肖邦提供了一次玩文字游戏的机会。

出自己的小颤音，键盘再好不过，只是琴弦已断，丢了几个弦轴。不幸的是，我们是一位声名显赫的提琴巧匠的制品，一把出色的斯特拉蒂瓦里琴。可巧匠已不在，无人能修复我们。平庸之手不能赋予我们歌唱的能力，巧匠已逝，无人能拯救我们，我们只能自我了断……而我，挣扎着喘息，我的去日已近。你呢，你会掉光头发，露着光秃的脑门儿，俯身于我的坟茔。你可记得，像我们故园的泣柳？杨诺·马图钦斯基、安东尼·沃德辛斯基、维特维茨基和索巴斯基，老在我脑子里出现！而那些我曾经在心灵中最觉和谐之人[①]，他们对我来说已经死去——乃至埃尼克，我们最好的调琴师，也已淹死了。那么，我在这个世上再没有按自己的口味调好的琴了……我混日子，耐心等待冬季来临……剩下的，还有一个大鼻子和未加训练的四指……”

“如同我自己的族人一般……”

此时，他得重新合上箱子。人们在曼彻斯特、格拉斯哥、爱丁堡等待他，要在那里开几场音乐会。在曼彻斯特，他受邀到纳克姆家，他是海顿最出色的学生。需要不断地迁移和开音乐会的前景令他不安，但“我会去做，我会开音乐会，因为我不知道这个冬季怎么摆脱困境：但愿我肯定能有吃的！我还保留着巴黎的住房。尽管气候不好，人们还是想把我留在伦敦。可我想要别的，但是什么呢？……如果伦敦不那么黑，如果那里的人不那

---

① 此处直接暗示乔治·桑。在一封家信中，肖邦重又回到桑这个“个例”：“索朗日在巴黎见到了她母亲，别人都建议后者尽快离开首都。在诺昂，当地农民对她很不友好，她不得不躲到图尔去。人们指责她发表了那些引起内战的煽动性言论。她的第二册日记并不比第一册更成功。由于其偏激，只能鼓动那些短视者，它被禁了，但一开始它就没有生命力，没有读者，跟第一册相同。人们印刷了并在大街上散发了她的传记，是那个奥古斯蒂娜·布罗特的父亲写的，他指责她让其女儿堕落成她儿子莫里斯的情妇，随后又将她嫁给了撞上的第一个人，而不顾奥古斯蒂娜的父母的反对，也不信守对他们的诺言，她承诺过要让自己的儿子娶奥古斯蒂娜的。这位父亲出示了桑夫人的信件，这是一个满足巴黎粗俗的好奇心的丑闻。这个做父亲的人无耻下流，但这是真事。就是这件事，她以为自己做了一件善事，而我是自年轻姑娘进这个家门就竭力反对过的！每次这个父亲想把女儿接走，就遭到反对，因为莫里斯不同意。桑夫人觉得自己的女儿碍事，因为后者不幸全猜到了，一切的谎话、不自在、羞辱和其余的一切事情都由此而生。”显然，这又一次证明了桑绝不会原谅肖邦见识的明晰！

么沉闷，如果既没有迷雾，也没有煤灰，我会开始学英文。可是英国人跟法国人是如此地不同，我已然依恋法国人如同我自己的族人！……”

肖邦在 8 月 28 日在曼彻斯特演奏①。“人们对我太热情了，我不得不三次返场。一个漂亮的大厅：一千两百人。”三个著名歌唱家——阿尔伯尼、科尔巴里夫人和萨尔维先生——在音乐会上参加演出。“漂亮大厅”令肖邦担心，他对为意大利明星作伴奏的德·奥斯波纳说：“你们在巴黎听过我多次弹琴的，请记住那时的印象吧。我的演奏将被这个大厅淹没，而我的作品②出不来效果……”在这点上肖邦看法正确，因为《曼彻斯特卫报》在对音乐会的报道中跟他意见一致：“肖邦看上去有 30 来岁。样子很高贵，表情几乎呈痛苦状，透出某种体弱的外貌。然而当他坐到钢琴前的时候，这种印象即刻消失，钢琴从此时开始，将他完全裹住……肖邦的音乐和他弹奏的风格拥有相似的特点——精致胜过力度、精巧的铺陈胜过直接的宣泄、指触快速和雅致胜过一种对键盘的强力和紧张的控制……他的作品，和他的演技一样，完全适合室内乐的美学追求，可对于一个大厅中的听众来说，却缺乏宏伟、画面的刚健和乐器的力度。”在这里，肖邦再一次看得很准，也预料到了结果③。

作曲？

您为什么不再谱曲？他的恩主和朋友们问他。他写信给弗朗肖姆说：“真的，我脑子里乐调全无，我已经丢了魂儿了。我像假面舞会上的一头驴，或者低音提琴上错安的一根小提琴琴弦……我发愣发呆，坐卧不安……”。他的生命力，他的良好状况，在诺昂，曾那样安宁，平和，舒适，那

---

① 铁路发源之城，肖邦在那里出了一次车祸，差点丢了性命。他那次正坐在马车上沿海边散步，突然马开始狂奔，缰绳断了，马夫从坐上摔下来，被甩向一棵大树，坐车碎成好几段。肖邦冷静地等待他最后关头的到来。

② 《平稳的行板和波洛乃兹》、一首谐谑曲、几首《练习曲》、一首夜曲和一首摇篮曲。第二天，他在私人音乐会上演奏了《葬礼奏鸣曲》。（即《降 b 小调奏鸣曲》。——译注）

③ 曼彻斯特的音乐会给他带来 60 里弗尔的收益。

些长长的早晨，房间里放着练习琴，为了不中断工作，他在房间里进早餐，下午四五点钟坐到沙龙里，欣赏一眼外面鲜花盛开的花坛，跟德拉克罗瓦和波丽娜·维亚尔多聊起来没完，夜间在大树的清阴下倘佯，为住在宅邸中的过路客弹几阕曲子，猜猜字谜，还有木偶剧院。他感到受着呵护，不受偶然事件的侵扰。多么遥远，这一切已成过往！

向格拉斯哥，爱丁堡一路走去

他在那两个苏格兰仙女的姊妹休斯顿太太家住了一段，那是一座漂亮优雅的城堡。然后出发去默里夫人家。开了两场音乐会，一场在格拉斯哥，一场在爱丁堡。前一场后来缩减成一个晨间音乐会，于9月17日在商业厅举办，有“几十个贵族代表”捧场。他见到了恰尔托雷斯基亲王和亲王妃，倍觉高兴。他们在一起追忆起朗贝尔公馆里的晚会情景。音乐会为肖邦带来60英镑的收入，由于对那种传奇般的苏格兰式的锱铢必较不够了解，他预计的是这个数目的双倍！爱丁堡的音乐会眼看比前一场还不如。幸亏简·斯特林得知售票少得可怜，自己掏腰包买下一百张票，在女朋友中间分发。肖邦并不操心这一切，以至于他写信给格日玛拉说：“明天晚上我得弹琴，可我还没有看过音乐厅，也没定节目单。”心已经不在这里，在写给玛丽·德·罗兹埃尔信中这句看穿一切的话可以为证：“这里很多人跟我纠缠不休，让我演奏。我出于礼貌接受演出。但演奏时我总又后悔，发誓下不为例，因为我既神经紧张又精疲力竭。”

在霍普顿庄园，他演奏了一生中倒数第二场音乐会——这次是独自一人上台。节目单如下：

1）平稳的行板和即兴曲

2）练习曲（作品第25号，第一、第二练习曲）

3）夜曲（作品第9号之二和作品第55号之一），摇篮曲

4）辉煌大圆舞曲，作品第18号

5）前奏曲

6）F 大调叙事曲

7）玛祖卡和圆舞曲

他 10 月 16 日写信给古特曼："这个地区身份高贵的人都聚到一起来了。人们说这样很好。有点小成功，也挣了点小钱……"事实上，晚会一点也不辉煌。

从那里开始，肖邦这个游弋的幽灵，从一个城堡到另一个城堡，从一位女士家到另一位女士家。为了付自己那份钱，他坐到琴前弹奏，除非女主人厚脸皮地坐到琴前让人听"那些骇人的玩意儿"。她们中的一个业余音乐家"站着唱，自己在钢琴上给自己伴奏，姿势奇特，唱的是一首法国罗曼司，用英文腔发法国音'吾伊爱麻意'，意思是说'我曾爱过'！此外，帕尔马公主曾煞有介事地告诉过我，她的扈从中的一个贵妇能以一种出色的方式吹口哨，以吉他伴奏。差不多什么都见识了，至少什么都听见过了！"

在爱丁堡，肖邦在他的同胞、顺势疗法医生里茨欣斯基家里过了几天。他是波兰移民，娶了一个英国夫人，很有音乐修养。至少在那里，别人让他清静下来，不像展览一只受过训练的犬，而是为他治疗，让他随心所欲地弹琴。这是此次最后的巡演中的一个避风港。这最后的巡演中，悲剧色彩和滑稽可笑不相上下。在提到这次巡演的时候，人们联想起那些走江湖的马戏团老板组织的告别演出，为了填满他们的收银箱，耗尽一个衰老的女演员的最后力气，人们每天晚上都怕她死在舞台上。肖邦身后几十年内，萨拉·贝尔纳赫、雷佳娜和拉·杜斯也会面对这种惨败的巡演。直到最后，她们还要在舞台上挺着，以招徕在马路上看热闹的人。这可不是艺术表演，只是为了让这些人垂暮之年能有机会说："谁跟你说的，年轻时我可见过，萨拉……噢！没那么棒，不管怎么说，我记得清楚着呢！"提前进入衰弱期，这种可怕的悲伤侵蚀着肖邦。但他的礼貌战胜了他的疲劳，城堡巡演之旅在继续中。他在威肖去了贝尔翰温女士家，汉米尔顿公爵家。沙龙中的闲聊那么空洞，就像马德堡半球[①]："这些人只是贵族中的表兄弟和表姊妹，他们有显赫的家族名字，这些名字在大陆上从来没有听说过。话题永远围绕这家人的族谱展开。就像在福音书中：一个引到另一个，这位导致那位，写满了两整页之后，就到了耶稣基督！"

他与同胞们——里茨欣斯基，或者恰尔托雷斯基一家——重逢的时候，这次悲惨的逗留总算有了一丝幸福的色彩，他们说一样的语言，有同样的反应。跟他们在一起的时候，在开过玩笑之后，他为肆虐法国的霍乱传染病而担心，在伦敦也已经有不少人传染上了。它在华沙不会猖獗吗？然后他自己嘲笑自己："我不久都要忘记波兰话了，用英国腔去说法语，而且我要用苏格兰调去学说英文。我最后会像老雅沃尔斯基那样把五种语言搁在一块儿说……"。世界上最美的景致并不吸引可怜的病人："我看见高山和湖泊，加上可爱的公园，一句话，是苏格兰最负盛名的景致。然而我对这一切视若无睹，除非迷雾愿意在几分钟内让位于微弱暗淡的太阳。而我每个星期都得择枝而栖。对晚会上那些极度的厌倦能说什么呢？我在这些晚会上一边强迫自己坦然自若，对从一张座椅传到另一张座椅的那些蠢话假装有兴趣，一边喘着粗气。到处都有出色的钢琴，漂亮的画作，精选的藏书，座椅，狗，没完没了的晚宴，废墟，深渊，迷雾和忧郁，数不清的公爵，伯爵，男爵。再没有人比我更烦闷了吧？"

忧郁

1848 年 10 月 31 日，他离开苏格兰去伦敦，斯图亚特爵士请他在那里参加一场为波兰人举办的募捐晚会，时间是 11 月 16 日。他正在感冒，受头疼和窒息之苦，经一个顺势疗法医生马兰治疗后，暂时康复了。这是一场并不出彩的晚会，被音乐会之后的舞会遮蔽了其光彩。让肖邦在乐队喧

① 马德堡半球也称马格德堡半球试验，1654 年马德堡市长于罗马帝国的雷根斯堡进行一实验，为了证明真空的存在。——译注

闹之前演出，并不给他带来荣誉。胡费尔医生出席了音乐会，他写道：“他在这种场合的出现和献艺，两者都同样不合时宜……”。这是实情，但肖邦永远不会拒绝一场对波兰有益的活动，即使益处少得可怜。虽然英国没有任何东西能留住他，他却犹豫不决：留下，还是走开？从圣詹姆斯广场4号的住处，他设想着在近处租下“一个套间，有更大的房间，我能在其中呼吸舒畅些”。为了以防万一，他让格日玛拉在巴黎的林荫大道上替他找一套房子，靠近和平街或罗亚尔街，二楼朝南，在玛德莱娜大教堂附近或在马图然街；尤其不要在戈多·德·莫洛瓦街，或者在一个阴暗狭窄的角落。他早先的套间已不可能再住，冬天太潮湿，他冬季已在那里受过罪。可是别不告诉他就退房。在这封写给格日玛拉的信中，那些住房安排的考虑之外，他突兀地加进了对那个忘恩负义之人的斥责：“我从来没有诅咒过任何人，可我实在是走投无路了，我相信，如果我能够诅咒卢克莱齐亚，我会感觉轻松一点……”因为在他和桑之间，由于缺乏一种真正意义上的爱情，滋生了一种相依为命的感情。远离她，说到底他感到迷惘。

1848年11月23日，肖邦离开伦敦，在布洛涅过了一夜。在他的仆人丹尼尔和雷奥纳·尼德维茨基的陪同下，他回到奥尔良广场，后者将成为巴黎的波兰图书馆的图书管理员。在他回到住处时，根据他的指令，火已经生了一周，昼夜不熄火，为的是让床单干燥。他整个人浮肿得厉害：下肢出现水肿，也发现一种心脏病变。普雷耶尔送来了一架琴。格日玛拉买了一束紫罗兰鲜花，把沙龙薰香。至少肖邦会感到“在自己的家里有些许诗意，哪怕仅仅是穿过沙龙走进房间那一刻，他会长时间地在躺在房间里……”

他就这样悲惨地结束了他的英国之旅。7个月内，他换了61个住处，面对那些冷漠的人群，开了几场缺乏魅力的音乐会，虚度了他的时光，眼看身体状况日趋恶化。如此劳累的代价，他没带一个生丁回巴黎。他确知末日临近，只是不知道这一天的来临还会拖多久。

第十六章　精灵之死

1849年2月15日，波丽娜·维亚尔多写信给乔治·桑："您向我打听肖邦的消息：听着，他的身体在慢慢地变坏。有些日子还说得过去，他能坐马车出门，其他日子里，他咳血，阵咳也会窒息他。他晚上已不再出门，可还能教几堂课，碰上好过的日子，他也能快乐起来。这是确切的真相。还有，我已经好长时间没有见他了。他来看过我三次，都没碰上。他谈到您的时候总是怀着敬意，我坚持认为，他从来没有别的说法……"那时，桑公开说肖邦散布反对她的"可怕指控"。"好夫人"并不满足于连续给自己编织光环，她真的得了被迫害妄想症。此外，她在肖邦问题上有自己的逻辑，一旦摆好姿态后，就要来证明她的一贯正确。事后，她应当纯洁得冰雪一般，那么就必须相应地抹黑肖邦。

时好时坏

关于肖邦的身体，波丽娜·维亚尔多说了真话。这是一种呈持续状态的时好时坏。回巴黎之前，肖邦写好了遗嘱，有关"在他咽气之后，处理他损耗已尽了的躯体的几个注意事项"。在同一张纸上，他挨个儿画了一口棺材，一个十字架，一座墓地和几个音符。

庸医

他绝对信任的莫兰医生——"只有他知道怎么给我治病"——死于他

在伦敦逗留期间。他轮番或同时，将自己交给几个医生，路易是肺痨专家，罗特和西蒙做顺势疗法，加上弗朗凯尔和克鲁维耶尔。这些出诊大夫来看他，多的时候每天来两次，诊费很贵，却停留在开些不甚见效的方子。1849年，人们还不知道怎样治愈肺结核，因为不了解真正的病因，连细菌病原都还不清楚。肖邦猜到他们无法有效地给他治病："他们都归因于气候，说需要安宁，休息。休息，没有他们我早晚会休息……他们反复试验，却不能减轻我的痛苦……"

德拉克罗瓦

德拉克罗瓦的《日记》给我们提供了一些有关肖邦精神状态和身体状况的珍贵资料，他常常去拜访肖邦：

> 1849年1月29日：今晚，去看肖邦，跟他一起待到10点。亲爱的人！我们谈起了桑夫人，这个奇特的人生，这个有许多优点和缺陷的复合体。这是由她的[1]《回忆录》勾起的话题。他对我说，他简直不可能写出这种东西来。她忘记了这一切：她有些敏感的瞬间，却忘性很大。她痛哭过自己的老朋友皮埃莱之后，就丢开了。我对他说，我预见到她有一个不幸的晚年。他却不这样想[2]……即使在朋友们都谴责她的地方，她的良心也毫不自责。她身体好，能保护自己。只有一件事情会对她打击至深：那就是失去莫里斯，或者他境况不佳。
>
> 至于肖邦，痛苦使他对任何事都提不起兴趣，尤其对工作。我对他说年龄和日常变迁也往往令我冷却下去。他认为我有力量抵御这些，对我说，"您享有才华，也有安全保障。这种特权实属罕见，值得为此努力去追求名声"。

---

① 这里指的是《我生活的故事》。——译注

② 肖邦又一次看得很准。桑进入老年的时候，会受人尊敬和很受重视。

3月5日：认识了普鲁棠[①]；他竭力模仿肖邦；我为我那可怜的垂死伟人而自豪。

3月8日：晚上，去看肖邦。在他家碰到一个典型人物，从坎贝尔来，赞赏他并想治愈他：因为他是或曾经是医生，十分蔑视一切采用顺势疗法的人。这是一个音乐狂徒，但他只赞叹贝多芬和肖邦。莫扎特在他眼里不能跟这些名字相提并论。希玛罗萨是老顽固，诸如此类。得是从坎贝尔来的人才会有这些念头，还厚着脸皮说得出这样的话来。

3月30日：晚上在肖邦家里遇见迷倒众生的波托茨卡。我曾两次听过她唱歌；从未见过比她更全面的人物。见到卡莱尔奇夫人[②]：她弹了琴，但并不讨喜；相反，当她在演奏过程中抬眼时真的很美，有点像吉多或者鲁本斯画作上玛德莱娜的表情。

4月7日：肖邦家。阿尔康在那里。下午近三点半时，陪肖邦坐车散步。虽然疲劳，我很高兴能为他做点事情。

4月11日：今晚又在肖邦家见到波托茨卡夫人。她声音的魅力依旧。

4月14日：晚上在肖邦家。他很衰弱，喘不过气来。我到了好一会儿，他才回过神来。他对我说，无聊厌倦是对他最残酷的折磨。我问他是否体验过我时常有的不能承受的空虚。他对我说，他从来就会专注于某件事情，即使看上去一点都不重要，某种能让人集中精力的消遣活动会占满时间，驱散空虚的迷雾。余下的是愁肠百结。

4月22日：晚饭后，去肖邦家。这个心肠绝好的人，无需我说，他智识也超群。我们聊起共同认识的某些人。他步履艰难地去听《先知》[③]

---

① 他真名叫拉辛·戈蒂耶，是法国钢琴家和作曲家(1817—1863)。

② 伊瓦什凯维奇的说法跟德拉克罗瓦不同："她给人留下了令人难忘的印象。我认识很多人都听她弹过肖邦。只需她出现在公众面前足以感动人，一位浅色金发女郎，她到老都身着白色，正如戈蒂耶所称的那样，一曲真正的白色大调交响乐。"

③ 梅耶贝尔作于1848年的一部歌剧，1849年4月6日首演于巴黎歌剧院。——译注

这出歌剧首演，对这部拼凑而成的叙事剧极为反感。

5 月 17 日：肖邦家。他真的见好。卡莱尔奇夫人在场。

身后出版的作品

五月，正当他的身体明显好转之时，肖邦决定烧毁他的部分手稿。到底都是些什么？我们不知道。他留下一封信，禁止刊行他没有烧毁的未出版作品。他在临终前又重申了一次这道禁令。后来封塔纳没有遵守这个两次明确表达的意愿，出版了这些被判死刑的篇章，冠之以一些荒诞的名字，将作品号打乱，使得它们在肖邦作品清单[①]里难以识别。在他生命的最后两年中，尽管病人声称“不再能写出一个音符”，但还是写了一首波兰歌曲，《B 大调圆舞曲》（无作品号）和两首玛祖卡，《g 小调玛祖卡》（作品第 67 号之二）和《f 小调玛祖卡》（作品第 68 号之四）。他辞世之际，正在写“一支故乡的舞曲”，一首追念故国灵魂的庄严而简短作品。诗人希普雷·诺尔维德写道：“多亏他，散落在野地里的波兰人民的眼泪，才得以用一种清澈晶莹的方式，聚集在人性冠冕上[②]。”

夏佑街

那年夏天，为了呼吸更清新的空气，肖邦搬到了夏佑街 74 号[③]（现今的康丹·博沙尔街 10 号和 16 号之间）。在那个年代，这里地处于巴黎城外，

---

① 详见本书后《作品分析》专节。

② 同期，肖邦有心完成一项早年就酝酿的计划，即根据他的教学经验，编写一本《钢琴教学法》，这份手稿是肖邦的姐姐赠给恰尔托雷斯卡公主的，将于 1936 年被阿尔弗莱德·科尔托收购，我有幸在他家经常翻阅。一共只有约十来页纸，内容并没有真正的价值。几处老生常谈，几处音阶指法、几个建议、关于手指的不同功能的一些明智的看法。只这些，东西太少。至多，如果联想到当年出现的某些“现代”音乐，可以摘出几句话来，能看出它不同寻常的意味：“词语从声音中来。声音的存在早于词语。词是声音的某种变体。声音是用来创造音乐的，正如词语是用来创造语言的。思想通过声音在表述，一种没有定义好的人类表述几乎不成其为声音。掌握声音的艺术是音乐。让手腕弯曲的动作，和歌唱中在气息支持下转调的努力相像。”

③ 但并没有退掉奥尔良广场的房子，他打算 7 月底回去住。

与当时的帕西、奥特伊和布洛涅街区一样。房租400法郎，肖邦的一个俄国朋友支付了其中的200法郎，这位夫人名叫奥布莱斯科夫。肖邦住在一栋小房子的三楼，房子建在一个小坡地上。沙龙里有五扇窗，他像从一个观察所瞭望那样，眼前是国民议会大厦、圣日耳曼-奥克赛罗瓦教堂、杜伊勒里皇宫、圣艾蒂安-杜蒙教堂、巴黎圣母院塔楼、先贤祠、圣苏尔皮斯教堂、感恩谷教堂圆顶、荣军院金顶以及"这些建筑物之间的花园"。人们可以想象，病入膏肓者游移不定的视线，落在巴黎，他对这里曾经梦寐以求，这座远离故乡，曾给过他一些欢娱，更多沮丧和希望落空的城市。雅洛斯拉夫·伊瓦什凯维奇写道：

> 他在这个城市里经历了一切：荣耀、爱情、成功，幻想无数，失落更多——而现在这一切正在变作尘土。一切如过眼烟云，绝望之时，这个难以承受的疑问，更让他心绪难平："我的艺术呢，它命运如何？"
>
> 这个城市必定获胜：它存在着，会长久、扩大和美化——而他却会不可挽回地消失。他应当明白，这个城市的美好，它的胜利，正是由成千个像他这样的生命造就，他们的工作，他们的天才，他们的筹划和愿望，数百年来在这里酝酿成熟；他应当懂得，人在这个城市里获胜。
>
> 透过这五扇窗户凝视，城市景观尽收眼底，它至今仍令我们激动不已。在巴黎铅灰色的雾霭中，那些建筑浮现出来，它们承载人们的生活和思考。或许，这凝视能给肖邦稍许抚慰。他所体验、所感受的一切，并不回归尘土，不会；它们将融汇在这个令人赞美之城的色彩、色调、形式、景致、节奏中。他或许能在这里为他的艺术找到答案：如同一条湍急的河流注入人类的海洋。这里，在神奇的巴黎，那里，在远如天涯，近在心间的故乡，而最终，在世界的每一个角落……
>
> 此刻，肖邦摆脱了日常搅扰的尘土，摆脱了爱情的尘土，摆脱了"烦恼"的尘土，他成了一个不朽的艺术家。其光艳超神入化。

“我的厌倦……”

夏佑这里几乎是乡村了。在这种半退隐的生活中，肖邦接待了诺尔维德的多次拜访，他的见证不无意义。

> 五点钟，肖邦在他的沙龙里休息。然后他若能起来便会下楼，坐车去布洛涅森林散步。之后，有人抬他上楼，因为他自己爬不了楼梯。我经常跟他一起进餐，陪他散步。有一天我们想去拜访住在帕西的波德翰·扎莱斯基，我们停在路边，没有任何人可以将肖邦抬上楼去，我们就在房子前的花园里待了一会儿，诗人的小男孩在草地上玩耍。

有人给肖邦治病吗？是的，用当年的时髦方式，即采用一种不能再糟糕的方法。在写给格日玛拉的一封信中，病人提到弗朗凯尔变化无常的方法：“据他说，真不知道我该去一个水城还是去南方。有一天，他取消了前一天给我开的方子里的浸泡药剂，并给我开了另一种我已不再需要的药——当我问他应当采纳哪种饮食疗法，他说我并非必须生活有规律。总之，这是个疯子。”

事实上，肖邦被束手无策的主治大夫抛弃之后，处于希望和绝望的不断交替之中。某一天，他忧郁地说：“现在，我说了我所要说的一切……”另一天，他规划未来，购买两件昂贵的家具，也策划遥远的旅行计划，次日却又跌回到这种“厌倦”之中，就是他跟德拉克罗瓦提到过的状况，总之处于不能顺利完成任何一项工作的厌倦中。音乐是他的生命，此刻两者都在离他而去……

一次拜访

有一天，他接待了他的老同学R.P.亚历山大·杰罗维茨基的来访。他们很久没有见面了。后者是教士，他当场并没有任何表示，实际上却为友人的外表感到吃惊心痛：“他的脸像大理石那样冰冷，苍白、透明。他在任何情况下都表现出温柔、和蔼可亲，才华横溢，极度善良，看上去他已经土埋半截了。但是，可惜，他并不考虑上帝……”

因为，我们曾提到过，肖邦在巴黎已经把他虔诚的母亲灌输的教义丢在了脑后，从未“对他儿时的美好信仰”有过任何微小的表示，不置一词，没有写过与宗教相关的一行字——李斯特担保此事千真万确。显然，他中断了一切宗教信仰活动。P.杰罗维茨基写道：“只有他的超凡的体贴细腻使他免于嘲笑神圣之事。”以肖邦那琥珀般晶莹剔透的心灵，他懂得这位教士的来访并非偶然。或许，是热忱的基督徒朱斯蒂娜夫人听到传言，派他来的。因此他回答修道院长说：“我不想在没有领受临终圣事前死去，因为我不愿让我母亲难过。但我不能接受它们，因为我不像你那样理解这些事情。”难道是因为阅读伏尔泰——少数令他迷醉的作家中的一位，因为肖邦几乎什么都不阅读——使他产生了这种悲观吗？总而言之，几周之后，P.杰罗维茨基会想起肖邦说过的话，并在1849年10月13日来为他行圣事。

他当时的模样……

他留下的唯一一张照片就是在那段时间照的——这张肖邦的照片用一架达格雷相机拍摄，摄于1849年的巴黎。

如今这张照片陈列在华沙肖邦研究所，是一份稀有文件。与肖邦所有肖像相反，照片上，一个看上去结实的体格(尽管衣服穿得多能造成这种印象)，一张并不消瘦的脸，可能略有些浮肿，但是，那副自抑的神色和怀疑的表情，加重了嘴部的苦涩感和鼻梢那两道明显缩起的小皱褶。眼神刺人，几乎怀有敌意。这幅肖像上的一切，似乎都在强调：“有什么用？让我清净会儿！我的秘密不属于你们。那么请勿泄漏我内心的想法：如果你们知道它们让我自己多失望！……”事实上，或许是这架使他的脸部线条凝固在瞬间的照相机使肖邦有点措手不及，令他抛开了惯常的礼仪，不自主地露出这副阴沉的面相。这无关紧要：不论从照片本身还是从相面术字面意义上去解读，这份文件都具有启示作用[①]。

求援

肖邦在巴黎生活期间，朋友们直到最后的日子都忠实于他。来探望的人极多。一天晚上，珍妮·林德为他演唱，当时在场的有黛菲娜·波托茨卡、博沃夫人和罗斯柴尔德夫人。茨肖伏斯基、普雷耶尔、弗朗肖姆、萨皮赫公主、恰尔托雷斯基夫妇，他们是探视最殷勤的朋友。余下的时间里，年轻的维吉尼亚作为护理陪伴着他。他的身体持续数周地时好时坏，变化不定。然而，6 月 25 日，肖邦写信给他姐姐露德维卡及其丈夫卡拉桑特：

> 如果你们能够，请来这里！我感到很虚弱，没有任何一个大夫能像你们那样能让我好转。如果你们缺钱，借点钱。等我好些了，挣钱很容易，我来偿还。我在夏佑的住房足够大，你们可以来住，加上两个孩子都住得下。如果卡拉桑特愿意，他可以住我在奥尔良广场的房子。去申请一本护照吧。我自己不知道为什么那么想见到露德维卡，就像一个怀孕女人一样……那么，露德维卡妈妈和她的小女儿，带上你们的顶针和针头线脑，我会有手帕让你们缝边，有需要编织的袜子，请你们来，在清新的空气中陪伴你们的老弟[②]和老舅。立即给我来封短信。
>
> 很依恋你们的兄弟，但很虚弱的
>
> 肖

---

① 这架达格雷相机所摄照片，引起了前文中所引心理学家安德烈·拉伯斯的一番对形体的研究，所述如下："前额极宽，呈长方形。对外部世界的易感性。眼睛深陷并靠拢，显示出某种专业性和技术性。眉毛往横向展开显示出对一切形而上问题的忽略。而鼻子下方很宽，让人觉得有一种活动的需要，需要给予也需要得到。脑袋显示出注意力集中，有条不紊和有条理。嘴相当大，凸起的嘴唇显出他不断地寻找机会将本能的嗜好理性化的努力。将右手置于左手上，头缝开在左边，表示他不断地在寻找过去，从未走出来。这张照片可以在某种程度上解释，肖邦的疾病更多是一种心理现象的后果，而不纯粹是生理状态的结果。"（引自玛丽斯·盖兰所著《肖邦，一个神话的解说》（天蝎出版社））。我们对这种分析持有相当保留的态度。

② 肖邦 39 岁。

可是需要有一份通行证，才能离开波兰。他们会利用沙皇在华沙的机会提出申请。黛菲娜·波托茨卡的一位女亲戚[①]出面帮忙。肖邦怀着最大的焦虑等待决定。吐血频繁起来。克鲁维耶尔医生开方子让病人服用以车前草为主的药物。更重要的是，他让病人明白他真的是肺痨病人。事实上，肖邦一直不明真相，因为他周围的人用不精确的却让人放心的字眼，一直在小心翼翼地掩饰他的疾病性质：神经痛、喉部轻度炎症、浮肿、神经紊乱性障碍。戈贝尔和帕贝大夫向乔治·桑发誓说她的情人不是肺病患者，其实他真的是。这种恶疾是潜伏性的也是发作的，人们可以毫不夸张地说，肖邦是天生的肺痨患者。

正是在这个期间，即1849年7月16日，正在艾克斯-拉-沙佩尔疗养的黛菲娜·波托茨卡给肖邦写了我们前面已经引用过的那封信[②]。这封唯一的信件，如此庄重、如此悲伤、如此看透一切，毫无亲昵之词，绝不能被看做是一个曾经迷恋过的女子写给情人的信。从信中能感觉到她和肖邦很契合，而且因为其他的理由，"旧梦重温"。不，即使爱情已逝，这也不是老情人之间的口吻。这是出于被精心爱护的友谊，一个伟大的女性给一位艺术家写信的风格，她因崇拜他的艺术而对他葆有眷恋之情。

一封信

与此同时，某位格丽叶·德·伯斯兰夫人，她是玛丽·德·罗兹埃尔的女友，乔治·桑曾经给她寄过自己的两本著作。这位夫人写信给诺昂夫人，她知道在后者和"另一位显赫人物之间曾经有过持久的友谊。疾病正在侵蚀他，如果对您说他正在痛苦地思念您，我相信自己不会搞错。由于他的处境令人担忧，夫人，如果他真处于长期病痛的尽头，而您出于不知情，没有给他安慰，作为过往记忆的表示，将来您会难过，而他有可能在绝

---

① 见第八章中引用的黛菲娜1849年的信件。

② 同上信。

望中离去……”

这是一种明确的呼唤，去打破沉默，在肖邦生命结束之前，给他捎个信去。桑会有所反应，如别人所请，到肖邦的床头去探望，至少给他写几行友好的字吗？绝对没有。好夫人已经铸成了她自己的、关于分手的小说，并知会了那么多人，改变态度意味着变卦：

> 夫人，我不得已[①]生活在这个地方，即使我们之间的关系尚未被双方刻意中断之时，境遇已经将我们不可避免地分开了。我必须在儿子和朋友[②]之间作选择。我相信您的做法会跟我相同。
>
> 或早或晚，我在巴黎的停留会随着我的经济收入的变化而中断，我的朋友也会没有力气在乡村久居。我不再为留他在此而胆战心惊，远离那些有名的大夫的救援[③]，并且在一个本身让他不乐于居住的场所：他并不掩饰，既然他在秋天乍来，就离我们而去[④]……
>
> 是别人损坏了我们的关系：他和我之间，连友谊的冷却都没有。在既成事实面前，您会说，总还来得及用温柔的话语和互相敬重的永恒见证来彼此安慰。我求之不得。我先前遇到过他，向他伸出过手……他像在逃避，我让人追赶过他[⑤]；他勉强回过身来，并不谈他自己，也不说我，他的态度和眼神中，出现了愤怒，几乎是仇恨。此后，他

---

① 因为谁和由于什么原因？

② 绝对不是：莫里斯在他母亲和肖邦决裂的事件中并没有起任何作用。

③ 所谓的救援是子虚乌有。而且在诺昂，帕贝大夫尽其所能地救治肖邦。可在这里，是要竖起耳朵了。尽管桑在1847年一直尽心担当，她在感到肖邦病得很厉害的时候，真的想要将看护病人的角色扮演到最后吗？像特里斯坦·贝尔纳嘲讽某些妇女的激情奉献，称其为“女救护员的光荣”那般，她真的感到被这种激情所占据过吗？这点并不肯定。海涅于1848年3月写信给法妮·勒瓦尔德时所想，为我们的假设增加了某种可信度：“我曾经很爱桑，简直是病态，但至今很长时间以来我是一点都不懂她了。对一个身体健康的男人不忠实，是可以允许的，因为他可以自我安慰，但丢开一个濒死之人，则是可耻的。”

④ 这一切都不是真的。肖邦很乐意待在诺昂，曾情愿在那里一直住到12月。

⑤ 正相反，是肖邦让埃德蒙·孔博“追赶”桑（见前文第14章所注），因为他自己爬不上马里亚尼夫人家的楼梯。

关于我说了不少尖酸的话，对我进行了可怕的指责[①]。我接受这个结果，如同我应当接受的那样：我向您保证，我从内心深处原谅他的虚妄。可面对这种强烈的憎恶和记恨，我能做什么呢？无能为力。

如果我在巴黎短暂逗留期间，他召唤我去他身边，我会去的，如果他给我写信，或让人写一封深情的短笺，我会回答，可现在，他真的希望从我这里得到一封友好的短笺，原谅他(!)或做任何有益于他的事情？我是准备好了。可我怕给他写信，怕的是此举非但不能对他的身体有益，却适得其反。再者，我不知道用什么借口给他写信，因为假如我表示出担心，这会造成他对自己处境的担忧。去看他，此刻对我来说是绝对不可能的，而且我相信也会使事情变得更糟。我还希望他能活下去，曾经那么多次看到他似乎快要咽气的样子，可我从未对他绝望过。那么，围困过后(?)，如果我能在巴黎待几天，不会受迫害或遭逮捕，而他愿意见我的话，我是绝对不会拒绝的。

但我内心深处觉得，他不会想要这样的会面。他的感情很久以来就已消逝，如果他想起我的时候感到苦恼，是因为他在内心深处有些责怪自己的意思。如果有可能让他知道我一点都不记恨，请设法让他确信这点，不要让他再受刺激……

这封信是诡计加厚颜无耻撒谎的典型例证。桑一面宣称她乐于忘记决裂的起因——是她挑起的——并原谅它造成的伤害，这真是妙极，跟这个绝不认错的、从不出错之人的个人逻辑完全吻合。她把自己视作一个崇高的牺牲品。不幸的是，公平客观的事实却有另一种结论。事实上，她不愿意重见肖邦，即使在音乐家去世的那一刻，也强说“坏心眼的人们将他们隔断”。在他们之间，索朗日并没有做任何事，事关桑所愿意、所希望和促成的那桩不成功的婚姻，桑将内心的悔恨和欺瞒迁怒于肖邦，因为是他如此清

① 这也丝毫不符合实情。

晰地揭穿了真相。再一次看得出来，决裂是由于桑错位的骄傲造成的。

离奇的故事

那段时间发生了一段离奇的故事。霍乱在巴黎造成了两万人的死亡，其中有安吉莉卡·卡塔拉尼，即著名的女歌唱家，她先前赠给童年的弗里德里克一块金表。还有卡尔克布雷纳，加上肖邦的另外几个熟人。肖邦先前的特护去了布列塔尼，恰尔托雷斯基夫妇为他送去了他们的老女仆马图热夫斯卡作夜间护理。这位勇敢的妇人给他提供了大量完全无效的建议，包括蜂蜜拌上面粉的膏药……这段时间，索朗日·克莱桑热邀请肖邦去她丈夫的父母家待一待，可一阵咯血发作使这个计划也泡汤了。此外，肖邦已经积蓄全无。一些善意的朋友向简·斯特林告警，这使她吃惊不已。难道她不是在几个月前，给了奥尔良广场看门人艾蒂安太太一个匿名信封，收信人是肖邦，里面有 25 000 法郎吗？简·斯特林的姊妹艾斯金夫人，将这一切都告诉给了肖邦。他惊讶得呆若木鸡。

他于 7 月 28 日写信给格日玛拉："我不知道是否应当相信我那有点幻听错觉的苏格兰女人，还是把自己当作有健忘症或疯了，去怀疑艾蒂安太太。总之，我脑子爆炸了。艾斯金夫人来对我推心置腹地谈此事，并宣称她姊妹什么都不知道，我感到自己不得不用事实真相回答她。我对她说，我绝对不能接受这类礼物，除非这份礼物来自英国女王……"

那么事实上发生了什么呢？一个荒诞的故事。简·斯特林交给艾蒂安太太一个信封，是给肖邦的，却未写明发信人身份，其中有 25 000 法郎的钞票。看门人拿着信封，说马上交给收信人。事实上，她将此信放在抽屉里忘记了。一段时间之后，简·斯特林感到吃惊，既没有肖邦方面的片言只语，在他日常生活中也看不出这笔钱到了他手里。因为不安，她请求其姊妹艾斯金夫人去向格日玛拉提问，后者建议他们写信给肖邦。信写了。这期间，简·斯特林为求得心里踏实，去咨询了一个很有名的算命人阿列克西。算命人要求给他带来收信人的头发、手帕或手套。肖邦叫来艾蒂安太太,并要求她提供一束肖邦的头发!看门人照办了。算命的拿了头发,声称该信封还原封不动地搁在看门人床边一个小柜子里。大家去到奥尔良广场,在算命人所说的确切地方找到了信封。真叫人目瞪口呆!肖邦几乎觉得自己是身在最难以置信的传奇故事中了。推辞再三,盛情难却之下,接受了 25 000 法郎赠款中的 15 000 法郎。

露德维卡到来

8 月初,索朗日·克莱桑热和她女儿在夏佑街住了下来,肖邦为此感到十分高兴。但在留克莱桑热家人住下之后,肖邦认为他“将夫人、孩子和一个奶妈带回巴黎是极为愚蠢之举”,此时巴黎天气炎热,他们没有钱,而“大家都正往乡下逃”。可惜,露德维卡尚未得到离开波兰的许可,肖邦为此惊慌失措:“我透不过气来,我咳嗽,我整个人变得迟钝,我什么都不做,也什么想法都没有……”8 月 8 日,延杰耶维奇夫妇及其女儿,一声招呼都没有打,到达巴黎。肖邦虽然比任何时候都虚弱,还有力气陪姐姐去奥尔良广场解除房子租约。几天之后,卡拉桑特返回波兰。露德维卡想尽办法来让她兄弟高兴起来,但她很快就明白他已来日无多。夏日炎炎,巴黎完全空了,肖邦卧床不起,在带帷幔的大床上虚汗如雨。诺尔维德写道:“有天早晨我去他家,他的法国仆人对我说他还在睡觉;我尽量不出声,留下一张卡片,就离开了。刚走下几级台阶,仆人叫住我,说肖邦得知是我,让人带我进去。”总之,他并没睡,但不愿什么人都见。我因此走进客厅旁边的房间,肖邦躺在里面。我为肖邦愿意见我而感到高兴。我发现他穿着整齐,却躺在床上。我马上就意识到了,他的腿肿了,尽管他穿着袜子和拖鞋。艺术家的姐姐坐在他身边,从侧面看过去,她跟他像得惊人……他在带帷幔的大床的暗处,靠在枕头上,裹着一条大围脖。他很美。跟往常一样,在他每个动作中都有一种古典的完美……然后,以一种因咳嗽和喘息而变得嘶哑的声音,他开始责备我好久都没来看他。之后,他开始开玩笑,取笑我的狂热信仰。看到他从中得到乐趣,我任他挤兑,跟他姐姐说话。他一阵阵地咳嗽，得让他自己待着。我跟他告别，而他，握住我的手，将垂在额上的头发往后甩甩，对我说："我要走了……"然后他开始咳嗽。听到他这样说，我亲了亲他的手臂，知道他喜欢别人不显刻意地反驳他，我用那种对强健和有勇气的人说话的口吻对他说："你每年都这副样子要走，可上帝保佑，我们总看到你活着。"听到此，肖邦接着说完被咳嗽打断的话："我说要离开这所房子，搬到旺多姆广场去住。"

桑会保持沉默吗？不完全。通过向露德维卡打听她兄弟消息的方法，她表示了自己的友好，也免得让病人对自己处境担忧。她于 1849 年 9 月 1 日从诺昂给露德维卡写信："亲爱的露德维卡，听说您在巴黎，之前我并不知晓。我终于能通过您得到弗里德里克的真正消息。一些人写信告诉我说，他比平常病得厉害得多，另一些说他只是虚弱和生着病，像我一直看到的那样。给我写封短信，我敢于向您如此请求，因为我们可以被自己的孩子看轻或抛弃，但却并不停止爱他们。也跟我谈谈您自己，请相信，自从认识您之后，我没有一天不想起您和怀念您。别人会在您心中败坏有关我的记忆，但我坚信自己不该受到如此对待。"

永远是无辜的受难者，她是很高贵地原谅了自己的刽子手！露德维卡受兄弟提醒，不作答。

提图斯

正在此时，肖邦收到了提图斯·沃伊切霍夫斯基的一封信。他要先去卡尔斯巴德，随后去奥斯坦德疗养。他能来巴黎吗？申请一本护照是漫长且困难的事情。肖邦托了一个朋友去催办手续。他 9 月 12 日写信给提图斯，"我真想坐火车到瓦朗西亚去拥抱你，可几天前，我连走到阿弗莱城去看我教女的力气都没有。我的医生们禁止我离开巴黎。他们甚至在冬季都不让我去一个气候比较温和的地方。这是我的错，因为我生着病，要不然我会在比利时的某个地方见你。你可能有办法来巴黎？我并不自私到这般地步，只为自己想在巴黎见你。像我病成这样，你在我身边可能会捱过几个小时的厌倦和失望，却夹带着数小时的快乐和美好回忆。虽然我更愿意我们共度一段完全幸福的时光……”

由于法国政局的不稳定，提图斯拿不到他的护照。肖邦未能获得跟他青年时代的同伴最后见一面的快乐。多么遥远，在波图兹恩度过的那些夏日。垂死者的记忆里，那时他们的靴子咔咔作响，在波兰的原野上肩并肩纵马飞驰，柔发随风飘动！

肖邦虽不抱太多的幻想，但在9月初，同意由三个医生对他进行会诊：克鲁维耶尔、路易和布拉什，后者是一个著名的儿科医生，肖邦开玩笑说：“他当然会对我大有助益，我是如此地接近童年。”因为两头相接，老辈的说法没错，生命永远轮回，起始与终点相遇。会诊毫无结果，除了一点，建议他搬到一个朝南的住处去。9月17日，肖邦写了封信告诉弗朗肖姆，这是他去世之前一个月写的最后一封信。

旺多姆广场

> 我们在认真寻觅之后，发现一处非常昂贵的房子，符合所有的条件。在旺多姆广场12号，阿尔布莱希[1]的办公室在那里。在找房子这件事情上，奥梅阿拉帮了我大忙。总之，到冬天我见到你们大家的时候，就会安顿好了。我姐姐跟我呆在一起，除非人家把她叫回国。我爱你，这是我能对你说的一切，因为我困得要死，也非常虚弱……

临近9月底的时候，肖邦被移到旺多姆广场，哦，简直太有讽刺意义了，这是当年俄国大使馆所在地。他居然还有精力，以他一贯的对微小细节的完美考究，订了家具还选了布料。住处好极了。房间里阳光充足，客厅朝向全世界最美的广场之一。肖邦有时起身，从一个房间走到另一个房

---

① 肖邦是他的朋友，也是他女儿的教父。

间，朝着用拿破仑大军缴获的铜炮熔制成的圆柱陷入梦幻。在这个只想为波兰复仇的流亡者眼中，这个圆柱是胜利的象征。他灼热的前额抵着大窗的玻璃，无望地思念着华沙。

最后的日子

普鲁斯特提到他祖母的亡故的时候写道：一个垂死之人周围，人们穿梭不止，议论纷纷，并低声交谈："临终像是节庆将近……"这种观察恰好适合肖邦之死。

在最后的10天里，自10月7日开始，旺多姆广场的住处，人们络绎不绝。波丽娜·维亚尔多写信给乔治·桑说："巴黎有名气的夫人们都觉得有必要在他房间里昏厥，这里已经塞满了画画的人，急匆匆画速写，一个达格雷照相师想要将床挪到窗前，为的是让垂死者面对阳光。好心的古特曼愤怒不已，及时将这些艺人赶走了……"

对这封信值得评论几句。首先，桑并不作答，而且她不来。在《我生活的故事》中，她写道：

> 我不应再见他：在我们中间有心怀恶意之人[①]。也有好心人，他们却不知道怎么做[②]。旁不相干的人不喜欢介入这种琐碎微妙之事。古特曼不在那儿[③]。人家对我说他曾经召唤过我[④]，惋惜过我，像孩子一样爱我到最后一刻。人家觉得应当对我隐瞒到这个地步，也认为不该告诉他，我是准备奔向他的[⑤]。如果由于看到我所引起的激动会缩短他一天，哪怕一个小时的生命，那么这种阻拦便有道理。我不像有些

---

① 这是指索朗日。

② 这是指波丽娜·维亚尔多和格丽叶·德·博斯兰夫人(见本章注释中，给桑写信的夫人)。

③ 见本章稍后古特曼自己讲述肖邦临终情景。

④ 见本章稍后肖邦的临终之言一节。

⑤ 纯粹撒谎。参见本章桑给博斯兰夫人的回信。

人那样，相信这个世上的事情能轻易得到解决。它们只是在这里开始，而且一定不会在此终结……既然我一生中很长一段时间负有看护病人的使命，我应当会接受灵魂在高烧时的激昂和疲惫，不吃惊，尤其不恼恨。我学会了在病人的床榻前尊重他们真正合理的和自主的愿望，也原谅最终必会出现的紊乱和谵妄。

我常年的看护、焦虑和全身心投入所付出的代价，换来的是经年的温柔、信任和感恩，一时的不公正和误入歧途不能将这一切在上帝面前抹杀。上帝并没有惩罚，并没有只看到这一时的恶劣[①]，对此的痛苦记忆令我不堪回首。我忍受了，并非怀着冷漠的坚忍，而是怀着痛苦的和热情的眼泪(!)，在独自祈祷中承受。这是因为我在生与死中对缺席者说，'请接受祝福!'，我希望在那些将为我合上眼睛的人的心里，在我最后时刻，也作同样的祈福。

愿你们安息[②]！桑到最后一直都在安排她的精巧谎言。不幸的是，事实在那里，会戳穿她的虚伪。但是让我们回到肖邦身边吧。

首先，在死亡面前，他的形而上的态度到底是什么呢？

我们已经多次提到过，在巴黎，即自 1831 年以来，肖邦放弃了一切宗教活动，而且在他的通信和谈话中，从未有过宗教方面的任何暗示。显然，他不再信仰：他同儿时玩伴 P.杰罗维茨基的谈话[③]就是证明。但教士回来了，如果能这样说的话，回来履行他的职责。他在 10 月 21 日写给一位波兰妇女的一封信中，即肖邦死后 4 天，给出了有关音乐家在他最后十天"回归上帝"的一个版本。

所有人都感吃惊，一个如此脆弱的躯体内，灵魂依旧坚韧，毫不失

① 在这点上，桑负有全部责任！

② Reauiescant in pace! 原文为拉丁文，为墓碑上所常见。——译注

③ 见本章内教士拜访一节。

其活力。他眼里通常带点迷惘，有时眼神却会灼灼闪烁。他看上去几乎不属于这个土地——可遗憾的是，他并不向往上天！他身边的朋友中好人不多，不好的居多，没有信仰，尤其是后者构成了一个崇拜者圈子。他在最深刻的艺术中取得的辉煌成就，在他心里震聋了圣灵不可言喻的怨诉。悲悯，他那波兰母亲的乳汁所灌注于他的，仅变作了一种家庭记忆，而他最后岁月里的同伴和女友对宗教的亵渎却越来越深地渗透到他易感的精神中，就像一块厚重的乌云，在他灵魂中以怀疑的方式沉淀下来。只是由于他极为注重礼仪，才不会去嘲讽神圣之事，或者他还没有拿它开玩笑……

临终告解

我刚从罗马回来[①]，就突然听到肖邦将逝的消息。我去看他，以他的怜悯心跟他讲起他母亲，并试图在他身上唤起她早已灌输过的信仰……

我试图赢回肖邦，跟他谈论圣母，然后我主耶稣基督，最后跟他讲述最令人感怀的神圣的慈悲。徒劳无功。我让他选择一个他想要的忏悔师，他最后说："如果有一天我想要忏悔，那我一定是向你作告解。"在听了他跟我所说的一切后，这是我怕听到的最糟糕的话。

好几个月过去了，1849 年 10 月 12 日，这天克鲁维耶尔大夫通知 P.杰罗维茨基"他夜间不应答"。教士来到旺多姆广场，只听到他说："我很爱你，但什么也别说：去睡吧……"

第二天，10 月 13 日，这位 P.杰罗维茨基跟肖邦共进午餐。这就是两位朋友之间的交谈内容：

---

① 杰罗维茨基修道院长声称在罗马觐见了教皇。但早有人戳穿了真相，并无此事。

——今天是我兄弟爱德华的节日。以他的名义,请你送我一个礼物。

——你要什么我都给你。

——把你的灵魂给我……

——我懂你的意思:拿去吧!

——你信吗?

——我相信。

——像你母亲教过你的那样?

——像我母亲教过我的那样。

看着耶稣基督受难像,他泪流满面地忏悔。随后,在他要求下,受了临终圣体及敷圣油圣事。稍后,他让人给圣器管理人超出平常20倍之多的酬报。我对他说:

——太多了……

——并不多!我刚收受的,超出一切的价值。

从这一刻开始,圣眷之下,受上帝本人感召,他变成了另一个人,已成圣者,我差不多能这样说。

修道院长继续他的叙述,他证实从那一刻开始,直到最后时日,肖邦一直讲着大有教益的话,只谈上天。他对身边的人不作祈祷感到惊讶之余,感谢上苍让他蒙受最终的苦难,以赎买从前的过失,并愉快地得出一个完全波兰式的结论,对朋友兼忏悔师说:"没有你,我亲爱的,我会像猪一样死去!"在最终时刻,肖邦又一次重复着"耶稣,玛丽和约瑟夫的温馨之名。他将十字架压在嘴唇上,搁在心上,用最后一口气,说出:'我已达幸福之源',然后他咽了气。"

这则感人的叙述颇受争议。肖邦向P.杰罗维茨基作了忏悔,并从他手里接受了临终圣体，此事并不可疑。至于濒临死亡者的转变，看起来是教士对现实作了夸张渲染，肖邦最后时日在场的人中，没人对此作过肯定。据阿尔弗莱德·科尔托所述，似乎垂死者的忏悔，“更是偷偷地进行的，而不是自愿的”。肖邦并未能抗拒老同学的执拗，他让步了，可能厌烦和信仰的分量相当[①]。这是一个从未得到完全澄清的历史疑点。此外，在其他情境下，P.杰罗维茨基似乎也对现实做过很多美化。不管怎样，一次皈依，在最后的时刻回归上帝，这些事情是有可能发生的：历史上不乏这类例子。谁能知道——是焦虑还是释然？——知道大限将至的人的脑子里究竟想些什么。

从10月13日到17日，确切地说，是临终昏迷的日日夜夜。肖邦度过最后几日的沙龙里，被接纳的来访者人数众多。最终时刻来临的时候，到底是哪些亲近者围绕在侧呢？他姐姐露德维卡和她女儿路易赛特[②]；黛菲娜·波托茨卡；肖邦的仆人们：丹尼尔和马图热夫斯卡；索朗日·克莱桑热；查理和爱丽丝·嘉瓦尔；格日玛拉；玛瑟琳娜·恰尔托雷斯卡公主；大提琴家弗朗肖姆；简·斯特林；阿道夫·古特曼，他在10月22日给一位德国女性朋友的信中写道，在最后一刻，肖邦说：“谁握着我的手？”听出了是古特曼的声音，他想亲吻朋友的手。古特曼接着写道“此时，我们亲吻了一下，他在我脸颊上吻了一下，作为告别，并说：‘亲爱的朋友！’他的头垂到胸前，他的灵魂逝去。”当这封信于1892年由卡拉舍夫斯基公之于世的时候，肖邦的侄女齐霍夫斯卡夫人给《华沙通讯》写了封信，正式否认：“肖邦并没有在古特曼的怀里去世，他当时甚至都不在巴黎。他显然并不能看护肖邦，也不能像卡拉舍夫斯基所说的那样，将肖邦拥在怀中。而这一切真多

① 肖邦死后，波丽娜·维亚尔多写信给乔治·桑：“可怜的人，他死于殉教，那些教士在他临终前六个小时内强行让他不停地亲吻宗教信物，直到咽气，周围全是人，认识的和不认识的人，前来他的床头号哭……”肖邦的朋友格日玛拉，在写给列奥的信中，提出了一种很可能过分的看法：“直到最后一刻，我脑子里乱极了，坚信如果没有发生遇到乔治·桑这个不幸事件，他应当能活到凯鲁比尼的岁数。”就这样，桑的好朋友，那个她称之为“我的夫君”并写过无数信件的格日玛拉，用一种极端严厉的态度评判女小说家。尽管肖邦死于肺结核病，这点确凿无疑，但怎样才能确定这个伤心事件对肖邦的疾病的迅速恶化所产生的具体影响呢？

② 当时她15岁，结婚后成了齐霍夫斯卡夫人，后来是她持有舅舅的大部分纪念品、物件、信件和手稿。

余，因为直到最后，我舅舅都自己支起身子，坐在床上。我能加上一句，证明肖邦逝世的时候，古特曼并不在巴黎，他是事后回到巴黎的，我母亲是在他来作‘哀悼’造访的时候才认识他的。”这可是郑重其事的。让我们说一句，齐霍夫斯卡夫人的声明跟两个同时代人的见证有出入，肖邦逝世时在场[①]的格日玛拉和波丽娜·维亚尔多，她本人不在旺多姆广场现场。在一个名人死去的床前，说自己在场显然对很多人来说是有利可图的，其中某些人抵挡不住诱惑，要去美化场景。时过境迁，我们怎样才能鉴别真伪呢？

黛菲娜

有一件事情是确凿的：10 月 15 日，黛菲娜·波托茨卡得知肖邦的情况危急，从尼斯赶到巴黎。她比“任何时候都漂亮”。见到她，肖邦脸上放光，说：“就为这，上帝才如此推迟召唤我的时日，让我有重见您的快乐。”他请求黛菲娜为他唱首歌。修道院长杰罗维茨基证实了这点。人们将房间里的立式钢琴推到病人躺卧的沙龙里，查理·嘉瓦尔写道：“可怜的伯爵夫人，控制着痛苦和止住哭泣，勉力歌唱起来。至于我，我什么也没听见。我不知道她唱的是什么。悲惨的对比和说不出的悲伤下的这个场面，对我来说太难承受了。我只记得病人的又一次剧烈咳嗽打断了伯爵夫人所唱的第二首咏叹调。”

黛菲娜到底唱了什么，谁也不能肯定。一些人说是马尔切洛的《赞美诗》和斯特拉代拉的《圣母赞歌》。另一些人，尤其是格日玛拉则认为是贝利尼《腾达的贝阿特丽丝》的旋律和罗西尼的曲调。

临终之言

肖邦最后到底说了什么，也不确定。他明确规定，不让人公布那些他

---

① 格日玛拉的叙述看来证实了修道院长杰罗维茨基的说法：“肖邦在最后一天，最后一个小时里，头脑十分清楚。他常从睡榻上抬起身子，向至少 20 个人说话，向他那些身着裘皮和礼服的崇拜者说话，他们已经连续四天四夜不停地跪在那里祈祷，我觉得，肖邦说了些忠告，鼓舞人心的话，几乎是安慰人的话，带着他那种适度，那种克制，那种不可思议的机智，加上那种非人世间所有的善良和宽宏。”

自己认为不值得宣传的手稿[1]。弗朗肖姆证实听到了垂死者喃喃自语："她（乔治·桑）对我说过，我只能在她怀里死去"，然后呼唤他的母亲："妈妈！"在同一个弗朗肖姆面前，肖邦应当对公主说："你们要在一起演奏莫扎特纪念我……"对爱丽丝·嘉瓦尔和公主说："你们要在一起演奏，想着我，我会听到你们"。他并没有要求在他的葬礼上演奏莫扎特的《安魂曲》。他也不会说那句太过文学化的话，那是有人强加于他的："这是上帝罕见的恩典，告诉你什么时候进入弥留。他把这个恩典给了我，别打搅我。"他对古特曼说了"亲爱的朋友……"了吗？不能肯定。因为已经不能说话，他是否会拿着铅笔潦草地用法文写下这样一张字条："这咳嗽[2]会窒息我，我请求你们打开我的身体，使我不至（只）于（原文如此）被活埋。"这种担心——正如很多窒息而死的肺病患者那样——肖邦的父亲在活着的时候曾经表述过，他也同样患有肺结核病。人们并不知道，肖邦的外甥女露德维卡·齐霍夫斯卡收藏的这张字条，是出自弗里德里克还是他父亲之手。

"不了……"

查理·嘉瓦尔留下了肖邦最后数小时的见证："10 月 16 日晚间，两个大夫给他会诊。其中的一个，克鲁维耶尔医生举起灯，照在肖邦由于窒息已经白得吓人的脸上，并让我们注意到感官已经停止反应了。但当他问肖邦是否痛苦，我们还能明确地听到回答：'再不了'。这是我听到他嘴里说出的最后一个字。他于 10 月 17 日凌晨三点到四点之间逝世。"

人们说，简·斯特林合上了他的双眼，接着说了两句特别有名的话："他像眼泪一样纯洁……"和"他跟别人不一样"。克莱桑热被他夫人叫来，作了肖邦面部和手的模型。柯雅托夫斯基用铅笔画了几幅头部速写。在肖邦过世 3 天之后，克鲁维耶尔医生才进行了尸体解剖，宣布心脏比肺部损害得更

---

① 参见第 16 章身后出版的作品一节。

② 或者是"这块土"。

厉害。他将这颗心取了出来，按照病人对他姐姐露德维卡表达的愿望，它将放置在华沙圣十字架教堂的立柱里。遗体经涂抹香料和穿戴整齐后，重新卧在布满鲜花的床上，供朋友们和漠不相识的人瞻仰，他们不停地在旺多姆广场穿梭往来。肖邦身后没有留下一文钱。格日玛拉出面为那座向克莱桑热订制的、位于拉雪兹神父墓的纪念像募捐。普雷耶尔、德拉克罗瓦、弗朗肖姆、阿尔布莱希、齐亚托夫斯基、赫尔伯特出资补足雕塑家索要的钱数。格日玛拉写信给列奥："克莱桑热的计划极有魅力。这是被痛苦压垮的音乐天使，用一支琴弦尽断的里拉琴指向椭圆形浮雕中的、葬于此的艺术家头像。"

在肖邦过世的当天晚上，露德维卡·延杰耶维奇写信给已经回到波兰的丈夫："哦，我的爱，他已不在人世！我和路德卡的身体都好。我在心里拥抱你。照顾好我母亲和伊莎贝拉。再见。"恰尔托雷斯卡公主写给同一个卡拉桑特的信中说："我们可怜的朋友已经停止了呼吸。他在最后一刻到来之前，受尽了罪，但他以一种天使般的耐心和顺从忍耐了这种考验。您夫人以一种堪称榜样的方式照料他。上帝将体力和精神之力赐予她。几天之后她会写信告诉您详情，并请您别为她担心。肖邦的朋友们会在一切事情上辅助她，至于旅行，她表示能独自承受。我没有勇气给你写更长的信，但我的心让我告诉您，我将忠实地履行向垂死的朋友所作的承诺，并像对待自己的姊妹一样照料您的夫人……"

《安魂曲》

谁提出来让人在马德莱娜大教堂的葬礼上，演奏莫扎特的《安魂曲》？没有人知道。总之，巴黎主教团对此愿望深感惊愕，他们持反对的态度，不许雇用那些能演唱[①]这部作品的歌唱家，只是在德盖里修道院长的恳请之下才作了让步，后者是马德莱娜大教堂的副司铎，肖邦的朋友和崇拜者。

---

① 教会对宗教音乐杰作的态度一贯恶劣！我们了解伊斯芒斯借撒旦之口(《魔鬼的复仇》)说出的对天主教盛典和上帝的荣耀的看法："至少，会很丑陋！"现代宗教礼拜仪式在很大程度上印证了伊斯芒斯的说法，魔鬼居然也在理！

但一天天过去了，肖邦的遗体在教堂的地下室里一直等到10月30日。这是经反复踌躇推托之后定下的日子。

上午11点，3 000人身着黑衣，挤满教堂。中午，在勒伯尔指挥的《葬礼进行曲》中，棺木被运上来，安置在侧廊里一个高高的灵柩台上。在纳尔西斯·吉拉尔指挥下的音乐学院音乐会社乐队及合唱团，演出了莫扎特的《安魂曲》，这是自拿破仑的骸骨被安放到荣军院以来，尚未在巴黎演唱过的曲目。独唱演员是维亚尔多·加西亚和拉布拉什[①]，让娜·卡斯泰朗和阿莱克西·杜蓬。马德莱娜的管风琴师勒菲比尔-维利演奏了根据肖邦e小调和b小调前奏曲改编的曲子，之后他在第三前奏曲的主题变奏上即兴演奏。

从教堂到拉雪兹神父墓，弗朗肖姆、德拉克罗瓦、普雷耶尔和亚历山大·恰尔托雷斯基是抬棺人。亚达姆·恰尔托雷斯基代表波兰，梅尔贝耶代表音乐，为送葬行列引路。墓地前没有演说，人们只是将那一小把波兰泥土放在棺木上，那是肖邦离开华沙之际从维特维茨基手中接过来的，他一直保存在一个银杯里。

1850年10月17日，在墓地小教堂里举办了一个弥撒，克莱桑热所做的纪念像也揭晓了——遭到了诺尔维德和德拉克罗瓦的严厉批评，却被简·斯特林热情称道——比照肖邦的各种肖像，似乎这个椭圆形浅浮雕很像他本人，如同应简·斯特林的要求所作的大理石面具一样[②]。还是这位简·斯特林把她所能找到的旺多姆广场的所有肖邦遗物收集起来后——他的私人信件、记事簿、玛丽亚·沃德辛斯卡的信件、德雷斯顿玫瑰——加上她自己本人保留的其他物件，将它们全部交给了肖邦家人。

朱斯蒂娜在她儿子去世之时67岁，她又活了19年。露德维卡死于

---

① 这两个著名的艺术家是肖邦生前的密友，每人索要的报酬不低于2 000法郎，在对朋友的这份最后敬意中，"是她们对自己的看重左右了她们的行为，而不是为了纪念他而作出奉献，"格日玛拉在写给奥古斯特·列奥的一封信中的附言中这样评价。相反，简·斯特林给肖邦的姐姐送去了5 000法郎，让她支付葬礼的开销。她通常把自己看作"肖邦的遗孀"。

② 放在一个橡木盒里，用铁饰镶边，内嵌天鹅绒，放在苏格兰卡尔德府邸的一个展室中。

1855年，留下了三个儿子和一个女儿，齐霍夫斯卡夫人。她于1881年肖邦的妹妹伊莎贝拉逝世之后，搜集了舅舅的全部遗物，其中大部分在波兰反抗俄国的起义期间，被哥萨克于1863年9月19日烧毁。弗里德里克曾经弹奏的布赫尔茨钢琴，准备收藏于肖邦博物馆的手稿、信件及书籍，均化为灰烬。

乔治·桑让人毁掉了她写给肖邦的所有信件，这些信件是不久前亚历山大·小仲马在西里西亚地区米斯洛维茨城找到的。女小说家比她前情人多活了27年。莫里斯死于1889年，比索朗日早10年。后者跟丈夫分居后，生活中情事不断。

最后的敬意

肖邦死讯传出之后，波兰和法国报章上刊出了很多文章。柏辽兹、儒勒·雅南、欧仁·吉诺、泰欧菲勒·戈蒂耶纷纷写文章纪念他。在一系列的见证中，我们摘出雅南的刊登于《辩论》上的文章：

> 在伟大的艺术家肖邦于本周逝世之际，我们怀着真诚的敬意和深切的悲悼提及这个名字。另一个比我更有资历的人或许会在此，在这里，讲述这个几乎不为大众所知的年轻人是怎样一个天才，在他周围形成了一种如此深沉的敬仰，和充满激情的友人们营造的一种诚挚的膜拜。他就是音乐和灵感本身；他近乎不在我们行走的土地上生存，他的天才就像一个梦！只有亲耳听到过他演奏的人能对如此精致、纤细、多面的天才有所体会，这种天赋只对人类最诚实和最可爱的灵魂敞开。他躲避别人孜孜以求的喧闹、排场甚至名声。人们称他作钢琴大天使，这个类比很恰当。他在流亡中成长，他在流亡中死去，周围皆是像他一样的流亡者，让他想起失去的祖国。哦，不幸的人！他承受了多少痛苦！面对死亡，是怎样的艰苦抗争！……
>
> 我们这个时代的所有艺术家中，是肖邦，最善于获得妇女们的灵

魂和精神。他造就了一些无愧于他的学生，她们以一种几乎是母爱的温柔爱着他；她们围在他身边，热情中夹着敬仰，因为他的音乐语言中有一种诚实和贞洁。呜呼！她们失去了他，她们为他哭泣！她们看着他消逝，她们为他合上了眼睛。

至于戈蒂耶，他在《快报》上，是这样结束肖邦葬礼报道的：

愿在和平中安息，美好的灵魂，高贵的艺术家！不朽已经从你开始，你比我们知道得更清楚，在尘世间的悲惨生活之后，去哪里与伟大的思想和高尚的憧憬重逢！

跋(终曲)

我背叛你了吗？我可是充满激情，想把你写成一个连你自己也未必了解之人。让他像你自己吗？由于反复研究你的生活，探究你复杂心灵的一切周折，活在你悲惨的和辉煌的境遇里，我是将你美化了，还是变丑了？如果一部传记真的需要投入极多的爱，即使我没有做得更好，至少写出了一部真诚的和真实的作品。

请容我默默地祈祷，再给我片刻时间，任我在旺多姆广场倘佯，鲜花中安卧的是你。我携几位友人，神思恍惚地从你从未住过的卧房，来到你刚离世的沙龙。我踱步往返，我静默追思。可我不断回到你的面模上，紧闭的双眼将你生活的秘密深锁。

这幅面模，齐亚托夫斯基几次描画过，上面留有经受折磨的痕迹。克莱桑热作了面模，稍后他还作了塑像，将 4 天 4 夜的弥留的烙印柔化了一些，这些日夜将你的容貌变成了受难者。克莱桑热作为艺术家，将要素突显出来，比简单的存在更真实，正如死亡抹去了一张活着的脸上的虚饰。一幅画比一张酷似的照片更逼真。逝去之人给我们留下的理想化记忆，比他们活着的某一天里的现实更为忠实。他们身上那种易朽的、附着的东西，往往使他们受害至深，而死亡却一笔勾销，随着时间的推移，他们比活着的时候更像他们自己。这里正是沙夏·吉特里①(Sacha Guitry, 1885—

① 法国著名戏剧演员、剧作家、戏剧导演、电影制片人和脚本作者。

1957)那句格言的深意："死亡戴上的面具吗？正相反，摘下面具！"以及马塞尔·普鲁斯特在刚亡故于尿毒症的祖母面前的思索："在谢世之时，生活刚将生命的幻灭带走。一丝微笑似乎在我祖母的唇间停留。在死亡之床上，正如中世纪的雕塑，死亡让她在一个年轻姑娘的容貌中沉睡。"

让我们回到你身边。死亡把你从一个长久的考验中解脱出来，这种考验具有一百种形态，疾病可能不是最糟糕的。你经受的最残忍的灾祸，难道不是永远的放逐？离开波兰来到法国，你心有不甘，你难道不是从一个神秘的伊甸园来到这片土地，在这里你像个可疑的局外人，居无定所，既不认识这里的居民，也不了解他们的习俗，更不知晓他们可笑的野心？你来自何处，以至于你觉得没有一处是你能感到自在的天地？此外……我讲述了生平，描述了这个令人震惊的天才儿童，自天而降，有着超然尘世的优雅。是最高恩许吗？可能。却受了一种奇特的制约，直到最后一刻，他不停地受苦，这种身体的残疾，会叫人沦落街头。聋子和驼子让人嘲笑，盲人让人怜悯，天才却令人炫目和叫人难受：他不是我们的同类。他真正是"一个跌落尘埃的神祇，却仍记挂着天空"。伊卡尔[①]脱落的翅膀，妨碍他行进，而不是给他带来方便。一只迷失在海船甲板上的信天翁，却还记着它在蓝天里的翱翔。流亡者，永远的流亡者，找不到他故乡的气息，他失却的天堂，他那可自由呼吸的宇宙。永远孤独，这正是他的命运。

植物学家告诉我们，某些被风吹起又落在表层的种子和未知的颗粒，有时会穿越大海，在岩石缝里扎根，只需些微的湿土就能发芽。一种植物的前景，一棵树的未来，原本不为大洋这一边所知，却寄托于这种迁移，概率只有亿万分之一。一些物种就这样传播，而世人却视若平常，以为不过是他乡来客。横空出世，这正是圣人、博学者、艺术家和伟人的历险。

既如此，如果我们难以对这位走完如此行程的人归类，如果他不愿顺

---

① 神话人物，其父亲为他用蜡制作了能飞翔的翅膀，并告诫他不能飞得太高，别靠近太阳的灼热。结果他忘形于飞翔，翅膀受热融化，跌落化为尘土。——译注

从我们的统计数字，乃至怀着多疑之心看待我们的情感，这一切有什么可惊讶的呢？正如一个旅行者，在一个不熟悉的城市中，只识得他的旅店，一旦偏离就会迷路。杰出的人物，陌生人中的陌生人，尘世生活中的一切均使他惊讶，什么都不令他满意，很多事情都让他反感。只是，他什么也不说。他将一切留给自己——也留给他的作品。

即使在你的故乡，你已经不知不觉地疏离。但温馨的小家庭向你慷慨地奉出幻象。挚爱的父母，三个温柔亲爱的姐妹护卫你脆弱的梦境。你曾经爱笑，恶作剧，充满热情和很守纪律。虽拥有奇迹般的天赋，你从来都没有想到过要去贬低你的先生们的微薄学识。相反，你直到他们过世都一直保持着一种动人的感恩心，这是伟大的标志。还有别的标志，你从未为一次成功感到沾沾自喜，可上帝作证，在华沙的暗夜里，你无异于牧羊人的星座！你曾经顺从、亲切和温柔。怀着一颗等待征服的心，却从来没有人真正征服过它。

事实上，你理应避开人生的一件大俗事，叫做爱情。你受到宠爱，你被人祝贺，但你却从来没有爱过。别人挑中你，你却没有作选择！对此，桑是明了的，“他从来没有燃起过爱火，他从未拥妇人在怀倾听过她的心跳。他一辈子都在决斗，以精神的名义对肉体决斗。在婚姻的神圣中，在受祝福的两种童贞的结合中，两性行为之所以重受尊崇，在他看来，乃因必要才具神性①。”

康斯坦斯和玛丽亚虽在你心中激起情爱，你却不愿意进展到一种更热烈的感情中去。她们各自都嫁人了。谁知道呢，你是不是暗中感到某种释然，而远非愤恨？我的忧愁——那是能治愈的忧愁，你很快就付诸音乐了！此外，你生性如此，你的那些磨难、那些惊恐、那些焦虑，你在经受的时候偶一提起它们——随后它们就石沉大海：只在水面上留几许涟漪，一切均敉平，你永不再讲起那伤害过你的人，除了对钢琴。

---

① 《卢克莱齐亚·弗洛里亚尼》。

提图斯实在不懂你友情的过度宣泄，这种友情或许被当作是激情奔放。你遮遮掩掩的爱情吐露，他只耸耸结实的肩来回应，而你绝不坚持，自己也迷失在感情的错综复杂里。可是桑却不依，这个机灵鬼立即就在这个出入上流社会者——和蔼可亲，有王子派头——和情人之间作出裁决。后者太不急切，她不得不促成那“只有在上天才有称谓的神圣行为”，并在你密友圈子里表示愤慨，而你对此在不得已中沉默。女人的酮体对于不懈地用音乐歌唱爱情、英雄主义和遥远故国的人来说并没有吸引力，这点无可争议。你跟桑保持情爱关系的8年中，多少个月是用于爱情嬉戏？如果我们相信健壮的亚马逊女人那仅有的几句隐晦的私房话，这种嬉戏几乎不存在。其他爱情插曲——涉及黛菲娜和桑的那些女仆们——我们已经予以澄清。在这种事情上，即使真相永无确认的那一天，常规的推定相当有力，相反的证据却显得过于拙劣，以至于我们不能冒险去相信。

与你同类的肺结核患者，对疾病漫不经心的病人，多半会受性行为吸引，就好像明知他们的生命处于危险之中，却想要通过传宗接代的虚妄来延续它。可虚弱到一定程度，情爱的本能不再起作用。李斯特写道：“自1846年开始，肖邦几乎不能行走，每次上楼都要忍受窒息之苦。从此，他只是仗着格外谨慎小心才活了下来。”这之前好久，你已经饱受严重贫血之苦。盛夏，靠在火炉边上，你承认：“我一直怕冷，只有在坟墓里才能暖和过来。”向一个脆弱的年轻女子，你倾吐说：“哦，我可怜的小夫人，我们两个加起来都不足一个男人的血性！”桑，她却不拐弯抹角：“我感觉是在跟一具尸体睡在一起……”这类贫血会带来冷漠。即使索朗日的媚眼都令你无动于衷。你青春期由于羞涩而令人愉悦，是贞洁的化身，到了成年你还是如此，却是由于生理功能不足。一颗火热的灵魂，一副冰冷的躯体——你生性挑剔，只有脑子易于燃烧。此外，这是简·斯特林的说法，你对“一个女人应该如何，有着一种如此高贵的想法……”至于其他，你已经提供了相当多的见证，用这些例外来证实规则！对你来说，窥见爱情就足以表述，正如画家只要对花看上一眼，随后就能描画出色彩。想象与现实间，存在永恒的深渊！

为什么你会离开波兰，为什么你来巴黎生活？为了给你父亲的祖国增添荣耀吗，你这半个法国人？不，尽管你临终时曾表示过"我终于爱法国人如同我的族人"。你的音乐是波兰式的，只是波兰风格，它是一个民族天才的鲜活证据。那又怎样？谁迫使你尝试一种如此艰难的历险？在华沙，你可以按自己的兴趣生活，在属于你的氛围里，由于你的作品而被珍爱，受妇人们宠爱，你的天赋无需为生活奔波，能写出跟在巴黎一样的音乐，只需侧耳细听，知道"人们在乡间是怎样歌唱的"。那又怎样？我的上帝，亡者的沉默，对我们提出的所有问题的无动于衷，真惹人生气！这副大理石般的面孔，甚至连那些激荡过他的风暴的痕迹都不显现，这番翱翔，这种遗忘，这种制造假象的伎俩……既然你不回答我，我要为你解释这种放逐的理由，可能连你自己都不曾意识到。

你出走，是为了证明，为了向自由世界证明，那里，在东方，一个被俄罗斯吃人魔鬼降服的民族，正在呻吟，像被可憎的靴子碾过的一只鸟。你拒绝归顺，体能上却无力抗争，你采用了另一种方式去征战，用你特有的武器，它们不受时间和压迫的制约。抵抗者，这个字眼在当时尚不存在，你却已经给它赋予了一种意义。你牺牲自己，为的是让被谋害的祖国自远处传出的控告被世界听到，为的是全世界永远懂得波兰式的骄傲的代价。你预见到自己的民族会经历长久众多的磨难，便用音符、用涡状装饰线条和多种音乐装饰手法勾勒出复仇的悲剧性远景。你在钢琴上为波兰所作，超过手持剑柄在首都街头的朋友们。因为华沙大炮的轰隆声易被忘却，而你的音乐却永远奏响一种充满英雄气概的抵抗。人会屈服，但不会认输，这就是你音乐的名言。

人们甚至可以提问，你是否为了在遥远的地方受尽折磨而甘愿远走他乡？你不白当波兰人，兴许必得远离才能感受痛苦之爱的力量，以及和童年情景千丝万缕的牵扯？

你似乎不易相处？就差这句话了！说得轻巧，当如此多的矛盾集中在你身上，就像那些针头，第一个刺伤的难道不正是你？虽然重病在身，你表现出天使般的耐心。一贫如洗，你咒骂那些音乐出版界的吝啬鬼，他们预支给你少得可怜的酬金。可是看到你以最新款式穿着打扮，任何人都想象不出，没有那些钢琴课，你真会露宿桥头。你怕在公众面前露面，可你那些移民同胞中的某个俱乐部一旦有所求，你必然应允，而且任何情况下，你都不会接受一个生丁。你讨厌书写，但不论收到一封信还是一次拜会后，你都会立即以一次回访或一封信回应。你滥用朋友的情谊吗？你让他们做事，相信更会让他们感到荣幸。你易怒吗？是的，但并不记仇。性情多变吗？就算是吧，你的身体是真实的反映。我们会忘掉那些既是生理上的也是精神上的不停的严酷折磨吗？柏辽兹提醒我们："他的虚弱和痛苦到了如此程度，到最后他既不能弹琴，也不能谱曲，甚至连最简单的洽谈都会把他累个半死。他尽量用手势来让别人懂得他的意思。他在生命的最后几个月里就是活在这种隔绝之中……"

骄傲吗？不，是清醒。在"同行"林立的地方处境不佳？这是一定的。可是，为了葆有自我，一个创造者不应享有太多的赞誉，它们会使他才气枯竭。一个艺术家的第一要务是独立于世。在这点上，瓦格纳与你相似……是自私吗？不如说是专注。对桑表现出无礼吗？从来没有。把自己当作诺昂的主人吗？绝不。但却把优雅发挥到极致，乃至拒绝在你情妇的一部恶毒透顶的小说中认出自己，即使所有人都对你说"这是你啊！"决裂的过程清晰显现在我们眼前，我们脑际浮现的却是一个平民堆里王子的形象。那个不由自主地说出"我必须呵护或死去"的乔治在停止爱的时候，并没有不活。而你，并不炫示自己的感情，却被那个结实的胖妇人所抛弃。她曾经那么富有诗意地把你称作"我亲爱的死尸……"或像贝里人那样，把你叫做"高提奥老爹……"你认同她的说法，作为活死人提供谈资，而她并不前往追念。我们给了她足够的公正，最终得出的结论却是，她的表现像个村妇，驾驭谎言的能耐，几乎要与你在钢琴上的天才争锋。可是，我们还是不要对一个影子大不敬吧。当你在光明中闪着耀眼之光的时候，她已进入黑夜。

幸或不幸？我相信你从未对自己提出过这个问题。活着，即在希望和绝望中徘徊，由年轻时的美景滋养，被预感侵扰，继续你的路，看得到路的尽头，一直写，直到笔从你手中掉落，以速朽的忧愁构建出一个不朽的世界。

在合上你的双眼之际，那个在你生时令你极为恼火的苏格兰的简，面对死亡，说出了那句流传久远的话："他跟别人不一样……"几个字，把一切都说尽了。真的，的确跟别人不一样！在任何一方面都不一样。真的要相信，你来到这里，只为让世界陶醉，让整个世界欣喜。靠着仅有的那点力量，你用病弱的手，创造出一种永不褪色的音乐，它承受住了演技高手的汪洋恣肆，也能被欠灵活的手指演奏，任时间久远也不能使它变质，时代的变迁对它毫发无损。还有哪种音乐能与你的创作相比，我没有找到。

你来到这个世界，只为了述说一件事情，而这件事情，你用各种不同的方式表述。你不考虑自己的疲劳，却不惜代价去揭示另一种疲惫：一个民族已被奴役折磨得疲惫不堪，而只为复仇活着。你的波洛乃兹、你的叙事曲、你的谐谑曲、你的奏鸣曲，这都是些怎样的鞭挞！你的玛祖卡、你的圆舞曲，又是怎样地抚慰伤口！这种极有生命力的音乐，竟出自一个病弱之躯，这难道不让人信仰上帝吗？为什么，你却不信上帝，你不再信仰？美妙的上帝，可能被你心中一个相似的形象替代了，你的音乐，它来信仰、希望和热爱？谁知道呢？一切都是恩典，世上有如此多的方式可以对上帝说，"我爱你！"

而这一切结束了，对你来说，痛苦已终结。漫长的旅途结束了。此刻你离开这个依然与你相似的卧躺的躯壳，可心已远走，无论在比喻的意义上还是实际上都是如此。一个没有灵魂的躯壳[①]。你前往那片令你朝思暮想的风景，越过栽满苹果树的小路，你在微波涌动的麦陇中前行，远离"挚

① 此处意指肖邦的心已被带回波兰。——译注

爱之城”，一直来到你初临人间时的朴实小花园，你在梦中令它开满鲜花。天才，是创造的天赋，令万物复活的天赋。绝大多数人走出童年之时，就丢失了创造和童真这两种天赋。什么是诗人，除了一个永远的孩童？你死去，“像一滴眼泪般纯洁”，从一个并非为你而设的封套中逃脱出来，犹如昆虫蜕壳——终于自由翱翔！

你在生命的一半时日里，远离家人，远离你出生的国度，但你却忠贞不移，用你的心和你的天才，比世上任何人都更清楚，“鸟只有在先祖的枝上才唱得最好！”

作品分析

在按不同的音乐逐首分析肖邦的作品之前，有必要对他的作品特点稍作归类，尽管这中间我们会不断谈及他创作天才的多面性。先分析，再综述。

如有可能，我们还需作一种不偏不倚的综述，不稍带成见，但求接近错综复杂的事实，这种事实在本质上是不可企及的。但我们至少要作此尝试，避免犯那种凭先入为主的主观判断作解释的错误。无需长篇大论，让事实来说话。

若我们仅看到一个病体支离的异乡人，在倾诉长久萦回的苦闷心情，并把这一切归之于波兰，从而把这些当作了审视肖邦作品的全部角度，显然可笑。但是，如果剔除肺结核、波兰情结和流放这三重影响，我们的看法可能更不准确。我们需摒弃招贴宣传画的手法，对肖邦的生活和个性，作一番真实的描绘。

让我们先回到肖邦病症上，之后我们将不再论及。爱德华-甘什这样描述由米洛斯采夫斯基在华沙为 19 岁的肖邦所作的画像："这幅有创意的画像将他表现成一个典型的处于肺痨威胁之下的年轻人。我们的音乐家皮肤白皙，喉结突出，凹陷的双颊使得颧骨和上下颌骨突出，肺结核病人特有的招风耳朵已显出来。很显然，这是一个体弱多病的人，体质上有不断受疾病侵扰的倾向。

分裂性格和精神衰弱症征兆易被察觉，它们的存在对我们并无病理上的意义，也从未令肖邦感到不安。反过来，这种病症能对他的很多行为方式，以及他的艺术创作模式的多样性作出解释。”

此外，我们在前文[①]中已经提到过由心理学家安德烈·拉博斯判断的肖邦的“性格形态”。

关于肖邦，“波兰主义者”和“亲法国派”并没有停止他们之间的攻讦。这种争执毫无结果，却颇激烈。各派都想把肖邦划归自己的阵营：斯拉夫天才还是法国天才？让我们来回答：世界天才。我们同意阿尔弗莱德·科尔托的观点，他在《肖邦面面观》[②]的一个章节中陈述了这样一个论点：“肖邦式”天才的本质显然是波兰的。在不改变其构成要素的同时，巴黎的氛围给他的天赋添加了养料，或许表现在强化古典主义这点上，也即加强了他所传达的信息的普遍性。

流放者，这又是一个让不少人面露讥笑的词。可他们错了。流放，在肖邦那里是一个历史事实，我们的主人公在写信给朋友和跟他们谈话的时候，总不断涉及该话题。

诚然，肖邦在1830年是为了音乐，而不是为了民族而离开祖国的。而且他显然从未真正寻找机会返回故国，跟他父亲不想回到洛林故乡如出一辙。可是，刚离开波兰边境，他就开始缅怀祖国，他那颗被撕裂的心，将在遥远的地方经受漫长的苦难历程。当然，这一切并不妨碍他在维也纳、英国、德国和巴黎的氛围中尽情享受，在远离华沙的地方度过很多幸福时日。可思乡病周而复始地侵袭他。对他来说，克服怀旧的最好办法是将怀旧的映像固定在乐谱上。心理学的昭示加上事实，都证实了这种将失落转换为音乐的方式，肖邦承认自己是“在发作”，我们认为他是在袒露心迹。

---

① 参见第3章《年轻的大师》中肖像一节。

② 肖邦受益于法国的地方。

不论前述波兰人和法国人针锋相对的论战有多么幼稚，而本人一半是法国人，一半是波兰人的肖邦应当会让所有的人都达成共识。那就让我们稍作停留，来掂量一下反波兰派的论据。我们可以这样总结反波兰派感到恼火的理由：

1. 肖邦首先是一个古典主义者，一个巴赫和莫扎特的追随者，人们在他们的音乐中找不到任何必然的民族主义；

2. 肖邦对他的朋友维特维茨基，他的老师艾尔斯纳，他的姐姐露德维卡的敦促、请求毫无反应。他们恳请他写一部波兰歌剧，目的是证明他那个被俄国军队占领的祖国还有活着的天才；

3. 肖邦一生都在歌咏一个理想化的波兰，他童年记忆中的波兰（热拉佐瓦，沙法尼亚，华沙），但他在音乐中掺入了外国元素（外喀尔巴仟的，乌克兰的和意大利的音乐等）。诚然，波洛乃兹和玛祖卡是波兰人熟悉的舞曲，但波洛乃兹自16世纪就已在欧洲流传开，我们在巴赫，泰勒曼，马特松的作品中都能找到样板，W.F.巴赫很可能将此传统传授给了肖邦的同胞奥金斯基伯爵。在玛祖卡面前，当然没得可说，可又怎样呢……

4. 波兰民族音乐被肖邦在很大程度上风格化了。此外，民间旋律甚少出现。即使当肖邦展露出一个马佐夫舍人的真面目时，他多半是以未来的预言者，而不是现实的歌咏者出现的。一切经他之手后都变得更美——对此，我们说，此乃大幸。

5. 海因里希·海涅给我们提供了最具决定性的论据："他得益于出生于斯的那块故土，其意义已被广阔世界的涵义所取代。而且，他最新作品中，我们看到烙有萨尔马特人[①]个性的特征正在消失，他的音

① 公元前3世纪—公元4世纪时南俄草原及巴尔干东部地区的居民，至公元前2世纪，已成为南俄草原的霸主。3世纪时，哥特人的迁徙浪潮冲垮萨尔马特人在南俄草原的霸主地位。至6世纪时，已完全消失。萨尔马特人是中亚一个著名游牧民族，善于组织骑兵，发明了铁镫和马刺。——译注

乐表述正趋于一种普遍的理想特征，而神样的希腊人早已被公认为是这种特征的缔造者。结果是，循着不同的路径，我们总是能在莫扎特的轨迹上找到自我。”

我得承认，这些论据中的任何一种在我看来均不具有决定性的意义，相反，它们中的每一点都会给它想摧毁的形象加分：一个艺术家的形象，他的天才在民族源泉中汲取养分，使他个人的足迹具有了普遍意义，为人类留下了一个启示，其源头是独具波兰色彩的体验。正如萨莎·吉特利曾出色地写过的那样：“为了具有普遍意义，必须先激情充沛地从具有本国特色开始。而塞万提斯如果不从代表西班牙开始，则不可能在世界范围内被认可。”

我会无保留地站在“波兰主义者”一边吗？他们的代表人物是传奇钢琴家、波兰共和国总统[①]伊格纳西·潘德列夫斯基，他在谈到自己著名的同胞时直言不讳：“马佐夫舍农民的通俗舞曲，怀旧的夜曲，活泼的克拉科夫舞曲，神秘的前奏曲，响亮的波洛乃兹，出类拔萃的、奇妙的练习曲，能听到暴风雨轰鸣的史诗般的叙事曲，英雄的协奏曲——总之，他理解一切，他感受一切，因为一切都属于他，一切都是波兰式的。肖邦把一切都美化了，一切在他手里都变得高贵。在波兰土壤的深处，他发现了矿石，并为我们把它们变成了瑰宝。是他第一个将高贵赋予波兰农民，那是美的高贵。他将我们的农民引入一个宽广的世界，将它置于征服者一边，带到尊贵的夫人身旁，他将被剥夺了继承权的孤女嫁了出去。诗人，魔术师，由精神的强力而君临尘世，他抹平阶级的差异，并非在日常生活的初始状态中，而在高级层面上，在情感的最深处。一个波兰人就是这样倾听肖邦的。波兰人倾听，如同一个诗人，淹没在纯洁的眼泪中。我们大家正是这样倾听肖邦的，因为怎么能用别的方式倾听肖邦，这个波兰民族的歌咏者？”

我觉得，在潘德列夫斯基充满激情的赞誉和法国传记作家在琐碎细节

---

① 潘德列夫斯基曾任波兰总理和外交部长，疑为原文之误。——译注

上多有保留的态度之间，还存在一个空间。可以对肖邦有个公正的见解，把他视作一个浪漫主义者，以深厚的古典为根基，毫无文学倾向，对蜚短流长极为关注，因为“风在吹过，对我们轻诉世界上发生的故事”。无疑，肖邦绝不是一个将自己局限在狭窄的民族主义中的人，而是一个欧洲人。在这点上，拿肖邦跟李斯特相比，则有陷入错误的可能。因为他们两者之间有一个根本的区别，与其说李斯特是真正意义上的匈牙利人[①]，不如说肖邦在更大程度上是波兰人。

肖邦的波兰基质是如此明显，似乎没有必要再予以强调。很多作者，包括路德维克·布罗纳尔斯基，坚持此点，带给善意的诠释者最有力的论据。

1. 首先，他强调我们在本书开始的时候所申明的观点：肖邦在青年时期非常熟悉农民所唱的民间歌曲。节奏、韵律、旋律曲线，调性，和弦，这些对他来说并不陌生，他得益于亲眼见过的玛祖尔舞蹈[②]和听到过的音乐伴奏。卡拉舍夫斯基根据肖邦家人提供的信息，对这个问题有精到的论述：“弗里德里克和他父亲一起，常去华沙周围远足，或者在学校放假期间到乡间去。每当他听到一个村民唱的歌，或者从茅草屋或小酒馆里传出来的小提琴的声音，他就会靠近，认真倾听，用全部心灵去吸收旋律，陶醉在节奏中。此时，无法再将他从这种深沉的梦幻状态中拽出来。他一动不动，一直听到歌声停歇，并确定它不会再被重复[③]。”

2. 费·霍伊斯克是肖邦的主要传记作者之一，他重述了肖邦的一个朋友沃伊切茨基的见证，说法相近：“一个冬日夜晚，回家路上，在华

① 别忘了，李斯特6岁离开了莱丁，而他出生的村落离奥地利很近。

② 玛祖尔舞蹈是源于波兰马佐夫舍地区的一种民间舞蹈，18世纪之后逐渐演变成带有波兰民族特色的沙龙舞蹈，称作玛祖卡。——译注

③ 引自卡拉舍夫斯基所著《F.肖邦》（华沙，1882年，第一册，第47页）。

沙，弗里德里克突然听到一个乡村音乐家以一种无可描摹的激情，在一家小酒馆里演奏玛祖尔舞曲和奥贝雷克舞曲。年轻的艺术家被极富性格、极富创意的旋律所打动，他站在窗前，并请求他父亲也停下，让他听完这首曲子。尽管父亲催他回家，弗里德里克至少待了一个小时。他一动不动，直到这位乡村乐师停止演奏……在乡村重要节日期间，特别是那些收割季节结束后的节日里，波兰农民尽情娱乐时，弗里德里克总会在场。在沙法尼亚的杰瓦诺夫斯基家中，他听歌，听原始的乐队演奏，观舞。那时就看得出来，这一切带给他无比的快乐，他感到置身自我的元素里。”

3. 给人印象深刻的是，肖邦一生中，只对波兰民间创作有反应。在诺昂，他多次听过贝里小调，桑在钢琴上弹，也唱。在马略卡，他一定听过凡丹戈舞曲。在热那亚，听到过来自西西里的塔兰泰拉舞曲。他生命终结前在苏格兰听到过风笛。的确，1849年发表的《三首苏格兰舞曲》谱写于很久之前，《包列罗舞曲》作于去马略卡旅行之前，只有《塔兰泰拉》(1841)写于意大利之行以后。但上述任何作品均不带一点民族曲式的影子。除了某些地方含着若有若无的乌克兰痕迹，肖邦所写的一切作品均带有经他创作和揉制而成的波兰节奏。

I. 17首波洛乃兹

李斯特在他的朋友肖邦去世之后所撰写的《肖邦》一书中，花了很长的篇幅来说明波洛乃兹的起源和特点①。他从开始就强调了“那些矫揉造作、带蓬巴杜风格②的涂脂抹粉的、在舞会上和沙龙里乐队演奏的波洛乃兹，与

① 关于降b小调奏鸣曲中的《葬礼进行曲》(根本不是一首波洛乃兹舞曲)，李斯特写道：“只有波兰人能写出这样的篇章来。事实上，这个为自己的死亡而哭泣的居丧民族的行进队列中的一切，带着庄严和令人心碎的伤痛，均体现在葬礼的冰冷中，被这首曲子簇拥而去。”这是一个音乐家捎带给出的关于“波兰主义”的简单见证，这位音乐家既了解肖邦，也熟悉波兰。

② 蓬巴杜夫人(1721—1764)，路易十五历时20余年的情妇，成为法国的实际皇后。她成了洛可可风尚当之无愧的主导者和推动者，并将这一漂亮、雅致、轻浮又罗曼蒂克的艺术风格和生活方式传遍全欧洲。

肖邦具有英雄气概的音乐”之间——有天壤之别。首先让人感到惊奇的是，一种坚定的意志和调情谐谑糅合在一起，据说这是从前那些大人物们的特权。它们透露出这个尚武民族区别于其他民族的骁勇和价值观。果断、骑士风度的礼仪、注重排场的骄傲、讲求细节的荣誉感、从容不迫、缓慢鞠躬致意、突然挺直身体，由男主人起步领舞，按宾客身份依次排列随身起舞，一支献给最骁勇之士和最美之丽人的舞蹈，全体舞者围成圆圈列队行进，在自我激赏中感到愉悦。此外，密茨凯维奇在《塔杜施先生》中最后的一首歌里，描述了波洛乃兹，提到“在世纪初，这是随着时间推移不断衰微的一个传统，可肖邦却能在他青年时代抓住其余韵。”

肖邦从什么样板上获得灵感呢？从科希秋什科的传奇波洛乃兹中，庄重并柔和；从奥金斯基的波洛乃兹中，凄凉而颓丧；从里宾斯基的波洛乃兹中，温柔而春意盎然；但更是从韦伯的波洛乃兹中，令人炫目、热烈和充满激情。肖邦的A大调、降A大调、E大调波洛乃兹与韦伯的波洛乃兹相近，却超越了它们。《升f小调大波洛乃兹》是彻底的创新，中间插入的玛祖尔舞，突然变换了这首曲子的色彩。“一种哀歌式的悲凉笼罩了这首《幻想波洛乃兹》，被忧郁的微笑、出其不意的惊悸、骇人的停顿和随处的火光迸射不断地中止，将人的精神带到几近癫狂的易怒氛围中”。李斯特用他富想象力的语汇作如此表述。总之，17首波洛乃兹，包括青年时代的7首，整体上构成了一条曲线，作为节奏感很强的曲子，让人联想到民族舞蹈，与史诗相近，在模仿中自成一格。简直可以说，是肖邦眼里的波兰万花筒。

肖邦创作的第一首曲子是他7岁时写的波洛乃兹。到1829年，他还写了另外6首波洛乃兹，通称青年时代作品。那个年代，华沙已被俄国占领，但还没有遭受1830—1831年间的严酷镇压。年轻的音乐家没有赋予他的波洛乃兹任何爱国抗争的意义，他纯粹出于传统而谱写了这些波洛乃兹，因为这种舞曲在当时很时尚。

1. **《g小调波洛乃兹》**作于1817年，不带一丝悲剧色彩，于110年后被雅辛迈茨基在华沙出版的一个音乐曲集中发现。当时7岁的小肖邦可能只知道奥金斯基、艾尔斯纳、肯平斯基和韦伯的波洛乃兹。令人称奇的是，一个7岁的孩子，却有很到位的和声直觉，有鲜明的节奏感，“富有天赋”的转调手法，巧妙的左手呼应，和优雅的三声中段。是一首预示远大前景的曲子。

2.**《降B大调波洛乃兹》**也作于1817年。活跃、天真，几乎带有莫扎特作品特色，有的地方有模仿传统八音盒的痕迹。

3.**《降A大调波洛乃兹》**(1821年)，主要特点是优雅，只是因为使用了具有特色的节奏才称得上是一首波洛乃兹。

4.题献给齐夫尼的**《降A大调波洛乃兹》**，谱写于肖邦11岁那年。可能经齐夫尼润色过，加上了流行的炫技手法，采用了一种很严谨的结构。灵巧的转调，右手富有特色的装饰音，会令听众惊呼：“这是肖邦！”

5.肖邦谱写**《降G大调波洛乃兹》**时16岁，该曲也被称之为“告别”，题献给他的朋友维尔海姆·科尔贝格。与前几首相比进步很大，巧妙运用了双手交叉弹奏，忧郁的转调，将罗西尼的《鹊贼》中的卡伐蒂娜舞曲变成波洛乃兹。除了肖邦，我们看不出来，谁能在如此年轻的时候，写得出一首如此完美的乐曲。

6.**作品第71号、肖邦逝世后出版的三首波洛乃兹**，作于1827年和1829年间，前面有一个引子，显露出越来越个性化的忧郁。第一首d小调，梦幻般的、令人销魂；第二首降B大调，透过天才演技手法，犹如泄露一个秘密；第三首f小调，旋律线上更臻于成熟，具有昭示《第四叙事曲》的忧伤的魅力。

7.肖邦20岁。他已经作为演技天才深受赞誉，谱写了**《降E大调辉煌大波洛乃兹》**(作品第22号)，并在5年后，写出了一段平稳的行板。前者是一首富有勇气的曲子，先是有乐队伴奏，后来简化为钢琴独奏。这种花哨的装饰风格，能反映出他崇尚意大利歌剧的特点。富有幻想色彩的行板，和欢快的波洛乃兹形成对照。

8.肖邦来到巴黎之后，风格迥异。在**作品编号为26号**(1835)，分别为

升 c 小调和降 e 小调的两首波洛乃兹中，肖邦确立了自己的风格。如果说科尔托说得有道理，认为他更具"一个波兰人的灵魂，而不是波兰民族的灵魂"，那么前者的武士风格和抒情特征，加上后者的神秘性和戏剧性(涅克斯断定这种戏剧性中充满了密谋特性)，肖邦给当时流行于华沙的舞蹈，赋予了一种全新的华丽表现方式。和声上，肖邦采用了一种绝顶丰富和具有个性的语汇，不让听者的注意力稍有停歇，将自己的想法用史诗的方式体现出来。他富有想象力的天才在这两首预告命运的作品中得以确认。

9. 在马略卡谱写的**两首波洛乃兹(作品第 40 号，A 大调和 c 小调)**曾经被安东·鲁宾斯坦认为代表波兰民族的两种特性：一方面辉煌夺目，另一方面不堪重负。别忘了，肖邦在所有天才人物中是最缺乏文学性的一位，只愿做一个音乐家。有一点确定无疑：《军队波洛乃兹》体现的是军队的旗帜、战鼓和行进，前景明朗开阔。男性的热情贯穿始终，自始至终保持了不同程度的强音。第二首 c 小调波洛乃兹，用阿尔弗莱德·科尔托的话来形容最为恰当，它象征了一种"被哀悼的荣耀"。左手点明主题，在一组重复的八分音符中，将一曲哀歌传递到右手。被不断重复的跳跃所打断，充满了勇士的节奏，以绝佳的和声延伸为亮点，这些和声却无力穿透眼前迷雾。这首具有独特风格的波洛乃兹，结束的方式跟起始相同。

10.**《升 f 小调波洛乃兹》**(作品第 44 号)，有一个神秘的引子，围绕一组强烈的上行音符展开。作品分作三个部分：

——纯粹意义上的波洛乃兹，尚武，强悍和勇士风格；

——一长段 32 分音符，看上去像在模仿阵阵军鼓声；

——乐曲中，肖邦将一段完全出人意料的玛祖卡速度，掺入这首情绪激烈的曲子的核心部分。凭借天才的手法，这段充分展开的插曲并不给人冗长的感觉，随着两次闪电般的爆发，引子的旋律再现，同时回到了第一个充满节奏感的主题。纵观全曲，强有力的部分和放松的段落交替出现。除了《A 大调波洛乃兹》，肖邦的全部作品都带有这种对比强烈的特性。

11. 被称作英雄波洛乃兹的这首《**降 A 大调波洛乃兹**》(作品第 53 号)，并非像人们一致认为的那样，作于 1843 年，而是写于 1836 年。那年的 9 月 12 日，肖邦路过莱比锡，将亲手抄录的这首曲子送给克拉拉·维克，内附题词："她的崇拜者"。这首作品于 1843 年刊行并题献给银行家列奥。传说中，肖邦在几个朋友面前弹奏这首英雄波洛乃兹，他在左手弹奏连续八度时停了下来，似沉湎于遐想，仿佛军队正向波兰进军，其解放之日将临。这种说法颇不可信，古特曼、希勒和李斯特这几个人彼此吻合的见证更重要。据他们所述，肖邦忠于他的美学追求——而且很可能由于体质的羸弱——将两处渐强的八度处理到极致，从中强开始，直到一个**强音**结束，不带别的色泽，却用一个重音的切入来强化从 E 大调到升 D 大调的巧妙变调。的确，李斯特富于炫耀的技巧应当适合弹奏这首充满战斗情绪的曲子——而那些固执的理性主义评论家们却只愿意从中看到一次爱情失意的表述！——某种宏伟的气势是肖邦优雅的天才演技难以呈现的。值得注意的是，肖邦曾指责过某些演奏者处理这首曲子时过快。毫无疑问，现今流行的演奏速度，远超出肖邦所主张的速度。

12.《**降 A 大调幻想波洛乃兹**》(作品第 61 号)。肖邦在 1845 年一封家信中提到"他正为一支新曲的题目而困惑"。为什么不是"波洛乃兹"？事实上该作品只是由于一种时隐时现的节奏让人跟波洛乃兹产生联想。它实际上是一首幻想曲，或者愿意的话，也可以看作是某种史诗性的梦幻曲，不时地靠一种近似号角的呼唤来打断忧郁。在这首出色的乐曲中，肖邦似乎在记忆、缺憾和折射中不停地追忆被疾病耗损的激情。阿尔弗莱德·科尔托归结道："之后，随着略微挣脱梦幻的非现实性，形成一种激越递增的声响效果。这一刻，出现了让作者自己都觉眩晕的激动人心的幻觉，一种充满了荣耀的幻象：胜利的波兰完成了自己的使命。"肖邦或许从未谱写过如此自由、风格多样化的曲子，也没有任何别的曲子比这首走得更远。正是在这里，肖邦在音乐形式上体现了他那奇迹般的独立性。在他身上，天赋的“节奏顿挫”替代了对现有模式亦步亦趋的尊崇。正是如此，那些叙事曲和谐谑曲，在乐曲结构上，彼此亦各不相同。

II. 57首玛祖卡

玛祖卡是源于玛祖里[①]的一种舞曲，它取代当地的克拉科维亚克舞而风靡一时。其节奏为 3/4 拍，为舞者不按节拍挪动舞步提供了有趣的便利。它可以边唱边跳，也适合在舞蹈的时候歌唱。

李斯特写道：“与波洛乃兹不同，玛祖卡让女性元素担当主角。女人不再作为被保护者出现，而是作为女王。男人热烈、自豪、傲慢，投身一种由忧郁点缀的乐趣的眩晕中……肖邦将这种不为人知的诗意，从真正具有民族特色的玛祖卡的原始题材中剥离出来。他保存其节奏，使旋律变得高贵，加强了表现力；和声中插入的明暗对比，与他为之移植改编的主题同样新颖。肖邦爱听这类我们称之为画架上的风俗画的短章，用它来描画数不清的情态，那些在舞蹈及其长长的间隔中令心跳加速的情愫，从头至尾骑士不会更换女伴，她身边那个位置为他所独占。几乎所有的玛祖卡皆充盈着这类爱情眩晕，如同某种氤氲流波，也弥漫在他的前奏曲、夜曲和即兴曲中，其中每首曲子都轮番再现激情一波波的涌动，接近某种仙境，向我们道出佩里[②]仙女，提坦妮娅[③]仙后，爱丽儿[④]精灵，麦布女王这些人的内心，解说那些属于天空、水与火的天才创意的全部秘密。”李斯特还强调了肖邦从14 岁到他生命的最后一年中，所创作的共 57 首玛祖卡在风格上的极其多样化。“若干首曲子中掺杂了马刺的铿锵，另几首中人们首先感受到的是几乎不易察觉的、在舞蹈的轻微喘息中绉纱和薄绢的摩擦声，折扇的轻响，

---

① 疑为作者之误，玛祖卡应是源于马佐夫舍的舞蹈，而不是常被误认为的源于玛祖里的舞蹈。——译注

② 波斯神话中的仙女，堕落天使的后代，需赎罪后才能进入天堂。——译注

③ 提坦妮娅是莎翁名著《仲夏夜之梦》中仙王后的名字。——译注

④ 莎翁名剧《暴风雪》中的精灵。——译注

黄金钻石琤琤。还有一些曲子，透过舞曲节奏，人们能感受到狂欢中裹挟的痛苦和秘密的烦恼，心灵的呼唤并未淹没在周遭的嘈杂中。因此演奏这类曲子要把握住突出强拍和保持韵律之间的平衡，如果你自己未曾对此有所经历则难以抓住其奥妙，而 zal[①] 则可以明确表述这全部感觉。”

玛祖卡综合了多种民间舞曲形式，奥贝雷克舞曲，库亚维亚克舞曲以及严格意义上的玛祖尔舞曲。

这种舞曲的典型节奏是三拍，形式如示：♪♪♩♩，或者♪♪♪(3)♩♩·

肖邦采用的一种节奏变换也可以这样标示♪♬♩♩·。人们在玛祖卡曲集中，自然能找到很多种别的组合，皆从这些原型中变换而来。

在这里，**自由速度**在肖邦巧妙熟练运用下被严格遵守。

肖邦的玛祖卡传递了三种情感：

——火爆、狂热、幻想、大胆。

——轻盈、优雅、轻佻、恶作剧。

——感怀、气馁。

首要的一点是，令舞蹈者“端起范儿”的音符，在奥贝雷克和库亚维亚克舞曲中更受规范约束，而在玛祖卡中则变化更多，它们常常落在弱拍上。这种切分节奏在此用意大利词突强(Sforzati)来表述。

肖邦的玛祖卡并不是从各种调式上一成不变地派生出来的，其灵感往往来自希腊调式(吕底安调式，弗里吉亚调式)，加上富有异国情调的调式，内有增二度的手法。模仿乡村乐师所使用的低音提琴、风笛、或者小提琴和单簧管的空五度音程也频繁出现。同样，他采用半音音阶的谱曲方式，巧妙运用对位法(模仿、卡农)，对 8 到 16 个音节的短小乐句作经常性重复处理。大部分主题是他独创的，这中间民间曲调仅依稀出现。肖邦只愿意创作经他提炼处理过的波兰音乐。

舒曼曾经引人注目地简练概括为“隐藏在鲜花下的大炮”。

---

① 参见第 7 章关于 zal 一节。

肖邦生前共发表了47首玛祖卡。1858年，封塔纳违背作者本意发表了另外10首，肖邦不认为它们值得刊行。因此总共有57首玛祖卡。第58首，其真实性值得怀疑。

前述已经定义了这些作品的诗意的本质和民族特色，我们的意图并非一一分析这些精美的瑰宝:这将是一件繁复的工程，对本书读者亦无必要。

在对照曲谱，连续三次聆听了全部玛祖卡之后，作者认为很有必要建议读者也集中注意力，去作此倾听。他们或许也能从中感受到我们的惊喜。人们常从那些被名家频繁演奏的十多首玛祖卡中得出结论，认为自己总体上已经理解了玛祖卡。再没有比这个想法更容易引起错觉了。

在肖邦的全部作品中，玛祖卡占有一个特殊的位置。或许它们仅仅以一种惊鸿一现的方式，表述了那些奏鸣曲、谐谑曲、叙事曲和波洛乃兹所充分呈现的英雄主义、恢宏和复仇的情感。但纯粹从音乐的角度来看，它们可能是肖邦所谱写的最精美、最个性化的，和更富天才独创性的作品。

事实上，要等到加布里艾·福雷，类似的谱曲手法才会重现。这种手法总的来说是传统的，却被一种和声学上的灵巧所美化改观。这种灵巧微妙，惟自身成为预言者或通灵者才有可能知晓。这里存在一种在摇篮中就被授予的天赋才能，它不依赖于学习深造，能捕捉到不可替代的音符、稍纵即逝的变调，以及让行家里手会意微笑的等音关系。耳朵受到魔力的魅惑，而当眼睛读谱控制着聆听时，眼耳同时豁然开朗，爱乐者会恍然醒悟，“难道就是这些？竟然如此简单易寻！噢，原来如此……”

我们对肖邦所涉不深的理论学习已有了解，他仅跟着善良的艾尔斯纳上过几堂和声学和对位学的课，加上作曲方面一些粗浅原理，——天赋秉性成就了其余部分。肖邦年轻的手指本能地循着“最理想的路径”，这条路上，天之骄子无需任何新的语汇就能陈述一种原创的思想，只需在句式中烙上他们个人的印迹。一种精减经济的演奏，等音关系的手法，运用倚音作装饰音，采用延留法，所有这些手法均用于一个主题，时而非常简单，时而十分刻意，无论哪种情形，主题均“被捕捉到”，用以更新一曲小篇幅的玛祖卡的色彩。频繁使用半音音阶谱曲方法，并不削弱调式的性格。纵使跟初始的调性相距再远，只需要一个小技巧就能返回，犹如变魔术一般。这些全是技法，不是恃才逞技，而是天才所致。

我们在此仅仅满足于评点这些篇章中最迷人的几首，安德烈·梅塞热(Andre Messager, 1853—1929)曾说过，他在那些最美妙的玛祖卡陪伴下，度过了许多夜晚，孤独并迷人。

这些玛祖卡曲，呈现出一个新颖的情感世界。

它们不论被“跳”(作品第6号之一)，还是被“唱”(作品第41号之二)，或者被同时“边跳边唱”，其自身不管多么精美，皆有一个乡村特色的源头。阿尔弗莱德·科尔托写道：“它们进入沙龙之前，曾长期作为马佐夫舍乡村乐师乐器上的旋律存在，这种旋律的特点是往往在每小节的第二或第三拍上有或长或短的延长。”查尔斯·哈雷爵士讲述的一段往事，体现了肖邦是怎样处理小节，或者节奏的自由度的。讲故事的人说，他在听肖邦演奏第24首C大调玛祖卡(作品第33号)时向肖邦指出，每小节里能数出四拍，而不是谱表上标明的三拍。在一番强烈抗议之后，肖邦不得不同意他的说法，并笑着解释，这种反常现象的原因，是他想在演奏时符合民族传统，即为了舞蹈的需要，它要求延长第二拍。

1. 编号为作品第6号之一的这首玛祖卡(**《玛祖卡 op.6, n°1》**)分三部分。第一部分，活泼诙谐，标明要使用自由速度，目的是避免节奏上的单调。第二部分，具有民族特点，要求一种强有力的节奏支撑。第三部分则相反，呈现出“引人入胜和优雅”的特点。好几首玛祖卡均采用这种处理手法，因而极其自由和多样化。

2. 第17首玛祖卡(作品第24号之四，**《玛祖卡，op.24, n°4》**)，昭示了《第四叙事曲》和《船歌》的风格。科尔托写道：“单是起首的四个小节，就把我们带到了一个意想不到的音乐世界中”。第一乐段被处理成二重奏，有一种异乎寻常的和声敏感性。第二乐思是“圆舞曲型的”，中间出现一个具有亚洲特色的齐奏插段。然后一个四小节乐段，用极为细腻的半音技巧来转调。最后，最初的两个乐思重现："易感性和诗意的奇迹，不可思议的柔美，在渐行渐远的舞蹈的轻语之外，似乎延续着一种秘密的苦涩。"这里我们面对的，不再是一曲简单的玛祖卡，而是一首真正意义上的舞蹈诗篇，其含义远远超出了追忆一曲民间小调。58 首玛祖卡中，许多皆通过这样的手法超越了其原始的形式。

3. 第 21 首**《升 c 小调玛祖卡》**，像其他几首曲子那样，可称之为仿玛祖卡，因为它在将马佐夫舍舞曲风格化的同时，在很大程度上将其理想化。在它那些挑战吉他曲的分解和弦中，一个神秘的主题大幅度旋转，变调，让其三度音跳动不已。第二乐思是单旋律，用左手弹出一个持续不断的节奏。第三个动机，标明有感情地，带入一种转折中，却由于对比而使得起始部分忧郁旋律的重现变得更加伤感。一切在苦涩中结束。

4. 第 27 首**《e 小调玛祖卡》**(作品第 41 号之二)，谱于帕尔马，是一首以音乐表现心境的样板作品。在此意义上，感伤在此曲中占主导地位。乐曲结束在悲伤之中，正如它的开始一般。

5. 评论家詹姆斯·胡奈克认为，第 31 首**《降 A 大调玛祖卡》**(作品第 50 号之二)，为沙龙所作，是上流社会玛祖卡最完美的例子。犹如一个有教养的宾客，爱享乐，女性化，在舞曲行进中恢复了镇静，挺起胸，志气激昂，又重新变得无精打采，悄无声息地退场。

6. 第 32 首**《升 c 小调玛祖卡》**(作品第 50 号之三)，被处理成一连串"模仿"，风格上像赋格的嬉游曲。一个具有骑士特色的动机，该动机不带任何雕饰，也不玩弄技巧。永远是和声语言的异乎寻常的灵巧性，人们不由地提出问题："这是一份在书桌上完成的工作，还是肖邦有可能直接在乐器上，即在钢琴上即兴拈来这件经纬分明的壁毯式艺术品?"

7. 与前述作品的精美形成对比的，是第 34 首**《C 大调玛祖卡》**(作品第 56 号之二)，它只是乡村的粗犷，民间节日，欢腾的人群——而后面的一首[第 35 首**《c 小调玛祖卡》**(作品第 56 号之三)]则配得上称为"凝思型的"。它相对于其他玛祖卡的地位，正如《幻想波洛乃兹》之于其他的波洛乃兹。

很具“字斟句酌”的特点，精心展开，没有任何地方让人跟可能的即兴创作产生联想，巧妙地混杂了感怀的遐想和舞蹈的奔放，有些段落细致地处理成复调式，它属于那些远远超出传统玛祖卡曲式的乐曲。

8. 难道肖邦在生命临近结束的时候，真的越来越深地陷在忧郁之中，被他作为病人的命运所压倒吗？绝对不是这样的。直到最后时日，他都轮番处于极度的快乐和无尽的悲哀之中。正是因为如此，作于1847年的第39首**《B大调玛祖卡》**（作品第63号之一），具有一种美妙的清新，几乎溢满乡村气息。可第41首**《A大调玛祖卡》**[①]（作品第63号之三）——肖邦生前出版的最后一首玛祖卡，却被科尔托完美定义为：“舞之记忆加上遗憾的双重阴影，和着一曲遥远的旋律”。它带有夜曲的氛围，以极度的优雅，将传统的“卡农”手法隐在诗意中，无论读谱或倾听都不易辨识。在这里，肖邦忠实于拉摩所信奉的原则，即“用艺术本身抹去艺术的痕迹”。直到他最后时光，肖邦仍以不同的手法，更新他的思路，使他的玛祖卡，成为最令人信服的一份日志。

III. 2首协奏曲

一位法国的肖邦乐评人的评语实属棍棒乱舞，他大言不惭地声称在**《f小调协奏曲》**的小广板和**《e小调协奏曲》**的浪漫曲中，看出“充斥着意大利歌剧中内容贫乏的句子，点缀着无数假发卷”。这两首令人赞叹的梦幻曲在一个十八九岁的青年心中生成，即使他真是绕到罗西尼和贝利尼的“装饰性旋律”技巧中汲取灵感，也丝毫不减少一丁点儿肖邦的独创性。人们说他也从莫扎特、胡梅尔和卡尔克布雷纳那里寻找模式。学莫扎特的大有人在，糟糕的例子比比皆是。至于后面两位，鉴于“30年代”已然蔚为大观的超绝技巧，彻底更新了音乐的内涵，他们早已被人遗忘。所以，一切均来自肖邦，一切都归于他，一切都已经是出类拔萃。

肖邦在谱写这两首协奏曲的时候，眼前和手边会有什么样的样板？两

---

① 此处应为《升c小调》。——译注

者在谱曲手法和精神追求上很相似，作曲时间靠后的《第一协奏曲》[①]在乐队伴奏上或许更讲究？样板是门德尔松，以及和肖邦同时代的演技天才们。如果说莫扎特给他以灵感，也属遥远。事实上，时而梦幻，时而辉煌的这两首杰作，其诱人之处，正是它们昭示了肖邦极具个性的写作风格和理念。他还年轻——这点看得出来——可他已经具有自己的风格。

他比较弱的地方是处理乐队的方式。对他来说，为管弦乐队谱曲，就是将一本钢琴曲谱交响化。毋庸赘言，“伴奏部分沉闷，几乎显得多余”，这点与柏辽兹有相似之处，你能感觉到肖邦仅是钢琴家。但他在乐思呈示、选择主题和处理变调方面已很自如，其中的大部分均极为出色。两首曲子快板乐章的手法几乎相同，开始部分均富有节奏感，然后转向两个歌唱的主题，具有鲜明的声乐特征。f小调小广板乐章，用音乐语言再现了可望不可即的康斯坦斯·格拉斯科夫斯卡形象。《e小调协奏曲》的浪漫曲“如同对我们最珍贵的记忆之地的一瞥，月光下春日之梦幻[②]”。两首协奏曲结尾的回旋曲也几乎没有区别，只是以玛祖卡节奏使《f小调协奏曲》的尾声特色凸显。值得注意的是《e小调协奏曲》中令人吃惊的和声上的大胆，其中“一系列的七度和弦或者在b音上的持续音，出现在第一乐章第二主题进入之前[③]。”同是这首协奏曲的浪漫曲，预示了《船歌》的风格和写作手法，这就又让我们回到肖邦惊人的早熟这个特点上。他年纪轻轻就拥有了天赋的两种秉性，并将在他全部作品中留下痕迹：绝妙的演技，是器乐演奏方面的天赋技巧，再加上直觉，表现为和声方面的个性。不到20岁，他的艺术创作已臻于完美。

IV. 其他为钢琴和乐队所作的乐曲

除了两首协奏曲，肖邦在另外三部作品中，用乐队为钢琴伴奏。要强

① 肖邦的第一协奏曲实际上创作在后。——译注

② 肖邦致提图斯·沃伊切霍夫斯基。

③ 雅辛迈茨基。

调的是，这些是他 20 岁之前的作品。过了这个年龄，肖邦再也没有回到过乐队上，很显然他的天性不在这方面。

《〈让我们手拉手〉主题变奏曲[①]》（作品第 2 号），这首题献给提图斯·沃伊切霍夫斯基的作品，于 1830 年在维也纳出版，在 1831 年激发了舒曼热情的赞誉："脱帽吧，先生们！一个天才！聆听这些变奏曲，我设想那些绝对陌生的眼睛在我眼前惊奇地睁开，花之眼，香草之眼，孔雀之眼，年轻女郎之眼。这个幻觉出现在好几处，一切变得更加清晰：透过无数交错的和弦，我相信瞥见莫扎特的《让我们手拉手》。拉波莱罗[②]似乎真的向我眯缝眼睛，唐璜裹着白色大衣在我面前飞过"。舒曼的题外话给那些学究们强力一击，他们不承认可以对音乐作诗意的分析，可恰恰正是诗和音乐是最接近的两种艺术！别的不说，这些变奏曲留给乐队的角色不甚重要（他满足于，或几乎满足于在各变奏曲之间对叠句予以强调）。钢琴部分虽然比不上稍后李斯特对唐璜主题所作的变奏曲，但非常出色。肖邦在此完全没有从贝多芬式的"扩展型大变奏曲"汲取灵感。肖邦用迷人的和弦和多次反复作神秘的询问，除此之外，他只是顺从了那些炫技的套路。尽管主题更加亮丽，在实质上却并未有真正的更新。第四变奏曲最受欢迎，终曲波洛乃兹很富神采。整体来说，作品迷人，出自一个 17 岁的年轻音乐家之手，可谓前程无量。

《波兰歌调大幻想曲》（作品第 13 号），谱写于变奏曲完成之后两年，在库平斯基的主题上展开，这些主题本身相当平淡无奇。肖邦以他特殊的才华对它们进行了个性化处理，并大加装饰。两首民族舞曲引人注目，一首是乌克兰科罗亚民间舞曲和一首波兰库亚维亚克舞曲。乐曲带有民族狂想曲风格，具乡土气息。

《F 大调克拉科维亚克大回旋曲》（作品第 14 号），也谱于 1828 年，以小

---

① 《唐璜》中唐璜与翠丽娜的著名二重唱。——译注

② 唐璜的仆人。——译注

行板的齐奏开始，充满神秘感，却随心所欲之极，似乎得来全不费功夫，从一开始的几个小节就营造了一种诗意的“氛围”，而肖邦对这点了然于心，乃至他对朋友提图斯写道：“这个引子是神来之笔”。其三拍节奏与克拉科维亚克舞曲的两拍节奏相对，后者是颂扬克拉科夫的波兰舞曲。安德烈·格卢瓦写道：“身着彩色服装的男人们，用他们带铁钉的鞋跟和系在腰带上的金属垫圈来打拍子。女人们在发辫上系饰带。舞曲特点是在第二拍上加重，慢起，加速，并结束在加洛普舞步上，称做苏瓦尼。”我们上述粗略分析的三首作品中，这第三首很可能是构思最佳之作。再说肖邦本人也持这种看法。

V. 3 首为钢琴所作的奏鸣曲

从他谱写题献给埃尔斯纳、作于 1828 年的《**c 小调奏鸣曲**》（作品第 4 号）开始，肖邦令人称奇的演技天才就已经显露，被公认为从青年时代就拥有技巧上的天赋。虽然他的练习并不刻苦，在完成学业之时，就已经拥有了在相当程度上自然而然得来的灵巧的手法和运指速度。作为天生的钢琴家，他无需在键盘上花费长达数小时的练习，而他的大多数追随者们则需要用练习来保持“状态”。

这 3 首为钢琴所作的奏鸣曲中，第一首属于习作，另外两首是天才作品。有一个现象值得探讨，即作曲家如李斯特、舒曼和古板的教授如文森·丹第[①]（Vincent d'Indy，1851—1931），对这 3 首曲子都表现出无动于衷。前两位之恪守教条颇令人惊讶，尽管他们二位从来不受经院派戒规的束缚。为什么要对肖邦说不？正是他给自己的想象力如此与众不同的色彩，即形式上的自由和不在乎陈词滥调。文森·丹第的苛严是很自然的。我曾旁听一年他的课，亲耳听到过这位《费尔瓦尔》的作者在“圣乐学校”课堂上宣称，“真遗憾，舒伯特和肖邦不懂对位法，这就是造成他们的奏鸣曲

① 法国作曲家、著名音乐教授。——译注

平庸的原因……”。丹第及其学生们盲目遵从经院式规则的结果更令人遗憾，由此产生了那些形式完美、缺乏活力、形同钢筋水泥体的奏鸣曲……对丹第来说，音乐不是纵情享受，而是履行职责。丹第这位严厉的理论家和我们两位浪漫派人物之间，在性情上本是风马牛不相及。这回圣方济各[①]的传人真是可惜了！

《第一奏鸣曲》（作品第4号）作于1828年。表现出年轻肖邦的勤勉好学，能感觉到他急于想对艾尔斯纳证明，他的授课并不白费。这里他也是从一个戏剧性并非很强的主题出发，不断重复那些乐段，采用模仿的手法。由于谱曲手法太拘谨，期待中的展开有些令人失望，因而重又陷入老一套的四平八稳之中。幸运的是，某些更流畅的段落使这首稍嫌浓缩的快板出彩。接着是一个优雅的小步舞曲，其中有段可爱俏皮的插曲，一组三联音使之充满活力，并显而易见地被几个华尔兹节奏的小节打断。除了一个小节里有五拍这个特点，带夜曲情调的小广板显得苍白。在这里，他已初显才华，却尚未定型。至于终曲，篇幅太长，冗长的重复随处可见，只是由于手指的快速跑动和音乐陈述的奔放而显得富有光泽。总而言之，钢琴家们很少并几乎不演奏这支学生作业是有道理的，因为对于肖邦的伟大，它毫无意义。最好完全把它忘掉。

缺乏想象力的评论者们，徒劳地想揭开**《降b小调葬礼奏鸣曲》**（作品第35号）的真相。毫无疑问，这首乐曲在肖邦的全部作品中是最具想象力的，各音符中隐藏着最不容置疑的含义。反对一切文学分析的肖邦本人并未确认过[②]——但对肖邦的全部解读，尽在此曲中。当安东·鲁宾斯坦给这首令人颤栗的奏鸣曲冠名“死亡之诗”时，是相当谨慎的。桑亲眼所见，肖邦被病态的幻象所缠绕，而他正是在马略卡勾勒出了这首《降b小调奏鸣曲》的雏形。这证实了鲁宾斯坦的观点。我们也同意阿尔弗莱德·科尔

---

① Pater Seraphicus，为圣方济苦修士的别号，李斯特为圣方济各修会的低级教士。——译注

② 参见前文第12章《诺昂》中有关葬礼奏鸣曲小节中肖邦写给提图斯的信中的说明。

托的看法，他作为富有灵感的诠释者，认为在第一乐章里看到"一场与无望的命运抗争的悲剧中的挣扎和哀告；在谐谑曲中，音乐的展开预示了在黑暗中隐隐躁动的神秘力量；在《葬礼进行曲》中，有着用简单线条勾勒出的人类一切痛苦的回响；在奇妙的终曲骚动中，坟墓上掠过刺骨的寒风"。科尔托在钢琴上演奏此曲时，的确也证实了这些景象。我怀疑那些太理性的人，即使他们演技过人，能否弹出比鲁宾斯坦和科尔托更有说服力的《葬礼奏鸣曲》。当然还有舒曼的苛刻观点，他在终曲看到的是"嘲讽多于音乐——某种天才的形象朝我们扑面而来。可以说，波兰背景消失了，越过德国，肖邦面向意大利"。终曲数页上的无调性特征，应当会使性格上非常传统的舒曼感到厌烦。至于德国，它跟肖邦的天才完全不相干。说到底，要有一副火眼金睛才能从这首由四段歌咏写成的诗篇中辨识出那点少得可怜的意大利特征，再没有比该作品能更好地概括作者的天纵之才了。《葬礼奏鸣曲》的歌唱段落，与罗西尼和贝利尼的那些轰动一时的、用来美化曲调的卡瓦蒂娜咏叹或"华彩经过句"绝无相像之处！我们有理由信服，肖邦是一个波兰作曲家，而且他的祖国的命运时刻萦绕在心！我们还能找出比这更有说服力的确凿证据。

纵使我们这里提到的奏鸣曲并不遵从海顿、莫扎特和贝多芬同类作品的规范，却绝非低劣的标志。谁会抱怨第一乐章的不完全再现呢？——最初的动机被重复（并非必需）两次，并只是在展开部分再现，其间两个动机在急剧起伏中相对。

人们会觉得这首谐谑曲的恐怖特征显得过分吗？科尔托眼里，这是"复仇三女神的回旋"，肖邦自己说是"地下妖魔"在跳舞，马刺铿锵的节奏在八度上重复，如同键盘上半音奏出的上行六度音。当然，三重中段象征着情绪短暂的平静，仍会有人指为意大利情调，实际上反映的却是典型的斯拉夫式的病厌——以画面来描述的话——无疑像一层薄纱笼罩的月光。

在《葬礼进行曲》中，两种意念对峙，一边是送葬队伍，一边是凝神默祷，后者的意象是人群跪拜在地。随后，队列在一阵丧钟中重新挪动，全部的神秘之处体现在一个小调的完美和弦和一个等音六度和四度和弦的交替中。

到了终曲，双手以滑奏方式掠过键盘，造成悠长而绵延不绝的印象。这种奇特的和声效果前所未见，是肖邦独创。各种调性以极快的速度川流转换，除了起始和终结的几小节，从严格意义上说，已不再有调性。勋伯格或许也曾暗自梦想在无调性上有所作为——关键在于才分大小！

与前述的奏鸣曲相比，肖邦并没有让他的**《b 小调奏鸣曲》**（作品第 58 号）的快板再现。听众也并未对此省略有片刻的遗憾。德彪西对这种省略深以为然，他写道："为什么要不惜一切代价两次重复同样的事情？这样对人们说又有何益：你们得把这点牢记在心？"至于认为肖邦由于缺乏经验而出错，这个念头本身荒唐可笑。在呈示开始之时，他难道没有表现出一种谱曲方法上的天才技巧，使得那些想在鸡蛋里"挑骨头"的学究们哑口无言吗？人们甚至可以说，它比第二首奏鸣曲更遵循了贝多芬式的美学，这样说丝毫不减这首《第三奏鸣曲》的天才性。

摇曳不定的谐谑曲被一个具有摇篮曲特征的三重中段打断，不由让人与第一首谐谑曲的第二主题产生联想。

前面带一个庄严的引子，广板在一个节奏性很强的哀歌主题上充分展开，一个动机长时间地扩展，其全部意义在于和声效果，而且像开头那样，结束在左手的变化上。

终曲的形式是完全古典的回旋曲式，在这个乐段里，肖邦活力四射。主题按惯例多次反复（由左手的三连音、四连音，然后是六连音支撑），它周期性地被一个动机打断，它狂风暴雨式地席卷键盘，从高音到低音，像花炮叠放，令人印象深刻。这段乐曲的演奏极有难度，从中能看出肖邦天赋演技的高超。

VI. 4 首叙事曲

肖邦写过："没有不含隐秘想法的音乐。"此外，他在一次去莱比锡同舒曼会面时，向他坦言，四首叙事曲是受密茨凯维奇诗篇的启发而作。鉴于肖邦对于将诗化作音乐的兴趣平平，我们需对这番披露心迹之言作适当的保留。我们在本书一而再、再而三地重复，肖邦是个音乐家，只是个音乐家，他对文学和诗歌并不热衷。因而在提到他的音乐的可能来源时，必须非常谨慎。可另一方面，我们在此情境中，要把他对舒曼所作的一番推心置腹当作无可置疑的事。让我们来陈述事实。每个人不妨得出自己的结论。

罗朗·塞里耶是1924年阿尔弗莱德·科尔托历史演奏会简介的撰写人。下面是他关于肖邦在同舒曼会面时提到的密茨凯维奇的四首诗的证据。

《第一叙事曲》(作品第23号)，诗名为《康拉德·华伦洛德》。华伦洛德在一次宴会中酒后失言，盛赞那些向西班牙侵略者复仇的摩尔人，他们在虚情假意的交往中，向西班牙传去了鼠疫、麻风病和其他传染病，这些传染病是摩尔人为了复仇而故意染上的。华伦洛德让那些听得目瞪口呆的宾客们相信，他作为波兰人，在需要的时候也知道怎样在致命的骚乱中将死亡引向敌人。

虽然这里影射了波兰人对俄国入侵者的仇恨，应当说，仔细阅读《第一叙事曲》曲谱的结果，并不能令我们在密茨凯维奇的叙事诗和肖邦的叙事曲之间建立任何对应关系。如果说肖邦受诗歌的吸引，在其激情中找到了该叙事曲的动机，那则是另一码事。

《第二叙事曲》(作品第38号)：诗名为《希维德什扬卡》。维利斯湖平滑如镜，夜里会泛出点点星光。它位于曾被俄国军队围困过的古城边。波兰姑娘们为了逃避羞辱的威胁，获得上天恩准，让大地突然在她们脚下裂开并淹没了城市，免遭落入侵略者之手的厄运。从此姑娘们变作了神秘的鲜花，装点湖畔：谁触碰就会遭厄运！

这里，疾风暴雨两次切断叙事曲中牧歌般的乐段，是诗歌的更忠实的写照。这里的对应关系显得可信，或者说非常明显。

《第三叙事曲》(作品第 47 号),诗名为《水神》。湖边,一个青年男子向一个刚晤面的女郎作出忠实于她的承诺。女郎却怀疑男人们的常性,不顾恋爱者的抗议,独自远去,并以一个令人销魂的水神的形象再现。她刚一施展魅力,年轻人即受制于魔力。为了赎罪,他将被带到水界深渊,呻吟着,被迫永远追赶那个他无可企及的逃遁中的水神。

《第四叙事曲》(作品第 52 号):诗名为《三个布德里斯》。三个布德里斯,即三兄弟,被他们的父亲派去远征,寻找最富有的宝藏。秋天过去了,冬日降临。父亲以为儿子们已在战争中丧生,他们却在大雪纷飞之时陆续回来了。但他们各自带回了自己的恋人,作为唯一的战利品。

如果说倒数第二首诗的意境还多少跟肖邦的音乐相契,此最后一个故事跟《第四叙事曲》纷繁悠长的悲歌毫无相似之处。

再强调一次,我们是带着全部的保留,来叙述以上那些诗篇的。

肖邦之前,"叙事曲"这个词只用来表示声乐作品。而这里,在波兰作曲家笔下,出现了第一批器乐叙事曲,其形式没有任何具体限制。此外,四首叙事曲的结构各不相同。

《g 小调第一叙事曲》始作于 1830 年,完成于 6 年之后,在一个用琶音奏出的引子之后,一个疑问的主题显现,从一个七和弦倚音中借来它的旋律线。第二主题具有声乐特点,抒情地放声歌唱。接下来,正如在奏鸣曲第一乐章那样,有着一段展开,其间两个主题相对峙,并多次被富有炫技色彩的大段经过音群所切断,这一切都在一种自由的形式下实现——一直持续到力度加速度的火热的急板出现的那一刻,开始进入一段暴风骤雨般的**尾声**,演奏起来极有难度(手指的强度,手腕的柔软,张力)。肖邦演奏这段乐曲"并无任何困难",这足以证明他的手指能力和无与伦比的技术。才华横溢的音阶演奏和主题的不断重现之间的变换,把这首曲子推向高潮。最后提一句,在他的四首叙事曲中,肖邦最喜欢第一首。

第二首**《F 大调叙事曲》**是献给舒曼的,后者作为答谢将其《克莱斯勒偶记》献给了肖邦。这首叙事曲建构在一个牧歌般的主题和一个疾风暴雨式主题的交替出现之上，不带学院式的主题展开。结尾处的惊慌与激动的风格象征在湖边沉陷的城市，末尾数小节很奇特地结束在a小调上[①]，让人联想到化作鲜花的姑娘们。从音乐上来说，这首叙事曲大量使用等音程转调、增五度、倚音、大胆的不协和音。这在肖邦的时代是绝对的创新——甚至对我们也是充满新意。缓缓奏出时，充满戏剧性的乐段自有一种令人吃惊的现代性，而这点在快速演奏时则不易“体会”了。

阿尔弗莱德·科尔托指出：“在最后两首叙事曲中，肖邦似乎放弃了主题之间的戏剧冲突原则，他是依此来作两首叙事曲的音乐构建的。这里亲和取代冲突。不管是否涉及一种可能的诗意虚构，受密茨凯维奇的故事或海涅的诗句启发，**《降A大调第三叙事曲》**的开头8个小节似乎呈现出想象中的两个恋人间温柔的对话：‘你会永远爱我吗?’，‘是的，我发誓。你呢，你会对我信守诺言吗?’‘只要我活着。’这样一种溢满春天的清新气息的氛围中，出现了一种具有节奏特色的展开：一种青春幸福的流露，出自天真情感的纯洁热情。”

第二主题灵动，波光粼粼，具有船歌的摇曳形态，以某种方式证实了水中女神的意象。说它从总体风格上超越了钢琴而展示出乐队效果，是有道理的。除了在音乐特征上有大师风范，结尾的色彩是痛苦的呻吟，而不是胜利的辉煌。

《f小调第四叙事曲》或许是最美的，最富实质内涵，最具复调特色，最感人也最为巧妙。作者和听者只受梦幻的牵引。这首叙事曲的内在性长久以来令此曲难以接近，并不为大众所喜闻乐见。它的背景不明确，怀旧色彩浓厚，几乎具有印象派特征。其表现方式有点像回旋曲、奏鸣曲，也像变奏曲。肖邦全身心地投入，却从不偏离自己的目标。他如同在夜曲和船歌中那样，全凭精妙绝伦的离调手法，展现出暴烈的氛围，这与他本性中的

---

① 舒曼写道：“我还记得听过肖邦演奏他的叙事曲，是结束在F大调上的：今天，它却结束在a小调上。”这证明该曲被修改过，另一方面，也说明肖邦并不在意学院的戒律。

梦幻情调并不一致，却营造出一种惊恐激动的风格，叠置的三个动机的复调性极难在演奏中充分表现。那些以为肖邦是温柔的梦游者的人，又一次大失所望。事实上，肖邦天性极为复杂，身上带有两种对立的特征，表现为极度的明快和吞噬一切的激情。优雅时尚的外表下藏着一个警醒的斗士。这种根本上的双重性，德拉克罗瓦比任何人都更了解，把它十分准确地体现在他那幅著名的肖像画里。

VII. 4 首谐谑曲

这里也一样，肖邦在创新，既在曲名，也在形式上。

在贝多芬笔下，谐谑曲等同于间插曲——有如交响乐以及莫扎特、海顿的奏鸣曲中的小步舞曲，用以区分快板和柔板，或者将两者之一与终曲区分开。

肖邦并不遵循这一传统，却赋予谐谑曲另一种意义。科尔托写道："虽然只是手法，然而却惊人；是舞曲，却狂热而奇妙；它们看上去只跟人类苦痛的循环合拍。"这些评语主要针对乐曲的形式及前三首谐谑曲的内涵。第四首偏向伤怀，情绪上较少热烈，它更多地表达了忧郁，而不是反抗。

四首谐谑曲结构是三部曲式：两个主题，再返回到第一主题。3/4 拍节奏被处理成急板。

它们所表达的感情形形色色，路易·阿格坦这样写道："激情、暴力、梦幻、柔情、绚丽的幻想，这一切都在谐谑曲中存在，还有许多其他重要特征。"这位评论家的另一个看法，即肖邦"并列多于构建"，这是另一个话题。我们认为，肖邦从来不依照学院规范行事，他把它们看作是过时的老一套——他听从出自内在的平衡的个人逻辑，这就将他的音乐从传统套路上解放出来，并带有强烈的个性烙印。

《b 小调第一谐谑曲》是在维也纳教堂那个烛光全灭、充满不安的夜里获得的灵感，在斯图加特整理，于 1835 年在巴黎完成的。它始于粗犷有力的和弦，并立即脱缰野马般地行进，因而给演奏者提出了大难题。在这种快马加鞭似的激越经过因群中，如何能同时获得奔放又沉实，攻击又挑战的特性呢？如何从热情迸发的跑动中猛然收敛转向平静，以肖邦采用的民间主题，一首圣诞摇篮曲，极平静地歌唱？“睡吧，小耶稣，睡吧，我的小珍珠！”这个如此柔和的动机与其说是展开，不如说被重复，随后让位给重又出现的一个狂放乐句，后者在重复之后并不中断，以断奏呈现一个格外大胆的和弦，拉威尔式的，仅是为了更好地进入高潮，飞向一个硫磺和火焰的天地。

《降 b 小调第二谐谑曲》在四首中最负盛名，以一个询问动机开始，并数次在低音中提问。回答在高音部分，以热烈而隆重的方式分节拍奏出。一个重大主题在一种无尽的温柔中铺展开去。一段沉静的旋律在 A 大调中奏起。人们注意到在**尾声**出现了一个降 D 大调向 A 大调的突然转调，用等音手段实现，即降 D=升 C，福雷将在他的《第六小夜曲》的最后一段中使用这个方法。舒曼以相当文学的方式，将此整首曲子与拜伦的一首诗相比。

《升 c 小调第三谐谑曲》，开始就笼罩着暴风雨的气氛，伴随着电闪雷鸣。一首降 D 大调合唱织体依次展开它的四个段落，由微颤的羽翼般的嗡鸣区隔。随后以分解和弦手法，使谐谑曲再现为 **E 大调**合唱织体的吟咏。随后转为 e 小调，一个激烈的尾声结束全曲。

《E 大调第四谐谑曲》起始似空中飞人般凌空而降。音乐在空中渐行渐远，和声上精妙无比，音色闪烁不定，又不期而至地返回起始之处。这首谐谑曲诗情盎然却全无戏剧性的夸张。它在鲜花怒放的姹紫嫣红中引出一个极为优雅的转调旋律。让我们欣赏这首曲子，不去理会评论家们的望文生义，他们忽略所有文字记载或有关民族国家的蛛丝马迹，竟从这首发表于 1843 年的谐谑曲中，找出了肖邦和乔治·桑之间情感破裂的最初裂纹。这种评论极短视，却广为流传！

VIII. 26 首前奏曲

肖邦离开巴黎前往巴里阿利群岛的时候，他的 24 首**前奏曲**已经完成了好几首，其余大部分均有草稿。他向他的朋友兼关系最好的钢琴制造商卡米尔·普雷耶尔出示了已经完成的前奏曲，并透露说，根据半音音阶的12个大调和12个小调，他想把前奏曲的数目作成24首。普雷耶尔为此而激动，承诺为整套曲子支付2 000法郎，并给了肖邦500法郎作为预付金。肖邦对古特曼透露："我把我的前奏曲卖给了普雷耶尔，因为他喜欢它们。"

一到马略卡，肖邦就投入了工作。11月15日，他写信给尤利安·封塔纳："你不久后就会收到前奏曲。"随后他病倒了，到了12月3日，他明确写道："我没法寄手稿给你，因为它们还没有完稿。"同月14日，他希望"很快就能寄出谱子"。1839年1月12日，"我把前奏曲寄给你，和沃尔夫一起把它们誊写一遍，我想不会有错。你给普罗布斯特（出版商）一份，把手稿给普雷耶尔……我希望把前奏曲题献给普雷耶尔，第二叙事曲题献给舒曼。如果普雷耶尔不愿意放弃叙事曲的题词，你就把前奏曲题献给舒曼。题词如有变更，请告诉普罗布斯特。"最后，叙事曲题献给了舒曼，前奏曲的法国版献给了普雷耶尔，德国版献给了凯斯勒。英国版也经维塞尔出版。这些前奏曲于1839年9月间问世。

我们已经提到过桑对这些前奏曲的看法①。这里是李斯特的见解："这部作品完全是独特的。它们并不像其标题所让人联想的那样，用来引导其他曲子而先行演奏，这些是充满诗意的前奏曲，与一个现代诗人（拉马丁）的诗作相仿，让灵魂在金色的梦幻中摇曳，并将它提升到理想的国度。它们由于自身的多样性而令人赞不绝口，其成果和技巧只有在经过了深入探讨之后才能欣赏。一切都是一气呵成，奔放，不期而至。它们具有自由的和伟大的形态，是天才作品的标志。"舒曼也注意到了前奏曲的出版："我应当指出它们是非常令人注目的。我承认本来期待的是某种别的东西，像他的练习曲那样引人入胜的风格。这部作品却几乎是相反，这是些速写，开蒙，或者如果愿意的话，是废墟，是死缠在一起的老鹰的羽毛。但在每支曲

① 参见本书前文第十一章《马略卡》中"雨滴"一节。

子里，我们能找到他优雅的、嵌以珍珠的谱曲手法，这是弗里德里克·肖邦，我们甚至能在那些激昂的顿挫和呼吸中认出他来。他是我们当代最大胆和最令人自豪的诗意的灵魂。谱子里当然也有狂热的和细腻到病态的乐句。让我们每个人都从中找寻适合于自己并魅惑自己的东西吧：惟有没教养的粗俗之人会一无所获。”

最后，纪德在关于肖邦的一份研究报告中，明智地写道：“这个伟大的浪漫主义者，比任何别的人都更痴迷于古典的纯洁，是所有作曲家中最富反德意志精神的[①]。巴雷斯把他当作一个洛林音乐家……他是天生的即兴作曲家，肖邦听凭音符引领……舒曼是一个诗人，肖邦是一个可以跟波德莱尔相比的艺术家……那些演技天才们手下的肖邦太耀眼，太追求速度，太确定……而那些年轻女郎们手下的肖邦则太多愁善感。”事实上，多数天才演奏家都把肖邦弹得太快，这从作曲家本人发表的意见上都能得出结论。纪德扯远的地方，正是他以自己作为业余钢琴家辛苦劳作的个人经历作为依据。我有幸聆听过他弹奏钢琴，其音响效果味同嚼蜡，手指没有任何说服力，是最没有天赋的钢琴家，即使他每天练琴时间有时长达 3 个小时。当纪德希望将瓦莱里(Valery)的诗句，

还有更温柔的艺术
比这缓慢？

作为《前奏曲》题词的时候，他混淆了肖邦的意愿和他自己作为钢琴家的局限。当他写下“这首曲子不是很难”时，算是可笑之极。他写下“受不了肖邦分句及其旋律断句的习惯”时，并不知道正在泄露自己那种像老派新教牧师般机械僵硬的演奏方法。更有甚者，“人们弹巴赫能和我弹得一样好，甚至更好(可能！)。可论及肖邦，则是另一码事，因为想弹好他，必须

① 事实上，很少有德国钢琴家演奏肖邦，正如潘德列夫斯基所说：“这不是他们的活儿。”

先是一个艺术家(可先得是一个钢琴家!)”作为结论,他认为“除了几首例外,科尔托演奏的前奏曲令人沮丧。”然而,举世公认,科尔托是最富天才灵感的前奏曲的诠释者。青蛙不自量力,想把自己吹成牛那么大,这寓言真是不朽!

我们既然在这里提到科尔托,那就要提及这位伟大钢琴家给肖邦的前奏曲所起的副题,我们非常有保留地加以引用,认为这纯属他个人的想象。科尔托比任何人都更了解,肖邦厌恶“文学”。因此他丝毫无意让人以为这些绝妙作品的作者曾被如此精确的诗意的线索引导,他实在只是把自己作为诠释者的体会提交给公众:

1.“热切等待所爱的女子”
2.“痛苦地默祷;远处,荒凉的大海……”
3.“小溪之歌”
4.“在墓前”
5.“充满歌声之树”
6.“思乡”
7.“甜蜜的回忆在漂浮,如同记忆中的一种芳香”
8.“风雪交加翻卷咆哮;可我心中的风暴更为猛烈”
9.“先知的声音”
10.“急速经过音群减弱”
11.“渴望年轻女郎”
12.“夜袭”“夜行的马队”
13.“在异国的土地上,一个星夜,思念远方的爱人”
14.“波涛汹涌的大海”
15.“可死亡在那里,在阴影中……”
16.“奔向深渊”
17.“她对我说:我爱你……”

18.“诅咒”

19.“翅膀，翅膀，请载我逃向你，噢，我的爱人”

20.“葬礼”

21.“孤独地回到吐露爱情之地”

22.“反抗”

23.“水泉女神在嬉戏”

24.“血、肉欲和死亡”

最后我们应提及，在编号为作品第28号的《二十四首前奏曲》之上，还要加上两首风格一致的曲子：一首《升c小调前奏曲》(作品第45号)，作于1841年；另一首《降A大调前奏曲》(无作品号)，于1843年题献给他的“朋友沃尔夫”。因此，我们会简单扼要地分析26首前奏曲，而不是24首。

1. C大调：急板。——急不可耐的热情，激情的震颤，它们通过作品的上升曲线和急切的切分音来表达，应当诠释得既不干涩也不黏滞。

2. a小调：慢。——沮丧、苦涩，伴随着一种遥远的丧钟节奏。被肖邦的很多同代人称作“不协和”甚至“不可演奏”。这首前奏曲实际上轻视了传统的和声学原则，只注重他想要制造的心理效果。它不断地在大调和小调间徘徊。

3. G大调：活泼的。——左手线条流畅，炫技不露痕迹，右手铺展如歌的旋律，脆弱，灵动，轻快和敏感。彼此时有冲突的特性不易把握。

4. e小调：广板。——如泣如诉的，飘忽跳跃的，几乎绝望的旋律在一系列平稳的和弦中展开，以半音音阶的方式下行，“从音符到音符，将和声逐渐瓦解”。均填充又消逝于虚空。

5. D大调：十分快的。——在这里，肖邦为自己提出了技术难题：在一种快速运动中不但手指张得很开，还要连奏，手指并不舒服，但仍要保持触键均衡。所要表达的感情是微风拂煦或者水波轻语。

6. b小调：特别慢。——肖邦葬礼上演奏了第四和第六前奏曲。后面这首是一曲哀歌，却不带一丝夸张，自左手到右手，落在规律的阵阵鼓声上。难道这就是传说中的那首“雨滴”前奏曲吗？第 8 和第 15 前奏曲也可以冠之以此称号，肖邦对此话题并未给予半点提示。

7. A 大调:小行板。——一首即兴玛祖卡，总共 16 小节，像来自梦中。唯一的难度在于选择一种适合于这种春天遐想的音质。

8. 升 f 小调:特急板。——李斯特在其中看到著名的“雨滴”，而肖邦在此却对演奏者提出四个难题：富有节奏感的歌唱性，用右手大拇指触键清晰的连奏；以拇指的急速跳跃来弹奏间隔音；旋律的弹奏使八度和过度装饰音浑然一体；左手强有力的断奏。效果是暴风雨般的戏剧性。

9. E 大调:广板。“金属之声，具有预言性，并庄严”，科尔托如是说，言之有理。这首前奏曲作声响效果练习，应重现并不沉重的长号的音色。

10. 升 c 小调:十分快的。右手像下坠的火箭，落到一个终止式上，而左手以分解和弦支持这种缤纷下落。

11. B 大调:活泼的。一幅淡出而柔和的速写，实际演奏难度比乍看上去要大，右手复调不应削弱旋律的表达。一切在这里均是优雅、轻盈和纯净。

12. 升 g 小调:急板。一首练习曲，建立在旋律的反复音上，右手以复调方式伴奏，而左手似被马队驱使，急速地行进。解决这段激烈的乐曲提出的技术问题，比着力揭示它全部的性格或许更容易些。

13. 升 F 大调:慢。一首夜曲，温柔地怀旧。在“愤怒的肖邦”之后，是“梦幻的肖邦”。一个升 C 大调变调，突然使这首忧郁地行进在雾中的曲子变得澄澈。

14. 降 e 小调:快板。可以看作是《葬礼进行曲》终曲的草稿，或者投射，在马略卡完成的速写。整曲的谱写法是无调性的，具有悲剧的特性。

15. 降 D 大调:绵延地。这首曲子最有可能就是传说中的《雨滴》。这首美妙的夜曲般的曲子在中间部分以一个令人不可思议的升 c 小调充分展开，结果由于鲜明的对照，使得返回到降 D 大调的色彩更激动人心。

16. 降 b 小调:急板。以力度和速度表现火热。一切均由左手急速的律动所确定。右手弹出快速经过因群,勾勒出令人不安的马蹄声,让人想起《浮士德的沉沦》中奔波于途的“黑马”。否定一切形象的人在这首前奏曲中看到了一个充满男性气概的肖邦,确凿无疑……

17. 降 A 大调:小快板。是一首无词歌吗?这就把肖邦与门德尔松等量齐观了,他对后者的可爱性格给予高度评价,却毫不赏识他的音乐。可以说,这里是一曲炙热的爱情之歌,有说服力,充满幸福。此处的难点在怎样支撑这些倾诉,既不能夸大,也不能使之黯然失色。科尔托给出了令人陶醉的一个版本,无可匹敌。

18. f 小调:十分激动的快板。一种音乐的呐喊。一首激烈的宣叙调,挑战的象征,近似在斯图加特时陷入的疯狂境地。

19. 降 E 大调:快而活跃的。一只在光明中飞翔的鸟。它在空中轻松自如地振动双翅,因而在解决隐藏在这支飞翔般的曲子中的难点时,演奏者要显得游刃有余。

20. c 小调:广板。人群远去,满怀对铭心往事的甜蜜回忆。为了表示出矜持稳重,也就是肖邦所要求的庄严,我们要尽量小心,避免用琶音来演奏和弦,并且就像那些钢琴教授们所提倡的那样,下键要尽量深。

21. 降 B 大调:如歌的。一曲美妙的歌弥散在错综复杂的八分音符中,用以表现灵巧的连指。能感受到的只有音乐。

22. g 小调:特急板。又是一个狂野的乐章,这里双手交替营造出一种暴风雨般的气氛,使这首如此简短的篇章拥有了一种梅里咏(Charles Meryon, 1821—1868)风格的蚀刻画意味①。

23. F 大调:中庸的。我们又见到《降 E 大调前奏曲》中那种婉转恍惚、轻柔快乐的调子。双手的独立和掠键技巧,左手跳弹,右手却依然优雅地行进。

---

① 著名的蚀刻画家,其描绘巴黎街景的雕版画,曾受到雨果和波德莱尔盛赞。——译注

24. d 小调:热情的快板。这首前奏曲被认为与《a 小调第二前奏曲》相同,是在斯图加特期间谱写的。其激烈程度,无疑表达了流亡者不安的惊惧,由于远离而无力抗争。正是在这样的音乐中,演奏者应当忘记——但不是忽略——钢琴,而只将注意力集中在音乐所表达的失控的狂怒之上。

25. 升 c 小调(作品第 45 号):作者声称,这是"很富转调色彩的"梦幻曲。事实上,肖邦在这里以一种奇特的调性上的不稳定,在从大调到小调转换的过程中,给音乐爱好者启示了"未来的音乐"的冥想。

26. 降 A 大调:对这首 1918 年发表于日内瓦的短篇,圣桑说:"这首前奏曲美,却没有多少价值。它也能出自另一个有才华的作曲家之手,因为从中看不到天才"。我们就不在这里跟圣桑争了。

IX. 14 首圆舞曲

14 首圆舞曲中,有 6 首是身后发表的。按目录编排,它们陆续完成于 1829 年到 1847 年间。不论它们优雅还是怀旧,肖邦声称,首先"不能把它们当作舞曲,因为并非为舞蹈而作"。他更不同意人们称之为"沙龙音乐"。"我再也不给这个用心险恶的维塞尔①寄去哪怕一个音符,他将我的一首即兴曲冠之以'沙龙消遣曲',或者,他指的是我的一首圆舞曲。"

同样,无需在肖邦的圆舞曲里找寻维也纳圆舞曲的娱乐性。肖邦在维也纳逗留期间明确说过:"我不具备任何素质去模仿施特劳斯和兰纳。"

但阿尔弗莱德·科尔托在肖邦的圆舞曲系列中分辨出三种风格:辉煌圆舞曲,尽管非作者所愿,让人联想到舞厅中成对舞伴的回旋;肖邦是一系列沙龙圆舞曲(对不起,又说一遍!)的首创者:专注于冥想的梦幻般曲子,有时在玛祖卡的节奏中惊醒;最后是暗喻圆舞曲,在这些曲子中,彰显这种音乐的性格特征的节奏弱化了,只服务于诗意。

和别的曲子一样,这里的作品号根本不能看作是创作年代的编年。肖

① 他的英国出版商。

邦自己在编目时就很混乱，而封塔纳在他死后，违背朋友的意愿出版那些身后作品时，并非一个细心的遗嘱执行者。

1.《降E大调辉煌大圆舞曲》(作品第18号)

这是最先出版的一首，但并不表示谱曲在先，因为我们在“身后作品”中发现了在此之前所作的5首圆舞曲。此曲堪称辉煌。音乐雍容华贵、极尽奢华地行进在枝形吊灯的闪烁中，每跳“一圈”皆高潮迭起，在一个逐渐加快的节奏上结束，令假想的舞蹈者精疲力竭。

2.《降A大调辉煌圆舞曲》(作品第34号之一)

对《三首辉煌圆舞曲》(作品第34号)，舒曼写道：“与其说这些圆舞曲是为人体而写，不如说更是写给灵魂的。”这三阕套曲中的第一首韵律呈现出鲜明的多样化。男性主题很明确，女性主题温柔地摇曳着，一个感性的副题在不绝如缕的巧妙变调中意趣盎然。

3.《a小调圆舞曲》(作品第34号之二)

斯蒂凡·赫勒明确指出，在全部圆舞曲中，这首是肖邦最钟爱的一支，也许由于其中的怀旧情绪像是遗憾的回声。

4.《F大调圆舞曲》(作品第34号之三)

钢琴家们将它称作“小猫圆舞曲”，因为中间乐段的相近音符事实上可能表明我们所宠爱的这种动物的蹦蹦跳跳。

5.《降A大调圆舞曲》(作品第42号)

对这首圆舞曲，舒曼写道：“如果有一天会跳这支舞，那也仅仅是由伯爵夫人们所舞”。右手的双音节奏和左手的三音节奏的叠置造成一种美妙的双关意境，不时地被出现在几处的强劲和弦所打断。一个华丽的尾声为这首迂回曲折的圆舞曲画上句号。

6.《降D大调圆舞曲》(作品第64号之一)

这次不是猫，而是一只小狗。桑宠爱的狗喜欢围着自己转，追逐自己的尾巴，肖邦很可能是在一次即兴演奏之后，用音乐记录下动物的嬉戏跳跃。他弹奏这首圆舞曲时并不快速，留有加速的余地，但他以一种“连奏装饰法”[1]来弹音阶，使那些美丽的女听众惊叹不已，马蒂亚斯亲见，他力争在第二乐段避免一种太感性的颓废情调。

7.《升 c 小调圆舞曲》(作品第 64 号之二)

该曲谱于 1847 年，作者去世前两年，这可能是他所有圆舞曲中最完美和最具贵族气的，也是最著名的。叠句回应对前段的数次反复，却从未觉得老调重弹。它光彩夺目，以至弹得太快或太机械，都会无可挽回地败坏这首乐曲。

8.《降 A 大调圆舞曲》(作品第 64 号之三)

这首曲子似乎起源于对圆舞曲和玛祖卡的爱。左手弹奏出一个副题，在匀称的节奏中，产生一种令人陶醉的消遣。

9. 身后出版的《降 A 大调圆舞曲》(作品第 69 号之一)

这首称作“告别”的圆舞曲，被人牵强附会地指称肖邦和玛丽亚·沃德辛斯卡解除婚约一事，我们对此已经澄清谬误。虽然没有题献给她，该曲却是赠给她的。当时的惯例如此，肖邦并不免俗。这首美好的圆舞曲呈现出温柔特性，它谱写于 1835 年——年份也会让人产生联想——容易使人误解。

10. 身后出版的《b 小调圆舞曲》(作品第 69 号之二)

作于 1829 年，该曲是肖邦所有圆舞曲中最单薄的，因而最常被业余爱好者演奏。它用 B 大调来变调，然后回到主调，以这样的方式结束于初始的调性上。

11.《降 G 大调圆舞》(作品第 70 号之一)

谱于 1835 年，该曲被肖邦弃之不顾，原因不明。这首圆舞曲的风格几近民风，具有弹跳的特性。一个令人联想到奥地利连德勒舞曲的乐段，避免了难以察觉的单调。

12. 身后出版的《降 A 大调圆舞曲》(作品第 70 号之二)

这首圆舞曲作于 1842 年，科尔托从中看出“一首说话的舞曲”，节奏

---

[1] 17—18 世纪流行的一种装饰法，即填补在降三度音中的音。——译注

是如此地变化多样，正如伴随着一场柔和的对话，一个副题给节奏带来活力。

13. 身后出版的《E大调圆舞曲》（作品第70号之三）

关于这首作于1829年的美妙的复调音乐，肖邦在给提图斯·沃伊切霍夫斯基的信中透露，他追忆一个“可爱的人”：康斯坦斯·格拉德科夫斯卡。他在信中隐约写到一段爱情经历，用线划出来，除了他的朋友，任何人都无法理解其涵义：“可是我知道并无必要在这个细节上提请你的注意：你会自己感受到。”谁知道右手的二声部是否代表两心相通呢？

14. 身后出版的《E大调圆舞曲》（无作品号）

又是一首青年时代的圆舞曲——最后一首——日期为1829年。它由于笨拙而可爱，总之并不值得为此作任何评论。

X. 27首练习曲

肖邦在华沙的时候就开始写练习曲和那些“练曲”[①]（原文如此），当时是为了要拓展年轻作曲家的演技。他在巴黎完成并最终在巴黎于1832年和1835年间问世。肖邦的《二十四首练习曲》，加上其他三首用于莫舍莱斯的《钢琴家基础练习法》，已经成了每个奔远大前程的钢琴家的日课经。这些曲子的谱写看似不经意，事实上每篇皆为杰作。创造性在这里绝非扼制灵感，正相反，前者引导后者。

《练习曲》（作品第10号）

1.《C大调第一练习曲》

这首练习曲由右手的大幅度琶音展开，目的是帮助解决多个技术难题：手在整个键盘上移动时的伸展度和准确性；每个手指力量的均衡；手指的耐力；完美的连奏；同时左手的任务是用和声支撑，不要有任何滞碍。

---

① 有拼写错误。——译注

2.《a 小调第二练习曲》

该曲为右手弹奏半音音级而作，能增强较弱手指的独立性（第三、四和五指），迫使钢琴演奏者为了获得一种完美的连奏效果，采用不寻常的指法和手指不断叠加交错。右手的前两指伴随后三指，流畅连贯的展开要做到不绝如缕，左手给以和谐的配合。指法由肖邦本人严格限定。

3.《E 大调第三练习曲》

一个出版商为缺乏副题而伤脑筋，错将其命名为“忧伤”，而另一个则用荒谬的话语来限定该曲。肖邦在听到古特曼演奏这首 E 大调练习曲时，不由痛苦地感叹：“哦，我的祖国！”这是一首浪漫曲，用绝对连奏的手法，以复调手法奏出，练习手指交替，让不同声部歌唱，解决在手指间隔大的位置上击键的准确性。看似容易，这首曲子实际上却提出了一系列不易解决的难题。

4.《升 c 小调第四练习曲》

这首迅疾托卡塔模仿巴赫风格（参见《平均律钢琴曲集》第一册 c 小调前奏曲），让双手各个手指得以均衡发展，充分施展它们的活力和灵动。科尔托明确指出：“手的姿势，时而收缩，时而舒展。”

5.《降 G 大调第五练习曲》

因为该曲写在黑键上，有时也被称作“黑键练习曲”，第五练习曲给钢琴家提供在黑键上“交替使用拇指”的练习机会，并得以在速度中体现手指的活力和“均匀而清晰的触键”，手在键盘上柔韧并快速地跑动。李斯特称之为“出色的即兴发挥”。

6.《降 e 小调第六练习曲》

这首可爱的练习曲，既痛苦又充满激情，其主要特点是复调音乐的表现力极为丰富，富有歌唱性及扩展性连奏。

7.《C 大调第七练习曲》

双音、扩展以及连奏，这些练习在飘忽不定的轻盈中一气呵成。它要求手腕灵活。

8.《F 大调第八练习曲》

拇指替换快速而流畅。要求各手指极有规范，双手独立，装饰音准确到位。

9.《f 小调第九练习曲》

左手在扩展练习中流畅不绝。夸张的演绎“时而犹豫含蓄，时而安静平和”。双手独立练习。肖邦笔下的音乐无简单可言，这首哀歌是在含蓄的诗意中隐藏高难度技巧的典型之作。

10.《降 A 大调第十练习曲》

练习各手指的灵活，扩展练习，增加小指的力度。彪罗①（Bülow，1830—1894）认为“不管是谁，如果他能够以完美的方式弹奏这首练习曲的话，那么他就能自诩达到了钢琴艺术的顶峰”。

11.《降 E 大调第十一练习曲》

由双手同时演奏的大分解和弦构成，该练习曲的基础是扩展。此外它还发展了上声部的歌唱性。

12.《c 小调第十二练习曲》

作于斯图加特，因而也被称作“革命练习曲”，该曲以左手一气呵成快速行进，**愤怒地**，横扫键盘直至低音区。难度在于用左手勾勒出这幅极难表述的画面，而右手则表达一种反抗的呐喊，多次重复。暴力、激情，呼唤复仇。

《练习曲》（作品第 25 号）

1.《降 A 大调第一练习曲》

舒曼在听肖邦演奏这首练习曲之后，这样写道：“可以想象成一部依奥里亚竖琴，它音域宽广，艺术家只手将这些声音一股脑地掷向我们，采用了各种神奇的变换手法，却总让你听得见一个基本低音和一个优雅的高音。

---

① 德国指挥家、钢琴家和作曲家。——译注

与其说这是练习曲，不如说它更像一首诗。你如果认为肖邦让乐谱上的每个小音都清晰可辨，那可就错了。这更是降A大调和弦的波光潋滟，借助踏板上行，直往高音区。人们透过和声能聆听到由大跨度音构成的优美旋律。在中间部分，主旋律之外，一个男高音声部自众多的和弦中凸显。练习曲终，犹如梦中凝望过的一幅绚烂的图像隐现眼前，你在睡眼朦胧之中，直要留住这个场景。"这首朦胧感和准确性兼备的练习曲，严格要求演奏者具备一种能力，可以极轻盈地、仅以一指演奏出高声部旋律的完美连奏。

2.《f小调第二练习曲》

六个音符以三连音用右手弹出，另外三个音符用左手：难在女高音部的平滑连续的声响，需奏出完美的均衡和稍纵即逝的优雅，不突出重音，便于低音有节奏地进入。以手的稳定和仅以手指滑奏达此目的。

3.《F大调第三练习曲》

速度中见清晰，手必须跌落到琴键上，放松而不紧张，才能达到肖邦所想要的轻轻敲击和快速的效果。

4.《a小调第四练习曲》

断奏和双手快速移动。手腕的灵活性和跳跃性。

5.《e小调第五练习曲》

该练习曲在演奏中有两个形成对比的乐段。先是基于左手分解和弦的倚音的一个乐段，随后跟着一个用左手奏出的抒情旋律，伴以右手的三连音及十六分音符节奏。结束时返回初始乐段。主要难度在于任何时候触键都不能机械生硬，在强拍上奏出抑扬顿挫时也保持柔和。

6.《升g小调第六练习曲》

这首著名的半音音阶三度练习曲是这套曲子中难度最大的，原因在于它的速度和所要求的不同寻常的指法。某些人的手既不适合展示其魅力，也不具备其自由度。某些钢琴家称之为"西伯利亚练习曲"，原因是它让人联想起一辆在冰冻的土地上渐行渐远的三套马车。肖邦乐于演奏它，而且似乎轻松自如，他的手非常适合弹奏该曲。

7.《升 c 小调第七练习曲》

这首练习曲被误称为“左手练习曲”，因为低音部分有一个大提琴般的旋律充分展开。科尔托合理地提示道：“右手以一个受伤的、悲痛的和温柔的声音回应左手痛苦的抱怨。”所有的内涵都在两种不同的表述中得到平衡。

8.《降 D 大调第八练习曲》

这首练习曲的写法，要求右手以连音弹奏六度，左手奏出六度和五度。它提出了指法方面的许多难题，在这里手腕和手指本身所起的作用同样重要，这点不容忽视。

9.《降 G 大调第九练习曲》

充满活力的一首练习曲，轻盈、休闲，要求一种完全风趣诙谐的指触，手腕的放松，这有助于触键时具有柔韧的弹跳性。令人好奇的是：女高音声部出现的主题是贝多芬奏鸣曲的一支小快板：是引用还是巧合？无人知晓。

10.《b 小调第十练习曲》

快速弹奏八度的练习曲，既需柔韧度，也要持久力。需极强的手腕机能，同时演奏者应将悬腕、往复和升降侧移等动作结合起来。与起始的暴风雨般的断奏相反，中音的慢板弹奏需借助于严格的连奏，这只能靠相当复杂的指法才能达到。

11.《a 小调第十一练习曲》

具有交响风格的练习曲，热烈、快速和激情。伴随右手疾风暴雨般的乐段，左手以其节奏强劲的动机相对。基于此，该练习曲演奏时如不表现出音量上细微差别或色彩不够丰富的话，则马上会变成一种枯燥乏味的练习。

12.《c 小调第十二练习曲》

这首练习曲与作品第 10 号中的第十二练习曲有可能同时写于斯图加特，但不能确定。因其激昂反抗的特征，两首曲子堪称姊妹篇。双手以很强(ff)的表情作分解和弦,突出表现低音上的旋律动机,双手快速移动,分句重音要有力地置于每小节的第一个十六分音符上形成强力连奏。以上是这首充满暴风雨气息的练习曲给演奏者设置的障碍。

三首练习曲(无作品号),为《钢琴家基础练习法》而作

这三首练习曲为莫舍莱斯的《钢琴家基础练习法》而作,由费蒂斯于1840年出版,无作品号。

1.《f 小调第一练习曲》

均匀地叠置于两个不同的节奏上,三拍对二拍,右手六连音,左手是八分音符。一支漂浮的旋律悲惨地游荡,找不到栖息之所,其持续性造成一种令人感怀的忧郁情调。

2.《降 D 大调第二练习曲》

右手分两部分,其特殊性是高声部要连奏,低声部要用断奏,而左手辅以一种简单的和声支持。演奏难度非常大。

3.《降 A 大调第三练习曲》

相对于第一练习曲中的"以三对四",这里明显地"以三对二",右手的复调音乐谱写手法,使本曲变得复杂。右手严格使用连奏,并借助这种弹奏方式使上声部的各个和声互相渗透融合。

XI. 19 首夜曲

在 18 世纪,海顿尤爱使用夜曲这个词,来指称一种**小夜曲**(Serenade)或者一种常在露天演奏的嬉游曲,与肖邦使之扬名的曲式毫无关系。稍后,克莱门蒂的学生、爱尔兰人约翰·费尔德首创的浪漫夜曲,被马蒙泰尔[①](Marmontel,1723—1799)定义为:"他发明了一种有特点的小型曲式,是某种梦幻、冥想,用以表达一种温柔的感情,有时稍嫌做作,常以微波涟

① 法国作家,百科全书派启蒙哲学家,法兰西院士。

漪的低音分解和弦，或分散和弦作伴奏，以和声的摇曳来支撑旋律句，并以出其不意的转调使之富有活力，却很少与旋律句呼应对话。”

自学生时代，肖邦便对费尔德的夜曲有所闻，他立即从中得到灵感，直至给这种稍嫌矫饰的曲式注入了它所缺少的灵魂。路易·阿格堂写道：“这种灵魂，或许正是他自己的，却也是时代的灵魂，在临近1830年时层云密布，在天地之间漂浮，它构成了浪漫派一代人的梦幻和叹息。为了要重现那个时代的气氛，必须记取夏多布里昂神秘的话语，即‘月亮爱向老橡树和大海的古老堤岸述说那忧郁的重大秘密’，拉马丁最富幻想的诗句，还有缪塞最悲怆的剧情。肖邦的夜曲里，把这一切都囊括其中。但从c小调夜曲(作品第48号)开始，他将这种从一个先驱者那里借鉴来的形式完全融会贯通，并将这种一直仅仅作为沙龙梦呓的曲式，变成他独特个性的表现手法”。

1.《降b小调第一夜曲》

这里，肖邦从根本上重拾分解和弦的形式，费尔德太多地使用过这个稍嫌单调的方法。一个忧郁的主题，带有一种优雅的伤感，长长地铺陈开去，几乎是即兴表演，用右手奏出。是曲集中可作为音色练习的一支小曲。

2.《降E大调第二夜曲》

这是最著名的，也是最频繁演奏的一支夜曲。感性并忧伤，充满模仿夜莺的啼啭鸣颤，它在一个低音三连音上展开，片刻的激昂之后，在平静中结束。需注意的是(科尔托版本)肖邦所要求的非常奇特的指法，其目的是要达到音色的透明①。

3.《B大调第三夜曲》

肖邦注明该曲为“谐谑的”，但无论如何，这首曲子的调子呈忧伤，而非喜悦。这个注释只是突出强调了肖邦所惧怕的那种流于造作的无精打采。一个中间乐段注明是“激动不安的”，带给这首夜曲一种双主题性格，肖邦

① 此外，对肖邦给出的指法，有必要进行独特的研究，它们有时不合常规，却总是合理的。

将会不止一次采用这种方式。

4.《F 大调第四夜曲》

同样，它让人无法不想起拉马丁的名诗《湖》，宁静的碧波，突然被来自湖底深岩的震荡所搅翻。不过肖邦对此却未置一词。该曲的结束与开始相同。

5.《升 F 大调第五夜曲》

该夜曲，据科尔托称，可谓“自黄昏的魅惑而来”。中间部分倾泻而出，某种节奏上的复杂变化使音乐鲜活生动，结束时回到最初的氛围中。

6.《g 小调第六夜曲》

这支曲子标志着肖邦回返一种和声上的极简风格，这种风格并未持续。费尔德式的梦幻，导向某种宗教疑问的众赞歌织体，于歌咏中一切归于寂灭。这一次，肖邦在手稿谱本边上写下了“作于一次阅读哈姆雷特之后”。

7.《升 c 小调第七夜曲》

该曲可能是整个曲集中的珍品，肖邦向钢琴诉说的最彻底、最热忱的梦幻之曲。即使之中涌动着某种不安，曲终之时不乏某种星辰环绕的平和。

8.《降 D 大调第八夜曲》

三个段落和一个尾声使这首令人称道的夜曲极有说服力。反复部分由两个声部在深情地对话，犹如伊瑟和特里斯坦。

9.《B 大调第九夜曲》

其浪漫曲调的从容铺陈，只在最后数小节前出现一种极其巧妙的转调，这些特征都让人们倾向于将此曲的谱写年代归于华沙时代。

10.《降 A 大调第十夜曲》

老实说，这首夜曲是夜曲系列中最弱的一支。

11.《g 小调第十一夜曲》

作为中间乐段的一支众赞歌曲，其忧郁特征如此明显，令舒曼写道：

“肖邦不再需要在他的作品上签名，他的名字从此跟他所写的每一个音符连在一起了。”事实上，可以说这支曲子是肖邦本人对自己的描摹。

12.《G 大调第十二夜曲》

满天星辰下的船歌，这幅意象缺乏新意，使这首 G 大调夜曲经常被当作马略卡同期的作品(1838 年)。一个摇曳的副题加强了波涛起伏的印象，恰似轻舟载客，摇荡波心。

13.《c 小调第十三夜曲》

这首天才之作(作品第 48 号)，从夜曲本身的意义上来说，即以肖邦迄今为止赋予夜曲的特征而论，并非一首夜曲。沉着、庄严，旋律像一团火焰升起，照亮了生动的众赞歌曲式，引向主题的生动再现。

14.《升 f 小调第十四夜曲》

在巴尔伯德特眼里，该夜曲发散出一种“令人伤感的悲戚”，难道不正是我们多次提及的那著名的“zal”？A.克鲁瓦写道：“专横的和弦与哀怨的情景相对立，再一次显出肖邦的两面性，通过音乐的语言寻求平衡。”

15.《f 小调第十五夜曲》

可能最通俗流行，却非最佳，肯定不是最精妙之曲。极单纯的旋律线与波兰民间小调很相似，肖邦很矜持地从中汲取灵感。

16.《降 E 大调第十六夜曲》

只用一个旋律来确保这首非常优美的夜曲的音乐织体，让人联想起某一种即兴演奏，大量运用不常见的和声，并从头至尾充满了令人战栗的情绪。

17.《B 大调第十七夜曲》

不能将此曲归入肖邦最富有创意的作品之列，尽管它的谱写年代同肖邦的其他杰作同期，像《船歌》和《幻想波洛乃兹》。

18.《E 大调第十八夜曲》

极具装饰风格，或者说坎蒂列那由精炼的和声支撑。整首曲子非常美妙。

注：两首肖邦身后出版的夜曲，升 c 小调和 e 小调，并不出色。这些青年时代的作品，我们似乎无必要简单地评定优劣。

XII. 4 首即兴曲

从词源来说，“即兴曲”与即兴演奏同义。尽管肖邦醉心于在钢琴上以他的即兴曲主题编织梦想，他后来还是下功夫做了加工。在我们将要讨论的四首即兴曲中，他将即兴的意趣和刻苦的创作完美结合在一起。作品的形式本身很简单，以 A-B-A 的模式，即一个中间段被两个对称和相似乐段环绕。总的来说，肖邦**即兴曲**吸引人的并非形式，而在其音乐的实质。得靠演奏者来充分发挥这四首杰作的即兴特征。科尔托说得非常到位：“音乐要像从演绎者的手指下奔泻出来。”至于舒曼，在读了《第一即兴曲》后写道：“即使它在肖邦的全部作品中占据的位置并不重要，我几乎不能将它与肖邦的任何其他作品作比较。它的形式如此精致，歌唱性的旋律贯穿始终。”

虽然我们应当怀疑——有时甚至摒弃——以言过其实的文学语言来诠释肖邦的音乐，但必须承认一个非凡的艺术家会有他自己的道理。即使作曲家自己并未承认，演奏者却能对一首音乐作品作出充满诗意的完美阐释。从根本上来说，作曲家和演奏者的灵感并不能类比。这种说法是为了证实下文所引用的阿尔弗莱德·科尔托版本中的注解。

1.《降 A 大调第一即兴曲》（作品第 29 号）

“活水流淌，浓荫匝地，枝叶婆娑，微风在晨曦中低语，这一切轻轻滑掠过又簌簌作响，似乎将灵感赋予这首音色丰富的乐曲，带给它美妙的迂回曲折”。没有更佳的言辞能描述这首可爱乐曲的清新流畅。双手奏出的三连音使其热情奔放，虽则乐曲借助一个标明为绵延地主题的轻松缓和而冥想片刻，紧接之后的即是原动机的再现。

2.《升 F 大调第二即兴曲》（作品第 36 号）

如果肖邦称其为夜曲，而非即兴曲，没有人会感到惊讶。因为这个标注为小行板的坎蒂列那清澈明朗。它抑扬顿挫地咏唱，带着美好的转调，一直持续到一个自身为三十二分音符的主题进入。尾声轻盈、空灵和柔美。

3.《降 G 大调第三即兴曲》（作品第 51 号）

这首可能是即兴曲系列中最完美之作，注明有节制的活泼，至于谱曲手法和所表达的情感，则相当接近于著名的李斯特式的轻巧（Leggerezza）。可肖邦从不对廉价的炫技让步。这里，正如在肖邦的其他作品中，他的音乐为爱情的吐露而悸动，犹如充满热情和迷醉。乐曲进展中作为第二部分添加的右手双音演奏，在任何情况下都不应使音乐的流动变得黏滞。演奏者也不能过分"哀婉动人"地弹奏大提琴般的旋律，它以间插曲形式绵延地用左手奏出，直到起始的水声淙淙。

4.《升 c 小调幻想即兴曲》（作品第 66 号）

封塔纳为何将肖邦身后出版的作品中的这首第四即兴曲，冠以"幻想即兴曲"之名？这是个谜。为什么肖邦要把此曲从其作品目录中删除？它跟前三首即兴曲相比毫不逊色。我们无从知晓。尽管如此，四首即兴曲中，这首幻想即兴曲最出名，乃至有人开玩笑说，如果没有这首即兴曲的话，住校女生的音乐课就只能关门大吉！这可能是因为这首曲子的第一部分很快，却不给手指造成太大的困难，而第二个主题，极富歌唱性，给那些多愁善感的人以倾吐衷肠的机会，有时流于滥情。避免热情失控，不要滥用踏板，造成夸张的混响，而紧随彻底放松的一刻，就是急切的絮语绵绵。

XIII. 4 首回旋曲

四首回旋曲，其中一首为身后发表。

《c 小调回旋曲》（作品第 1 号）

这首曲子创作日期最早（1825 年），在作品目录中也排在第 1 号。"一位女士会说，这部作品很美，很俏皮，几乎像是莫舍莱斯写的……"，舒曼在写下这段话时,会讨肖邦高兴吗?不一定。

在一个波尔卡节奏上,突然出现了极具民风和波兰特性的主题,伴以颤音特色的**回音**。正如阿尔弗莱德·科尔托所言,一个乐段标明更慢,显然是参照了某些二流的样板,年轻的肖邦必得远离它们,才能赢得自己的个性。这首曲子由转调乐段和返回最初主题的乐段组成。鉴于未来的作曲家缺乏经验,该曲的创作本身富有探险性。

《A大调马祖尔式回旋曲》(作品第5号)

舒曼对这第二首回旋曲的看法多了一层恭维:“对那些尚不熟悉肖邦的人,若想了解他作为创作者的个性,最好从这首回旋曲开始。”

“马祖尔式回旋曲”的意思是“用玛祖卡曲式谱写的回旋曲”,恰如克拉科维亚克式的《f小调协奏曲》终曲。显而易见这支曲子暗示了典型的波兰舞曲,是一种民间娱乐方式,可舒曼却强调“参与者身上有一种贵族派头”。两个主题贯穿该回旋曲,用辅助乐段隔开。自前一部作品以来的精进十分明显。我们还没有进入艺术杰作的长廊,但可以说已经站在通往它的台阶上。

《降E大调回旋曲》(作品第16号)

作曲家新的进步在这里更加显著。主题非常单纯,一种讲究的钢琴写作手法,让人感觉到肖邦或许重拾青年时代谱写的音符,并在1834年以精致的和声与乐曲格式来装扮它们。与前两首波兰风的回旋曲相比,这的确是一件沙龙作品。谱曲手法稳健,动机选择恰当,各乐段间的衔接富有诗意,打破了这支曲子稍嫌机械的对称性,却并没有遮掩住比例上的冗长。对那些音乐动机的实际价值而言,篇幅过长了。

《为两架钢琴所作的C大调回旋曲》(作品第73号,身后发表)

作于1828年,这首回旋曲最初为一架钢琴而作,后来为两架钢琴而重写,目的可能是要加强音响效果。正如安德烈·克鲁瓦所写的那样:“主题,展开、建构均不外惯用手法,偶见出肖邦式的印记:半音音色、对比度和诗意。”

XIV. 室内乐

《g小调三重奏》(作品第8号)

谱于1828年,《为钢琴、小提琴和大提琴所作的g小调三重奏》在1833年才问世。由四个乐章组成:快板(力度和速度结合表现火热),谐谑曲,柔板和终曲。由于欠缺经验,在谱曲手法上显得滞重,对一个大学生来说也属正常,但并不稍减这首乐曲的魅力,不过演奏的人不多。快板刚劲有力,谐谑略逊色,柔板很诗意,终曲带有民间色彩,正如舒曼所写,适合作为消遣来聆听。他吃惊于肖邦完全没有在室内乐上继续下去,在此领域只要"技艺娴熟",他一定会以"天才的绚丽"而光彩夺目。但除了在此领域里少有的几次尝试性涉足,肖邦将完全投身于钢琴。

《C大调序曲和波洛乃兹》(作品第3号)

我们还记得,这首配有大提琴的仿波尔卡舞曲,是肖邦1829年为东道主拉吉维尔亲王谱写,肖邦其时正在亲王于安多南的府邸做客。它"具有为沙龙和女士们而写的引人注目的效果,别无所长",作者的评语可谓公道。序曲是在波洛乃兹谱好之后加上去的。大提琴部分的处理比较生涩。安德烈·克鲁瓦认为,能感觉到罗西尼的影响。

《以〈魔鬼罗伯特〉主题为钢琴和大提琴而作的大二重奏》(无作品号)

该曲谱写于1832年——即肖邦在巴黎所作,与音乐学院教授法朗肖姆合作。对这首二重奏,舒曼有中肯的评价:"在我看来,它似乎完全由肖邦执笔,法朗肖姆只能说'上帝保佑'。肖邦所上手的东西,立时就会有他的范式和灵魂,即便这种无甚重要的沙龙作品。"事实上,肖邦或许只是询问过法朗肖曼,某些音群是否易于演奏,或者无法演奏。至于"沙龙风格",这正是肖邦所借鉴的风格,当年根据流行的歌剧主题改编而成的乐曲曾风靡欧洲。此时还远不是"纯音乐"占主导地位的时代。

《为大提琴和钢琴而作的g小调奏鸣曲》(作品第65号)

我们还记得,肖邦于1848年2月16日在普雷耶尔厅举办他在巴黎的最后一场音乐会,会上首次演奏这首奏鸣曲,他将此曲题献给法朗肖姆,并和他同台演奏。此外，当时只演奏了其中的一部分，由于不满意快板部分，他将这一段从节目单中撤了下来。实际上，两种乐器的平衡确实在谐谑、广板和终曲中体现得更完美。

肖邦从前两次的经验中受益，这里他学会了让钢琴烘托大提琴自由地歌唱。我们面对的是一首真正的二重奏。或许，广板令人不由自主地想起一首夜曲，也同样在钢琴和大提琴之间展开。在具有欢快气息的谐谑曲中平衡更趋完美：如歌的大提琴在三重中段具有领衔的地位。胜利的终曲，由于充满活力，无疑是奏鸣曲中最成功的段落。

XV. 其他曲目

《f 小调幻想曲》(作品第 49 号)

有三种文学假设，或者说是心理学意义上的假设被大胆提出来，来作《f 小调幻想曲》的结构诠释。夏尔·罗里纳从中看出了肖邦和桑在诺昂的争吵与和解的情景，他的演绎像连环画一样幼稚。爱德华·格朗什却在这里只看到波兰主义，有骑马驰骋，阅兵典礼和游行队伍的画面。阿尔弗莱德·科尔托更谨慎，他将这首作品的谱写跟肖邦稍前所作的一个梦放在一起看，因为肖邦曾在通信中隐约提到，“我梦见自己在一所医院里快死了，这在我脑子里留下了深刻的印象。现在我经常做白日梦，这可能有点莫名其妙”。

还需要再次申明吗？肖邦的灵感是纯音乐的。除了波兰及其青年时代的记忆，他从未以某个确切事件，或一部作品，来给他的作品赋予意义。如果他在谱曲时描画了某种具象，则仅是他的想象而已。

这首幻想曲以一种进行曲速度开始，并不是葬礼进行曲，而是庄严的、遥远的，有点朦胧，直到一个更明确的动机出现，以弱奏弹出一种小号的音色。在几个肖邦给予转调和加速的即兴段落之后，情绪便随之不停转换。至此，我们进入主导动机，转入一个暗色调的主题，直至出现一个魅力十足、激动人心的句子，这暗色的主题才顿现辉煌：光明战胜黑暗。乐曲展开、节奏摇曳、钢琴技巧变换不已。终于一支高贵的骑士风格歌咏骤然而降，伴随着左手拨弹连奏。自此，肖邦无需再使用引导要素，他采用其他动机，直入一个绵延的慢板，虽只一瞬，却带来沉思、冥想、宁静。这时重复引子后的第一个乐段，作临时变调，接下来是一系列的转调，并突然结束在一个变格终止上。

《升 F 大调船歌》（作品第 60 号）

对这首杰作中的杰作，莫里斯·拉威尔作过简短却有说服力的分析："《船歌》概括了这位伟大的、受意大利教育的①斯拉夫人的艺术表现力和奢华本色。肖邦靠它实现了大师们由于疏忽而未能尽情表述的一切。柔和精巧的三度主题，总有令人眩目的和声相随，旋律线持续不断。一会儿，突然冒出一个歌调，悬置片刻，徐缓地落下，由极美的和弦接应。音乐的强度在增加。一个新的主题突然出现，抒情到极点，纯粹的意大利风格。一切归于平和。从低声部响起一组快速经过音群，轻轻颤动，在风情万种的柔美和声中漂浮。联想起一种深奥莫测的神话。"肖邦在创作《船歌》的时候，有可能想到了威尼斯运河和贡多拉舟艇。他依据桑有关总督之城的记忆，在那里她和缪塞曾经经历过一场结局悲惨的朝圣。作为结语，我们在这里又一次注意到，肖邦从不在乎（这里尤其如此）刻板的传统曲式。他发明了自己的和声语言，同样也创造了他所有的作品形式，而只依靠自己对大小比例和明暗对比的直觉。在这点上，他是德彪西的先驱，后者与肖邦相比，对传统规范更少盲目崇拜。

《降 D 大调摇篮曲》（作品第 57 号）

这首变奏曲式的作品，构建在一个低音小节上，重复时带极微小的变化（皆在三度，而不是四度上重复），全部用降 D 谱写，一直到出现一个富有魅力的不协和降 C，这种手法或许赋予乐曲某种易感性。优雅中有出其不

① 明显的夸张说法。我们已经写过，肖邦对罗西尼和贝利尼的歌剧表现出极大的兴趣。但他的音乐教育则主要是斯拉夫和日耳曼传统的。

意之处，在某种意义上，堪与拉威尔的《包列罗》结束部分媲美，在极度明亮的音色中，从C大调向E大调转调，皆是色彩的瞬间变幻。

《降A大调塔兰泰拉》(作品第43号)

肖邦在写这首曲子的时候，真的受到了他所亲见的热那亚舞曲的启发吗？他跟桑自马略卡返回时曾在该地短暂停留过。没有证据能证实这种假设。更有可能的是，他听卡尔克布雷纳和塔尔贝格弹奏过很多塔兰泰拉舞曲，了解李斯特和罗西尼的同类风格的作品，自己也想对这种时髦曲式有所尝试。但他上手就将这种快速舞蹈的特点作了个性化处理，不改变跳跃的节奏及其不间断的弹跳性，用精巧和声的绚丽，和此消彼长的三个动机的手法，表现出一种惊人的创意。

《协奏曲快板乐章》(作品第46号)

继华沙谱写的两首《协奏曲》之后，肖邦或许为《第三协奏曲》有过构思，但仅限于开头的快板乐章。钢琴部分已经完成，很容易从中辨识出引导乐队协奏的那些正式过渡乐段。后来他在巴黎又重拾上述快板乐章的构思，对和声部分加以完善，同时保留了当年所谱写的大量纯炫技片段。从超绝技巧角度来看，这首曲子的意义不会过时。从音乐上来看，该曲的内涵不如f小调和e小调协奏曲，手法也更传统。肖邦在这里并不比一位里斯或一位莫舍莱斯更具野心。《协奏曲快板乐章》是肖邦对“时代风格”所作的少有的让步之一。

《包列罗》(作品第19号)

这首作品于1834年以“安达卢奇亚记忆”为名出版，可能于1828年在华沙谱写，当时肖邦看过一场《波尔蒂契的哑女》[①]的演出，内有一首《包列罗》舞曲，其热情让年轻的弗里德里克觉得有趣。这是一件沙龙作品，用了许多“老一套”的手法，主题与和声方面均乏善可陈。没有明确的种族特点，这是肖邦留下的最无说服力的作品之一。

---

① 奥伯的歌剧。——译注

《根据德国民歌调所作 E 大调变奏曲》(无作品号)

1851 年出版,但谱写于 1824 年(肖邦 14 岁),根据一个蒂罗尔主题而作,按字面解释是"小瑞士"。这些变奏曲明显地迎合时代口味,多有表面化的炫技之处。它表现的是一个出色的钢琴家,而非未来的作曲家,虽然我们这位音乐家的"天性"(特别是在小调变奏中)倒也处处显露出来。而后,这种天性远离了沙龙小品的风格,这种沙龙氛围本自他学音乐起,就浸淫其中。

《E 大调变奏曲》,世称《"六天"》(无作品号)

谱于 1837 年,1841 年问世,这首单独的《变奏曲》是肖邦为一场由贝尔吉奥约索公主主办的慈善音乐会所作的。它是六首一组的曲子之一,另外五首的作者是李斯特、塔尔贝格、皮克西斯、赫尔茨和车尔尼,由作者各自演奏自己的作品。主题选自贝利尼《清教徒进行曲》中的一个主题,肖邦在这个相当乏味的主题上,谱出了一曲最具高贵品质的、充满诗意的广板。这是一首大调作品,在他作品中也占重要的地位。

《降 B 大调变奏曲》(作品第 12 号)根据《路德维希》偏爱的回旋曲主题《我贩卖圣牌项链》所作

《路德维希》是埃罗德未完成的一出歌剧,由哈莱维续成并以完整版于 1833 年在巴黎上演。肖邦听了这部作品,记录下回旋曲的主题,并以此为本,根据当时的法国趣味谱写了"辉煌变奏曲",而此趣味并非最佳。这种在巴黎流行的"时尚趣味",反倒由诸如李斯特,塔尔贝格和卡尔克布雷纳等出身外国的艺术家,根据著名题材改编成钢琴曲。舒曼客观地评判了肖邦的这首《变奏曲》。从为作者开脱的角度,人们会提到主题的极其平庸,它调性太分明以及缺乏起码的离调。肖邦的贡献显然只是懂得如何在苍白的十字格底布上绣出精美的盘花图案。尽管如此,作品的价值显然不大。

《a 小调赋格》(无作品号)

出版于 1862 年,肖邦只写过这一首赋格,或至少是他手稿中唯一保留下来的一首。它带有巴赫的风格，却是明显的浪漫色彩，体现了肖邦在对位写作上令人称奇的处理方式。这首曲子反映出齐夫尼和埃尔斯纳对他们的学生所作的严格教育。所以可说，学习抽象的功课和不由自主地厕身无聊的华沙沙龙，这两者占据了肖邦的年轻岁月。

《为长笛和钢琴所作的变奏曲》(无作品号)

写于1826年和1830年间，根据罗西尼的《灰姑娘》主题而作，可能是应一位业余长笛手之请，或许回应尼古拉·肖邦的要求。这些变奏曲只具肖邦之名，任何段落中均未体现出其个性。它们几乎毫无价值。

《三首苏格兰舞曲》(作品第72号C)

作于1830年，肖邦拒绝有生之年出版的一系列作品中，有这三首绝妙的初稿。鉴于它们真正的趣味性，活力迸射，以及钢琴曲谱的独创性，似乎这是一种过分的严苛。演奏这三首"苏格兰曲"则困难重重。

《曲集中的数首乐曲》

让我们来列举(并不加以评论)由于偶然落到我们手中、由盲目追随者出版的曲集中的几首乐曲：一首为切尔梅蒂耶夫伯爵夫人而作的简短的夜曲(1843年)；一首从未发表过的歌曲(《爱的魅力》)，为玛丽亚·沃德辛斯卡的曲集而作；一首由卡蒂尔家族保存的炫技性钢琴曲；一首《帕格尼尼回忆》，由《华沙音乐回声报》出版。一些杂志也曾出版过真实性值得怀疑的圆舞曲和玛祖卡数曲。

还要提一下那份在巴黎音乐学院图书馆里的手稿，是一首《降E大调广板》，某种庄严进行曲；一首《葬礼进行曲》(作品第72号，身后出版)；一首《降B大调如歌的曲调》，谱写于1834年；一首作于1827年，为提图斯·沃伊切霍夫斯基所谱《降G大调四组舞曲》；四首青年时代的圆舞曲，e小调、E大调、a小调和降E大调。

XVI. 19首歌曲

在1828年和1845年之间，肖邦写过19首歌曲，这些创作伴随爱情冲动或者爱国激情。阅读波兰诗激发他创作出这些歌曲，既平凡又意味深长。我来解释一下。

诚然，肖邦谱进这些歌曲中的，更多的是他的祖国的记忆，而不是他本人的。在这些天真、忧郁或者热情的小幅图画面前，作者的艺术个性几乎不可辨识。比任何人都更懂得如何让钢琴歌唱的肖邦，并不是为创作艺术歌曲而生的。总之，他很奇怪地对舒伯特和舒曼的艺术歌曲视若无睹。或许他对此只有很粗略的和肤浅的了解。钢琴是他的宇宙，歌唱的王国之门，总体来说对他是关闭的。

毕竟，他有在华沙、波图兹恩、沙法尼亚、安多南或者在热拉佐瓦-沃拉听到的歌唱的记忆，能从中汲取精华来创作这些歌曲。这是些最早的尝试，或许只是在钢琴上哼唱，并未精雕细刻。人们若想在这些简单的歌曲中找寻那种如在玛祖卡中表现出的考究、精妙，势必徒劳。几个和弦，数个节奏型，几个分散和弦，是装饰歌曲的最不可少的必需品。如果必须给这种民歌花环一个副标题，人们会借用肖邦在某封最后的信件中发出的心灵呐喊："……如在家乡那样歌唱。"

或许最终，肖邦有他的道理向我们透露这个波兰民歌的粗略见证。他并不将雕琢的钻石给我们，而是出示脉石中的宝石，或者如果你愿意，可以看作是一种透露私密的日记，由对青春年华的追忆写成。他向我们详尽地讲述了波兰灵魂，将自己的个性置于第二位。我们相信，惟此才是这根充满乡土气息的项链所应有的位置，它由 19 颗珍珠缀成。

这些歌曲中的任何一首在肖邦活着的时候均未面世。1855 年，封塔纳在他身后发表了 17 首。最后两首(巫术和杜姆卡)是分开发表的。

虽则翻译几乎会完全歪曲诗的意思，我们还是将每首作了概述，并在括号里表明了作者的名字。

1.《我可爱的人》(密茨凯维奇)

当我那可爱的人，在她疯狂的快乐中，欢笑并絮语不停，我只愿倾听这只小鸟的啼鸣。她多激动，看她的眼睛在燃烧，啊！多么迷人！我看着她，再听不见她，我堵住她的双唇，并亲吻她，亲吻她。

在一个玛祖卡节奏上的一首民间歌曲。悦人的转调。

2.《信使》（维特维茨基）

轻盈的燕子，你又回转，忠实地，停在我们门前。欢迎你。你已飞起，愉快地转着圈，你欢叫。别多显示你的快乐：我的女儿已经离去。她结婚了，一个士兵带走了她。你见到她了吗？告诉我，我求你，饥饿可在折磨他们，他们是否有个温馨的生活，是否兴高采烈？

清新和愉快，仅此而已。

3.《立陶宛之歌》（奥辛斯基）

凌晨，母亲坐在窗边，问她女儿：你从哪儿来？为什么你的花冠湿了？——有什么奇怪，女儿答道，我去泉边了。——够了，母亲回答，你在田里有个约会。——是的，妈妈，在田野里，我碰到了我爱的人，只要一刻就足够，让我头上的花被露水浸湿。

斯拉夫歌曲类型，被处理成温柔和神秘的对话。

4.《春天》（维特维茨基）

泉水在低语，一只小铃铛叮当作响，我的羊群在陡坡上倘佯，而我这个羊倌，无忧无虑，我歌唱。灌木丛花开，云雀在啼啭，我的心却在叹息。我对鸟儿说："去吧，歌手，把我们的土地之歌带到天上。"

民歌曲调。

5.《年轻姑娘的愿望》（维特维茨基）

如果我是太阳，我只为你发光。如果我是一只鸟，我只为你歌唱，在你窗前，唱我最美的歌。

和着玛祖卡的节奏。

6.《这里所缺少的》（扎勒斯基）

悲伤是阴影升起之心，悲伤是阴影满目。杜姆卡，你在我唇边生死。寂静和夜晚，摇曳我的痛苦。失神，唉，无从解脱，无法休息。这里缺少生存的必需：天空和太阳，爱情和玫瑰……谁能听到我的述说，谁能为我献出一朵真情之花？风把严寒带到门下，我对其他低语敞开心扉，我也感到在别处，杜姆卡，你飘向别处。

杜姆卡用数段展开。极尽忧伤之情。

7.《矫健的美男》（扎勒斯基）

身材魁梧，黑眼睛热情：表明他是一个矫健的美男！如果他耽搁一个小时，我跺脚，我哭泣。如果他对我笑一笑，我虚弱得要倒。我们一起跳舞时，我为美妙而战栗。如果我们结婚，我的生活会怎样？

欢快，生动，在一种玛祖卡的布局中。

8.《落叶》（珀尔）

铅灰色的天空，叶子落了。一只鸟在墓上歌唱。我们的梦终究落空。我们的儿子在地下。勇敢的人们，何时再来？多少人在战斗中死去，其他人溃败后藏身树林。秃鹰在我们头上盘旋。我们的信仰倦了。亲爱的祖国！哦，被热爱的波兰！我们能做什么？……在卑鄙的强权下，我们不能再生。沦落到沉默中，我们背负苦难，没有一丝希望打破枷锁。

悲惨的歌曲。单调的歌声被几节萦绕在心的钢琴声打断。然后人声和伴奏在忧伤中混为一体。

9.《相契》（维特维茨基）

你还是一个孩子，当我为你手指带上一个指环。我的爱懂得等候你。可是另一个家伙来把你带走了，你和你的指环。村里人笑话我的失败。我给人看一副愉快的面孔，却偷着哭泣。

激动和欢娱在这首民歌中混杂一起。

10.《双重命运》（扎勒斯基）

他们相爱已有一年。然后他们分开了很久很久。现在他们休息了，一个和另一个离得远远的。年轻女郎在她的茅草屋里，哥萨克在一个孤零零的林子里。然后两个人都死去。为她敲响了悲伤和温柔的钟声，为哥萨克，树下群狼嗥叫。

与莫索尔斯基相当接近。这些歌曲中最美的之一。

11.《青春》(维特维茨基)

水找寻平原,兔子寻觅林木,鸟儿在空中下望,青春爱欢笑。蓝眼睛里的光泽令他狂喜,黑眼睛里的火焰诱惑着她……一切都充满了魅力。

民间歌调。

12.《杜姆卡》(扎勒斯基)

我心头悲哀升起。我的歌在唇边消亡。歌唱着真幸福,因为他爱。我的希冀徒劳,我的呼唤徒劳。世上无人能听到。

忧伤歌曲型。

13.《巫术》(维特维茨基)

这是巫术,魔法,咒语,我能知道什么?但魔鬼确是同谋。日夜我想要逃脱这种伎俩,日夜我只看到她。徒劳,我想逃走。难道最终是要让我如其所愿,她才编出这些策略?对这些虚假的和背叛的造物,不能信任……

活跃地,令人愉快地,构思不错。

14.《歌调》(科拉欣斯基)

在高山之巅,他们背负沉重十字架,在远处看到应许之地,和那千百盏小蓝灯。他们的部落正朝着有蓝灯闪烁的谷地而去,可他们,他们永不能抵达这个福地。他们永不会分享生命的盛宴。而且,他们或许已被遗忘……

没有评语。

15.《战士》(维特维茨基)

我的马用灼热的马蹄蹭踏地面。你,我的父亲,你,我的母亲,你们,我的姐妹,永别了!战斗开始了,来吧我的栗色马!我们将欢快地返回,马鬃迎风。让我们出发,如果你的主人战死沙场,去到他先辈之所,那你将独自回返。哦,马,我的姐妹在叫我,让我们折回去!可是不!你跑得更加飞快。让我们向命运挑战!

生动的、热情的,尚武的。

16.《你的眼睛驱赶我》(密茨凯维奇)

你的眼睛把我远远赶出它们的光明,你的心命令我流亡,可这徒劳无益,想要压抑记忆。

更近"艺术歌曲"风格。

17.《悲伤的河流》(维特维茨基)

为什么你的水浑浊,遥远土地上的河流?那里,靠近我的源泉,一个母亲在哭泣。她养育了7个女儿,她将7个全部埋葬了,在一棵树下。她叫她们,在她们的墓地上一支悲惨的歌在低语。

典型的斯拉夫风格。

18.《未婚夫》(维特维茨基)

你去哪里,年轻人,在你的坐骑上,幽灵般的骑士?——亲爱的,我倦了等候,为我打开你的门。——可怜的人,你的未婚妻已经逝去。——让我阖上她的双眼……以我的呼喊,我的眼泪,我要去打破她冰冷的睡眠的魅惑。

在一种狂风暴雨般的钢琴叠句中,以一种肖邦笔下极为罕见的富有比喻的风格,展示出这组歌曲中最具特点的歌曲。

19.《小酒馆之歌》(维特维茨基)

你在想什么,笨拙的调酒女?我生气,因为你弄坏了我最好的行头。为了惩罚你,我对你处以一吻。而你,闷闷不乐的兄弟,为了忘掉穷困而喝酒。如果你把自己灌醉了,有什么关系呢?你的太太会迫你就范。喝吧,或者留神我的棒头!眼神温柔的女招待,把整个瓶子倒空!

标题说明了一切。

唱片综述

我们认为，给出一个详尽的肖邦作品目录，这种做法并非上乘。没有什么比一张唱片更易“朽”的。在此，我们只想说明，本书出版之际(1973—1974)，肖邦的当代最佳诠释者是阿尔弗莱德・科尔托、阿图尔・鲁宾斯坦、弗拉迪米尔・霍洛维茨、桑松・法郎索瓦、莫里佐・波里尼。另一方面，需要说明的是，在华沙，波兰国家出版社局出版了肖邦作品全集，由埃拉托唱片公司(Erato)重新制作，成套发行，地址是巴黎第九区安亭街6号。这套唱片共有25张，对从整体上全面了解这位波兰大师的音乐，不可或缺。

肖邦生平和作品编年表

年份	肖邦生平	作　　品	题　　献	出版日期	文学和艺术事件	历史事件
1810	3月1日，肖邦生于热拉佐瓦-沃拉。一家人迁居华沙				舒曼和缪塞出生	梅特涅任奥地利首相
1811	童年				李斯特出生 夏多布里昂《从巴黎到耶路撒冷》	罗马王诞生（即拿破仑之子——译注）
1812	—				贝多芬《第七交响曲》	拿破仑出征俄国
1813	—				瓦格纳和威尔第出生	
1814	—				彼得斯出版社成立	俄奥联军进驻巴黎
1815	—				舒伯特《魔王》	滑铁卢
1816	肖邦开始学琴				罗西尼《塞维尔的理发师》	
1817	肖邦创作最初两首乐曲	《g小调和降B大调波洛乃兹》； 《军队进行曲》	题献给斯卡贝克伯爵夫人 君士坦丁大公	1830年，华沙	司汤达《海顿和莫扎特生平》	罗斯柴尔德家族迁居巴黎
1818	肖邦第一次公开演出				贝多芬《奏鸣曲》（作品第106号）	
1819	—				舒伯特《鳟鱼五重奏》	汽船首次穿越大西洋

续 表

年份	肖邦生平	作　品	题　献	出版日期	文学和艺术事件	历史事件
1820	无数私人演奏会。女歌唱家赠金表				贝多芬《奏鸣曲》(作品第109号) 拉马丁《沉思集》	发明白炽灯
1821	—	身后出版的《降A大调波洛乃兹》(无作品号)	阿达尔伯特·齐夫尼	1864,华沙	韦伯《自由射手》 波德莱尔诞生	希腊起义
1822	为君士坦丁大公作一首《进行曲》	身后出版的《升g小调波洛乃兹》(无作品号)	杜邦夫人	1864,华沙	埃拉尔发明了钢琴的双擒纵系统。密茨凯维奇《叙事曲和浪漫曲》	商博良解读埃及象形文字
1823	肖邦进华沙中学。热拉佐瓦-沃拉度假				贝多芬《三十三首变奏曲》(作品第20号);司汤达《罗西尼生平》	
1824	沙法尼亚小住。跟艾尔斯纳学习和声和对位	《德国歌调变奏曲》(无作品号)	无题献	1851,巴黎	德拉罗洛瓦《希奥岛屠杀》	
1825	沙皇出席的音乐会	《c小调回旋曲》(作品第1号)	林德夫人	1825,华沙		
1826	雷纳兹温泉疗养。安多南小住。获高中毕业证书	《降G大调告别波洛乃兹》(无作品号,作于1826和1830年间);	维尔海姆·科尔贝格	1826,华沙		罗巴切夫斯基的非欧几里德几何研究报告

续 表

年份	肖邦生平	作　品	题　献	出版日期	文学和艺术事件	历史事件
1826		《为长笛和钢琴所作罗西尼灰姑娘主题变奏曲》(身后出版,无作品号)	无题献	1872,巴黎		
1827	肖邦完成学业。艾米莉亚·肖邦之死。肖邦在斯特里泽沃和但泽	《唐璜主题变奏曲》(作品第2号); 《d小调波洛乃兹》(作品第71号之一,身后出版); 《A大调马祖尔式回旋曲》(作品第5号); 《葬礼进行曲》(作品第72B,身后出版); 《e小调夜曲》(作品第72A,身后出版); 《降G大调四组舞曲》	提图斯·沃伊切霍夫斯基 无题献 亚历山德琳·德·莫里奥勒 无题献 无题献 给提图斯的生日	华沙 1855,巴黎 1827,华沙 1855,巴黎 1855,巴黎 1855,巴黎 1934,巴黎	贝多芬逝世	纳瓦里诺海战(希腊独立战争。——译注)
1828	柏林之旅和布拉格之行 开始谱写练习曲	《第一、二练习曲》(作品第10号); 《三重奏》(作品第8号); 《为两架钢琴而作的回旋曲》(作品第73号,身后出版);	见后 拉吉维尔亲王 无题献	1832,巴黎 1833,巴黎 1855,巴黎	舒伯特逝世	

续 表

年份	肖邦生平	作　　品	题　　献	出版日期	文学和艺术事件	历史事件
1828		《波兰歌调幻想曲》(为钢琴和乐队而作,作品第 13 号);	J.P.皮克西斯	1833,巴黎		
		《协奏曲式回旋曲》或《库亚维亚克》(作品第 14 号);	阿达姆·恰尔托雷斯卡公主	1833,巴黎		
		《降 B 大调波洛乃兹》(作品第 71 号之二,身后出版);	无题献	1855,巴黎		
		《c 小调奏鸣曲》(作品第 4 号,身后出版)	无题献	1851,巴黎		
1829	康斯坦斯·格拉德科夫斯卡,维也纳、布拉格、德累斯顿和布列斯劳之旅,安多南小住	《f 小调波洛乃兹》(作品第 71 号之三,身后出版);	无题献	1855,巴黎	门德尔松在莱比锡指挥《圣马太受难曲》	布拉耶发明盲文
		《E 大调圆舞曲》(身后出版,无作品号);	无题献	1855,巴黎		
		《b 小调圆舞曲》(身后出版,作品第 69 号之二);	无题献	1855,巴黎		
		《E 大调圆舞曲》(身后出版,作品第 70 号之三);	无题献	1855,巴黎		
		《两首玛祖卡》(身后出版,作品第 68 号);	无题献	1855,巴黎		
		《f 小调协奏曲》(作品第 21 号);	黛菲娜·波托茨卡	1836,巴黎		
		《为大提琴和钢琴所作波洛乃兹》(作品第 3 号)	J.迈尔克	1833,巴黎		

续 表

年份	肖邦生平	作 品	题 献	出版日期	文学和艺术事件	历史事件
1830	在华沙举办三场音乐会。肖邦离开华沙。经布列斯劳和德累斯顿之后，在维也纳逗留	《大波洛乃兹》(作品第22号)；	戴斯特男爵夫人	1835，巴黎	肖邦添加《平稳的行板》 柏辽兹《交响幻想曲》	七月革命 波兰起义
		《三首苏格兰舞曲》(作品第72号，身后出版)；	无题献	1855，巴黎		
		《e小调圆舞曲》(无作品号)；	无题献			
		《为歌咏和钢琴作的歌曲》(无作品号)；	无题献			
		《e小调协奏曲》(作品第11号)	卡尔克布雷纳	1833，巴黎		
1831	维也纳、慕尼黑。肖邦在斯图加特听到华沙陷落的消息。他写下《华沙日记》，并充满激情地谱写了数首乐曲。到达巴黎	《第一谐谑曲》(作品第20号，初稿完成于扎里森，1831)；	Th·阿尔布莱希特	1835，巴黎	贝利尼《诺尔玛》。 梅耶贝尔《魔鬼罗伯特》。《第九交响曲》在巴黎首演	波兰起义失败 “华沙恢复秩序”
		《练习曲》(作品第10号之十二)；	见下			
		《C大调玛祖卡》(无作品号)；	无题献			
		《四首玛祖卡》(作品第6号)；	普拉特小姐	1832，巴黎		
		《五首玛祖卡》(作品第7号)；	琼斯先生	1832，巴黎		
		《三首夜曲》(作品第9号)；	普雷耶尔夫人	1833，巴黎		
		《夜曲》(作品第15号之一和之二)；	费迪南·希勒			
		《练习曲》(作品第10号之三、四、五)	见下	1832，巴黎		
		《前奏曲》(作品第28号之二和二十四)	见下	1832，巴黎		

续 表

年份	肖邦生平	作品	题献	出版日期	文学和艺术事件	历史事件
1832	巴黎第一场音乐会。出游图兰地区	《以魔鬼罗伯特主题为钢琴和大提琴而作的大二重奏》（无作品号）；	无题献		埃罗德《文人牧场》；西里维奥·佩里科《我的监狱》；密茨凯维奇在巴黎创办报刊《波兰朝圣者》	拿破仑之子逝世 贝里公爵夫人唆使旺代再度起义 苏尔特联合政府(法国)
1833	肖邦与密茨凯维奇和柏辽兹交往。为维涅隆画像当模特。与李斯特和希勒同台演出巴赫的三重协奏曲	《12首练习曲》（作品第10号）； 《夜曲》（作品第15号之三）； 《包列罗》（作品第19号）； 《根据"我贩卖圣牌项链"而作的辉煌变奏曲》（作品第12号）； 《四首玛祖卡》（作品第17号）； 《降E大调回旋曲》（作品第16号）	弗朗兹·李斯特 费迪南·希勒 弗拉奥伯爵夫人 奥斯弗小姐 弗拉帕小姐 哈特曼小姐	1833，巴黎 1833，巴黎 1834，巴黎 1837，巴黎 1834，巴黎 1834，巴黎	勃拉姆斯诞生 乔治·桑《莱丽雅》	泰勒男爵将卢克索方尖碑运到法国 维苏威火山爆发

续表

年份	肖邦生平	作品	题献	出版日期	文学和艺术事件	历史事件
1834	艾克斯-拉-沙佩尔之行。与门德尔松在杜塞多夫相逢。与李斯特同台演奏	《练习曲》(作品第25号); 《幻想即兴曲》(作品第66号,身后出版); 《圆舞曲》(作品第18号); 《降E大调广板》(身后出版,无作品号); 《降B大调如歌的曲调》	达古伯爵夫人 戴斯特男爵夫人 奥斯弗小姐 无题献 无题献	1837,巴黎 1855,巴黎 1834,巴黎 巴黎 1834,巴黎, 1923年出版	舒曼《交响练习曲》。果戈理《塔拉斯·布尔巴》。拉梅内《信者的箴言》为教皇特殊通谕所禁	巴黎和里昂骚乱
1835	德累斯顿之行:玛丽亚·沃德辛斯卡。与父母在卡尔斯巴德重逢	《四首玛祖卡》(作品第24号); 《四首玛祖卡》(作品第67号)之一; 之三; 之二和之四; 《波洛乃兹》(作品第26号); 《第一叙事曲》(作品第23号); 《两首夜曲》(作品第27号); 身后出版的三首《圆舞曲》(作品第69号之一); (作品第70号之一); (作品第34号之一)	佩尔图伊伯爵 莫罗科西耶维奇小姐 霍夫曼夫人 无题献 M.J.德萨埃 施托克豪森男爵 阿波尼伯爵夫人 夏洛特·罗斯柴尔德小姐① 无题献 无题献	1835,巴黎 1835,巴黎 1836,巴黎 1836,巴黎 1836,巴黎	舒曼《狂欢节》(作品第9号) 巴尔扎克《幽谷百合》	哈瓦斯通讯社成立 费希刺杀案 莫蒂埃元帅之死

① 被称作“告别”的圆舞曲是题献给夏洛特·罗斯柴尔德小姐的。它完全不是在离开德累斯顿之前即兴为玛丽亚·沃德辛斯卡而作。肖邦只是将一份谱子抄送给玛丽亚,并题词“送给玛丽亚小姐”。

续表

年份	肖邦生平	作品	题献	出版日期	文学和艺术事件	历史事件
1836	肖邦和乔治·桑相遇。马里昂巴德之行:玛丽亚·沃德辛斯卡 莱比锡,与舒曼和门德尔松会面。与贝利尼建立友谊	《玛祖卡》(作品第30号之四); 创作《前奏曲》; 《降A大调英雄波洛乃兹》(作品第53号);	符腾堡公主 见后 M.列奥	 1843,巴黎	格林卡《伊凡·苏萨宁》	施耐德公司创立 巴黎塞纳河发大水淹城 方尖碑和凯旋门启用仪式 梯也尔辞职 路易-拿破仑·波拿巴特有关斯特拉斯堡驻军起义政论
1837	与玛丽亚·沃德辛斯卡解除婚约。伦敦旅行	创作《前奏曲》和《第二叙事曲》; 《第二谐谑曲》(作品第31号); 《第一即兴曲》(作品第29号); 《两首夜曲》(作品第32号); 《根据贝利尼的清教徒进行曲所作的E大调变奏曲》(身后出版,无作品号); 《降b小调葬礼进行曲》(作品第39号,后为《葬礼奏鸣曲》的一部分)	见后 符斯坦施坦伯爵夫人 罗堡伯爵夫人 毕林男爵夫人 无题献 见后	 1838,巴黎 1837,巴黎 1837,巴黎 1841,巴黎	约翰·费尔德逝世 缪塞《十月之夜》 柏辽兹《安魂曲》 柯西玛·李斯特诞生	巴黎到圣日耳曼昂莱火车通车典礼 维多利亚女王登基 君士坦丁堡失陷:丹雷蒙之死

续　表

年份	肖邦生平	作品	题献	出版日期	文学和艺术事件	历史事件
1838	肖邦与乔治·桑相恋。 马略卡之行。 杜伊勒里和鲁昂演奏	《两首波洛乃兹》(作品第40号)；	J.封塔纳	1840,巴黎	舒曼《克莱斯勒偶记》题献给肖邦 李斯特《六首超绝技巧练习曲》 德拉克罗瓦为桑和肖邦画像 格里西登台演出	贝塞尔第一次测量一颗星球的距离 文学家社团成立 协和广场使用煤气灯照明
		《四首玛祖卡》(作品第33号)；	莫斯托夫斯卡小姐	1838,巴黎		
		《四首玛祖卡》(作品第30号)；	符腾堡公主	1838,巴黎		
		创作《前奏曲》；	见后			
		《第二叙事曲》(作品第38号)；	罗伯特·舒曼	1838,巴黎		
		《三首圆舞曲》(作品第34号之一)；	图恩-霍亨施坦小姐	1838,巴黎		
		之二；	M.蒂伏利			
		之三；	戴施塔尔小姐			
		《升F大调第二即兴曲》(作品第36号)	无题献	1838,巴黎		
1839	马略卡 马赛、热纳亚、诺昂和巴黎，特隆舍街 杜伊勒里演奏	《四首玛祖卡》(作品第41号)；	维特维茨基	1839,巴黎	莫索尔斯基诞生 莫里斯·德·盖兰逝世 司汤达《巴马修道院》	阿拉戈推出第一代达格雷相机 布朗基被捕
		完成《前奏曲》(作品第28号)；	卡米尔·普雷耶尔*			
		《三首为莫舍莱斯而作的练习曲》(无作品号)；	无题献	1840,巴黎		
		《葬礼奏鸣曲》(作品第39号)；	无题献			
		《升c小调第三谐谑曲》；	无题献	1839,巴黎		
		《两首夜曲》(作品第37号)	无题献	1839,巴黎		

* 德国版题献给J.C.凯斯勒。

续 表

年份	肖邦生平	作　品	题　献	出版日期	文学和艺术事件	历史事件
1840	毕卡尔街全年创作	《a小调玛祖卡》(作品第42号)； 《升f调波洛乃兹》(作品第44号)； 《f小调幻想曲》(作品第49号)； 《降A大调圆舞曲》(作品第42号)； 《协奏曲快板乐章》(作品第46号)；	艾米尔·加亚尔 博沃公主 苏索公主 无题献 穆勒小姐	 1841,巴黎 1841,巴黎 1840,巴黎 1842,巴黎	帕格尼尼逝世 雨果《光与影集》	英国发明邮票 拿破仑骨灰安葬 七月圆柱落成典礼 路易-拿破仑·波拿巴特在布洛涅登陆，被囚禁在汉姆要塞 布偌为北非占领区总督
1841	普雷耶尔音乐厅音乐会 夏季在诺昂	《a小调玛祖卡》(无作品号)； 《升c小调前奏曲》(作品第45号)； 《第三叙事曲》(作品第47号)； 《两首夜曲》(作品第48号)； 《塔兰泰拉》(作品第43号)； 《a小调赋格》(无作品号)	艾米尔·加亚尔 切尔尼切夫公主 诺阿伊小姐 杜佩雷小姐 无题献 无题献	 1841,巴黎 1841,巴黎 1841,巴黎 1841,巴黎 1862,华沙	夏布里耶诞生 巴尔扎克《乌苏尔·弥胡艾》 雨果在同多尼采蒂的官司中获胜	库克成立第一家旅行社

续 表

年份	肖邦生平	作品	题献	出版日期	文学和艺术事件	历史事件
1842	奥尔良广场 普雷耶尔音乐厅音乐会 夏季在诺昂	《三首玛祖卡》(作品第 50 号);	列奥·什托夫斯基	1841,巴黎	罗西尼《圣母悼歌》 福楼拜《十一月》 司汤达逝世 欧仁·苏《巴黎的秘密》	英国占领香港 奥尔良公爵意外车祸身亡
		《第四叙事曲》(作品第 52 号);	罗斯柴尔德男爵夫人	1842,巴黎		
		《第四谐谑曲》(作品第 54 号);	卡拉曼小姐	1843,巴黎		
		《降 G 大调即兴曲》(作品第 51 号);	埃斯特拉兹伯爵夫人	1842,巴黎		
		《a 小调玛祖卡》(无作品号);	无题献	1853,巴黎		
		《两首圆舞曲》(身后出版,作品第 70 号)	无题献	1855,巴黎		
1843	夏季在诺昂	《三首玛祖卡》(作品第 56 号);	玛伯尔利小姐	1844,巴黎	瓦格纳《漂泊的荷兰人》 艾伦·坡《金甲虫》 雨果《城堡里的伯爵》惨败	捕获阿卜杜-卡迪尔及其大本营 巴黎-鲁昂火车开通典礼
		《两首夜曲》(作品第 55 号);	简·斯特林小姐	1844,巴黎		
		《E 大调乐曲》	切尔梅蒂耶夫伯爵夫人	1842,巴黎		
1844	肖邦父亲逝世 和姐姐露德维卡夏季在诺昂	《b 小调协奏曲》(作品第 58 号);	佩尔图伊伯爵夫人	1844,巴黎	门德尔松《小提琴协奏曲》 维尼《牧羊人之家》 狄更斯到巴黎	马志尼创建"青年欧洲" 法国打败进攻阿尔及利亚的摩洛哥人
		《降 D 大调摇篮曲[①]》(作品第 57 号);	艾丽丝·加瓦尔	1845,巴黎		

① 作品分析中曾以此名出现,故借用。原著此处为《第四摇篮曲》,疑有误。——译注

续 表

年份	肖邦生平	作　　品	题　　献	出版日期	文学和艺术事件	历史事件
1845	夏季在诺昂	《三首玛祖卡》(作品第59号); 《船歌》(作品第60号); 创作《幻想波洛乃兹》和《大提琴与钢琴奏鸣曲》	无题献 施托克豪森男爵夫人 见后	1846,巴黎 1846,巴黎	福雷和维多诞生 乔治·桑《卢克莱西亚·弗洛里亚尼》 夏多布里昂《墓畔回忆录》 勒南还俗 《汤豪舍》在德累斯顿首演	维多利亚女王拜访路易-菲利普 玛德莱娜大教堂正式启用
1846	夏季在诺昂	完成《幻想波洛乃兹》(作品第61号)和《大提琴与钢琴奏鸣曲》(作品第65号); 《两首夜曲》(作品第62号)	维莱夫人 阿尔伯特·弗朗肖姆 科奈利兹小姐	1846,巴黎 1846,巴黎 1846,巴黎	柏辽兹《浮士德的沉沦》 波德莱尔《沙龙》	波兰发生新的暴动 路易-拿破仑·波拿巴特逃离汉姆要塞 勒维耶发现海王星 (巴黎)圣安东城关骚乱
1847	与桑决裂	《三首圆舞曲》(作品第64号) 之一; 之二; 之三; 完成《17首波兰歌曲》(作品第74号,身后出版) 《三首玛祖卡》(作品第63号)	黛菲娜·波托茨卡 N.德·罗斯柴尔德夫人 布洛尼茨卡伯爵夫人 无作品号 佐赫诺夫斯卡伯爵夫人	1847,巴黎 1847,巴黎 1855,巴黎 1847,巴黎	门德尔松逝世 E.勃朗特《呼啸山庄》	加州发现黄金 (巴黎)圣奥诺雷街骚乱 基诺任部长会议主席 奥马尔公爵在阿尔及利亚替代基诺

续表

年份	肖邦生平	作品	题献	出版日期	文学和艺术事件	历史事件
1848	巴黎最后一场音乐会 英国和苏格兰之行	《B大调圆舞曲》(无作品号)	无题献	1855,巴黎	舒曼《少年曲集》 小仲马《茶花女》	欧洲革命 马克思和恩格斯发表《共产党宣言》 巴黎骚乱和街垒:王室逃亡 路易-拿破仑·波拿巴特到达巴黎,当选共和国总统
1849	夏佑街和旺多姆广场 10月17日:肖邦逝世 10月30日:玛德莱娜大教堂葬礼	《玛祖卡》(作品第68号,身后出版)	无题献	1855,巴黎	李斯特《为钢琴和乐队所作第一协奏曲》 狄更斯《大卫·科普菲尔》	欧洲反革命思潮 巴黎霍乱肆虐 布偌逝世

译后记

在法国生活久了，只要稍稍留心，会不时碰上那些文化艺术精灵的影子。比如在拉丁区某条小街上走，会突然瞥见一间门面陈旧的餐馆，门口挂一块铭牌“乔治·桑与肖邦曾在此进餐”。往往不经意地听到过的肖邦的音乐，读过的乔治·桑的著作，融入眼前景物，构成一幅幅具体的生活场景，仿佛他们就在我们身边，依然和我们生活在同一座城市里。

我们造访过奥尔良广场上肖邦与乔治·桑各自的公寓，在肖邦当年开音乐会的普雷耶尔音乐厅欣赏过齐默尔曼的肖邦双百年诞辰音乐会，甚至远往诺昂，踏访乔治·桑的故居，这是她灵感永不枯竭的源泉，而肖邦曾在这里生活过8个夏天，谱写了钢琴音乐史上最辉煌的篇章。

所见、所感、所思，使我们热爱这些人物，他们既有天神般的创造力，又是日常俗人，也口角、误解、猜疑、嗔怒、决绝。这一切又怎样交织在一起，构成一幅文化风景？一个完整的人格？我们好奇，希望能有好的引路指南，带我们进入这五彩斑斓的艺术和生活世界。

那天在旧书店淘书，无意中发现了加沃蒂的这本《肖邦传》，当时喜出望外。早听说过作者的名字，他凭借博学和辩才而当选法兰西艺术院院士。他频繁出现在五六十年代法国独家电视台古典音乐专题节目中，对玛丽亚·卡拉斯的采访视频十分精彩。在诸多肖邦传记中，这部因取材丰富、观点鲜明、视角独特而得享盛名。带书回家，阅后确信名不虚传，这实在是一部好书。

首先，作者以波兰、法国双重视角观察肖邦。他运用19世纪波兰社会发展的背景材料，结合现存肖邦与家人、友人的通信，具体细致地讲述肖邦早期音乐教育，给肖邦的启蒙师长以应有的历史地位。这使读者的眼光能放得更远，视角也更宽，有助于破除“西欧中心论”的偏见。

其次，作者对史家惯称的肖邦的“波兰情节”和“法国影响”给出了独到的解释。他列举了与肖邦波兰背景有关的大量材料，但并不给以地缘政治和种族区别的解释，即不强调民族和种族在肖邦成长中所起的作用，而是就事论事地指出肖邦是马佐夫舍与洛林共同的儿子。肖邦的双重文化背景使他自然而然地成为19世纪浪漫主义音乐的代表，但这种定位只是文化分期和文化类型学的需要，对肖邦本人而言，他只认为自己是巴赫的传人，是一个自觉的古典主义者。

再次，作者详细论述了乔治·桑与肖邦的爱情生活，但不是为了猎奇，而是为了更好地理解肖邦和他的作品。作者虽声称自己既不是肖邦派，也不是桑派，却列举大量事实，证明了桑在两人决裂中的责任。读之让人惊心动魄，却不能否认作者所举诸般事实。虽然我们可以对这些事实另作诠释，但作者的天平偏向却尽在不言中。

最后，由于本书作者是个音乐行家，本人又是演奏家，所以，本书对音乐学亦有贡献。书中单独成章的作品分析部分，言简意赅，对研习肖邦作品颇有助益。

读到好书，便忍不住想译出来与朋友共享。感谢邵敏先生愿意出版此书，让更多的人读到。译事之难，非亲力亲为不能体会。感谢好友郭建英先生校阅了书中若干章节，感谢金雁教授和秦晖先生在波兰地名演变与人名翻译上的指点，感谢中央音乐学院张丽达教授，法国高等音乐师范学院李萌能同学在音乐术语译名上给予的核实修改。尽管在翻译此书时反复斟酌，但仍不敢说此译已是佳作，只是抛砖引玉，以求教于大方之家。

译者

2012 年 8 月

再版　跋

时隔 8 年,《肖邦传》即将再版,是意外也是喜悦。2019 年底在上海,承上海人民出版社罗俊华女士美意,约定 2020 年 6 月前校改完毕,有足够的时间。恰逢疫情,得数月读书改稿。重读旧译,有多处改动,力求理解和表达上更趋准确贴切,但疏漏仍会难免,值得商榷之处,还望方家不吝赐教。

译者

2020 年 5 月

图书在版编目(CIP)数据

肖邦传/(法)贝尔纳·加沃蒂(Bernard Gavoty)
著;张雪译.—上海:上海人民出版社,2021
ISBN 978-7-208-16741-4

Ⅰ.①肖… Ⅱ.①贝… ②张… Ⅲ.①肖邦(Chopin,
Fredreric Francois 1810-1849)-传记 Ⅳ.
①K835.135.76

中国版本图书馆 CIP 数据核字(2020)第 196046 号

责任编辑 罗俊华
封面设计 陈 楠

肖邦传
[法]贝尔纳·加沃蒂 著
张 雪 译

出 版	上海人民出版社 (200001 上海福建中路 193 号)
发 行	上海人民出版社发行中心
印 刷	江阴金马印刷有限公司
开 本	635×965 1/16
印 张	30.5
插 页	5
字 数	400,000
版 次	2021 年 1 月第 1 版
印 次	2021 年 1 月第 1 次印刷

ISBN 978-7-208-16741-4/K·3005
定 价 118.00 元